先秦诉讼制度研究

程政举 著

目 录

第一章 导 论 ························· 1
  第一节 诉讼溯源 ······················ 1
  第二节 先秦诉讼制度研究现状及研究价值 ········· 6

第二章 先秦时期的司法机构和司法官 ········ 13
  第一节 先秦司法机构设置及其职责 ············ 13
  第二节 司法官的选拔、考课及管理 ············ 27

第三章 先秦时期的诉讼思想和诉讼理念 ······· 51
  第一节 天人相应、阴阳五行协和的诉讼思想 ······· 51
  第二节 先秦儒家的无讼思想及其实现路径 ········ 60
  第三节 先秦法家的无讼思想及其实现路径 ········ 83
  第四节 先秦道家及杂家的无讼思想及其实现路径 ···· 88

第四章 先秦诸子的司法公正观 ············ 91
  第一节 先秦儒家的司法公正观 ·············· 91
  第二节 先秦法家的司法公正观 ·············· 115

第五章 先秦时期的诉讼原则 … 129
第一节 因时诉讼原则 … 129
第二节 眚灾肆赦,怙终贼刑 … 136
第三节 恤刑原则 … 145
第四节 慎刑原则 … 147

第六章 先秦时期的诉讼基本制度 … 160
第一节 集体审判制度 … 160
第二节 路鼓、肺石制度 … 166
第三节 调解制度 … 171
第四节 诉讼期间制度 … 179
第五节 诉讼代理制度 … 181
第六节 判例制度 … 190
第七节 诉讼费用制度 … 198

第七章 先秦时期的诉讼证明制度 … 204
第一节 先秦时期的诉讼证据 … 204
第二节 先秦时期的诉讼证明 … 225

第八章 先秦时期的告诉制度 … 257
第一节 先秦时期的告诉 … 257
第二节 奖励告奸制度 … 274
第三节 错告及其法律责任 … 285

第九章　先秦时期的诉讼审判程序 ………………………… 291
第一节　刑罪案件与非刑罪争讼案件的划分 …………… 291
第二节　刑罪案件的初审程序 …………………………… 293
第三节　刑罪案件终审审判程序 ………………………… 303
第四节　非刑罪争讼案件的审判程序 …………………… 310

第十章　先秦时期的乞鞫制度 …………………………… 318
第一节　先秦时期的乞鞫 ………………………………… 318
第二节　先秦乞鞫案例实证分析 ………………………… 324

第十一章　先秦时期执行程序 …………………………… 338
第一节　刑罚执行机构及刑罚种类 ……………………… 338
第二节　刑罚执行程序 …………………………………… 352
第三节　先秦时期监狱管理 ……………………………… 371
第四节　先秦时期刑余罪犯改造程序 …………………… 374
第五节　刑余之人的社会地位 …………………………… 390

后　记 ……………………………………………………… 392

第一章 导 论

第一节 诉讼溯源

一、诉讼

诉讼作为纠纷的解决方式之一,是人类社会发展到一定阶段的产物,是人类社会在寻求解决自身矛盾和纠纷过程中产生的,是人类文明发展的成果。人类产生后所要解决的第一个问题就是人与物的关系,也就是生存问题。人需要饮食以滋养身体,需要衣服御寒,需要住房安身。"夫假物者必争,争而不已,必就其能断曲直而听命焉。其智而明者,所伏必众。告之以直而不改,必痛之而后畏,由是君长刑政生焉。"① 如果人与物的关系没有明确的界分,权属不明,纷争就会发生。要解决纷争,则需要明断是非的裁判者。合乎理性且是非明晰的判决能获得大众的拥护。在社会教化中,对不听从教诲、不改正错误者,则需采取一定的政令处罚措施,甚至对之实施刑罚,这样追究罪责的程序就产生

---

① [唐]柳宗元撰,卫绍生注译:《唐宋名家文集·柳宗元集》,中州古籍出版社2010年版,第12页。

了。可见,诉讼是对物的"欲而不得,争而不已"以及"告之以直而不改"的问题的解决方式。

《说文》曰:"诉,告也;讼,争也。"《现代汉语词典》对"诉"与"讼"的字义解释与《说文》的解释基本意思相同。"诉"有说给人听、倾吐和控告之意。讼的含义有二:其一,在法庭上争辩是非曲直;其二,争辩是非。① 现代意义上的诉讼是指"司法机关在案件当事人和其他有关人员的参与下,按照法定程序解决案件时所进行的活动"②。诉讼、和解、调解、仲裁是纠纷解决的四种方式。与其他三种纠纷解决方式相比,诉讼是唯一具有公权力特性的纠纷解决方式。作为具有公权力特性的纠纷解决方式,诉讼是在一定的社会公权力出现后才有的,是由国家设立的权力机关解决当事人之间的争议,追究犯罪、打击犯罪,并保证裁决实施的活动。

二、中国古代诉讼之缘起

根据中国古史记载,中国刑政最早的记载是在尧帝统治时期,尧帝时设立了象刑、流刑、鞭刑、扑刑和金刑,并流放了共工、驩兜和三苗,刑杀了鲧。③ 这是有关中国狱讼制度产生的最早的文字记载。"尧崩,三年之丧毕,舜让辟丹朱于南河之南。诸侯朝觐者不之丹朱而之舜,狱讼者不之丹朱而之舜。"④《孟子·万章上》记载:"讼狱者不之尧之子而之舜。"⑤

---

① 参见《现代汉语词典》,商务印书馆2005年版,第1301、1297页。
② 《现代汉语词典》,商务印书馆2005年版,第1301页。
③ 《尚书·舜典》曰:"象以典刑,流宥五刑,鞭作官刑,扑作教刑,金作赎刑。眚灾肆赦,怙终贼刑。钦哉,钦哉,惟刑之恤哉!流共工于幽州,放驩兜于崇山,窜三苗于三危,殛鲧于羽山,四罪而天下咸服。"参见李学勤主编:《十三经注疏(标点本)·尚书正义》,北京大学出版社1999年版,第65—66页。
④ [汉]司马迁撰,[南朝·宋]裴骃集解,[唐]司马贞索隐,[唐]张守节正义:《史记》卷1《五帝本纪》,中华书局1982年版,第30页。
⑤ [清]焦循撰,沈文倬点校:《孟子正义》卷18《万章上》,中华书局1987年版,第644页。

根据《尚书》记载,舜帝统治时期,开始了国家管理职能分工,设立了司空、稷、司徒、士等机构①,并赋予其相应的管理职能。至此,国家的权力机构就建立了,现代意义上的国家也就产生了。中国最早的解决纠纷的专门机构是士,皋陶是中国古史记载的最早的"士",也是中国最早的司法官。《尚书·舜典》记载:"皋陶,蛮夷猾夏,寇贼奸宄,汝作士。"孔安国注曰:"士,理官也。""皋陶为大理,平,民各伏得其实。"②舜帝时已经认识到公正司法的重要性,提出了"惟明克允"③的司法公正理论。关于"惟明克允"的理解,孙星衍注:"史迁作:'维明能信。'马融曰:'当明其罪,能使信服之。'"④"惟明克允"的意思就是只有查明案件事实,做到客观公正,才能使人信服。舜帝之后为禹帝统治时期。"(禹受帝位)十年,帝禹东巡狩,至于会稽而崩。以天下授益。"⑤"朝觐讼狱者不之益而之启。"⑥夏启继位后,"有扈氏威侮五行,怠弃三正",夏启发兵与有扈氏战于甘,"恭行天之罚"。⑦所谓的"大刑用甲兵"⑧。夏桀时,囚商汤于夏台。索隐按:"夏台,狱名。夏曰均台。"⑨夏台是古史记载的最早的监狱。

商朝时期,诉讼有了进一步的发展。诉讼的种类不仅涉及刑事而且涉及民事。《史记·周本纪》记载:"西伯阴行善,诸侯皆来决平。于

---

① 《尚书·舜典》曰:"佥曰:'伯禹作司空。'帝曰:'俞,咨!禹,汝平水土,惟时懋哉!'禹拜稽首,让于稷、契暨皋陶。帝曰:'俞,汝往哉!'帝曰:'弃,黎民阻饥,汝后稷,播时百谷。'帝曰:'契,百姓不亲,五品不逊,汝作司徒,敬敷五教,在宽。'帝曰:'皋陶,蛮夷猾夏,寇贼奸宄,汝作士。'"
② 《史记》卷1《五帝本纪》,第43页。
③ 《尚书·舜典》。
④ [清]孙星衍撰,陈抗、盛冬铃点校:《尚书今古文注疏》,中华书局2004年版,第67页。
⑤ 《史记》卷2《夏本纪》,第83页。
⑥ 《孟子正义》卷19《万章上》,第647页。
⑦ 《尚书·甘誓》。
⑧ [战国]左丘明著,[三国]韦昭注,胡文波点校:《国语》卷4《鲁语上》,上海古籍出版社2015年版,第107页。
⑨ 《史记》卷2《夏本纪》,第88页。

是虞、芮之人有狱不能决,乃如周。入界,耕者皆让畔,民俗皆让长。虞、芮之人未见西伯,皆惭,相谓曰:'吾所争,周人所耻,何往为,只取辱耳。'遂还,俱让而去。"①《诗经·大雅·绵》曰:"虞芮质厥成。"毛苌正义曰:"虞、芮之君,相与争田,久而不平,乃相谓曰:'西伯,仁人也,盍往质焉?'乃相与朝周。入其竟,则耕者让畔,行者让路。入其邑,男女异路,班白不提挈。入其朝,士让为大夫,大夫让为卿。二国之君,感而相谓曰:'我等小人,不可以履君子之庭。'乃相让,以其所争田为间田而退。天下闻之,而归者四十余国。"这是一起因土地边界纠纷引起的争讼,久争不决,于是双方寻求第三方解决纠纷。虞、芮之君入周国国境后,所见所闻深切地感动了虞、芮之君,虞、芮之君不待第三方调解,便自动让出了争议的土地。该争议部分的土地名为"间田",又名"间原",位于今天的山西平陆县境内。这是一起由寻求第三方仲裁或调解进而发展至双方当事人和解的事例。3000年后发生在安徽桐城"六尺巷"的民间传说亦是通过和解解决民事争讼的典型事例。

西周建国之初,周王令甫侯作修刑辟,诉讼程序、诉讼理论、审判理论进一步制度化、体系化。诉讼时"两造具备,师听五辞"②。"简信有众,惟讯有稽。无简不疑,共严天威。"③定罪量刑时要做到"阅实其罪","其审克之"。已出土的西周青铜器涉法铭文在一定程度上证实了西周时期诉讼制度已经形成。曶鼎铭文记载了一起在周穆王元年(公元前966年)因履行买卖奴隶契约而发生的争讼以及审判情况。④ 师旗鼎铭文记载了一起在周穆王十三年(公元前954年)发生的因违抗军令而引

---

① 《史记》卷4《周本纪》,第117页。
② 《史记》卷4《周本纪》,第138页。
③ 《史记》卷4《周本纪》,第139页。
④ 参见王晶:《西周涉法铭文汇释及考证》,中国社会科学出版社2013年版,第223—224页。

起有罪的诉讼事件。① 五祀卫鼎铭文记载了西周恭王时期因土地问题发生争讼的事件。② 裘卫盉铭文记载了因买卖玉器等物品发生的争讼事件。③ 五年琱生簋④、五年琱生尊⑤和六年琱生簋⑥铭文记载了西周宣王五年(公元前823年)、六年(公元前822年)有关土地纠纷的争讼事件。这些铭文从一个侧面证实了西周时期的诉讼种类的多样性,体现了国家权力在纠纷解决中的作用。诉讼的程序性在铭文中也有一定的体现。

周厉王时,"王行暴虐侈傲,国人谤王。召公谏曰:'民不堪命矣。'王怒,得卫巫,使监谤者,以告则杀之"⑦。残暴的周厉王大权在握,禁止人们议论朝政,即使在这样的集权统治下,对非议朝政者的处罚也要遵守规定的程序。周厉王指令卫巫伺察诽谤者,发现诽谤者向官府告发,官府根据告发刑杀之。

在春秋时期"诉"与"讼"是分开表述的,所表达的含义也不同。诉通常表达的是一种请求和被诉求方对请求的满足,如《左传·襄公二十三年》记载的"公子黄诉二庆于楚案"、《左传·昭公二十三年》记载的"邾人诉鲁于晋案"等,就是一方提出请求和被诉求方满足请求的事例。讼则是指争议双方在第三方的主持下通过一定形式的争辩进而解决纠纷的过程,如《左传·僖公二十八年》记载的"卫侯与元咺讼案"等。

---

① 参见《西周涉法铭文汇释及考证》,第251—252页。
② 参见《西周涉法铭文汇释及考证》,第202页。
③ 参见《西周涉法铭文汇释及考证》,第307页。
④ 参见王沛:《金文法律资料考释》,上海人民出版社2012年版,第8页。
⑤ 参见《金文法律资料考释》,第46页。
⑥ 参见《金文法律资料考释》,第66页。
⑦ 《史记》卷4《周本纪》,第142页。

成书于战国时期的《周礼》①是一部较为系统的有关官制的著作。其有关诉讼制度的规定具有承前启后的作用,《周礼》将春秋战国时期形成的天人相应、阴阳五行协和的理念、数理哲学和象物思维理念,以及先秦儒家的仁善理念都融入了其所设计的诉讼制度之中。已出土的《睡虎地秦墓竹简》《张家山汉墓竹简》《岳麓书院藏秦简》《里耶秦简》等简文给我们提供了先秦时期尤其是秦代较为详细的诉讼资料。这些资料反映了秦国中后期的诉讼制度已趋于成熟,具有系统性、合理性。

第二节 先秦诉讼制度研究现状及研究价值

一、先秦诉讼制度的研究现状

诉讼法作为一个独立部门法产生于清末。在清末修律运动中,诉讼法从传统的诸法合体的法律中分离。1906年完成了《刑事民事诉讼法草案》的制定,该草案吸收西方近代诉讼原则,并直接采纳了近现代西方国家通行的部分诉讼制度,如诉讼中的平等、公正原则,公开审判、律师辩护、陪审等制度。1910年完成了《大清刑事诉讼律草案》的制定,该草案与《刑事民事诉讼法草案》相比,吸收了西方国家最新的诉讼原则和制度。1910年完成了《大清民事诉讼律草案》的制定,该草案对审

---

① 关于《周礼》的成书年代大致有:(1)周公制礼说,如刘歆、孙诒让持此说;(2)西周说;(3)春秋说;(4)战国说;(5)周秦之际说。此外,还有何休所持的六国阴谋说,有近代学者所持的刘歆伪书说。参见杨天宇:《周礼译注》,上海古籍出版社2004年版,"前言",第1—44页。笔者倾向于战国说。

判衙门的权限、当事人、通常程序、特别程序等作了规定。在司法机构改革方面,1906年颁行了《大理院审判编制法》,确立了司法审判的一些基本原则、大理院职能及京师地方审判的方式和原则。1909年颁行了《各级审判厅试办章程》,规定了较为完备的诉讼制度。1910年颁行了《法院编制法》,对法院的各项职能及人事编制作了规定。

独立部门法的产生,使得诉讼制度史的研究成为必要。根据笔者了解和掌握的资料,国内学者对中国古代诉讼制度史研究较早的成果是商务印书馆1927年出版的徐朝阳著《中国古代诉讼法》,该书共有十三章,分别对诉讼之观念、民事诉讼与刑事诉讼之分、诉讼法原则、私权之有无、公诉权之消灭、法院之组织、司法官吏、诉讼代理及辅佐、诉讼费用与诉讼担保、诉讼证据、诉讼时期和裁判等内容进行了论证,提出了一些具有现代意义的诉讼理念,如公开审理主义、自由心证主义、法定证据主义、纠问主义与弹劾主义等。徐著《中国古代诉讼法》对中国古代尤其是先秦时代的诉讼史料进行了梳理、分类、评论;但其论证资料主要来自《周礼》《尚书》《诗经》《春秋左传》等十三经的内容,对史书、子书和集书的有关诉讼资料涉及较少。徐朝阳著的另一部有关诉讼法制度史的研究专著是《中国诉讼法溯源》(商务印书馆1933年版),该书共有二十一章,分别对诉讼法之名称、诉讼法之主义、民事诉讼与刑事诉讼之区分、告诉与告发、传唤与拘提、讯问、并案受理、羁押、证据、勘验、代理辩护及辅佐、诉讼担保、诉讼行为之时间、裁判之宣告、上诉及非常上诉、公诉权之消灭、司法官之责任、司法官之回避、法院之组织、陪审制度和法官始祖皋陶考等,进行了论证。徐著《中国诉讼法溯源》,在史料的运用上较《中国古代诉讼法》更为广泛,除先秦史料外,还有汉、南北朝、唐、宋、明、清等朝代的相关诉讼史料,并提出了诉讼法先于实体法的观点。

20世纪80年代,随着中国改革开放步伐的加快,以及中国法制建设的发展,法学研究也逐渐升温,有关诉讼制度史研究的论文、专著也逐渐增加。刘海年在《中国法学》1985年第3期发表的《秦的诉讼制度》一文,对秦代的司法机构、案件管辖、诉讼的提出、告诉的限制、证据的种类、判决与上诉等进行了系统的论证。张建国在《中外法学》1997年第2期发表了《汉简〈奏谳书〉和秦汉刑事诉讼程序初探》一文,通过对《史记·张汤传》中审鼠案的记载,提出并论证了秦汉基本的刑事诉讼程序是告劾、讯、鞫、论、报,而讯、鞫、论是其中的审判程序。这时期的中国古代诉讼制度史研究的主要论著有:胡留元、冯卓慧所著《长安文物与古代法制》(法律出版社1989年版),主要有两部分内容,一是西周金文法初探,二是秦汉文物中的刑徒、刑种、刑具及法律形式。作者在第一部分专门对西周金文所反映的民事诉讼制度进行了论述,并提出西周的民事诉讼体现了行政与司法不分、民事争讼动辄以刑罚处之、重视证据在诉讼活动中的作用等特征。张晋藩主编的《中国民事诉讼制度史》(巴蜀出版社1999年版),共七章,其中第一章"奴隶制民事诉讼制度"是对秦以前的民事诉讼制度进行研究的论述,该章对奴隶制民事诉讼制度的范围、文献记载中有关奴隶制民事诉讼制度、铜器铭文所反映的奴隶制民事诉讼制度等进行了论证。李交发所著《中国诉讼法史》(中国检察出版社2002年版),共分十一章,分别对诉讼机关、起诉制度、强制措施、证据制度、审讯制度、判决与上诉制度、刑事民事之分、传统诉讼宽严理论以及家族法诉讼理论等,进行了论证。张晋藩主编的《中国司法制度史》(人民法院出版社2004年版),其中第一章"夏商周时期的司法制度"、第二章"秦汉时期的司法制度"分别对先秦时期的司法机构、诉讼审判制度、监狱制度等进行了考察,提出并论证了秦朝的司法原则,如以法为本、事断于法,重刑处断,无大小皆决于上,维护封建国家与地主财产不可侵犯等司法原则。胡留元、冯卓慧所著《夏商西周法制史》(商务印书馆2006年版),其中第八章"司法机构"和第九章"诉讼法规"集中论述了西周时期的诉讼制度,提出西周在司法机构的建构上体现了刑民不分、设官分职较为严密、行政干预司法的特点;在诉讼制度上将刑事诉讼与民事诉讼分开论述,并对西周时期的誓审、军事审判、监狱管理进行了论证。日本学者籾山明著、李力译的《中国古代诉讼制度研究》(上海古籍出版社2009年版),主要以出土的秦汉史料为依据对秦汉时期的诉讼制度进行研究,共有五章,分别对李斯的审判、秦汉时期的刑事诉讼、出土爰书、秦汉刑罚史等进行了论证,其研究的对象较为集中。

2000年后,对诉讼制度史的研究进一步专门化、精细化,出现了刑事诉讼制度史和民事诉讼制度史研究专著。如李文玲所著《中国古代刑事诉讼法史》(法律出版社2011年版),该书共八章,其中第一章"夏商西周时期的刑事诉讼法"对中国古代刑事诉讼法的起源、夏商西周刑事诉讼的基本指导思想、刑事诉讼的案件范围及刑事诉讼程序进行了论证。作者提出西周的刑事诉讼制度从起诉、审理、证据、判决、上诉到执行,已经形成了一套完整的制度,表明我国古代的刑事诉讼制度正式确立于西周。张晋藩所著《中国古代民事诉讼制度》(中国法制出版社2018年版),该书共八章,其中第一章"先秦的民事诉讼制度"对先秦时期的司法机关、司法官的责任以及民事诉讼制度及其特点进行了论证,提出了先秦民事诉讼制度具有命夫命妇不躬坐狱讼、民事诉讼开始重证据和民事诉讼中仍带有神权法的残余的特点。王晶所著《西周涉法铭文汇释及考证》(中国社会科学出版社2013年版),该书对西周涉法铭文进行了考证,其中有两章对西周涉法铭文中的"诉讼程序"和"司法职官"进行了考证,对铭文中所记载的军事审判程序、诉讼类案件的审理程序(如土地补偿案件、土地侵占案件、奴隶买卖案件、诬告案件、田界纠纷案件等)进行了考证;在司法职官考证方面,提出司寇是主管打击盗贼的官,士是主察狱讼的官员,司士与狱讼无关的观点,并进行考论。温慧辉在《河南省政法管理干部学院学报》2006年第3期发表的《"悬灋象魏"考辨》、《史学月刊》2007年第6期发表的《〈周礼〉"肺石"之制与"路鼓"之制考》、《史学月刊》2011年第12期发表的《〈周礼〉"主察狱讼"之官——"士"官辨析》,对《周礼》中的"悬灋象魏""肺石""路鼓""主察狱讼之士"等与诉讼有关的制度进行了较为详细的考论。李平在《法商研究》2017年第2期发表的《先秦刑余之人考论:形象、制度与观念》一文,对先秦刑余之人的社会地位、社会制度以及普通民众对刑余之人的态度进行了较为系统的论证。

上述研究成果对中国古代诉讼制度作了有益的探讨,这些研究成果对我们认识、了解先秦诉讼制度是十分有益的,为从事先秦诉讼制度研究提供了大量资料信息和线索。

二、先秦诉讼制度的研究价值

"凡学不考其源流,莫能通古今之变;不别其得失,无以获从入之途。"①任何一门科学都应探求该门学科的起源以及起源时的样态,这是好奇心使然,也是学科研究的需要。作为一门诉讼制度学科,只有探明最为原始的诉讼制度形式,才能更好地理解诉讼制度这一基本概念。最为原始的制度反映了一般意义上人们对于制度形式的基本需求,由此为建构当今社会所需要的法律制度体系架构,以及解释当今法律体系提供了必需的制度材料。正是基于此理念,本书确定了先秦诉讼制

---

① [清]皮锡瑞著,周予同注释:《经学历史》,中华书局2004年版,第1页。

度研究的基本价值方向和研究内容顺序。本书旨在对先秦诉讼制度进行较为系统的研究,以期揭示中国诉讼制度形成时期的诉讼状况,系统展示先秦诉讼的基本情况。

"以史为鉴"是研究史学的基本价值取向之一。厘清中国古代诉讼制度起源和形成时期的基本情况及其发展演变,方能达到通古今诉讼之流变、别古今诉讼之得失之效,以期对当代诉讼的立法和实践有积极的借鉴意义。先秦诉讼制度是中国诉讼制度的起源,其中西周时期的诉讼制度较为完善,部分诉讼制度、理念在今天仍有现实意义;春秋战国时期诸子百家有关诉讼的思想和论述是对诉讼深入思考后的提炼,在今天仍有指导和借鉴意义。

现代人大多以审判者的身份看待古代史,认为"古今异情,其所以治乱者异道"①。荀子批评持此种观点的人为"妄人"。荀子通过对人性和人类的分析,提出了"古今一也",以及"类不悖,虽久同理"的观点。荀子认为:"圣人者,以己度者也。故以人度人,以情度情,以类度类,以说度功,以道观尽,古今一也。类不悖,虽久同理,故乡乎邪曲而不迷,观乎杂物而不惑,以此度之。"②笔者从事古代诉讼制度史研究二十年来,经常将古史记载的人和事与今天的现实相比较,对"类不悖,虽久同理"的观点深表赞同。人类没有变,人类的情感没有变,眼欲美色、耳欲美声、鼻欲馨香、口欲美味、身欲安逸的欲望没有变。因此,今人大可不必以审判者的态度看待古代史,而应以平等的姿态学习、借鉴、承继古代先人的优秀做法,这才是真正的古为今用。

---

① [清]王先谦撰,沈啸寰、王星贤点校:《荀子集解》卷3《非相》,中华书局1988年版,第81页。
② 《荀子集解》卷3《非相》,第82页。

三、先秦诉讼制度研究的基本思路和方法

论从史出是研究历史的基本方法,也是研究历史的出发点。对史料的占有是先秦诉讼制度史研究的首要任务。基于此,笔者力求全面、系统地搜集先秦诉讼史料,对有关先秦的经书、子书、史书、相关文集,已出土的有关诉讼的周代铭文、简帛文等资料,以及有关诉讼的文献资料、诉讼案例、诉讼事件进行搜集整理。在全面系统地搜集资料的基础上,运用比较分析的方法和现代诉讼法学的基本理论和内容的分类方法,对先秦史料中的诉讼文献、诉讼案例、诉讼事件进行分类、整理。

笔者在开始先秦诉讼制度史研究之前,从事民事诉讼法学的教学和研究工作。根据自己的专业特长开展研究是本专著研究的特色之一。按现代诉讼理论和诉讼法学的基本分类标准对先秦时期涉及诉讼的史料进行分类研究,并与现代的诉讼理论和诉讼立法进行比较分析,以期做到古为今用。本书论及的诉讼基本原则、基本制度、司法公正观、司法机构的设置、审判程序和执行程序等内容,均是按照现代诉讼的标准进行分类的。

在诉讼文化的研究上,笔者提出先秦时期的诉讼制度融入了天人相应、阴阳五行、象物思维、数理哲学的文化理念,并对先秦时期诉讼文化所体现的上述理念进行了论证、阐释。

第二章　先秦时期的司法机构和司法官

第一节　先秦司法机构设置及其职责

一、早期的司法机构设置及其职责

根据文献资料记载,中国最早的司法机构产生于舜帝时期。《尚书·舜典》曰:"帝曰:'皋陶,蛮夷猾夏,寇贼奸宄,汝作士。五刑有服,五服三就。五流有宅,五宅三居。惟明克允。'"即舜帝对皋陶说:"往者蛮夷戎狄猾乱华夏,又有强寇劫贼外奸内宄者,为害甚大。汝作士官治之,皆能审得其情,致之五刑之罪,受罪者皆有服从之心。五刑有服从者,于三处就而杀之。其有不忍刑其身者,则断为五刑而流放之。五刑之流,各有所居处。五刑所居,于三处居之。所以轻重罪得其宜,受罪无怨者,惟汝识见之明,能使之信服,故奸邪之人无敢更犯。是汝之功,宜当勉之。"①从《尚书·舜典》的记载来看,"士"为中国最早的司法官的称谓,皋陶也就是中国最早的司法官。司法官的职责就是对扰乱社会

---

① ［汉］孔安国传,［唐］孔颖达疏,李学勤主编,廖名春、陈明整理,吕绍纲审定:《尚书正义》卷2《舜典》,北京大学出版社1999年版,第75—76页。

秩序有寇贼奸宄行为的人进行审判，审明后施以五刑，可宽宥者施以流刑，做到审明判公、罪人无怨，以维护良好的社会秩序。

在先秦时期司法官多以"士"名之，如士师、乡士、遂士、县士、方士、讶士等。《周礼·秋官·叙官》郑玄注曰："士，察也，主察狱讼之事者。"贾公彦疏曰："训'士'为'察'者，义取察理狱讼，是以刑官多称士。"《尚书·舜典》孔安国传曰："士，理官也。"《论语·子张》记载："孟氏使阳肤为士师，问于曾子。曾子曰：'上失其道，民散久矣。如得其情，则哀矜而勿喜。'""[集解]包曰：'阳肤，曾子弟子；士师，典狱官。'"①《孟子·梁惠王下》记载了孟子与齐宣王之间的一段对话："孟子谓齐宣王曰：'士师不能治士，则如之何？'王曰：'已之。'"注曰："士师，狱官吏也。"②

天人相应、象数思维是先秦时期人们认识社会、了解社会的基本方法之一。从数理哲学上看，用"士"冠名司法官蕴含数理意义和象征意义。《说文》曰："士，事也；数始于一，终于十；从一从十。孔子曰：'推十合一为士。'凡士之属皆从士。"从"士"的笔画构成上看，是三画，上下结构，由"十"和"一"两部分组成。根据《易》《说文》以及中国古代文化象数理论解释，对"士"可作如下解读："十"者，阴阳交于午者也。③ 阴、阳又代表天、地；"午"与"五"谐音，又可解释为"五行"。"十"之两画垂直交叉形成直角，意为立身中正。"士"之下面"一"短于组成"十"之两笔画。"十"下之"一"可以理解为人。人在天地自然面前显得很渺小，意为人对天地自然要有敬畏之心，同时，对自然和社会规律、自然和社会之大道应怀有谦卑之心。从字形意义上讲，士，应是通天地、知人事、立

---

① 程树德撰，程俊英、将见元点校：《论语集释》，中华书局1990年版，第1331页。
② 《孟子正义》卷5《梁惠王下》，第141页。
③ 《说文解字》曰："五，五行也。从二，阴阳在天地间交于午也。"古体"五"为上下两画，中间为"×"。参见[汉]许慎撰，[宋]徐铉校定：《说文解字（附检字）》，中华书局1963年版，第307页下。

身中正、公行正道之人。《礼记·儒行》曰:"敬慎者,仁之地也。"①对天地的敬畏和谨慎是儒者应践行的行为准则,也是仁爱的表现。

此外,先秦时代的先哲们对"士"赋予了较多的道德成分。"士"往往与"君子"一同表述,如"士君子"。《论语·子张》曰:"士见危致命,见得思义,祭思敬,丧思哀,其可已矣。"士是具有社会责任感的人,对于自己的所得能从道义上加以审视,所得者须是符合道义的;祭祀时对天地神灵先祖怀有敬畏之心,参加丧葬活动则怀有哀思之心,所言所行符合中道。《孟子·尽心上》曰:"王子垫问曰:'士何事?'孟子曰:'尚志。'曰:'何谓尚志?'曰:'仁义而已矣。杀一无罪,非仁也;非其有而取之,非义也。路恶在?义是也。居仁由义,大人之事备矣。'"在孔子、孟子的思想里,士是一个具有社会责任感、修身志事、居仁由义之君子。此外,荀子对"士"也有一段论述,《荀子·哀公》记载:"哀公曰:'善!敢问何如斯可谓士矣?'孔子对曰:'所谓士者,虽不能尽道术,必有率也;虽不能遍美善,必有处也。是故知不务多,务审其所知;言不务多,务审其所谓;行不务多,务审其所由。故知既已知之矣,言既已谓之矣,行既已由之矣,则若性命肌肤之不可易也。故富贵不足以益也,卑贱不足以损也。如此,则可谓士矣。'"在荀子的价值观念里,"士"低于"君子","士"是能"志于事""善于任事,能入官"②之人。

西周时期,司法官还称为"准人""准夫"。《尚书·立政》曰:"王左右常伯、常任、准人、缀衣、虎贲。"孔安国传曰:"准人,准人平法,谓士官。"孔颖达疏曰:"平法之人,谓狱官也。准,训平也;平法之人谓士官

---

① [汉]郑玄注,[唐]孔颖达疏,[清]阮元校刻:《十三经注疏》,《礼记注疏》卷59《儒行》,中华书局1980年版,第1671页。
② 《荀子·哀公》注曰:"士者,修立之称也。一曰:士,事也;言善于任事,可以入官也。"摘自[清]王先谦撰,沈啸寰、王星贤点校:《荀子集解》,中华书局1988年版,第540页。

也。士,察也,察狱之官用法必当均平,故谓狱官为准人。"《尚书·立政》又曰:"立政,任人、准夫、牧,作三事。"孔颖达疏曰:"准夫者,平法之人,谓理狱官也。"《说文》曰:"准(準)者,平也,从水。"准字的繁体字为"準",由水和隼组成。隼是一种凶猛的鸟。用"准人""准夫"命名司法官,其寓意就是司法官在司法审判时要做到平之如水、公平、公正,同时司法官在审判案件时也要有一定的威严。

"正",也是西周初期的司法官的称谓。《尚书·立政》曰:"其勿误于庶狱庶慎,惟正是乂之。"孙星衍疏曰:"正,治狱之官。"①《逸周书·尝麦解》曰:"王命大正正刑书。"注引庄述祖云:"大正,司寇也。"②《礼记·王制》曰:"成狱辞,史以狱成告于正,正听之。正以狱成告于大司寇,大司寇听之棘木之下。"孔颖达疏曰:"史,司寇吏也。正,狱之正也。"又据孔颖达疏曰:"此《王制》多是殷法。"正,冠名司法官,其寓意应是不言自明的,那就是公正、正直等。

西周时期,最高司法官称为"司寇"。《尚书·立政》曰:"司寇苏公,式敬尔由狱,以长我王国。"《尚书·周官》曰:"司寇掌邦禁,诘奸慝,刑暴乱。"《说文》曰:"司,臣司事于外者。寇,暴也。"从字面意义上讲,司寇就是司察盗寇、除暴安良,是从司法官的职责上定义的。《周礼》将西周的最高司法官冠名为"司寇"。

"夫名,实之谓也。"③名称是事物的称谓,旨在表达一种事实或事物。"名也者,正形者也。形正由名,则名不可差。故仲尼云'必也正名

---

① [清]孙星衍撰,陈抗、盛冬铃点校:《尚书今古文注疏》,中华书局2004年版,第476页。
② 黄怀信、张懋镕、田旭东撰,黄怀信修订,李学勤审定:《逸周书汇校集注》(修订本),上海古籍出版社2007年版,第722页。
③ 黄克剑译注:《公孙龙子》(外三种),《名实论》,中华书局2012年版,第87页。

乎！名不正，则言不顺'也。"①西周初期司法官的称谓在一定程度上反映了西周初期司法官的选任标准，以及对司法审判及其在社会秩序维护中的作用的认识。

先秦时期的社会制度的设计者们已经深刻地意识到了司法审判在调整社会关系中的重要作用。"刑罚不中，则民无所措手足。"②"狱者，万民之命，所以禁暴止邪，养育群生也。"③公正的、理性的司法裁判是在向社会大众宣示正义规则。公正的司法裁判能达到"举直错诸枉，能使枉者直"④，"明刑弼教"⑤的社会效果。无论是在人治社会，还是在法治社会里，人们对司法官都寄予了很高的期盼，希望司法判官们能上通天理，下达人情，还事实以真相，还人情以公道。史学家司马迁笔下的循吏，正是千百年来人们对司法官精神追寻的浓缩和最好的表达。循吏，循理之吏者也。

二、《周礼》中司法机构的设置及其职责

秋官是《周礼》中专司狱讼案件的司法机构。以"秋"冠名司法机构意为司法机构应"法天时，顺阴阳"。根据天地四时六合理论，《周礼》将国家中央机构分为天官、地官、春官、夏官、秋官和冬官六官。"天地四时之官，即六卿也。天官主治，地官主教，春官主礼，夏官主政，秋官主刑，冬官主事。六官，官各六十，则合有三百六十官。"⑥"六官之属三百

---

① 《公孙龙子》(外三种)，《尹文子·大道上》，第132页。
② 《论语·子路》。
③ [汉]班固撰，[唐]颜师古注：《汉书》卷8《宣帝纪》，中华书局1962年版，第255页。
④ 《论语·颜渊》。
⑤ 《尚书·大禹谟》曰："明于五刑，以弼五教，期于予治。"孔安国传曰："弼，辅。"
⑥ [汉]郑玄注，[唐]贾公彦疏，李学勤主编，赵伯雄整理，王文锦审定：《周礼注疏》卷1《天官·冢宰》，北京大学出版社1999年版，第5页。

六十,象天地四时日月星辰之度数,天道备矣。"①《周礼》原名《周官》,"周官"之"周"有周天之意。《说文》曰:"周,密也。"周,在词意上有绕一圈之意。因此,"周官"之名就具有法天之寓意。天地四时理论源于人们对自然和人类社会的认识。在阴阳消长和气体的相对运动方式上,秋天是阴长阳消的季节,秋天审案行刑是顺应天时、顺阴助阳的行为;因此,用"秋官"命名司法机构也就具有法天时、顺阴助阳之意。"阴阳者,天地之大理也。四时者,阴阳之大经也。刑德者,四时之和也。刑德合于时则生福,诡则生祸。"②符合天道的制度建构才能产生风调雨顺、国泰民安的社会景象。

六官的设置及其职责分工也与五行理论相契合。"春官为木正,夏官为火正,秋官为金正,冬官为水正,中官为土正。"③这里的中官是指地官;地官,又称土官,司徒,又称司土。天官为天子贰官,协作天子总摄百官,不归属五行。④ 在五行上,秋属金,代表气体向内收缩的运动方式,秋天树叶凋落,具有肃杀之气,秋天审案行刑符合天道。

根据《周礼》六官的设置及分工,秋官主刑,是司法审判机构。《周礼·秋官·小宰》曰:"以官之六属掌邦治:……五曰秋官,其属六十,掌邦刑,大事从其长,小事则专达。"又曰:"以官之六职辨邦治:……五曰刑职,以诘邦国,以纠万民,以除盗贼。"《周礼》将刑职赋予了秋官这一审判机构,专门行使司法审判职权。司寇是秋官中最高司法审判官,负责王国的司法审判业务。

为便于王国的统治,《周礼》还对王国进行了行政区域划分。《周

---

① 《周礼·天官·小宰》,郑玄注。
② 黎翔凤撰,梁运华整理:《管子校注》卷14《四时》,中华书局2004年版,第838页。
③ 贾公彦:《周礼正义序》。
④ 参见《周礼·天官·叙官》,贾公彦疏。

礼》以"日至之景"测地中,建国都。在国家行政区划的设置上,《周礼》采取的是"体国经野"的乡遂制度,王国从整体上分为"国"和"野"两部分。"国"中行"乡"制,"野"中行"遂"制。都城所辖地为国中,方圆约一百里,又谓城中。以国中为中心向外延展,依次为四郊、野、县、都和四方。距王城百里以外至二百里地域为四郊,二百里以外至三百里地域为野,三百里以外至四百里为县,四百里以外至五百里地域为都,都之外为四方位诸侯之地。国中、四郊、野、县、都和四方之地的司法官分别是乡士、遂士、县士、方士和讶士,分别负责其辖区内的司法审判业务。《周礼·地官·大司徒》曰:"凡万民之不服教而有狱讼者,与有地治者听而断之。"《周礼·地官·小司徒》又曰:"乃分地域而辨其守,施其职而平其政。"这些是关于地域管辖的原则性规定。《周礼·秋官》对司寇、乡士、遂士、县士、方士和讶士各自的司法审判职权分别予以规定,体现了管理的层级性,以及"大事从其长,小事则专达"的集中与分权相结合的司法审判模式。

(一) 司寇

司寇享有王国中央的司法审判权。《周礼·秋官·叙官》曰:"乃立秋官司寇,使帅其属而掌邦禁,以佐王刑邦国。刑官之属:大司寇,卿一人;小司寇,中大夫二人。"郑玄注曰:"禁,所以防奸者也。刑,正人之法。《孝经说》曰:'刑者,侀也,过出罪施。'"大司寇,卿一人,小司寇,中大夫二人,作为王国最高司法官具有最高司法权。按照《大司寇》《小司寇》记载,司寇主要负责王国法律的宣传、解释与实施,受理王国内的直诉案件,审理王国应当司寇审断的狱讼案件以及地方上报的疑难的狱讼案件。司寇在审理狱讼案件时组织群士、司刑集体听审,集体议决案件。此外,司寇还负责王国每年的人口登记和案件登记。

(二) 乡士

乡士享有国中的司法审判权。国中是"其地则往城百里内也"[①]。《秋官·乡士》曰:"乡士掌国中,各掌其乡之民数而纠戒之,听其狱讼,察其辞,辨其狱讼,异其死刑之罪而要之,旬而职听于朝。司寇听之,断其狱、弊其讼于朝。群士司刑皆在,各丽其法以议狱讼。"贾公彦疏曰:"'听其狱讼,察其辞'者,辞即谓狱讼之辞。"郑玄注曰:"辨、异,谓殊其文书也。要之,为其罪法之要辞,如今劾矣。十日,乃以职事治之于外朝,容其自反复。"孙诒让正义曰:"要者,狱讼之小成,群士所专定而上之司寇者也。云'旬而职听于朝'者,乡士虽已定其罪之要辞,仍不敢专决,至旬日,乃以因证及所定狱辞刑要等,致之皋门内司寇听狱讼之外朝,与众公议之也。"[②]乡士在司法审判方面负责了解掌握其乡之人口并对其乡之民众宣传戒令,对于死罪、刑罚的狱讼案件,在查明案情、固定好证据和文辞后,十日内上报司寇听审判定。司寇听审时各级司法官和司刑均参加,并且可根据法律发表裁判意见。可见,司寇听审时采取的是多人参与的议决制。

(三) 遂士

遂士享有王国四郊的司法审判权。四郊的范围是"其地则距王城百里以外至二百里"[③]。《秋官·遂士》曰:"遂士掌四郊,各掌其遂之民数,而纠其戒令,听其狱讼,察其辞,辨其狱讼,异其死刑之罪而要之,二旬而职听于朝。司寇听之,断其狱、弊其讼于朝。群士司刑皆在,各丽其法以议狱讼。"遂士要了解掌握遂地之人口并对其遂之民众进行政令

[①] 《周礼·秋官·乡士》,郑玄注。
[②] [清]孙诒让撰,王文锦、陈玉霞点校:《周礼正义》,中华书局1987年版,第2795—2796页。
[③] 《周礼·秋官·遂士》,郑玄注。

宣传,对违反政令的行为予以纠正;对于应判处死罪或刑罚的狱讼案件,在查明事实、分清是非、拟定好判决文书后,二十日内上报司寇听审判定。司寇在外朝听审遂士上报的刑罪案件,并对案件作出判定。地方司法官、司刑应参加司寇主持的听审,并且根据法律提出判决意见。

(四) 县士

县士享有王国野地的司法审判权。"谓地距王城二百里以外至三百里地域为野,三百里以外至四百里为县,四百里以外至五百里曰都。都县野之地,其邑非王子弟、公卿大夫之采地,则皆公邑也,谓之县,县士掌其狱焉。郊外曰野,大总言之也。狱居近,野之县狱在二百里以上,县之县狱在三百里以上,都之县狱在四百里以上。"①按郑玄注,都、县、野所辖的公邑发生的诉讼案件皆由县士掌管。《秋官·县士》曰:"县士掌野,各掌其县之民数,纠其戒令,而听其狱讼,察其辞,辨其狱讼,异其死刑之罪而要之,三旬而职听于朝。司寇听之,断其狱、弊其讼于朝。群士司刑皆在,各丽其法以议狱讼。"县士了解掌握县属的人口并对其县之民众进行政令宣传,对违反政令的行为予以纠正;听审所辖县内发生的狱讼案件,审查双方当事人的讼辞,分别其罪行的轻重;对于应判处死罪或刑罚的狱讼案件,在查明事实、分清是非、拟定好判决文书后,三十日内上报司寇;司寇在外朝听审县士上报的死罪或刑罪案件,并对案件作出判定。地方司法官、司刑应参加司寇主持的听审,并且可根据法律提出判决意见。

(五) 方士

方士享有都家的司法审判权。"都,王子弟及公卿之采地。家,大

---

① 《周礼·秋官·县士》,郑玄注。

夫之采地。大都在畺地,小都在县地,家邑在稍地。不言掌其民数,民不纯属王。"①按郑玄注,方士所掌管的都、家是王子弟及公卿的采地,这些采地分布在王国的不同区域,有些在边境地区即畺地,也有在郊野县地的。都、家所辖居民属采地之主人王子弟及公卿管理。《秋官·方士》曰:"方士掌都家,听其狱讼之辞,辨其死刑之罪而要之,三月而上狱讼于国。司寇听成于朝。群士司刑皆在,各丽其法以议狱讼。"方士负责都家的司法事务,听审都家发生的狱讼案件,审查双方当事人的讼辞,分别应判处死罪或刑罚的狱讼案件;对于应判处死罪、刑罪以上的案件,在查明事实、分清是非、拟定好判决文书后,三个月内上报司寇;司寇在外朝听审县士上报的死罪或刑罪案件,并对案件作出判定。地方司法官、司刑应参加司寇主持的听审,并且可根据法律提出判决意见。《秋官·方士》又曰:"凡都家之士所上治,则主之。"

(六) 讶士

讶士享有王国境内诸侯的司法审判权。《秋官·讶士》曰:"讶士掌四方之狱讼,谕罪刑于邦国。凡四方之有治于士者,造焉。四方有乱狱,则往而成之。"

上述关于乡士、遂士、县士、方士、讶士处理狱讼的记载,相当于现代诉讼有关地域管辖的规定。

三、春秋战国时期司法机构设置及其职能

(一) 司寇

司寇作为一种官职在西周初期就已经出现,周武王时苏忿生"以温

---

① 《周礼·秋官·方士》,郑玄注。

为司寇"①。成王时康叔封于卫,兼理王室司寇。② 春秋时期,大部分诸侯国的司法机构或官吏称为司寇,如《春秋左传》记载,鲁文公七年,华御任宋国司寇;鲁定公元年,孔子任鲁国司寇;鲁昭公三十一年,齐豹任卫国司寇;鲁成公十八年,庆佐任齐国司寇。根据《左传》记载,宋国、卫国还有大小司寇之分,如鲁哀公二十六年,乐朱鉏任宋国大司寇;鲁成公十五年,向为人任卫国大司寇,鳞朱任少司寇。

根据《左传》记载,司寇的职责就是防止盗贼,这是司寇的首要职责。如《左传·襄公二十一年》记载:"子为司寇,将盗是务去。"其次,司寇还有刑罚执行的职责。如《左传·庄公二十年》记载:"夫司寇行戮。"《左传·襄公三年》记载:"请归死于司寇。"《左传·昭公二年》记载:"不速死,司寇将至。"

根据出土的《睡虎地秦墓竹简》记载,秦国司寇则是一种刑徒称谓。如《睡虎地秦墓竹简·法律答问》曰:"当耐司寇而以耐隶臣诬人,可(何)论? 当耐为隶臣。当耐为侯(候)罪诬人,可(何)论? 当耐为司寇。当耐为隶臣,以司寇诬人,可(何)论? 当耐为隶臣,有(又)系城旦六岁。"③即应当判处司寇的人以耐为隶臣的罪名诬告他人,如何判处? 诬告者应当判处耐为隶臣。应当判处耐为候罪的人诬告他人,如何判处? 诬告者应当判处耐为司寇。应当判处耐为隶臣者以司寇罪诬告他人,如何判处? 诬告者应当判处耐为隶臣,并拘禁为城旦六年。其中的"司寇"显然一种刑徒名。

---

① [周]左丘明传,[晋]杜预注,[唐]孔颖达正义,李学勤主编,浦卫忠、龚抗云整理,胡遂、陈咏明、杨向奎审定:《春秋左传正义》卷27《成公十一年》,北京大学出版社1999年版,第747页。
② 参见《春秋左传正义》卷54《定公四年》,第1551页。
③ 睡虎地秦墓竹简整理小组:《睡虎地秦墓竹简》,文物出版社1990年版,第121页。

《左传》中的"司寇"与《睡虎地秦墓竹简》中"司寇"的含义的不同，在一定意义上说明随着时代的发展，人们赋予了对作为概念的名词不同的含义。

（二）司败

在春秋时期，陈、楚二诸侯国的司法机构或司法官称为"司败"，如《左传·文公十年》记载，楚子西辞曰："臣归死于司败。"杜预注曰："陈、楚名司寇为司败。"《左传·宣公四年》记载，箴尹克黄"自拘于司败"。《论语·述而》曰："陈司败问：'昭公知礼否？'"《左传·定公三年》记载：子常"自拘于司败"。

（三）理、大理和理官

春秋时期晋国的司法机构或司法官称为"理"，如《国语·晋语》记载："士景伯如楚，叔鱼为赞理。"韦昭注曰："景伯，晋理官。赞，佐也。景伯如楚，故叔鱼摄其官也。"《左传·昭公十四年》记载："晋邢侯与雍子争鄐田，久而无成。士景伯如楚，叔鱼摄理。"杜预注曰："士景伯，晋理官。摄，代景伯。"《史记·循吏列传》曰："李离者，晋文公之理也。过听杀人，自拘当死。"张守节正义曰："理，狱官也。"

齐国的司法官"李"与"理"通用。《管子·大匡》曰："国子为李。"注曰："李，狱官也。"①又曰："令国子以情断狱。"②《管子·小匡》曰："弦子旗为理。"注曰："理，狱官也。"③《管子·小匡》曰："管仲曰：'决狱折中，不杀无辜，不诬有罪，臣不如宾无胥，请立为大司理。'"④《管子·五行》曰："后土辨北方，故使为李。……冬者，李也。"注曰："李，狱官也，取使

---

① 《管子校注》卷7《大匡》，第368页。
② 《管子校注》卷7《大匡》，第369页。
③ 《管子校注》卷8《小匡》，第423页。
④ 《管子校注》卷8《小匡》，第447页。

象水平之也。"①齐国司法机构或司法官有时也称司寇,如《左传·成公十八年》记载:"庆佐为司寇。"

先秦时期的司法以义理为基础建立,司法机构的设置以及司法官的称谓也不例外,司寇、司败和大理或理官的设置和称谓体现了统治者或司法机构的建构者对安宁、和平的社会秩序的追求,以及对公平、正义、理性秩序的渴望。《说文》曰:"司,臣司事于外者;寇,暴也;败,毁也;理,治玉也。"《广雅》曰:"司,主也。"此外,"司"还具有"理其事"的含义。司寇、司败和大理或理官所表达的意思为:司察盗贼,恢复被破坏的社会秩序,调整并理顺社会关系。

(四)秦国司法机构或司法官的设置及其职责

秦国的司法官的称谓与其他诸侯国司法官的称谓均不同。

1. 法官。《商君书·定分》曰:"天子置三法官,殿中置一法官,御史置一法官及吏,丞相置一法官。诸侯郡县皆各置一法官及吏,皆此秦一法官。郡县诸侯一受宝来之法令,学问并所谓。吏民知法令者,皆问法官。故天下之吏民无不知法者。"②这是文献中最早的关于法官称谓的记载。《商君书》中的法官与现代意义上的法官不具有同一性。现代意义上的法官是司法审判官,而《商君书》中的法官是指熟悉法律、解答吏民法律疑难问题的官吏。

2. 廷尉。《汉书·百官公卿表上》曰:"廷尉,秦官,掌刑辟,有正、左右监,秩皆千石。"③注引应劭曰:"听狱必质诸朝廷,与众公之,兵狱同治,故称廷尉。"颜师古曰:"廷,平也。治狱贵平,故以为号。"

3. 郡都尉。《汉官旧仪》曰:"汉承秦郡,置太守,治民断狱。都尉治

---

① 《管子校注》卷14《五行》,第865页。
② 蒋礼鸿:《商君书锥指》,中华书局1986年版,第143—144页。
③ 《汉书》卷19《百官公卿表上》,第730页。

狱,都尉治盗贼甲卒兵马。"①

4. 县尉。县尉负责一县的治安。《续汉书·百官五》曰:"凡县主蛮夷曰道。公主所食汤沐曰邑。县万户以上为令,不满为长。侯国为相。皆秦制也。丞各一人。尉大县二人,小县一人。本注曰:丞署文书,典知仓狱。尉主盗贼。凡有贼发,主名不立,则推索行寻,案查奸宄,以起端绪。"②

5. 狱掾。《史记·项羽本纪》曰:"项梁尝有栎阳逮,乃请蕲狱掾曹咎书抵栎阳狱掾司马欣,以故事得已。"③《史记·曹相国世家》曰:"平阳侯曹参者,沛人也,秦时为沛狱掾。"④

6. 校长。《续汉书·百官志》曰:"本注曰:校长,主兵戎盗贼事。"⑤《睡虎地秦墓竹简·封诊式·群盗》曰:"群盗爰书:某亭校长甲、求盗才(在)某里曰乙、丙缚诣男子丁,斩首一,具弩二、矢廿。"⑥

7. 亭长。《史记·高祖本纪》曰:"高祖为亭长,乃及竹皮为冠,令求盗之薛治之。"⑦《续汉书·百官志》曰:"亭有亭长,以禁盗贼。本注曰:亭长,主求捕盗贼,承望都尉。"⑧《汉官旧仪》曰:"设十里一亭,亭长、亭候;五里一邮,邮间相去二里半,司奸盗。亭长持三尺版以劾贼,索绳以收执盗。"⑨

8. 求盗。《史记·高祖本纪》集解应劭曰:"旧时亭有两卒,其一为

---

① [清]孙星衍等辑,周天游点校:《汉官六种》,中华书局1990年版,第48页。
② [晋]司马彪撰,[梁]刘昭注补:《续汉书·百官五》,中华书局1965年版,第3623页。
③ 《史记》卷7《项羽本纪》,第296页。
④ 《史记》卷54《曹相国世家》,第2021页。
⑤ 《续汉书·百官二》,第3574页。
⑥ 《睡虎地秦墓竹简》,第152页。
⑦ 《史记》卷8《高祖本纪》,第346页。
⑧ 《续汉书·百官五》,第3624页。
⑨ 《汉官六种》,第49页。

亭父,掌开闭扫除,一为求盗,掌逐捕盗贼。薛,鲁国县也。"《睡虎地秦墓竹简》中多次提到求盗,如《封诊式·盗马》曰:"市南街亭求盗才(在)某里曰甲缚诣男子丙,及马一匹,骓牝右剽;缇覆(复)衣,帛里莽缘里褧(袖),及履,告曰:'丙盗此马、衣,今日见亭旁,而捕来诣。'"①《秦律杂抄》曰:"捕盗律曰:捕人相移以受爵者,耐。求盗勿令送逆为它,令送逆为它事者,赀二甲。"②

第二节　司法官的选拔、考课及管理

一、司法官吏的选拔

在先秦时期,文献资料中没有专门的关于司法官吏选拔的规定或制度安排,但对司法官吏有一些特殊的要求。

(一)备选的司法官需具有平和、良善的性格和良好的品德

关于先秦时期司法官吏的选拔,没有单独选拔程序,但对司法官吏的品德能力有一些要求。根据《尚书》记载,中国最早的司法官皋陶是一个明达、智慧,且有道德的司法官,如《尚书·大禹谟》曰:"皋陶迈种德,德乃降,黎民怀之。"孔安国传曰:"迈,行也。种,布也。"司法官皋陶在司法审判中能遵从道德的要求,用道德感化民众,因此民众都很信服他。西周初期在司法官的选任方面,继承了舜帝选任司法官的思想,选任良善有德者任司法官。《史记·卫康叔世家》记载:"成王长,用事,举

---

① 《睡虎地秦墓竹简》,第151页。
② 《睡虎地秦墓竹简》,第89页。

康叔为周司寇。"康叔,又称卫康叔,名封,周成王时被任命为周朝的大司寇,负责周朝的司法审判事务。根据史书记载,卫康叔封是西周第一个大司寇。《尚书·康诰》记载的主要是周公告诫卫康叔封在处理司法审判事务时应遵循的一些基本原则,但是,其中在论及卫康叔封个人品格时说:"汝惟小子,未其有若汝封之心,朕心朕德惟乃知。"这句话的意思是说:康叔封,其他人不如你心善,我心我德只有你最了解。可见,心善应是卫康叔封被任命为大司寇的重要条件之一。正是因为西周初期有理性的、良善的大司寇,西周初期的社会才呈现出一片祥和的局面:"成康之际,天下安宁,刑错四十余年不用。"①周成王、周康王统治的四十年期间,社会安定祥和,治安良好,没有犯罪案件发生,刑罚在西周初期四十余年间都没有使用过。

"政者莫大于官贤。"②选贤任能是国家治理的重要举措。《周礼·天官·大宰》郑玄注曰:"贤,有德行者。能,多才艺者。"贤者首要标准是德。《尚书·周官》曰:"明王立政,不惟其官,惟其人。"又曰:"官不必备,惟其人。"③这两句话的意思是说:圣明的帝王治理国家的重点不在于设置官职,而在于选人;三公九卿未必齐备,但是一定要选任贤能之人充任。《尚书·立政》曰:"国则罔有立政用憸人,不训于德,是罔显在厥世。自今立政,其勿以憸人,其惟吉士,用劢相我国家。"④《说文》曰:"憸,憸诐也;憸利于上,佞人也。劢,勉力也。"这里的"憸人"是指巧言而心恶之人。周公告诫周成王选任官员时不要选任巧言令色而实则心地不善之人,这些人在位对国家治理和社会秩序稳定均起不到积极作

---

① 《史记》卷4《周本纪》,第134页。
② [清]王聘珍撰,王文锦点校:《大戴礼记解诂》卷1《主言》,中华书局1983年版,第8页。
③ 《尚书正义》卷18《周官》,第482—483页。
④ 《尚书正义》卷17《立政》,第477页。

用。从今以后选任官吏时不要选任憸佞之人,要选任良善之士,以协助君王努力治理好国家。选任司法官同样应选任良善之士。《尚书·吕刑》曰:"非佞折狱,惟良折狱,罔非在中。"①并不是口才好、能言善辩之人才能审理狱讼案件,审理狱讼案件需要选任心地良善之人,因为心善之人在审判狱讼案件时能做到公平、中正。《尚书·吕刑》又曰:"朕敬于刑,有德惟刑。"②对刑罚要有敬畏之心,只有品德良好之人才能担任司法官,才能适用刑罚。性格平和、良善、道德良好的司法官所作出的司法判决才是可信的、公正的。

司法审判需要在核查事实的基础上进行,法律的适用需要有一个判断推理的过程,因此,司法审判官的理性思维对司法审判是十分必要的。《尚书·吕刑》曰:"哲人惟刑,无疆之辞,属于五极,咸中有庆。"③《说文》曰:"哲,知也。"《尚书·皋陶谟》曰:"知人则哲。"④这里的"哲人"可以解读为有知识且通达人情之人,是一个有通常情感且具有通常认知能力的理性之人。《吕刑》的这句话可以解读为:具有大众情感、通常认知能力且有知识的理性之人担任司法审判官就会有无穷的善辞,审理案件时能兼顾仁、义、礼、智、信五种教化之宗旨,能做到公平、公正,达到祥和、至善。

(二)选举、推荐

1. 齐国的乡举里选制及三选制度。《管子·小匡》曰:"正月之朝,乡长复事,公亲问焉,曰:'于之子之乡,有居处为义好学,聪明质仁,慈孝于父母,长第闻于乡里者,有者以告。有而不以告,谓之蔽贤,其罪

---

① 《尚书正义》卷19《吕刑》,第551页。
② 《尚书正义》卷19《吕刑》,第552页。
③ 《尚书正义》卷19《吕刑》,第554页。
④ 《尚书正义》卷4《皋陶谟》,第103页。

五。'"①"于是乎乡长退而修德进贤明。公亲见之,遂使役之官。公令官长期而书伐(功)以告,且令选官之贤者复之。曰:'有人居我官,有功,修德维顺,端悫以待时使,使民恭敬以劝,其称秉言,则足以补官之不善政。'公宣问其乡里而有考验,乃召而与之坐,省相其质,以参其成功之事。可立而时,设问国家之患而不肉,退而察其乡里,以观其所能,而无大过,登以为上卿之佐,名之曰三选。"②正月朝会时乡长向国君汇报一年的工作成绩,君王则要求乡长将其乡内有道义、爱好学习、有爱心、孝敬父母、尊敬尊长的贤能者报告上来,如果不报告则按蔽贤罪处理。于是乡长退朝后就将其乡有贤德之人举荐给君王。君王亲自接见被举荐之人,并委任一定的职位,同时要求乡长在试用期结束后书面报告被举荐人试用期间任职情况,被举荐人也要写出书面报告。报告的内容为:"试用官吏有功绩,有品德且和善,为人正直且有执行力,对待民众秉持恭敬之心,能成为民众的表率,可任职为官,修补不善之政。"这是齐国规定的第一选。第二选就是调查核实乡长向君王举荐的官员是否如报告上所说。其一是向那些知晓被举荐的官员任职情况的人了解其任职情况;其二是与被举荐的官员面谈,以观察该被举荐官员的品质,同时验证该被举荐官员的德能勤绩。第三选就是任命该被举荐官员一定的职位,同时向其提问国家所面临的困难,以观察其智谋的深浅。官员任职以后还要观察他的能力能否胜任,经过观察该官员无大过,可任命为卿大夫之佐。这就是齐国实行的三选选官制度。三选制度经过基层举荐、试用考察、调查核实、再观察的过程,做到了"匹夫有善,故可得而举也;匹夫有不善,可得而诛也"③。古代的司法官与行政官员没有严格的

---

① 《管子校注》卷8《小匡》,第416页。
② 《管子校注》卷8《小匡》,第417页。
③ 《管子校注》卷8《小匡》,第417页。

区分,司法官的选任也应遵循这一程序。

从《管子》记载来看,齐国选官的程序是严格的,即使像管仲、隰朋这样的朝中大臣也遵循了齐国乡举里选制度的选拔程序。如《管子·戒第》曰:"朔月三日,进二子于里官。"①注曰:"里官,谓里尉也。齐国之法,举贤必自里尉始,故令里官进二子,将旌别而用之。"②根据《管子·戒第》上下文记载,这里的二子是指管仲和隰朋。《戒第》的这一记载进一步印证了齐国的乡举里选的选官任官制度。

2. 秦国的乡举里选制。《吕氏春秋·孟夏纪》曰:孟夏之月,天子居明堂左,"命太尉,赞杰俊,遂贤良,举长大"③。注曰:"命,使。赞,白也。千人为俊,万人为杰。遂,达也。有贤良长大之人,皆当白达举用之。"《吕氏春秋》这段话的意思是说:每年的四月,国君坐在明堂的左边,要求太尉将国内的俊杰、贤良、有德才之人推举上来。韩非子也有同样的论述,《韩非子·显学》曰:"明主之吏,宰相必起于州部,猛将必发于卒伍。"④韩非子认为圣明的君主所选择的宰相需从州部基层做起,将帅从一般士兵做起。《史记》还记录了两起乡举里选事例,如《史记·萧相国世家》曰:"萧相国何者,沛丰人也。以文无害为沛主吏掾。"⑤集解引《汉书音义》曰:"文无害,有文无所枉害也。律有无害都吏,如今言公平吏。"《史记·淮阴侯列传》曰:"韩信始为布衣时,贫无行,不得推择为吏。"⑥集解引李奇曰:"无善行可推举选择。"

---

① 《管子校注》卷10《戒第》,第514页。
② 《管子校注》卷10《戒第》,第514页。
③ 许维遹撰,梁运华整理:《吕氏春秋集释》卷4《孟夏纪》,中华书局2009年版,第85页。
④ [清]王先慎撰,钟哲点校:《韩非子集解》卷19《显学》,中华书局1998年版,第460页。
⑤ 《史记》卷53《萧相国世家》,第2013页。
⑥ 《史记》卷92《淮阴侯列传》,第2609页。

(三)《周礼》所设计的乡举里选制度

举贤任能是实施社会教化和社会治理的重要保障,"举贤则民化善,使能则官职治"①。《论语·颜渊》记载:"季康子问政于孔子,孔子对曰:'政者,正也。子率以正,孰敢不正。'"孔子还以舜、汤为例,说明为政者选贤任能对实行教化的重要性,"舜有天下,选于众,举皋陶,不仁者远矣。汤有天下,选于众,举伊尹,不仁者远矣"②。孟子在谈及关于选贤任能在国家教化中的作用时也有相同的论述:"是以惟仁者宜在高位,不仁者而在高位,是播其恶于众也。"③《说文》曰:"贤,多才也。"在古代汉语中,贤多解释为有才德之意。《周礼·地官·乡大夫》郑玄注曰:"贤者,有德行者。能者,有道艺者。"如《大戴礼记·主言》曰:"是故仁者莫大于爱人,知者莫大于知贤,政者莫大于官贤。"④《大戴礼记》在《哀公问于孔子》篇中还详细地记载了选择贤能者执政对民众的影响:"孔子对曰:'政者,正也;君为正,则百姓从政矣。君之所为,百姓之所从也。君所不为,百姓何从?'"⑤

《周礼》在乡举里选的制度建构方面作了较为体系化的规定。按《周礼》在国家建构上的乡遂制度的设计,国中设"乡",野中设"遂"。乡下属组织分别为州、党、族、闾和比,其官长分别为州长、党正、族师、闾胥和比长;遂下属组织分别是县、鄙、酂、里和邻,其长官分别是县正、鄙师、酂长、里宰和邻长。《周礼·地官·叙官》郑玄注曰:"州、党、族、闾、比,乡之属别。正、师、胥,皆长也。正之言政也。师之言帅也。胥,有

---

① [汉]贾谊撰,闫振益、钟夏校注:《新书校注》卷8《道术》,中华书局2000年版,第302页。
② 《论语·颜渊》。
③ 《孟子正义》卷14《离娄上》,第486页。
④ 《大戴礼记解诂》卷1《主言》,第8页。
⑤ 《大戴礼记解诂》卷1《哀公问于孔子》,第13页。

才知之称。"从郑玄关于乡遂属别组织官长名称的解释中可以看出,《周礼》在给乡遂基层组织长官命名时就体现了选贤任能的制度色彩。

《周礼·地官·闾胥》曰:"凡春秋之祭祀、役政、丧纪之数,聚众庶;既比,则读法,书其敬、敏、任、恤者。"郑玄注曰:"祭祀,谓州社、党禜、族酺也。役,田役也。政,若州射党饮酒也。丧纪,大丧之事也。四者及比,皆汇聚众民,因以读法而敕戒之。"贾公彦疏曰:"云'书其敬、敏、任、恤者',以上书其德行道艺,今此闾胥亲民更近,故除任、恤六行之外,兼记敬、敏者也。"任、恤是《大司徒》记载的孝、友、睦、姻、任、恤六行的其中两行。郑玄注曰:"任,信于友道;恤,振忧贫者。"《说文》曰:"敬,肃也;敏,疾也。"在闾中如有祭祀、役政、丧纪等汇聚民众之事时,则宣读国家法律及有关教化训则,对于闾中有敬、敏、任、恤行为者,记录下来,以便向上呈报。

《周礼·地官·族师》曰:"月吉,则属民而读邦法,书其孝弟睦姻有学者。春秋祭酺,亦如之。"郑玄注曰:"月吉,每月朔日也。酺者,为人物灾害之神也。"贾公彦疏曰:"此族师亦聚众庶而读法,因书其孝弟睦姻有学者。党正直书,德行道艺具言,此云孝弟睦姻,惟具六行之四事。有学,即六艺也。云'月吉,每月朔日也'者,以其弥亲民,教亦弥数,故十二月朔日皆读之。"根据《周礼》注疏,族师每年给族民读法的次数是十四次,即每月朔日为读法日,一年十二个月计十二次,春秋两季祭酺时各读法一次。在每年十四次的聚众读法时,族师都要观察记录族内有德行道艺者,在三年大比时呈报。

《周礼·地官·党正》曰:"及四时之孟月吉日,则属民而读邦法以纠戒之。春秋祭禜,亦如之。……正岁属民读法而书其德行道艺。"郑玄注曰:"以四孟之月朔日读法者,弥亲民者于教亦弥数。禜谓雩禜水旱之神也。……书,记之。"贾公彦疏曰:"及,至也。党正四时孟月吉日则属民而读邦法者,因纠戒之,如州长之为也。党正不得与州同祭社,故亦春秋祭禜神也。……党正于正岁建寅朔日聚众庶读法,因即书其德行道艺。郑解书'书,记之'者,以其三年乃一贡,今每年正岁皆书记劝勉之,三年即贡之也。"党正每年于每个季度第一月的初一日、春秋祭禜神时,以及每年的正月初一日共七次向民众宣读法律、国家的政令和德行规范时,记录有德行道艺者,以备三年贡比时呈报。

《周礼·地官·州长》曰:"正月之吉,各属其州之民而读法,以考其德行道艺而劝之,以纠其过恶而戒之。若以岁时祭祀州社,则属其民而读法,亦如之。春秋以礼会民而射于州序。……正岁,则读教法如初。三年大比,则大考州里,以赞乡大夫废兴。"郑玄注曰:"属犹合也,聚也。因聚众而劝戒之者,欲其善。序,州党之学也。会民而射,所以正其志也。《射义》曰:'射之言绎。绎者,各绎己之志。'……虽以正月读之,至正岁仍犹复读之,因此四时之政重申之。废兴,所废退、所兴进也。"注引郑司农云:"赞,助也。"贾公彦疏曰:"'各属其州之民'者,属犹合也,聚也,谓合聚一州之民也。'而读法'者,谓对众读一年政令及十二教之法,使知之。云'以考其德行道艺而劝之'者,谓考虑民之六德、六行及六艺之道艺,而劝勉之,使之勤修。云'以纠其过恶而戒之'者,民有过恶,纠察,与之罪而惩戒之。……州长至三年大案比之日则大考州里者,谓年年考讫,至三年则大考之。言大者,时有黜陟废兴故也。"根据上述经文、注疏,州里有四次聚众读法,届时察举民众中有六德、六行及六艺之道艺者,记录之,劝勉之,使之继续勤修,三年大案比时仍优异者,呈报乡大夫。

《周礼·地官·乡大夫》曰:"三年则大比,考其德行道艺,而兴贤者能者。乡老及乡大夫帅其吏,与其众寡,以礼礼宾之。厥明,乡老及乡大夫群吏,献贤能之书于王,王再拜受之,登于天府,内史贰之。"郑玄注曰:"贤者,有德行者。能者,有道艺者。言兴者,谓合众而尊宠之,以乡饮酒之礼,礼而宾之。厥,其也。其宾之明日也。献犹进也。王拜受之,重得贤者。王上其书于天府。天府,掌主庙之宝藏者。内史,副写其书者,当诏王爵禄之时。"注引郑司农①云:"兴贤者,谓若今举孝廉。兴能者,若今举茂才。宾,敬也。敬所举贤者、能者。"贾公彦疏曰:"三年一闰,天道小成,则大案比当乡之内。云'考其德行道艺'者,德行谓六德六行,道艺谓六艺。云'而兴贤者',谓德行之人也。'能者',则道艺之人也。云'乡老及乡大夫群吏'者,谓州长以下。云'与其众寡'者,谓乡中有贤者,皆集在庠学。云'以礼礼宾之'者,以,用;用乡饮酒之礼以礼贤者、能者,宾客之举。云'贤者有德行者',欲见贤与德行为一,在身为德,施之为行,内外兼备为贤者。云'能者有道艺者',郑亦见道艺与能为一。云'内史副写其书者',贰,副也。内史副写一通文书,拟授爵禄。"通过乡举里选制度选出的贤能者,在三年一度的大比中,德行、道艺俱佳者,以宾客之礼礼遇之;次日,乡老及乡大夫等官吏,将书写有贤能者姓名的文书敬贤于王,王拜受之,将文书存于天府,内史副写一副存档备查。这种层层选拔的官员,来自民众,了解民情,且德行道艺俱佳,这些官员的任用,首先对社会教化的推行起到很好的教化示范作用;其次,他们的身体力行能够保证国家政令的通畅。

(四) 考试

考试是先秦时期选拔官吏的形式之一。先秦时期,受天人相应理论的支撑,形成了家国同构的社会结构及其管理模式,行政长官兼理司法是先秦社会管理的常态。但是,各级行政区划在其行政长官负责制

---

① 郑司农,名郑众(?—83年),字仲师,河南开封人,东汉经学家、官员,名儒郑兴之子。后世习称先郑(以区别于汉末经学家郑玄)、郑司农(以区别于宦官郑众),历任东汉官军司马、护西域中郎将、武威太守、左冯翊;建初六年(81年),出任大司农,为官清廉正直,反对重行盐铁专卖。

下，其社会管理职能是有分工的，其中就有从事缉捕盗贼、审判狱讼案件的专门机构。先秦时期没有专门选拔司法审判官的考试，被选官吏中熟悉法律者则可被任命为从事司法的官吏。《史记·高祖本纪》曰："汉高祖壮，试为吏，为泗水亭长。"《史记·夏侯婴列传》曰："（夏侯）婴已而试补县吏，与高祖相爱。"①《汉书·艺文志》曰："汉兴，萧何草律，亦著其法曰：'太史试学童，能讽书九千字以上，乃得为史。又以六体试之，课最者，以为尚书、御史、史书、令史。吏民上书，字或不正者，辄举劾。'"②该文中的"课"，为"考课"之意；"最"，为"最高"或"第一"之意。"课最者"，意为考课中最优秀者。汉承秦制，汉初"相国萧何捃摭秦法，取其宜于时者，作律九章"③。因此，有理由相信，汉初承袭了秦国的考试选拔官吏制度。1983年湖北江陵张家山汉墓出土的《二年律令·史律》中记述有关汉代考试选拔官吏的办法，《二年律令·史律》规定："史、卜子年十七岁学。史、卜、祝学童学三岁，学佴将诣大史、大卜、大祝，郡史学童诣其守，皆会八月朔日试之。"④该条规定就明确了"史、卜子"学习年龄、学习时间、考试时间等问题。该条规定中的"史、卜子"以及"史、卜、祝学童"应是指学习史、卜或史、卜、祝的学生或学子。史、卜、祝分别为汉代的经学、礼仪、卜卦等内容。如《汉书·百官公卿表》曰："奉常，秦官，掌宗庙礼仪，有丞。景帝中六年更名太常。属官有太乐、太祝、太宰、太史、太卜、太医六令丞。"

（五）任举制

任举制是先秦时期一种保荐任举官吏的制度，荐举者对被荐举人

---

① 《史记》卷95《夏侯婴列传》，第2664页。
② 《汉书》卷39《艺文志》，第1720—1721页。
③ 《汉书》卷23《刑法志》，第1096页。
④ 张家山二四七号汉墓竹简整理小组：《张家山汉墓竹简［二四七号墓］》（释文修订本），文物出版社2006年版，第80页。

的不当行为承担连带责任。《史记·范雎列传》曰:"秦之法,任人而所任不善者,各以其罪罪之。"①《史记·穰侯列传》曰:"白起者,穰侯之所任举者。"②《史记·李斯列传》曰:"李斯乃求为秦相文信侯吕不韦舍人,不韦贤之,任以为郎。"③《睡虎地秦墓竹简·秦律杂抄》曰:"任法(废)官者为吏,赀二甲。"④注曰:"任,《汉书·汲黯传》注引苏林云:'保举。'废官者,已受撤职永不叙用处分的人。"⑤《睡虎地秦墓竹简·法律答问》曰:"任人为丞,丞已免,后为令,今初任者有罪,今当免不当? 不当免。"⑥

二、司法官吏的考课管理

(一)《周礼》有关司法官吏考核的规定

有关先秦时期司法官吏考核管理制度的文献较少,《周礼》作为成书于先秦时期的规模宏大的有关官制的文献,对国家官吏的管理有一些较为详细的规定。狱讼审判情况、社会治安状况是社会治理的重要指标之一,也是考核地方行政长官的重要依据之一。司法官吏是进行狱讼审判、维护社会治安的主体,当然也应将其政绩纳入考核范畴。《周礼·天官·宰夫》曰:"岁终则令群吏正岁会,月终则令正月要,旬终则令正日成,而以考其治。治不以时举者,以告而诛之。正岁,则以法警戒群吏,令修宫中之职事。书其能者与其良者,而以告于上。"按《周礼》,宰夫掌治朝之法、百官府之征令,同时掌治法以考核百官府、都县

---

① 《史记》卷 79《范雎列传》,第 2417 页。
② 《史记》卷 72《穰侯列传》,第 2325 页。
③ 《史记》卷 87《李斯列传》,第 2540 页。
④ 《睡虎地秦墓竹简》,第 79 页。
⑤ 《睡虎地秦墓竹简》,第 79 页。
⑥ 《睡虎地秦墓竹简》,第 127 页。

鄙之治,并且适时掌控、保管有关各地相关统计数据,对地方上报的旬、月、岁终统计数据,保管其副本,旬终则日成,月终则月要,岁终者岁会。日成、月要、岁会是旬终、月终、岁终统计报告的称谓。《周礼·天官·司会》曰:"以参互考日成,以月要考月成,以岁会考岁成。以周知四国之治,以诏王及冢宰废置。"郑玄注曰:"参互,谓司书之要贰,与职内之入,职岁之出。周,犹遍也。言四国者,本逆邦国之治,亦钩考以告。"贾公彦疏曰:"'以参互考日成'者,司会钩考之官,以司书之等,相参交互,考一日之成。一日之中计算文书也。'以月要考月成'者,月计曰要,亦与诸职参互,考一月成事文书也。'以岁会考岁成'者,岁计曰会,以一岁之会计考当岁成事之文书。四国谓四方诸侯国。遍知诸侯之治者,以是钩考之官,须知诸侯得失,以此治职文书,以诏王及冢宰,有功者升进而置之,有罪者黜退以废之。所诏告及冢宰者,以其冢宰者副贰王之治事,故并告之。"《周礼·天官·司书》曰:"三岁则大计群吏之治。"

《周礼》中也有关于司法审判考核的规定,如《周礼·秋官·小司寇》曰:"岁终,则令群士计狱弊讼,登中于天府。"郑玄注曰:"上其所断狱讼之数。"贾公彦疏曰:"群士,谓乡士、遂士以下皆是。必登断狱之书于主庙天府者,重其断刑,使神监之。"《周礼·秋官·小司寇》这一规定是专门关于司法审判官断狱弊讼案件数量上报的规定。各级司法官吏,即乡士、遂士、县士、方士、讶士等,在岁末年终都要将本审判区域的断案数量上报小司寇,并将副本置于天府。

(二)其他先秦文献中有关司法官吏考核的记载

《韩非子·外储说右下》曰:"人主者,守法责成以立功者也。闻有吏虽乱而有独善之民,不闻有乱民而有独治之吏,故明主治吏不治民。"[①]

---

① 《韩非子集解》卷14《外储说右下》,第331—332页。

《韩非子·有度》曰:"明主使法择人,不自举也;使法量功,不自度也。"①注曰:"择人量功之法,布在方册,谓成国之旧制。""使法择人""使法量功"的前提是考课或考核记录。方册应是考课或考核的记录簿册。由于先秦相关资料的匮乏,择人量功之法以及方册的内容、分类等不得而知。但是,从已有的先秦资料来看,有一点是肯定的,那就是司法官在审判案件时,查明案件事实,公正裁判,追求无讼,即"刑期于无刑"②,是先秦的统治者以及先秦诸子共同认同的价值追求。《尚书·舜典》记载,舜帝任命皋陶为司法官时,告诫皋陶在审理狱讼案件时要"惟明克允",即在审理狱讼案件时要做到查明案件事实,公正判决。《尚书·吕刑》中也多次提到审理狱讼案件时要查明事实、公正判决,如"惟察惟法,其审克之","察辞于差,非从惟从。哀敬折狱,明启刑书胥占,咸庶中正。其刑其罚,其审克之"。《管子·正第》曰:"治断五刑,各当其名,罪人不怨,善人不惊,曰刑。"③《管子·立政》曰:"疏远无蔽狱。"④

无讼,是先秦诸子有关司法审判、社会治理的共同价值追求,但在路径上有所不同。儒家主张先教化、后刑罚,而法家则主张严刑。路径不同,就会导致对司法官绩效的考核标准不同。《史记·周本纪》记载:"康王即位,遍告诸侯,宣告以文武之业以申之,作康诰。故成康之际,天下安宁,刑错四十余年不用。"⑤《吕氏春秋·慎大览·下贤》记载:"子产相郑,往见壶丘子林,与其弟子坐必以年,是倚其相于门也。夫相万乘之国而能遗之,谋志论行,而以心与人相索,其唯子产乎! 故相郑十

---

① 《韩非子集解》卷2《有度》,第34页。
② 《尚书正义》卷4《大禹谟》,第91页。
③ 《管子校注》卷15《正第》,第892页。
④ 《管子校注》卷1《立政》,第60页。
⑤ 《史记》卷4《周本纪》,第134页。

八年,刑三人,杀二人,桃李垂于行者莫之援也,锥刀之遗于道者莫之举也。"①注曰:"子产,壶丘子弟子。索,尽也。推其志行,以忠心与人相极尽,知其情实。一曰:'索,法。与人为法则。'"《韩非子·外储说左上》曰:"子产相郑,简公谓子产曰:'饮酒不乐也,俎豆不大,钟鼓竽瑟不鸣,寡人之事不一,国家不定,百姓不治,耕战不辑睦,亦子之罪。子有职,寡人亦有职,各守其职。'子产退而为政五年,国无盗贼,道不拾遗,桃枣荫于街者莫有援也,锥刀遗道三日可反,三年不变,民无饥也。"②

《韩诗外传》记载:"季孙氏之治鲁也,众杀人,而必当其罪;多罚人,而必当其过。子贡曰:'暴哉!治乎!'季孙闻之,曰:'吾杀人,必当其罪;罚人,必当其过。先生以为暴,何也?'子贡曰:'夫奚不若子产之治郑,一年而负罚之过省,二年而刑杀之罪亡,三年而库无拘人。故民归之,如水就下;爱之,如孝子敬父母。子产病,将死,国人皆呼嗟,曰:谁可使代子产死者乎?及其不免死也,士大夫哭之于朝,商贾哭之于市,农夫哭之于野。哭子产者皆如丧父母。今窃闻夫子疾之时,则国人喜,活则国人皆骇。以死相贺,以生相恐,非暴而何哉!赐闻之:托法而治,谓之暴;不戒致期,谓之虐;不教而诛,谓之贼;以身胜人,谓之责。责者失身,贼者失臣,虐者失政,暴者失民。且赐闻:居上位,行此四者而不亡者,未之有也。'于是季孙稽首谢曰:'谨闻命矣。'诗曰:'载色载笑,匪怒伊教。'"③司法官在审判案件时,重教化,少杀、慎杀,施行仁政,是先秦儒家倡导的为政之方策。

在法家看来,严刑峻法才是实现无讼、社会治安良好的路径。《韩非子·内储说上七术》曰:"子产相郑,病将死,谓游吉曰:'我死后,子必

---

① 《吕氏春秋集解》卷15《下贤》,第372页。
② 《韩非子集解》卷11《外储说左上》,第283页。
③ [汉]韩婴撰,许维遹校释:《韩诗外传集释》,中华书局1980年版,第105—108页。

用郑,必以严莅人。夫火形严,故人鲜灼;水形懦,故人多溺。子必严子之刑,无令溺子之懦。'及子产死。游吉不肯严刑,郑少年相率为盗,处于萑泽,将遂以为郑祸。游吉率车骑与战,一日一夜仅能克之。游吉喟然叹曰:'吾蚤行夫子之教,必不悔至于此矣。'"①对于子产治郑之例,韩非子作了不同的解读。

根据先秦文献记载,对于在案件侦办、司法审判中有功的司法官吏要给予一定的奖励,同时还把侦办案件、审判案件的成绩作为官职晋升的条件。如《张家山汉墓竹简·奏谳书》第 22 例记载了一起发生在秦王政六年(公元前 241 年)"不知何人刺女子婢最里中案"。狱史举阕因侦破案件有功被升迁。"六年八月丙子朔壬辰,咸阳丞毃、礼敢言之。令曰:狱史能得微难狱,上。今狱史举阕得微难狱,为奏廿二牒,举阕毋害,谦(廉)洁敦悫,守吏也。平端,谒以补卒史,劝他吏,敢言之。"②狱史举阕因得微难狱有功,晋升为卒史。这是对有功人员的奖励,也是对其他狱史的劝勉。当然,这也是依法令从事。

三、司法官吏的责任

"刑罚不中,则民无措手足。"③政平理讼,民众方可安居乐业。公平、公正地处理诉讼案件是历代统治者对司法官吏的基本要求。为确保诉讼案件公平、公正地办理,历代统治者对于司法官吏失职失责、任意出入人罪的行为都规定了一定的责任形式。

最早关于司法官吏责任的记载可以追溯到《尚书·吕刑》。《尚书·吕刑》曰:"两造具备,师听五辞;五辞简孚,正于五刑;五刑不简,正

---

① 《韩非子集解》卷 9《内储说上七术》,第 223 页。
② 《张家山汉墓竹简[二四七号墓](释文修订本)》,第 109—111 页。
③ 《论语·子路》。

于五罚;五罚不服,正于五过。五过之疵,惟官、惟反、惟内、惟货、惟来。其罪惟均,其审克之。"孔安国传曰:"两,谓囚、证。造,至也。两至具备,则众狱官共听其入五刑之辞。五辞简核,信有罪验,则正于五刑。不简核,谓不应五刑。当正五罚,出金赎罪。不服,不应罚也。正于五过,从赦免。五过之所病,或尝同官位,或诈反囚辞,或内亲用事,或行货枉法,或旧有往来,皆病所在。以病所在,出入人罪,使在五过,罪与犯法者同。其当清察,能使之不行。"孔颖达正义曰:"凡断狱者,必令囚之与证两皆来至。囚证具备,取其言语,乃与众狱官共听其入五刑之辞。其五刑之辞简核,信实有罪,则正之于五刑,以五刑之罪罪其身也。五刑之辞不如众所简核,不合于五刑,则正之于五罚。罚取其赎也。于五罚论之,又有辞不服,则正之于五过,过失可宥,则赦宥之。从刑入罚,从罚入过。此五过之所病者,惟尝同官位,惟诈反囚辞,惟内亲用事,惟行货枉法,惟旧相往来。以此五病出入人罪,其罪与犯法者均。其当清正审察,能使五者不行,乃为能耳。"《尚书·吕刑》这段话是在告诫司法审判官吏,审判案件时应审慎听取正反两方面的意见,做到狱讼之辞简核,有罪之事信实。在审理狱讼案件时避免"五过之疵",即"惟官、惟反、惟内、惟货、惟来"。这"五过之疵"用现代通俗的语言可以解释为,"惟官"就是法官依仗权势处理案件,"惟反"就是司法官在处理狱讼案件时挟私报恩怨,"惟内"就是偏袒亲信,"惟货"就是收受他人贿赂,"惟来"就是接受他人的请托、说情。以此五过出入人罪,与犯法者等同。《尚书·吕刑》又曰:"狱货非宝,惟府辜功,报以庶尤。永畏惟罚,非天不中,惟人在命。"孙星衍注曰:"府者,怨祸之聚。功者,事也。尤与訧同,《说文》曰:'訧,罪也。'"[①]《尔雅·释诂》云:"辜,罪也。"《尚

---

① [清]孙星衍撰,陈抗、盛冬铃点校:《尚书今古文注疏》卷27《吕刑》,中华书局1986年版,第541页。

书·吕刑》这段话的意思可以解读为：审判案件时收受他人贿赂，不是好事，而是集聚罪恶的做法，迟早会受到惩罚的。对刑罚永怀敬畏之心，上天中正无私，人只有遵循天道才能延展个人的性命，违天则自取咎耳。这段话又进一步告诫司法官吏要清正廉洁、洁身自好、中正执法。《尚书·吕刑》的这些记载显然是关于司法官吏责任的。这些规定从正反两方面告诫司法官吏要严格依法审案。

春秋时期，各诸侯国对于司法官吏纵囚、失刑等职务犯罪行为均给予严厉制裁。根据文献记载，先秦时期，有关司法官吏承担责任的形式主要有以下几种。

（一）贪墨罪

《左传·昭公十四年》记载："晋邢侯与雍子争鄐田，久而无成。士景伯如楚，叔鱼摄理。韩宣子命断旧狱，罪在雍子。雍子纳其女于叔鱼，叔鱼蔽罪邢侯。邢侯怒，杀叔鱼与雍子于朝。宣子问其罪于叔向。叔向曰：'三人同罪，施生戮死可也。雍子自知其罪，而赂以买直；鲋（指叔鱼）也鬻狱；邢侯专杀；其罪一也。己恶而掠美为昏，贪以败官为墨，杀人不忌为贼。'《夏书》曰：昏、墨、贼，杀。皋陶之刑也，请从之。乃施邢侯，而尸雍子与叔鱼于市。"这是一起发生在晋国的邢侯与雍子之间的土地纠纷及其纠纷审理情况的记载。晋国邢侯与雍子争鄐田的土地，长时间没有解决。案件的承审官士景伯到楚国去了，叔鱼代理士景伯审理此案。韩宣子要求叔鱼尽快处理陈年旧案，根据诉讼证据，应当判决雍子败诉。雍子向叔鱼行贿女乐，叔鱼判决雍子胜诉。邢侯非常愤怒，在法庭上将叔鱼与雍子杀死。对于因土地纠纷而引起的血案如何处理，韩宣子问计于叔向。叔向认为，邢侯、雍子、叔鱼三人同罪，生者应予以处死，死者应予以暴尸；其理由是，雍子自知理亏却行贿审判官以取得对自己有利的判决；叔鱼收受他人贿赂，枉法裁判；邢侯故意杀人；三者罪责相同。自己有罪恶却要攫取美名或利益称之为昏，贪婪败坏为官的职责称之为墨，杀人没有顾忌称之为贼。在此案中，雍子的行为可称之为昏，叔鱼的行为可称之为墨，邢侯的行为可称之为贼。《夏书》说："昏、墨、贼，杀。"这是皋陶制定的刑法，请遵照办理。于是晋国便判处邢侯死刑，并将雍子与叔鱼的尸体暴于市。对此案的处理结果，孔子评价说："叔向，古之遗直也；治国、制刑不隐于亲，三数叔鱼之恶，不为末减，曰义也夫，可谓直矣。"①孔子认为，叔向具有三代正直之遗风，不因为叔鱼是自己的亲属而为之隐恶，其行为符合道义，可以说得上正直了。

《左传·昭公二十八年》还记载了一起发生在晋国的梗阳人狱讼案："冬，梗阳人有狱，魏戊不能断，以狱上。其大宗赂以女乐，魏子将受之。魏戊谓阎没、女宽曰：'主以不贿闻于诸侯，若受梗阳人，贿莫甚焉。吾子必谏！'皆许诺。退朝，待于庭。馈入，召之。比置，三叹。既食，使坐。魏子曰：'吾闻诸伯叔，谚曰：唯食忘忧。吾子置食之间三叹，何也？'同辞而对曰：'或赐二小人酒，不夕食。馈之始至，恐其不足，是以叹。中置自咎曰：岂将军食之而有不足？是以再叹。及馈之毕，愿以小人之腹为君子之心，属厌而已。'献子辞梗阳人。"这是发生在鲁昭公二十八年（公元前511年）晋国梗阳县的一起诉讼案件，其争讼的标的是什么，《左传》和《国语》均未述明。时任梗阳县令的魏戊对此狱讼案件存疑，不能明断，于是就将案件请谳至晋国王庭。这年秋天，魏献子升任晋国执政大臣。诉讼一方以女乐行贿魏献子，希望魏献子能干预梗阳人狱讼案的审理，魏献子意欲接受女乐。魏戊对阎没、女宽二人说："主人以不收受贿赂闻名于诸侯，如果接受了梗阳人的女乐，贿赂没有

---

① 《春秋左传正义》卷47《昭公十四年》，第1338页。

比这更大的了。你们二位必须进谏。"阎没、女宽答应进谏。当晚阎没、女宽二人在魏献子的庭院内等候,魏献子退朝回家,吃晚饭时,邀阎没、女宽二位共进晚餐。等到饭菜摆好后,阎没、女宽三次叹息。餐毕,让阎没、女宽坐下,魏献子说:"我听我伯父叔父们说,俗语说:'只有吃饭时才能忘记忧愁。'二位在饭菜摆好后三次叹息,是为什么呢?"阎没、女宽二位不约而同地回答说:"有人赐我俩酒喝,昨天晚上没有吃饭,而今天当饭菜摆上的时候,担心不够吃,因此叹息;饭菜上到一半时,感到自责,心想难道将军让我们吃饭而饭菜准备得不够吗?因此再叹;吃完后,愿意以小人之心为君子之心,满足了就行了,因此三叹。"魏献子听阎没、女宽二位三叹之意后,便辞谢了梗阳人行贿的女乐。

"梗阳人狱讼案"在《国语·晋语》中也有记载,其记载的内容与《左传》记载的大致相同,但在行贿的原因及内容上有所区别。《国语·晋语》曰:"梗阳人有狱,将不胜,请纳赂于魏献子,献子将许之。""梗阳人有狱,将不胜",是行贿的原因,即诉讼一方当事人将败诉;"请纳赂于魏献子,献子将许之",这里的行贿内容是"赂",没有明确的具体内容,而《左传·昭公二十八年》则明确记载行贿的内容是"女乐"。

《左传》记载的上述两例狱讼案件均涉及法官受贿贪墨行为。法官履职时受贿贪墨行为的危害是多方面的,对法官个人来讲,轻者会使自己名誉受损,重者会使自己身首异处;对司法来讲,它损害司法的公信力;对社会来讲,它给社会秩序带来严重的破坏。

(二)失刑

《二年律令·具律》曰:"劾人不审,为失。"[1]《说文解字》曰:"劾,法有罪也。"段玉裁注曰:"法者,谓以法施之。广韵曰:劾,推穷罪人也。"

---

[1] 《张家山汉墓竹简[二四七号墓](释文修订本)》,第24页。

因此,"劾人不审,为失"可解释为,审判官在审理案件时不严谨、有过失,认定的案件事实有出入,量刑失当者,为失刑行为。根据《睡虎地秦墓竹简·法律答问》简文,失刑是一种主观过失的行为责任,因司法官的主观过失造成的量刑不当或量刑有出入的情况为失刑,因主观故意造成的量刑失当或量刑有出入的情况为不直。具体事例可参见下文"治狱不直"部分的例1、例2和例3。在先秦文献中,除《睡虎地秦墓竹简》记载的三例外,还有一些失刑的事例。

1. 李离失刑案。《史记·循吏列传》记载了一例李离失刑案。"李离者,晋文公之理也,过听杀人,自拘当死。文公曰:'官有贵贱,罚有轻重。下吏有过,非子之罪也。'李离曰:'臣居官为长,不与吏让位;受禄为多,不与下分利,今过听杀人,传其罪下吏,非所闻也。'辞不受令。文公曰:'子则自以为有罪,寡人亦有罪邪?'李离曰:'理有法,失刑则刑,失死则死。公以臣能听微决疑,故使为理。今过听杀人,罪当死。'遂不受令,伏剑而死。"① 唐张守节正义曰:"理,狱官也。"从李离失刑案记载的情况来看,春秋时期的晋国法律对司法官吏犯失刑罪的处罚是相当严厉的,"失刑则刑,失死则死"。

2. "黥城旦讲乞鞫案"中的失刑例。《奏谳书》第十七例"黥城旦讲乞鞫案"②是《奏谳书》记录的汉初和先秦时期的二十二个案例中唯一的乞鞫案例。据李学勤先生考证,该案发生时间为秦王政元年(公元前246年)和二年(公元前245年)。这是一例较为完整的秦代再审案例。该案例记载的内容可分为以下几部分:黥城旦讲的乞鞫请求;原审案件记载的基本情况,即故狱;再审查证的情况;再审人员对案件事实的认定,即鞫的内容;廷尉对再审案件的判处。经过再审,案件事实查清

---

① 《史记》卷119《循吏列传》,第3102—3103页。
② 《张家山汉墓竹简[二四七号墓](释文修订本)》,第100—102页。

后,"鞫之:讲不与毛盗牛,吏笞掠毛,毛不支痛而诬讲,昭、铫、敢、赐论失之,皆审"。即乞鞫人讲没有与毛合谋盗牛,吏笞打毛,毛不能忍受痛楚,诬告讲与其合谋盗牛,昭、铫、敢、赐所作的判决不当,案件事实清楚,证据确凿。对于丞昭、史铫、敢、赐四人鞫狱失刑的处罚,案件没有记载。

3. "辟死不当为城旦案"中的失刑例。1989 年在湖北省云梦县龙岗地区发掘《龙岗秦简》中有一木牍,木牍记录了一起乞鞫①(再审)案的判词。判词曰:"鞫之:辟死,论不当为城旦。吏论:失者,已坐以论。九月丙申,沙羡丞甲、史丙,免辟死为庶人。令。(以上为木牍正面)自尚也(木牍背面)。"②注曰:"辟死,人名。鞫,对已判决的案件重新调查。论,定罪。吏论,官吏对犯人申诉的复议,重新判罪。失,过失。失者,指以往的过失、错误。已坐,已经承担罪责。坐,获罪。沙羡,战国县名,秦国时为南郡属县。"③即经查证:辟死被判处为城旦刑不当。经合议判决:原判处辟死城旦刑不当,过失失刑者已被判处刑罚。九月丙申,沙羡县丞甲、史丙,免除辟死的徒刑身份,恢复为庶人,令其为自由民,自谋生活。

(三) 纵罪失职

纵罪是故意放纵罪犯的行为。《睡虎地秦墓竹简·法律答问》曰:"当论而端弗论,及易其狱,端令不致,论出之,是谓'纵囚'。"④即应当定罪判刑而故意不定罪判刑,以及改变案件的定性故意使之达不到定

---

① 《睡虎地秦墓竹简·法律答问》曰:"以乞鞫及为人乞鞫者,狱已断乃听,且未断犹听也?狱断乃听之。"
② 中国文物研究所、湖北省文物考古研究所:《云梦龙岗秦简》,中华书局 2001 年版,第 144 页。
③ 《云梦龙岗秦简》,第 144 页。
④ 《睡虎地秦墓竹简》,第 115 页。

罪条件者,就是纵囚。纵囚或纵罪是一种较为严重的司法官的责任行为。

1. 楚相石奢纵父案。《史记·循吏列传》记载,石奢为楚昭王相时"坚直廉正,无所阿避,行县,道有杀人者,相追之,乃其父也。纵其父而还自系焉,使人言之王曰:'杀人者,臣之父也;夫以父立政,不孝也;废法纵罪,非忠也;臣罪当死。'王曰:'追而不及,不当伏罪,子其治事矣。'石奢曰:'不私其父,非孝子也;不奉主法,非忠臣也。王赦其罪,上惠也;伏诛而死,臣职也。'遂不受令,自刎而死。"①石奢面对其父杀人案处于"忠"与"孝"难以两全的境地;如果治父之罪,则不孝;如果放纵父亲,则不忠,最后只好选择自刎而死。

2. 楚廷理纵罪案。《说苑·至公》记载了一起楚廷理纵罪案:"楚令尹子文之族有干法者,廷理拘之,闻其令尹之族也而释之。子文召廷理而责之曰:'凡立廷理者将以司犯王令而察触国法也。夫直士持法,柔而不挠;刚而不折。今弃法而背令而释犯法者,是为理不端,怀心不公也。岂吾营私之意也,何廷理之驳于法也!吾在上位以率士民,士民或怨,而吾不能免之于法。今吾族犯法甚明,而使廷理因缘吾心而释之,是吾不公之心,明著于国也。执一国之柄而以私闻,与吾生不以义,不若吾死也。'遂致其族人于廷理曰:'不是刑也,吾将死。'廷理惧,遂刑其族人。成王闻之,不及履而至于子文之室曰:'寡人幼少,置理失其人,以违夫子之意。'于是黜廷理而尊子文,使及内政。国人闻之,曰:'若令尹之公也,吾党何忧乎?'乃相与作歌曰:'子文之族,犯国法程,廷理释之,子文不听,恤顾怨萌,方正公平。'"②该案记载了廷

---

① 《史记》卷119《循吏列传》,第3102页。
② [汉]刘向著,王英、王天海译注:《说苑全译》,贵州人民出版社1992年版,第617—618页。

理因畏惧楚令尹子文的权势,私自放纵违反法律的子文的族人,在子文的坚持下,廷理依法对其族人判处了刑罚。廷理因放纵罪犯而被免职。

(四) 治狱不直

《睡虎地秦墓竹简·法律答问》记录了一些治狱不直的例子。《睡虎地秦墓竹简·法律答问》曰:"罪当重而端轻之,当轻而端重之,是谓'不直'。"① 即故意出入人罪为不直。

例1:

> 士五(伍)甲盗,以得时直(值)臧(赃),臧(赃)直(值)过六百六十,吏弗直(值),其狱鞫乃直(值)臧(赃),臧(赃)直(值)百一十,以论耐,问甲及吏可(何)论? 甲当黥为城旦;吏为失刑罪,或端为,为不直。②

例2:

> 士五(伍)甲盗,以得时直(值)臧(赃),臧(赃)直(值)百一十,吏弗直(值),狱鞫乃直(值)臧(赃),臧(赃)直(值)过六百六十,黥甲为城旦,问甲及吏可(何)论? 甲当耐为隶臣,吏为失刑罪。甲有罪,吏智(知)而端重若轻之,论可(何)殹(也)? 为不直。③

---

① 《睡虎地秦墓竹简》,第115页。
② 《睡虎地秦墓竹简》,第101页。
③ 《睡虎地秦墓竹简》,第102页。

例3：

> 论狱（何谓）"不直"？可（何）谓"纵囚"？罪当重而端轻之，当轻而端重之，是谓"不直"。①

从上述三份材料看，秦律根据法官主观是否有过错以及过错程度，把法官的责任分为故意责任和过失责任两种。失刑为过失责任；不直和纵囚为故意责任。

鞫狱不直者要承担一定的责任甚至刑事责任，如《睡虎地秦墓竹简·法律答问》曰："甲贼伤人，吏论以为斗伤人，吏当论不当？当谇。"②"赀盾不直，可（何）论？赀盾。"③《史记·秦始皇本纪》曰："（秦始皇）三十四年，谪治狱吏不直者，筑长城及南越地。"

依据上述文献记载，我们归纳了上述四种先秦司法官吏责任。我们相信，先秦时期有关司法官吏责任的规定远不止这些，但由于年代久远，资料缺失，仅作此论述。

---

① 《睡虎地秦墓竹简》，第115页。
② 《睡虎地秦墓竹简》，第121页。
③ 《睡虎地秦墓竹简》，第104页。

第三章　先秦时期的诉讼思想和诉讼理念

第一节　天人相应、阴阳五行协和的诉讼思想

一、天人相应、阴阳五行理论的产生

中国古代哲学关于世界的起源的理论认为,"有物混成,先天地而生"①,即天地在产生以前是一个混沌的气体,由于气体的自身运动,清气上升,浊气下降,阴阳分,天地始,万物生。道家认为,天地万物的产生是道的作用,"道生一,一生二,二生三,三生万物"②。人作为天地化生的万物之一,为万物之灵,其生存、生活应遵循天地万物之道,是天性自然的体现。"人法地,地法天,天法道,道法自然"③,自然也就成为生存、生活应因循的法则。仰观、俯察,取类比象,是我国古代人认识自然,进而认识社会的主要方法。"天垂象,圣人则之。"④人是自然的副本,人类按照自然法则来规范自身的行为方式、设计相关社会制度也就

---

① 《道德经》,第二十五章。
② 《道德经》,第四十二章。
③ 《道德经》,第二十五章。
④ 《易·系辞上》曰:"天垂象,见吉凶,圣人象之;河出图,雒出书,圣人则之。"

理所当然。天人相应是人法天的自然主义思想的体现,是中国古代阐理释法的主要思维方式和凭借。"人以天地之气生,四时之法成。"①《易·系辞》曰:"一阴一阳为之道。""阴阳者,天地之道也,万物之纲纪,变化之父母,生杀之本始,神明之府也。"②"自古或有能违父母之命者矣,未有能违阴阳之变而距昼夜之节者也。"③天地之大道者,人世之常经也,没有不遵循之理。

天人相应、阴阳五行理论在春秋战国时期已基本形成,已成为中国古代哲学主要的说理工具和思维方式。先秦时期的学术文献,如《易》《老子》《庄子》《管子》等,对天人相应、阴阳五行理论都作了较为系统的阐释。《周礼》的作者在官制的设计构思方面,显然是接受了春秋战国时期已经形成的且被学术界普遍接受的天人相应、阴阳五行理论,并将其融入国家机构和诉讼制度的设计之中。

二、诉讼机构建构上"顺天时,法阴阳"

根据《周礼》官制的设置,秋官主刑。秋官的设置践行了"顺天时,法阴阳"的哲学理念。在阴阳二气的消长上,秋分以后阴长阳消,秋天审案行刑有顺阴助阳之意。诉讼属阴,秋天审案行刑顺应天时、天道。在五行上,秋天属金,有肃杀之气,与诉讼相协调。"德合于春夏,刑合于秋冬。"④因此,用"秋官"命名司法机构也就具有法天时、顺阴助阳之意。

在中国古代哲学里,阴阳五行是天道的另一种表达。如《尚书·甘

---

① 姚春鹏译注:《黄帝内经》,中华书局 2009 年版,第 140 页。
② 《黄帝内经》,第 45 页。
③ [清]郭庆藩撰,王校鱼点校:《庄子集释》卷 3《大宗师》注,中华书局 2012 年版,第 267 页。
④ 《管子校注》卷 14《四时》注,第 838 页。

誓》曰："有扈氏威侮五行,怠弃三正,今予惟恭行天之罚。"孔安国传曰："五行之德,王者相承所取法。有扈氏与夏同性,恃亲而不恭,是则威虐侮慢五行,怠惰弃废天地人之正道。言乱常。"孔颖达疏曰："五行,水、火、金、木、土也;分行四时,各有其德。言王者所共取法,而有扈氏独侮慢之,所以大罪也。且五行在人为仁、义、礼、智、信,威侮五行,亦为侮慢此五常不行也。有扈与夏同姓,恃亲不恭天子,废君臣之义,失相亲之恩,五常之道尽矣,是威侮五行也。"这里的"五行"实际上在表达一种天道。天道在人间则表现为五常,仁、义、礼、智、信即为天道。有扈氏侮慢了五行天道,所以夏启才恭行天之罚,兴兵讨伐之。清代著名理学家戴震在论证"天道"时说:"道,犹行也;气化运行,生生不息,是故谓之道。阴阳五行,道之实体也。"又曰:"举阴阳则赅五行,阴阳各具五行也;举五行即赅阴阳,五行各有阴阳也。"[1]道,是阴阳五行的运行之道,是天道。秋官之设置符合中国古代的天道法理。

三、具体诉讼制度设计中融入了天人相应、阴阳五行理念

根据中国古代哲学的阴阳理论:天为阳,地为阴;左为阳,右为阴;东为阳,西为阴。《周礼》在具体诉讼制度的设计上也融入了阴阳五行的天道观。《周礼·秋官·朝士》曰:"左嘉石,平罢民焉;右肺石,达穷民焉。"左属阳,阳主教化;右属阴,阴主狱讼。坐嘉石是对违礼行为人的处罚措施,属于教化范畴。按今天的诉讼分类标准,嘉石制度可以归入行政诉讼的范畴,不属于刑事诉讼范畴。新中国成立后一段时间内实行的劳动教养制度就是旨在改过从善的教化制度,与嘉石制度多有雷同。《周礼·秋官·大司寇》曰:"以嘉石平罢民,凡万民之有罪过而

---

[1] [清]戴震著,何文光整理:《孟子字义疏证》,中华书局1961年版,第21页。

未丽于法而害于州里者,桎梏而坐诸嘉石,役诸司空。重罪,旬有三日坐,期役;其次,九日坐,九月役;其次,七日坐,七月役;其次,五日坐,五月役;其下罪,三日坐,三月役,使州里任之,则宥而舍之。"这里的罢民是指"有罪过而未丽于法而害于州里者"。"丽者,附也。未附于法,未著于法也。"①即嘉石所要教化的罢民属于有过错但未触犯法律构成犯罪的行为人。对罢民施行的"坐""役"之罚属于教化之罚,而非刑罚之罚。《周礼》中所称的"刑"指的是有亏形体的"刑",除此之外,则不能称之为"刑"。按《周礼》官联的制度设计观念,嘉石制度在地官中也有相应的规定,这一规定印证了嘉石制度的教化属性。《周礼·地官·司救》曰:"司救掌万民之邪恶过失而诛让之,以礼防禁而救之。凡民之有邪恶者,三让而罚,三罚而加明刑,耻诸嘉石,役诸司空。其有过失者,三让而罚,三罚而归于圜土。"郑玄注曰:"诛,诛责也。古者重刑,且责怒之,未即罪也。"

肺石制度是一种上诉制度,属于告诉的范畴。《周礼·秋官·大司寇》曰:"以肺石达穷民,凡远近茕、独、老、幼之欲有复于上,而其长弗达者,立于肺石三日,士听其辞,以告于上,而罪其长。"郑玄注曰:"无兄弟曰茕,无子孙曰独。"贾公彦疏曰:"云'欲有复于上,而其长弗达者',谓长官不肯通达,审知其贫困者,故须复报于上,如此之类,是上穷民,即来立于石也。"肺石制度作为一种上诉制度,其适用主体是茕、独、老、幼之人,适用的程序条件是上诉人欲上诉而其官长接收后不向上递送。

路鼓制度是《周礼》所设计的一种直诉制度。《周礼·夏官·太仆》记载:"建路鼓于大寝之门外而(太仆)掌其政,以待达穷者遽令,闻鼓

---

① 《周礼·秋官·大司寇》,郑玄注。

声,则速逆御仆与御庶子。"路鼓以及其后的登闻鼓,建于大寝之门外,是建于门之左或之右,《周礼》及其注疏均未释明,但从《周礼》阴阳的设计理念来推演,路鼓应是设置于大寝门外之右。该制度自魏晋时起改称登闻鼓制度,直至清末皆为历代统治者所沿用。宋代还设有登闻鼓院,专门负责处理各地的直诉案件。

诉讼归属"阴"的制度设计理念与中国"和"文化的价值观和无讼文化的价值观相契合。诉讼在中国传统文化观念属于被抑制的对象。孔子说:"听讼,吾犹人也,必也使无讼乎。"①在孔子看来,使人不兴讼才是最好的结果。孔子还把他的这种无讼思想运用到实践中,在处理具体诉讼案件时身体力行,如《荀子·宥坐》记载:"孔子为鲁司寇,有父子讼者,孔子拘之,三月不别。其父请止,孔子舍之。"②孔子在处理父子争讼时,采取拖延的办法以便使双方当事人自动中止诉讼。法家的代表人韩非子也主张无讼,如《韩非子·解老》记载:"狱讼繁则田荒,田荒则府仓虚,府仓虚则国贫,国贫而民俗淫侈,民俗淫侈则衣食之业绝,衣食之业绝则民不得无饰巧诈,饰巧诈则知采文,知采文之谓服文采。狱讼繁,仓廪虚,而有以淫侈为俗,则国之伤也,若以利剑刺之。故曰:'带利剑。'"③韩非子认为,争讼频繁就会消耗国力,使田地荒芜、国库空虚、民俗淫侈、巧诈横行,对国家的伤害是很严重的。

将诉讼归属"阴"之哲学范畴,对于人们正确地对待狱讼案件,正确地处理狱讼事件,正确地看待今天的司法绩效考核问题都有一定的积极意义。纷争、争讼的兴起必定会产生一定的消耗,无论是精神上的,

---

① 《论语·颜渊》。
② 《荀子集解》卷20《宥坐》,第521—522页。
③ 《韩非子集解》卷6《解老》,第153页。

还是物质上的,从这个角度讲,争讼是不应当被倡导的。

四、刑德论、灾异谴告说

中国古代哲学认为,天和人同类相通,相互感应,天能干预人事,人亦能感应上天。执政者如违背了天意,不仁不义,天就会显现灾异进行谴责和警告;如果政通人和,天就会降下祥瑞以示鼓励。天人感应说还认为:"天有阴阳,人亦有阴阳,天地之阴气起,而人之阴气应之而起;人之阴气起,而天之阴气亦宜应之而起。其道一也。"①天地阴阳理论在诉讼中则形成一种刑德理论,阳为德,阴为刑。"刑德者,四时之合也。刑德合于时则生福,诡则生祸。"②"刑德不失,四时如一。刑德离乡,时乃逆行。"③这种因时诉讼的理论是对天人感应中阴阳协调理论的理解运用。在以农业为主的社会里,对大自然的依赖较强,自然界的变化、灾异的发生,与人们的社会生活息息相关,影响较大。人们出于对大自然的敬畏,以及对风调雨顺、五谷丰登的渴望,同时,通过多年的生产和生活实践总结出,人应顺应自然,按自然规律办事。司法的过程应合于四时,因时诉讼就是合于四时的体现,是一种刑德。

(一)遵循自然时令的诉讼理念

刑德论在诉讼上的表现之一就是对大自然的四时变化以及自然现象的遵循和反应。刑德的表现之一就是因时诉讼,即诉讼起始、终结应遵循四季的变化规律,因时诉讼的确立也是基于对阴阳理论的认识。在先秦诸子的论著中,对因时诉讼论述较为详细的为《吕氏春秋》《礼

---

① 苏舆撰,钟哲点校:《春秋繁露义证》卷13《同类相动》,中华书局1992年版,第360页。
② 《管子校注》卷14《四时》,第838页。
③ 《管子校注》卷14《四时》,第857页。

记·月令》。《礼记》成书于西汉初期,但其内容形成于春秋战国时期,因此,《礼记》的内容反映的是先秦思想家的思想。《吕氏春秋》曰:孟夏之月,"断薄罪,决小罪,出轻系"①。孟秋之月,"命有司修法制,缮囹圄,具桎梏,禁止奸,慎罪邪,务搏执。命理瞻伤察创,视折审断,决狱讼,必正平,戮有罪,严断刑"②。季秋之月,"乃趣狱刑,无留有罪"③。孟冬之月,"察阿上乱法者则罪之,无有掩蔽"④。仲冬之月,"筑囹圄,此所以助天地之闭藏也"⑤。《礼记·月令》中有关诉讼的记载与《吕氏春秋》的记载大致相同。刑为阴,诉讼的期间、刑罚的实施,应与四季更替相协调,做到阴阳协调。先秦诸子倡导的因时诉讼制度一直延续至清末,这一制度影响了中国两千多年,清代热审、秋审就是因时诉讼制度的延续。

刑德论在诉讼上的表现之二就是"灾异谴告"说。汉代董仲舒在解释灾异谴告时说:"灾者,天之谴也;异者,天之威者。谴之而不知,乃畏之以威。诗云:'畏天之威。'殆此谓也。凡灾异之本,尽生于国家之失。国家之失乃始萌芽,而天出灾害以谴告之。谴告之而不知变,乃见怪异以惊骇之,惊骇之尚不知畏恐,其灾咎乃至。以此见天意之仁而不欲陷人也。"⑥"天子赏罚不当,听狱不中,天下疾病祸福祟,霜露不时。"⑦

(二) 灾异谴告诉讼理论的产生及其表现

灾异谴告的记载最早见于《尚书》。《尚书·洪范》曰:"曰咎征:曰狂,恒雨若;曰僭,恒旸若;曰豫,恒燠若;曰急,恒寒若;曰蒙,恒风若。"即众多的过错表现为:为狂,君王的行为狂妄,天一直下雨;为僭,君王的行

---

① 《吕氏春秋集释》卷4《孟夏纪》,第87页。
② 《吕氏春秋集释》卷7《孟秋纪》,第156页。
③ 《吕氏春秋集释》卷9《季秋纪》,第198页。
④ 《吕氏春秋集释》卷10《孟冬纪》,第217页。
⑤ 《吕氏春秋集释》卷11《仲冬纪》,第242页。
⑥ 《春秋繁露义证》卷8《必仁且智》,第259页。
⑦ 吴毓江撰,孙启治点校:《墨子校注》卷7《天志下》,中华书局2006年版,第313页。

为出现僭越差错,天久旱不雨;为豫,君王贪图逸豫,怠政,天气炎热不消;为急,君王急躁政事,天气就寒冷不退;为蒙,君王昏暗,天就大风不停。

儒家、墨家、法家、阴阳家等对灾异谴告均有论及。孔子作《春秋》时,也认为灾异是国家施政失德引起的,这一点从《春秋公羊传》对《春秋》记载的灾异进行的解释中能清晰地看到。《春秋·鲁隐公三年》曰:"三年,春王二月,己巳,日有食之。"《公羊传》曰:"何以书?记异也。"何休解诂:"异者,非常可怪。先事而至者,是后卫州吁弑其君完,诸侯初僭,鲁隐系获,公子翚进谄谋。"按何休对《公羊传》的解读,日食是对卫国、鲁国政事不畅的反映,是"先事而至者"。《春秋·鲁隐公五年》曰:"螟。"《公羊传》曰:"何以书?记灾也。"何休解诂:"灾者,有害于人物,随事而至者,先是隐公张百金之鱼,设苛令急法,以禁民之所致。"在何休看来,螟灾是由于鲁隐公花费巨资养观赏鱼类,苛令急法所致。《春秋·鲁隐公九年》曰:"三月,癸酉,大雨震电。"《公羊传》曰:"何以书?记异也。何异尔?不时也。"何休解诂曰:"震雷电者,阳气也。有声名曰雷,无声名曰电。周之三月,夏之正月,雨当水雪杂下,雷当闻于地中,其雉雊,电未可见,而大雨震电,此阳气大失其节,犹隐公久居位不反于桓,失其宜也。"《春秋·鲁隐公九年》曰:"(三月)庚辰,大雨雪。"《公羊传》曰:"何以书?记异也。何异尔?俶甚也。"何休解诂:"俶,始怒也。始怒甚,犹大甚也。盖师说以为平地七尺雪者,盛阴之气也。八日之间,先示隐公以不宜久居位,而继以盛阴之气大怒,此桓将怒而弑隐公之象。"夏历正月,出现雷电、大雨雪,是天气异常现象,是对鲁国政事失范的警告。

墨子认为:"爱人利人者,天必福之,恶人贼人者,天必祸之。杀不辜者,得不祥焉。"①《墨子·明鬼》记录了两例因果报应的事件,旨在说

---

① 《墨子校注》卷1《法仪》,第30页。

明"杀不辜者,得不祥焉"。

例1：

> 周宣王杀其臣杜伯而不辜,杜伯曰:"吾君杀我而不辜,若以死者为无知,则止矣。若死而有知,不出三年,必使吾君知之。"其三年,周宣王合诸侯而田于圃田,车数百乘,从数千人,满野。日中,杜伯乘白马素车,朱衣冠,执朱弓,挟朱矢,追周宣王,射入车上,中心折脊,殪车中,伏弢而死。当是之时,周人从者莫不见,远者莫不闻,著在周之《春秋》。为君者,以教其臣,为父者,以警其子曰:"戒之！慎之！凡杀不辜者,其得不祥。"鬼神之诛,若此之憯速也！以若书之说观之,则鬼神之有岂可疑哉?①

例2：

> 昔者燕简公杀其臣庄子仪而不辜,庄子仪曰:"吾君王杀我而不辜,死人无知亦已,死人有知,不出三年,必使吾君知之。"期年,燕将驰祖,燕之有祖,当齐之社稷,宋之有桑林,楚之有云梦也。此男女之所属而观也。日中,燕简公方将驰于祖涂,庄子仪荷朱杖而击之,殪之车上。当是时,燕人从者莫不见,远者莫不闻。著在燕之《春秋》,诸侯传而言之曰:"凡杀不辜者,其得不祥。"鬼神之诛,若此其憯速也。以若书之说观之,则鬼神之有,岂可疑哉！②

上述两例中的杀不辜者都得到了鬼神的报应,不寿而终。

---

① 《墨子校注》卷8《明鬼下》,第331—332页。
② 《墨子校注》卷8《明鬼下》,第332页。

《韩非子·内储说上七术》也记载了一起灾异谴告的事例:"鲁哀公问于仲尼曰:'春秋之记曰:冬十二月霣霜不杀菽,何为记此?'仲尼对曰:'此言可以杀而不杀也。夫宜杀而不杀,桃李冬实。天失道,草木犹犯干之,而况于人君乎?'"①

先秦诸子的天人相应理论在西汉发展成熟,董仲舒为天人相应理论的集大成者。天人相应的理论也成为整个中国古代社会普遍接受的思想。发生在西汉中期的"东海孝妇案"、元代戏剧"窦娥冤"等,都是对天人相应理论在刑事司法领域的诠释和延展。

天人相应的理论在诉讼领域中的运用和普及对于执政者积极司法,纠正冤假错案,确保司法公正有一定的积极作用。

其一,灾异现象能促使司法审判者谨慎司法。"刑罚不中,则生邪气;邪气积于下,怨恶畜于上。上下不和,则阴阳缪盭而妖孽生矣。此灾异所缘而起也。"②

其二,灾异现象能促使司法审判者纠正自己的过失。"日食则失德之,月食则失刑之","是故日食则修德,月食则修刑"。③

第二节　先秦儒家的无讼思想及其实现路径

一、先秦儒家无讼思想的提出

表达儒家无讼诉讼思想的文献最早见于《尚书》。《尚书·大禹谟》

---

① 《韩非子集解》卷9《内储说上七术》,第223—224页。
② 《汉书》卷56《董仲舒传》,第2500页。
③ 《管子校注》卷14《四时》,第855页。

曰:"帝曰:皋陶!惟兹臣庶,罔或于予正,汝作士,明于五刑,以弼五教,期于予治。刑期于无刑,民协于中,时乃功,懋哉!"即帝舜说:皋陶!这些臣民没有干预和违反我的政事,您作为主管刑狱的司法官,要明白用墨、劓、剕、宫、大辟五种刑罚辅助君臣、父子、夫妇、长幼、朋友五种伦常教化的施行,以便配合我的政事。施行五刑是为了不用五刑,这样民众就能从容地服从中道。如能如此,这是您的功绩,值得勉励啊!

儒家学派的代表人物孔子接受了《尚书》的无讼思想,并且在听审争讼时深切地体味到争讼给双方当事人带来的烦恼和不安,于是发出了无讼的呼声:"听讼,吾犹人也,必也使无讼乎!"[①]在无讼的实现路径上,儒家主张教化、选贤任能、实行仁政等方式实现无讼的理想。《史记·周本纪》记载的周文王治理西周时的情况,就是儒家所倡导的理想的无讼社会场景:"西伯阴行善,诸侯皆来决平。于是虞、芮之人有狱不能决,乃如周。入界,耕者皆让畔,民俗皆让长。虞、芮之人未见西伯,皆惭,相谓曰:'吾所争,周人所耻,何往为,只取辱耳。'遂还,俱让而去。诸侯闻之,曰:'西伯盖受命之君。'"[②]西周时期的西岐,"耕者皆让畔,民俗皆让长",这是社会教化、长期施行仁政的体现,也是无讼的社会典范。西周建立后,周成王、周康王继续执行周文王、周武王的德主刑辅的治国方略,社会秩序良好,"成康之际,天下安宁,刑错四十余年不用"[③]。

《韩诗外传》第二卷第二十章记录的子产治郑的故事[④],是儒家倡导的无讼社会理想的又一典范。季孙治鲁,"杀人必当其罪,罚人必当其

---

① 《论语·颜渊》。
② 《史记》卷4《周本纪》,第117页。
③ 《史记》卷4《周本纪》,第134页。
④ 参见《韩诗外传集释》,第109页。

过",子贡认为这是暴政的表现。季孙不解。子贡解释说,子产治理郑国时,"一年而负罚过省,二年而刑杀之罪亡,三年而库无拘人。故民众归之如水就下,爱之如孝子敬父母"。及子产病将死,国人皆忧:"谁可使代子产死者乎?"及子产死,士大夫哭之于朝,商贾哭之于市,农夫哭之于野。哭子产如丧父母。而今季孙之治鲁,病则国人皆喜,活则国人皆骇。"以死相贺,以生相恐,非暴何哉?"子贡进一步解释说:"托法而治,谓之暴;不戒致期,谓之虐;不教而诛,谓之贼。""贼者失臣,虐者失政,暴者失民。"子产执政时教化措施到位,社会秩序、社会风尚良好,囹圄空虚,子产也因此获得了民众的爱戴。季孙执政不重教化,只重处罚,季孙本人也遭到了民众的厌恶。

二、选贤任能、礼贤化善、移风易俗

(一) 选贤任能、礼贤化善

举贤任能是实施社会教化和社会治理的重要保障,"仁者莫大于爱人,知者莫大于知贤,政者莫大于官贤"①。贤能者在位能确保儒家倡导的仁政的实施。《说文》曰:"贤,多才也。""贤者,有德行者。能者,有道艺者。"②在古代汉语中,贤多解释为有才德之意。关于选贤任能在国家教化中的作用,孟子说:"是以仁者宜在高位,不仁者而在高位,是播其恶于众也。"③荀子认为:"君子者,治之原也。"④君子在位则源清,源清者流清。"故上好礼义,尚贤使能,无贪利之心,则下亦将綦辞让,致忠信而谨于臣子矣。"⑤

---

① 《大戴礼记解诂》卷1《主言》,第8页。
② 《周礼·地官·乡大夫》,郑玄注。
③ 《孟子正义》卷14《离娄上》,第486页。
④ 《荀子集解》卷8《君道》,第232页。
⑤ 《荀子集解》卷8《君道》,第232页。

贤能在位能导民化善，移风易俗。"举贤则民化善，使能则官职治。"①"政者，正也。子率以正，孰敢不正。"②孔子在《论语》中还以舜、汤在位时选贤任能对社会教化的作用为例，说明为政者选贤任能对导民化善的重要性："舜有天下，选于众，举皋陶，不仁者远矣。汤有天下，选于众，举伊尹，不仁者远矣。"③《大戴礼记》在《哀公问于孔子》篇中还详细地记载了选择贤能者执政对民众的影响："孔子对曰：'政者，正也；君为正，则百姓从政矣。君之所为，百姓之所从也。君所不为，百姓何从？'"④《荀子·儒效》记载了孔子任鲁司寇时，对鲁国社会秩序、社会治安以及社会风化所起的作用。"仲尼将为司寇，沈犹氏不敢朝饮其羊，公慎氏出其妻，慎溃氏逾境而徙，鲁之粥牛马者不豫贾，必早正以待之也。居于阙党，阙党之子弟罔不分，有亲者取多，孝弟以化之也。儒者在本朝则美政，在下位则美俗。儒之为人下如是矣。"⑤《孔子家语·相鲁》也记载了孔子任鲁司寇时对社会风尚的促进作用，其记载的事情与《荀子》记载的大略相同。《孔子家语·相鲁》记载："初，鲁之贩羊有沈犹氏者，常朝饮其羊以诈市人；有公慎氏者，妻淫不制；有慎溃氏，奢侈逾法；鲁之鬻六畜者，饰之以储价。及孔子之为政也，则沈犹氏不敢朝饮其羊，公慎氏出其妻，慎溃氏越境而徙。三月，则鬻牛马者不储价，卖羔豚者不加饰，男女行者别其途，道不拾遗，男尚忠信，女尚贞顺。四方客至于邑者，不求有司，皆如归焉。"⑥

---

① 《新书校注》卷8《道术》，第302页。
② 《论语·颜渊》。
③ 《论语·颜渊》。
④ 《大戴礼记解诂》卷1《哀公问于孔子》，第12页。
⑤ 《荀子集解》卷4《儒效》，第118—120页。
⑥ ［三国］王肃注，〔日〕太纯宰增注，宋立林点校：《孔子家语》卷1《相鲁》，上海古籍出版社2019年版，第6页。

(二)《周礼》中选贤任能的制度设计

《周礼》是十三经中唯一关于官制的著作,其在制度设计上融入了先秦儒家的无讼思想。在社会教化的实现上,设计了较为系统的乡举里选、层层推荐的选贤任能制度。按《周礼》在国家建构上的乡遂制度的设计,国中设"乡",野中设"遂"。乡下属组织分别为州、党、族、闾和比,其官长分别为州长、党正、族师、闾胥和比长;遂下属组织分别是县、鄙、酂、里和邻,其长官分别是县正、鄙师、酂长、里宰和邻长。《周礼·地官·叙官》郑玄注曰:"州、党、族、闾、比,乡之属别。正、师、胥,皆长也。正之言政也。师之言帅也。胥,有才知之称。"从郑玄关于乡遂属别组织官长名称的解释中可以看出,《周礼》在给乡遂基层组织长官命名时就体现了选贤任能的制度色彩。

闾是由25家组成的居民组织。闾的官长称为闾胥。《周礼·地官·闾胥》曰:"凡春秋之祭祀、役政、丧纪之数,聚众庶;既比,则读法,书其敬、敏、任、恤者。"郑玄注曰:"祭祀,谓州社、党禜、族酺也。役,田役也。政,若州射党饮酒也。丧纪,大丧之事也。四者及比,皆汇聚众民,因以读法而敕戒之。任,信于友道;恤,振忧贫者。"《说文》曰:"敬,肃也;敏,疾也。"在每年举行祭祀、田猎、饮酒、射箭、丧纪等汇聚民众的活动时,闾胥要向所辖居民宣读国家法律及有关教化训则,将为人谨慎、勤于相邻之事、守信、乐于助贫济困的居民记录下来,向上级呈报。

族是由100家组成的居民组织。族的官长称为族师。《周礼·地官·族师》曰:"月吉,则属民而读邦法,书其孝弟睦姻有学者。春秋祭酺,亦如之。"郑玄注曰:"月吉,每月朔日也。酺者,为人物灾害之神也。"贾公彦疏曰:"此族师亦聚众庶而读法,因书其孝弟睦姻有学者。党正直书,德行道艺具言,此云孝弟睦姻,惟具六行之四事。有学,即六艺也。云'月吉,每月朔日也'者,以其弥亲民,教亦弥数,故十二月朔日皆读之。"根据《周礼》贾公彦疏，族师每年读法十四次：每月朔日读法一次，计十二次，春秋祭酺读法二次。聚众读法时，族师要观察并记录下所辖居民中孝敬老人、兄弟友爱、邻里和睦、家庭关系处理得好且有一定学识的居民，在三年大比时向上级呈报。

党是由500家组成的居民行政组织。党的官长称为党正。《周礼·地官·党正》曰："及四时之孟月吉日，则属民而读邦法以纠戒之。春秋祭禜，亦如之。……正岁属民读法而书其德行道艺。"郑玄注曰："以四孟之月朔日读法者，弥亲民者于教亦弥数。禜谓雩禜水旱之神。……书，记之。"贾公彦疏曰："及，至也。党正四时孟月吉日则属民而读邦法者，因纠戒之，如州长之为也。党正不得与州同祭社，故亦春秋祭禜神也。……党正于正岁建寅朔日聚众庶读法，因即书其德行道艺。郑解书'书，记之'者，以其三年乃一贡，今每年正岁皆书记劝勉之，三年即贡之也。"党正在四季首月第一日、春秋祭禜神日以及正月初一日，每年共七次向居民宣读法律，并且将党内有德、行、道、艺者记录下来，在三年一次的贡比时向上级呈报。

州是由2500家组成的居民行政组织。州的官长称为州长。《周礼·地官·州长》曰："正月之吉，各属其州之民而读法，以考其德行道艺而劝之，以纠其过恶而戒之。……三年大比，则大考州里，以赞乡大夫废兴。"每年的正月初一日，在州居民聚会时，州长要向其所辖居民宣读法律，了解掌握居民的德、行、道、艺，对于德、行、道、艺优异者予以嘉勉，使之继续勤修，同时劝诫其他居民勤修德、行、道、艺，三年考核均优异者，荐举至乡大夫。

乡是由12 500家组成的居民行政组织。乡的官长称为乡大夫。《周礼·地官·乡大夫》曰："三年则大比，考其德行道艺，而兴贤者能者。乡老及乡大夫帅其吏，与其众寡，以礼礼宾之。厥明，乡老及乡大夫群吏,献贤能之书于王,王再拜受之,登于天府,内史贰之。"郑玄注曰:"贤者,有德行者。能者,有道艺者。言兴者,谓合众而尊宠之,以乡饮酒之礼,礼而宾之。厥,其也。其宾之明日也。献犹进也。王拜受之,重得贤者。王上其书于天府。天府,掌主庙之宝藏者。内史,副写其书者,当诏王爵禄之时。"注引郑司农云:"兴贤者,谓若今举孝廉。兴能者,若今举茂才。宾,敬也。敬所举贤者、能者。"贾公彦疏曰:"三年一闰,天道小成,则大案比当乡之内。"在乡举里选出的德、行、道、艺俱佳的贤能者,在三年一度的大比中,以宾客之礼礼遇之,同时,乡老及乡大夫等官吏将选出的贤能者的姓名书写在文书上敬献给国王,王拜受之,文书正本存于天府,内史誊写副本一份存档备查。这种从闾、族、党、州到乡的乡举里选制度,能将贤能者推举出来。选出的官员来自民众,了解民情,了解民众所面临的问题,因而能更好地解决居民组织所面临的问题。贤能者在位对民众有很好的教化示范作用,其品德、能力、身体力行的做法,能够保证国家政令通畅。

三、宣传法律、政令,广施道德教化

司马迁在《史记·酷吏列传》中,深感酷刑、严刑峻法对社会带来的危害:"法令者治之具,而非制治清浊之源也。"[①]法令是治理国家的工具,不是保证国家政治清明、国泰民安的源头活水;道德教化才是。在社会治理过程中,法律政策的宣传、道德模范人物的示范、德行道艺的倡导是不可缺少的。多种渠道、多种形式的法律、政令、道德礼仪规范的宣传教育是实施教化的必不可少的手段。《说文》曰:"教,上所施,下所效也。化,教行也。""化,谓成教于上而易俗于下。"[②]"化,则不知所以

---

① 《史记》卷122《酷吏列传》,第3131页。
② 《大戴礼记解诂》卷9《千乘第》注,第154页。

然者。"①法律、政令、道德礼仪规范的宣传教育可以起到春风化雨、润物无声、移风易俗的社会效果。《周礼》对各级官吏在宣传法律、政令,实施社会教化方面进行了制度化的规范。

(一) 天官、地官、秋官、夏官均有宣传法律、政令,实施教化的任务

根据《周礼》,天官、地官、秋官、夏官四官在每年的正月朔日都要在宫殿雉门两边的门阙上悬挂当年新颁行的法律、政令,以及有关教化训令,供民众观阅,定期收存。《周礼·天官·大宰》曰:"正月之吉,始和布治于邦国都鄙,乃县治象之法于象魏,使万民观治象,挟日而敛之。"郑玄注曰:"正月,周之正月。吉谓朔日。大宰以正月朔日,布王治之事以天下,至正岁,又书而悬于象魏,振木铎以徇之,使万民观焉。小宰亦帅其属而往,皆所以重治法、新王事也。凡治有故,言始和者,若云改造尔。从甲至甲谓之挟日,凡十日。"注引郑司农云:"象魏,阙也。"据温慧辉先生考证,象魏是周天子或诸侯宫殿外朝门的门阙,两旁各一,筑土为台,若今之城楼,因可观望,又称"双观"。②《地官》《夏官》《秋官》部分均有正月吉日宣传国家政令、法律的规定,只不过宣传的内容有所不同。如《周礼·地官·大司徒》曰:"正月之吉,始和布教于邦国都鄙,乃县教象之法于象魏,使万民观教象,挟日而敛之。"《周礼·夏官·大司马》曰:"正月之吉,始和布政于邦国都鄙,乃县政象之法于象魏,使万民观政象,挟日而敛之。"《周礼·秋官·大司寇》曰:"正月之吉,始和布刑于邦国都鄙,乃县刑象之法于象魏,使万民观刑象,挟日而敛之。"地官主教,大司徒"县教象之法";夏官主政,大司马"县政象之法";秋官主

---

① [宋]朱熹:《四书章句集注》,《中庸章句》注,中华书局2012年版,第33页。
② 参见温慧辉:《"悬灋象魏"考辨》,《河南省政法管理干部学院学报》2006年第3期。

刑,大司寇"县刑象之法"。天官、地官、秋官、夏官四官不仅要县法于象魏,而且要布法于邦国都鄙。

(二)相民宅、辨土壤以解决民众生产、生活问题,同时推行礼义教化

孟子在谈到国家治理时说:"夫仁政必自经界始。经界不正,井地不均,谷禄不平,是故暴君污吏必慢其经界。经界既正,分田制禄,可坐而定也。"①在孟子看来,君王施行仁政的前提是保证人民的生活来源。在农耕文明时期,土地就是人民赖以生存或生活的保障。《周礼》在设计国家教化制度时把人民的生产生活保障也纳入了社会教化范畴。《周礼·地官·小司徒》曰:"乃均土地,以稽其人民,而周知其数。"又曰:"乃经土地,而井牧其田野。"即根据居民的人口分配土地,同时明确田地的分界线。《周礼》不仅把分配土地、划分田地的边界作为保障人民生存、生活的教化措施,而且把帮助民众选择居住地、辨别土壤,传授耕种土地、稼穑技艺作为实施教化的措施。《周礼·地官·大司徒》曰:"以土宜之法辨十有二土之名物,以相民宅而知其利害,以阜人民,以蕃鸟兽,以毓草木,以任土事。辨十有二壤之物,而知其种,以教稼穑树艺。"郑玄注曰:"相,占视也。阜,犹盛也。蕃,蕃息也。毓,生也。任谓就地所生,因民所能。壤亦土也,变言耳。以万物自生焉则言土,土犹吐也。以人所耕而树艺焉则言壤,壤,和缓之貌。"即根据不同的土地适合生产不同物产法则,分辨十二个区域的土地出产物品的名称,测定人民的居处,并知道居住地的利弊之所在,以使人丁兴旺,鸟兽繁衍,草木茂盛,努力使那里的土地适宜其生长的东西,成就土地上的人民能够做的事业。辨别十二种土壤所适宜生长的农作物并知道其品种,以便指

---

① 《孟子正义》卷10《滕文公上》,第348—349页。

导民众种植粮食和果木。

在解决民众的生存和生活问题之后,还要提升民众的精神境界,对民众进行教化。《周礼·地官·大司徒》曰:"因此五物者民之常,而施十有二教焉:一曰以祀礼教敬,则民不苟;二曰以阳礼教让,则民不争;三曰以阴礼教亲,则民不怨;四曰以乐礼教和,则民不乖;五曰以仪辨等,则民不越;六曰以俗教安,则民不愉;七曰以刑教中,则民不暴;八曰以誓教恤,则民不怠;九曰以度教节,则民知足;十曰以世事教能,则民不失职;十有一曰以贤制爵,则民慎德;十有二曰以庸制禄,则民兴功。"这是《周礼·地官》所确立的对民众实行十二教的内容。政府官吏在实施十二教时要根据教化之地因"五物"形成的"民之常"而有所区别。"五物"是指《周礼·地官·大司徒》中所记载的山林、川泽、丘陵、坟衍、原隰等五种土地所出产的动物和植物。"民之常"应是因土地地貌、气候不同而形成的地方风俗。《汉书·地理志下》记载:"凡民函五常之性,而其刚柔缓急,音声不同,系水土之风气,故谓之风;好恶取舍,动静亡常,随君上之情欲,故谓之俗。"①《风俗通义》曰:"风者,天气有寒暖,地形有险易,水泉有美恶,草木有刚柔也。俗者,含血之类,像之而生,故言语歌讴异声,鼓舞动作殊形,或直或邪,或善或淫也。圣人作而均齐之,咸归于正;圣人废,则还归本俗。"②为政之要,辨风正俗,方能统领人伦,移其本易其末,然后教化成。

《周礼·地官·大司徒》所确立的十二教的内容涉及面较广:

1. 祀礼教敬。"凡祭祀者,所以追养继孝,事死如事生。"③祭祀礼教化主要教育民众要有恭敬之心。事死如事生,对死者恭敬者,对生者

---

① 《汉书》卷28下《地理志》,第1640页。
② [汉]应劭著,王利器校注:《风俗通义校注》,中华书局1981年版,第8页。
③ 《周礼·秋官·大司徒》,贾公彦疏。

不会苟且,对至亲更会如此。

2. 阳礼教让。阳礼即乡饮酒之礼。酒入人身,散随支体,与阳主分散相似,故称乡射饮酒为阳礼。据贾公彦疏,乡饮酒主要是指党正饮酒之类。按《周礼》乡制,一乡有 12 500 户居民,一党有 500 户居民,一族有 100 户居民。党以下居民组织集聚行饮酒礼较为可行,乡级居民行政组织相聚行饮酒礼的组织难度较大。"党正饮酒之时,五十者堂下,六十者堂上,皆以齿让为礼,则无争。"①

3. 阴礼教亲。"阴礼谓昏姻之礼,不可显露,故曰阴礼也。"②适龄男女及时婚嫁,做到男不旷,女不怨,所以阴礼教民亲近而不怨。

4. 乐礼教和。"此乐亦云礼者,谓飨燕作乐之时,舞人周旋皆合礼节,故乐亦云礼也。凡人乖离,皆由不相和合,乐主和同民心,故民不乖也。"③孔子曰:"移风易俗,莫善于乐。"④乐礼教和,可移风易俗。

5. 以仪辨等,则民不越。"仪谓以卑事尊,上下之仪有度,以辨贵贱之等,故云以仪辨等也。民知上下之节,不敢逾越,故云则民不越也。"⑤仪礼是辨别尊卑贵贱等级的礼节。仪礼的宣传在于让民众知晓社会尊卑贵贱的等差秩序,不僭越,这样社会秩序就能呈现有序的状态。

6. 以俗教安,则民不愉。"俗谓人之生处习学不同,若变其旧俗,则民不安而为苟且。若依其旧俗化之,则民安其业,不为苟且,故云以俗教安则民不愉。愉,苟且也。"⑥民俗或风俗是一个民族、一个族群或一

---

① 《周礼·秋官·大司徒》,贾公彦疏。
② 《周礼·秋官·大司徒》,贾公彦疏。
③ 《周礼·秋官·大司徒》,贾公彦疏。
④ [唐]李隆基注,[宋]邢昺疏,李学勤主编,邓洪波整理,钱逊审定:《孝经注疏》卷6《广要道》,北京大学出版社1999年版,第42页。
⑤ 《周礼·秋官·大司徒》,贾公彦疏。
⑥ 《周礼·秋官·大司徒》,贾公彦疏。

个地区在长期的生产实践和社会生活中形成并世代相传的较为稳定的风尚、习俗。因俗施教方可收到较好的教化效果。

7. 以刑教中,则民不暴。"刑者,禁民暴乱。今明刑得所,民得中正,不为暴乱,故云以刑教中则民不暴也。"①通过对刑法的宣传,教育民众从容中道,谢绝极端行为。

8. 以誓教恤,则民不怠。"民有厄丧,教之使相忧恤,则民不懈怠。"②农村居民乡田同耕、出入相友、守望相助、灾危相恤是群体共同生存的保障。教化邻里居民相互关心、帮助,形成和睦的邻里关系,居民就会幸福安康,且不懈怠。

9. 以度教节,则民知足。"度谓衣服宫室之等尊卑不同,以此法度教之,使知节数,民知礼节,自知以少为足,故云则民知足也。"③节俭是美德,用度节俭才能财用足。

10. 以世事教能,则民不失职。"父祖所为之业,子孙述而行之,不失本职,故云以世事教能则民不失职也。"④传统技艺是经过数代人的经验积累和不断改进而形成的,接受与传承是人类生存和发展的需要,是社会进步的需要。对于父祖传承的事业,少而习之,不易其业,不断精进,就不会失职。

11. 以贤制爵,则民慎德。"人有贤行,制与之爵,民皆谨慎,矜矜于善德,以求荣宠,故云以贤制爵则民慎德也。"⑤爵以彰贤,给贤能者、有德者以爵位是劝民为善、慎德的举措。

12. 以庸制禄,则民兴功。"庸,功也。人有功则制禄与之,民皆兴

---

① 《周礼·秋官·大司徒》,贾公彦疏。
② 《周礼·秋官·大司徒》,贾公彦疏。
③ 《周礼·秋官·大司徒》,贾公彦疏。
④ 《周礼·秋官·大司徒》,贾公彦疏。
⑤ 《周礼·秋官·大司徒》,贾公彦疏。

其功业,故云则民兴功也。此十二教,以重急者为先,轻缓者为后。"①禄以赏功,给有功者以奖赏,能教导民众为国效力。

十二教涉及范围很广,有祭祀、乡饮酒、婚姻、乐、仪、风俗、法律、慈善、节度、爵级、功禄等社会生活和国家政治生活的各个方面。

(三)倡导德行,传授道艺,提高民众个人的德行修养

《周礼》中的教化内容还包括对民众个人的德行道艺的教育。《周礼·地官·大司徒》曰:"以乡三物教万民而宾兴之:一曰六德,知、仁、圣、义、忠、和;二曰六行,孝、友、睦、姻、任、恤;三曰六艺,礼、乐、射、御、书、数。"郑玄注曰:"物犹事也,兴犹举也。民三事教成,乡大夫举其贤者能者,以饮酒之礼宾客之,既则献其书于王矣。知,明于事。仁,爱人以及物。圣,通而先识。义,能断时宜。忠,言以中心。和,不刚不柔。善于父母为孝。善于兄弟为友。睦,亲于九族。姻,亲于外亲。任,信于友道。恤,振忧贫者。礼,五礼之义。乐,六乐之歌舞。射,五射之法。御,五御之节。书,六书之品。数,九数之计。"乡三物就是乡三事,即德、行、艺三种。德、行二者多属于道德范畴;艺,即六艺,则属于技能范畴。教化不仅教育民众要有好的德行,而且还要教育民众学会创造美好生活的技艺。

(四)"弥亲民者于教亦弥数"

居民组织的层级越低,教化的任务越重,教化的次数越多。按《周礼》读法教化的设计,大司徒每年正月初一日颁布新始教令,乡大夫受领教法后,颁行乡吏,大司徒和乡大夫不读法。州长、党正、族师、闾胥、比长均有读法宣教的任务,并且层级越低的居民组织读法的次数越多,因其距离居民更近,即"弥亲民者于教亦弥数"。州长每年四次读法,党

---

① 《周礼·秋官·大司徒》,贾公彦疏。

正每年七次读法,族师每年十四次读法,①闾胥和比长的读法次数不限,只要"聚众庶"都要读法,因其距离居民更近,聚集民众比较容易,所以读法的次数更多。

《周礼·地官·大司徒》曰:"正月之吉,始和布教于邦国都鄙,乃县教象之法于象魏,使万民观教象,挟日而敛之。乃施教法于邦国都鄙,使之各以教其所治民。"

《周礼·地官·乡大夫》曰:"正月之吉,受教法于司徒,退而颁之于其乡吏,使各以教其所治,以考其德行,察其道艺。"

《周礼·地官·州长》曰:"正月之吉,各属其州之民而读法,以考其德行道艺而劝之,以纠其过恶而戒之。若以岁时祭祀州社,则属其民而读法,亦如之。"

《周礼·地官·党正》曰:"及四时之孟月吉日,则属民而读邦法以纠戒之。春秋祭禜,亦如之。""正岁,属民读法,而书其德行道艺。"

《周礼·地官·族师》曰:"月吉,则属民而读邦法,书其孝弟睦姻有学者。春秋祭酺,亦如之。"

《周礼·地官·闾胥》曰:"凡春秋之祭祀、役政、丧纪之数,聚众庶;既比,则读法,书其敬、敏、任、恤者。"

宣传法律、政令是统一思想和行动的必要活动。一般的生活经验告诉我们,一个地方风俗习惯的形成,部分基于人的自然属性的自觉,部分基于长期的教化。《周礼》将对民众的教化经常化、制度化,王国的各个职能机构、各级居民行政组织经常性地对其所辖居民宣传法律、禁令、德行,传授道艺,这些对于良好社会秩序的形成至关重要。

---

① 参见《周礼·地官·党正》,贾公彦疏。

(五) 国家设立专门负责教化的劝谏机构：师氏、保氏和司谏

人们在立身行事时，往往发现不了自身行为及其自身存在的问题，甚至根本就认识不到，这就需要有师长、朋友不时提醒、劝诫、劝勉，以使自己改过从善，避免犯不必要的错误。一个人在成长中需要提醒自己或指出自己错误的朋友，这就是孔子所说的"益者三友：友直、友谅、友多闻"①。《吕氏春秋·不苟论》在《自知》篇中谈到，人多不能自知，这就需要他人的提醒，指出自己的错误，以使自己自知而不犯错误。君王设置有师保、直士等机构或人员专司君王过错，劝谏君王。"欲知平直，则必准绳。欲知方圆，则必规矩。人主欲自知，则必直士。故天子设立辅弼，设师保，所以举过也。夫人故不能自知，人主犹其。存亡安危勿求于外，务在自知。尧有欲谏之鼓，舜有诽谤之木，汤有司过之士，武王有戒慎之鼗，犹恐不能自知。"②《周礼·地官》中规定的师氏、保氏、司谏是分别负责劝谏君王、公卿大夫子弟和普通百姓的职能机构。

师氏是专门负责向君王及其子弟布讲善道的官吏。《周礼·地官·师氏》曰："掌以媺诏王，以三德教国子：一曰至德以为道本，二曰敏德以为行本，三曰孝德以知逆恶。教三行：一曰孝行以亲父母，二曰友行以尊贤良，三曰顺行以事师长。"郑玄注曰："媺，音美。告王以善道也。"师氏布告善道主要是三德、三行。《礼记·文王四子》曰："师也者，教之以事而谕诸德者也。"经文中提到的"国子"是指公卿大夫的子弟，师氏教之学君臣、父子、长幼之道。至德是指中和之德；敏德是指仁义之德；孝德是指尊祖爱亲之德。

---

① 《论语·季氏》。
② 参见《吕氏春秋集释》卷24《自知》，第646—647页。

保氏是专门负责"掌谏王恶"的官吏,王有恶则谏之。①《周礼·地官·保氏》郑玄注曰:"谏者,以礼义正之。"《礼记·文王世子》曰:"保也者,慎其身以辅翼之,而归诸道者也。"可见,保氏的职责就是修身辅助君王,使君王行为不偏离中庸之道。

司谏是专门负责劝谏普通民众改过向善、归德的司法官吏。《周礼·地官·司谏》曰:"掌纠万民之德而劝之,朋友正其行而强之,道艺巡问而观察之。以时书其德行道艺,辨其能而可任于国事者;以考乡里之治,以诏废置,以行赦宥。"郑玄注曰:"朋友,相切磋以善道也。强犹劝也。《学记》曰:'强而弗抑则易。'巡问,行问民间朋友也。可任国事者,任吏职。因巡问劝强万民,而考乡里吏民罪过,以告王所当罪不。"司谏专门负责纠察万民之过,且以善道劝诫之,巡行乡里时发现有德行道艺者、有能者记录在案,体现了《周礼》的官制设计者独具匠心的智慧,体现了《周礼》官制的特色。

四、构建多层级的戒禁防范网,设立教化型刑罚

在教化与刑罚的关系方面,儒家一贯主张德礼为政教之本,刑罚为政教之用,即德主刑辅。《论语·为政》曰:"道之以政,齐之以刑,民免而无耻;道之以德,齐之以礼,有耻且格。"即为政者在治理国家时,如以政令威吓为手段,用刑法规范民众的行为,则民众就会以免除刑罚处罚为行为目标,对自己违反礼义、道德的行为便无羞耻之感;如以道德教化为手段,以礼义规范民众的行为,则民众就会以违反礼义、道德的行为为耻辱,而且还会严格地遵守礼义、道德的约束,不敢违越。这是儒

---

① 《周礼·地官·保氏》曰:"掌谏王恶,而养国子以道,乃教之六艺:一曰五礼,二曰六乐,三曰五射,四曰五驭,五曰六书,六曰九数。乃教之六仪:一曰祭祀之容,二曰宾客之容,三曰朝廷之容,四曰丧纪之容,五曰军旅之容,六曰车马之容。"

家在社会治理上的主张,体现了其在社会治理上的价值取向。

儒家主张在刑罚的适用上应先教化,后刑罚。只有在教化实行后,仍不改过从善者,方可适用刑罚。孔子在《论语》中多次谈到教化和刑罚的关系,《论语·颜渊》记载:"季康子问政于孔子曰:'如杀无道,以就有道,何如?'孔子对曰:'子为善,焉用杀?子欲善,则民善矣。君子之德风,小人之德草,草上之风必偃。'"孔子认为为政者只要自身注重品德修养,为政以善、以德,就可达到刑措不用、天下太平的局面。"善人为邦百年,亦可胜残去杀矣。"①"为邦百年,言相继而久也。胜残,化残暴之人使其不为恶也。去杀,谓民化于善,可以不用刑杀也。"②儒家所说的善不仅体现在惠民、德行道艺、选贤任能等措施上,而且还体现在政令、戒禁、教化型刑罚的运用方面,这些措施的实施旨在"期于无刑"。《荀子·宥坐》曰:"孔子为鲁司寇,有父子讼者,孔子拘之,三月不别。其父请止,孔子舍之。季孙闻之不说,曰:'是老也欺予,语予曰:为国家必以孝。今杀一人以戮不孝,又舍之。'冉子以告。孔子慨然叹曰:'呜呼!上失之,下杀之,其可乎!不教其民而听其狱,杀不辜也。三军大败,不可斩也;狱犴不治,不可刑也。罪不在民故也。嫚令谨诛,贼也;今生也有时,敛也无时,暴也;不教而责成功,虐也。已此三者,然后刑可即也。《书》曰:义刑义杀,勿庸以即,予维曰未有顺事。言先教也。'"《荀子·富国》曰:"故不教而诛,则刑繁而邪不胜。"这些思想集中体现了儒家主张的先教化、后刑罚的治国理政思想。

(一) 各级居民行政组织均应宣传戒禁,构建多层级犯罪防范网

《说文》曰:"戒,警也。禁,吉凶之忌也。"在儒家看来,戒、禁作为一

---

① 《论语·子路》。
② 《四书章句集注》,《论语集注·子路》,朱熹注,第145页。

种犯罪预警和防范措施是处罚罪犯的前置程序。"不教而杀,谓之虐;不戒视成,谓之暴。"①不先行教化、不先行申令戒禁就对行为人适用刑罚,是暴虐的表现,是恶政。《韩诗外传》记载,季孙治鲁"杀人必当其罪,罚人必当其过",子贡认为这是暴政的表现。在子贡看来,"托法而治,谓之暴;不戒致期,谓之虐;不教而诛,谓之贼"②。戒、禁作为一种教化预防形式在《尚书》中也有记载,如《甘誓》《汤誓》《泰誓》《汤诰》《康诰》《酒诰》等就是以戒禁为主要内容的帝王言论。

《周礼·地官》中"国""野"的各级居民行政组织的行政长官均有申令戒禁的职责和义务,对于违礼、违规以及一些不符合道德规范的行为有训诫处罚权,以督促行为人进一步规范自己的言行,提升自己的道德水平。如:

《周礼·地官·乡师》曰:"乡师之职,各掌其所治乡之教,而听其治。以国比之法,以时稽其夫家众寡,辨其老幼、贵贱、废疾、马牛之物,辨其可任者与其施舍者。掌其戒令纠禁,听其狱讼。"

《周礼·地官·乡大夫》曰:"各掌其乡之政教禁令。"

《周礼·地官·州长》曰:"各掌其州之教治政令之法。正月之吉,各属其州之民而读法,以考其德行道艺而劝之,以纠其过恶而戒之。……若国作民而师田、行役之事,则帅而致之,掌其戒令,与其赏罚。"

《周礼·地官·党正》曰:"各掌其党之政令教治。及四时之孟月吉日,则属民而读邦法以纠戒之。……凡其党之祭祀、丧纪、昏冠、饮酒,教其礼事,掌其戒禁。"

《周礼·地官·族师》曰:"各掌其族之戒令政事。……若作民而师

---

① 《论语·尧曰》曰:"子张曰:'何谓四恶?'子曰:'不教而杀,谓之虐;不戒视成,谓之暴;慢令致期,谓之贼;犹之与人也,出纳之吝,谓之有司。'"
② 《韩诗外传集释》,第109页。

田、行役,则合其卒伍,简其兵器,以鼓铎旗物帅而至,掌其治令戒禁刑罚。"

《周礼·地官·闾胥》曰:"各掌其闾之征令。……凡事,掌其比觵挞罚之事。"

《周礼·地官·比长》曰:"各掌其比之治。……徙于国中及郊,则从而授之。若徙于他,则为之旌节而行之。若无授无节,则唯圜土内之。"

《周礼·地官·遂师》曰:"各掌其遂之政令戒禁。……掌其禁令,比叙其事而赏罚。"

《周礼·地官·遂大夫》曰:"各掌其遂之政令。……以教稼穑,以稽功事。掌其政令戒禁,听其治讼。"

《周礼·地官·县正》曰:"各掌其县之政令征比,以颁田里,以分职事。掌其治讼,趋其稼事而赏罚之。"

《周礼·地官·鄙师》曰:"各掌其鄙之政令祭祀。凡作民,则掌其戒令,以时数其众庶,而察其美恶而诛赏。"

(二) 司法审判官在审判案件时有宣传戒禁教化辖区民众的职责

《周礼·秋官·乡士》曰:"乡士掌国中,各掌其乡之民数而纠戒之。"

《周礼·秋官·遂士》曰:"遂士掌四郊,各掌其遂之民数,而纠其戒令。"

《周礼·秋官·县士》曰:"县士掌野,各掌其县之民数,纠其戒令。"

《周礼·秋官·士师》曰:"士师之职,掌国之五禁之法,以左右刑罚,一曰宫禁,二曰官禁,三曰国禁,四曰野禁,五曰军禁,皆以木铎徇之于朝,书而县于门闾。以五戒先后刑罚,毋使罪丽于民:一曰誓,用之于军旅;二曰诰,用之于会同;三曰禁,用诸田役;四曰纠,用诸国中;五曰宪,用诸都鄙。"

士师为司寇之属官,负有死刑案件的审查和执行职责。"左右,助也。助刑罚者,助其禁民为非也。"①五禁、五戒属于政令或教化的范畴。身为刑官之属的士师在审查已审结案件和执行刑罚时,仍不忘宣传政令、教化,体现《周礼》仁政的施政思想及其泛教化主义的制度设计理念。

(三) 教化型刑罚

《周礼》将不服教化、违礼但又不构成施"刑"②之民称之为罢民。罢民者,"民不愍作劳,有似于罢"③。根据罢民的主观恶性和行为表现,又把罢民分为邪恶之罢民和过失之罢民。"邪恶,谓侮慢长老、语言无忌而未丽于罪者。过失,亦由邪恶酗酓好讼,若抽拔兵器,误以行伤害人丽于罪者。"④丽者,附也。"未丽于罪者,谓未附于圜土之罪也;丽于罪者,谓附圜土罪者也。"⑤《周礼》通过司救、司圜和嘉石的制度设计,形成了一套系统纠错、纠偏的教化型刑罚制度。

对于具有邪恶行为的罢民,通过坐嘉石并服一定期限的劳役的形式使其改过从善。《周礼·地官·司救》曰:"凡民之有邪恶者,三让而罚,三罚而士加明刑,耻诸嘉石,役诸司空。""让,诛责也。罚谓挞击之也。加明刑者,去其冠饰而书其邪恶之状着之背也。嘉石,朝士所掌,在外朝之门左,使坐焉以耻辱之;既而役诸司空,使事官作之也。"⑥对于

---

① 《周礼·秋官·士师》,郑玄注。
② 《周礼》中对犯罪行为人所施之"刑"是指有损肢体的刑罚。
③ 《周礼·秋官·大司寇》,郑玄注。
④ 《周礼·地官·司救》,郑玄注。
⑤ 《周礼·地官·司救》,贾公彦疏。
⑥ 《周礼·地官·司救》,郑玄注。

邪恶之民，先诛责之，训戒之，再挞罚之，去除头饰，在其背部写明其邪恶的具体行为，在外朝门的左边的嘉石上坐达一定天数后到司空服一定期限的劳役。关于坐嘉石的时间和服劳役的期限，《周礼·秋官·大司寇》作了较为详细的规定："以嘉石平罢民，凡万民有罪过而未丽于法，而害于州里者，桎梏而坐诸嘉石，役诸司空。重罪，旬有三日坐，期役；其次，九日坐，九月役；其次，七日坐，七月役；其次，五日坐，五月役；其下罪，三日坐，三月役。使州里任之，则宥而舍之。"即凡有邪恶之罪过且危害州里的罢民，械具手足，坐诸嘉石，之后，服劳役于司空。邪恶重者，在嘉石上坐十三日，服劳役一年；其次，在嘉石上坐九日，服劳役九个月；再其次，在嘉石上坐七日，服劳役七个月；再次之，在嘉石上坐五日，服劳役五个月；邪恶轻者，在嘉石上坐三日，服劳役三个月。服劳役期满后，州里承诺负责继续教化管理并予以释放。嘉石所平的"罢民"是违礼之民，对其施行的"坐""役"之罚属于教化之罚，而非刑罚之刑。在《周礼》中所称的"刑"指的是有亏形体的"刑"，除此之外，则不能称之为"刑"。

对于有过失的罢民，"三让而罚，三罚而归于圜土"①。圜土，在《周礼》中为狱城。《周礼·秋官·叙官》注引郑司农云："圜，谓圜土也。圜土，谓狱城也。""狱城圜者，东方主规，规主仁恩，凡断狱以仁恩求出之，故圜也。"②圜土改造罢民的处罚方式也是一种教化型的刑罚，不是有亏形体的刑罚。"凡圜土之刑人也，不亏体；其罚人也，不亏财。"③根据《周礼》的官联设计模式，圜土的改造分别规定在司救、大司寇和司圜三个职官之中，形成了体系化的改造制度。凡是犯有过失行为且危害州里

---

① 《周礼·地官·司救》。
② 《周礼·秋官·叙官》，贾公彦疏。
③ 《周礼·地官·司圜》。

之罢民,拘置于圜土并从事一定的劳役。服劳役者不戴冠饰,书其过失罪名与姓名于其背。劳役的时间分别是:过失重者三年,其次二年,轻者一年。服劳役期满能改恶从善者,予以释放。释放回到州里后三年内在州里没有资格按年龄排序。这一规定在一定程度上类似于今天的褫夺公权刑罚。服劳役期满不能改恶从善者,期满出圜土即予以刑杀。在圜土服劳役者不得施以有损肉体的刑罚,也不得施以罚金之类的财产罚。①

五、无讼有利于社会和谐与社会治理

先秦诸子著作还记述了一些无讼的事例,这些事例说明,无讼有利于社会和谐与社会治理。《国语·晋语》记载了一起范宣子与和大夫争夺土地的案件。② 时为晋国执政大臣的范宣子与晋邑和大夫因土地问题发生争议,久争不决。范宣子欲动用武力解决其与和大夫之间的土地纠纷,但又没有把握,分别征求了晋国大臣张老、祁奚、籍偃、叔鱼、伯华、孙林父等人的意见,这些大臣并未给出解决方案。时任晋国司法官的叔向得知范宣子与和大夫之间的土地争讼事件后,向范宣子谏言,请范宣子征询司马侯等人的意见。于是,范宣子又征询了司马侯、祁午和訾祏三人的意见。司马侯、祁午、訾祏三人均认为,身为晋国执政大臣的范宣子应以国家社稷为重,使晋国朝堂上没有不当行为,国境内没有邪恶之民,边境安宁,无内忧外患,而不应在私人利益上纠缠不休,消耗为国效力的精力,损害个人在晋国的名声和威信。范宣子听了三人的意见后,主动放弃了有争议的土地,与和大夫达成和解协议。这是一起

---

① 参见《周礼·秋官·大司寇》,《司圜》经文及其注疏。
② [战国]左丘明撰,[三国·吴]韦昭注,胡文波点校:《国语》卷14《晋语八·范宣子与和大夫争田》,上海古籍出版社2015年版,第305—307页。

较为典型的和解案例,符合儒家倡导的无讼精神。

《战国策·齐四》记载了一起冯谖为孟尝君讨债案。① 有一次孟尝君在其食客中征召"习计会,能为文(孟尝君)收责于薛(孟尝君封地)者";一"歌夫长铗归来者"食客冯谖应征。冯谖"约车治装,载券契而行","驱而之薛,使吏召诸民当偿者,悉来合券。券遍合,起,矫命以责赐诸民,因烧其券,民称万岁"。冯谖因此受到了孟尝君的责骂,孟尝君认为不应擅自主张放弃债权。冯谖则不以为然,认为他这样做是在为孟尝君"市义",即购买仁义,这正是孟尝君所缺的。一年后,孟尝君巡查封地薛,薛地百姓扶老携幼相迎于道旁。这时孟尝君顾谓冯谖先生曰:"所为文市义者,乃今日见之。"从冯谖为孟尝君讨债案中可以看出,冯谖假借孟尝君的名义,焚毁了薛地债务人的债务契券,宣布免除薛地债务人的债务,薛地"民称万岁",而孟尝君对冯谖这种为其"市义"的行为并不认可。一年后,孟尝君回到薛地时看到了"财散人聚"的壮观景象时,才领会到"市义"的价值。

上述两则事例是儒家倡导的无讼思想的具体事例,体现了无讼的社会价值和意义。

六、儒家的无讼思想还体现在反对辩讼上

鲁定公九年(公元前501年),邓析因非议朝政、私铸刑法、设私学教授法律被杀。② 对此,荀子认为,邓析"不法先王,不是礼义,而好治怪说,玩琦辞,甚察而不惠,辩而无用,多事而寡功,不可以为治纲纪;然而

---

① 参见[西汉]刘向集录:《战国策》卷11《齐四》,上海古籍出版社1998年版,第395—399页。
② 《左传·定公九年》曰:"郑驷歂杀邓析,而用其《竹刑》。"

其持之有故,其言之成理,足以欺惑愚众"①。在荀子看来,邓析辩讼之辞没有维护先王礼义的正统性;邓析多在文辞上做文章,其辞藻华丽,异说奇辞,不利于维护王国的纲纪,邓析的辩论虽然持之有故,言之成理,但有"欺惑愚众"的效果。

第三节　先秦法家的无讼思想及其实现路径

一、商鞅的无讼思想及其实现路径

商鞅主张无讼,但在无讼的实现路径上与儒家不同。商鞅主张以刑去刑,重刑止奸,反对儒家的礼乐仁义教化。商鞅曰:"辩慧,乱之赞也;礼乐,淫佚之征也;慈仁,过之母也。"②"用善,则民亲其亲;任奸,则民亲其制。"③故曰:"以良民治,必乱至削;以奸民治,必治至强。"④商鞅还将礼乐、诗书、修善孝弟、诚信贞廉、仁义、非兵羞战称为"六虱",如允许"六虱"存在,君王则无心农战,国必贫至削。⑤

在商鞅看来,重刑是达到无讼、国强的根本路径。"刑重者,民不敢犯,故无刑也。而民莫敢为非,是一国皆善也。"⑥可见,商君"重刑"方能达到"无刑",达到无讼的境地,进而达到社会的和谐稳定,人民富足,国

---

① 《荀子集解》卷3《非十二子》,第93—94页。
② 《商君书锥指》卷2《说民》,第35页。
③ 《商君书锥指》卷2《说民》,第36页。
④ 《商君书锥指》卷2《说民》,第36页。
⑤ 《商君书锥指》卷3《靳令曰》:"六虱:曰礼乐,曰诗书,曰修善曰孝弟,曰诚信曰贞廉,曰仁义,曰非兵曰羞战。国有十二者,上无使农战,必贫至削。"第80页。
⑥ 《商君书锥指》卷4《画策》,第109页。

家强盛。"重刑而连其罪,则偏急之民不斗,很刚之民不讼。"①重刑还能防止"偏急""很刚"类的民众争斗、诉讼。"以刑去刑,国治;以刑致刑,国乱。故曰:行刑重轻,刑去事成,国强;重重而轻轻,刑至事生,国削。"②

奖励告奸能使大邪不生,细过不失,也是去刑应采取的路径之一。"故王者刑用于将过,则大邪不生;赏施于告奸,则细过不失。治民能使大邪不生,细过不失,则国治。国治必强。"又曰:"夫利天下之民者,莫大于治;而治莫康于立君;立君之道,莫广于胜法;胜法之务,莫急于去奸;去奸之本,莫深于严刑。故王者以赏禁,以刑劝;求过不求善,借刑以去刑。"③

刑无等级,则法平;法平则奸不生。壹刑是商鞅所主张的又一去刑路径。"所谓壹刑者,刑无等级。自卿相将军以至大夫庶人,有不从王令,犯国禁,乱上制者,罪死不赦;有功于前,有败于后,不为损刑;有善于前,有过于后,不为亏法;忠臣孝子有过,必以其数断;守法守职之吏,有不行王法者,罪死不赦,刑及三族。同官之人,知而讦之上者,自免于罪。无贵贱,尸袭其官长之官爵田禄。故曰:重刑连其罪,则民不敢试。民不敢试,故无刑也。"④商鞅还列举了两例刑无等级的事例:

例1:晋文公斩颠颉案⑤

晋文公欲明刑以亲百姓,于是合诸侯大夫于侍千宫。颠颉后至,请其罪。君曰:"用事焉。"吏遂断颠颉之脊以殉。晋国之士稽焉皆惧,曰:"颠颉之有宠也,断以殉,况于我乎?"举兵伐曹及五鹿,及郑之埤,东卫之亩,胜荆人于城濮。三军之士,止之如斩足,行之如流

---

① 《商君书锥指》卷1《垦令》,第13页。
② 《商君书锥指》卷1《去强》,第32页。
③ 《商君书锥指》卷2《开塞》,第57—58页。
④ 《商君书锥指》卷4《赏刑》,第100—101页。
⑤ 《商君书锥指》卷4《赏刑》,第101—103页。

水。三军之士,无敢犯禁者。故一假道重轻于颠颉之脊,而晋国治。

例2:周公旦杀管叔,流霍叔案①

昔者周公旦杀管叔,流霍叔,曰:"犯禁者也。"天下众皆曰:"亲昆仲有过不违,而况疏远乎?"故天下知用刀锯于周庭,而海内治。故曰:"明刑之犹,至于无刑也。"

上述两例是对商鞅主张的壹刑则国治、刑无等级则无刑的思想的佐证。晋文公在执法时不偏袒亲信,依法斩杀了违反军纪的颠颉,军纪严明,三军将士,止之如斩足,行之如流水,迅速取得了侵曹伐卫的胜利,在城濮大战中击败了强大的楚国,晋国因此迅速取得了春秋霸主的地位。西周建立初期,周公旦在执法时不祖护亲属,依法斩杀了发动叛乱的管叔,流放了霍叔,西周初期的社会秩序迅速恢复,社会治安稳定,出现了成康四十年间社会安宁、囹圄空虚、刑措不用的局面。

二、韩非子的无讼思想及其实现路径

法家的另一代表人物韩非子在其著作中也主张无讼的诉讼观。《韩非子·解老》曰:"狱讼繁则田荒,田荒则府仓虚,府仓虚则国贫,国贫而民俗淫侈,民俗淫侈则衣食之业绝,衣食之业绝则民不得无饰巧诈,饰巧诈则知采文,知采文之谓服文采。狱讼繁,仓廪虚,而有以淫侈为俗,则国之伤也,若以利剑刺之。"②韩非子认为狱讼繁将导致民俗淫侈、民多巧诈、国家贫困。狱讼对国家的损害如同利剑对人体的伤害。

---

① 《商君书锥指》卷4《赏刑》,第103—104页。
② 《韩非子集解》卷6《解老》,第153页。

韩非子还以寓言故事说明狱讼繁的危害。如《韩非子·说林下》记载："三虱相与讼,一虱过之,曰:'讼者奚说?'三虱曰:'争肥饶之地!'一虱曰:'若亦不患腊之至而茅之燥耳,若又奚患?'于是乃相与聚嘬其母而食之。彘臞,人乃弗杀。"①这则寓言故事的意思是,有三只虱子在吸食猪的血还相互争吵,另一只虱子从旁边经过,说:"你们这样争吵到底是为什么?"三只虱子齐声回答说:"争猪身上肥腴的地方呗!"这只虱子又说:"你们既然不怕腊祭一到会用茅草烤猪而连你们一起烧掉,又何必斤斤计较肥腴的地方呢?"于是这三只虱子便相聚一起吸食猪身上的血。这只猪消瘦了,腊祭时便没有被杀,三虱也得以生存。另一则故事讲的是:"郑人有相与争年者,一人曰:'吾与尧同年。'其一人曰:'我与黄帝之兄同年。'讼此而不决,以后息者为胜耳。"②韩非子讲述这则故事的目的在于向人们阐明争者两害、息讼者获利的道理。

在无讼的实现路径上,韩非子也主张重刑。韩非子在其著作里讲述了子产相郑的故事,子产告诫其继任者游吉要严刑治国,而游吉没有遵循,导致了郑国萑泽之乱的发生。《韩非子·内储说上七术》记载:"子产相郑,病将死,谓游吉曰:'我死后,子必用郑,必以严莅人。夫火形严,故人鲜灼;水形懦,人多溺。子必严子之形,无令溺子之懦。'故子产死,游吉不肯严形,郑少年相率为盗,处于萑泽,将遂以为郑祸。游吉率车骑与战,一日一夜仅能克。游吉喟然叹曰:'吾蚤行夫子之教,必不悔至于此矣。'"③

《韩非子·内储说上七术》还记载了一起孔子与其学生子贡关于"殷之法刑弃灰于街者"的讨论,旨在表达韩非子的重刑止奸的无讼思

---

① 《韩非子集解》卷8《说林下》,第189页。
② 《韩非子集解》卷11《外储说左上》,第270页。
③ 《韩非子集解》卷9《内储说上七术》,第223页。

想。"殷之法刑弃灰于街者,子贡以为重,问之仲尼,仲尼曰:'知治之道也。夫弃灰于街必掩人,掩人人必怒,怒则斗,斗必三族相残也。此残三族之道也,虽刑之可也。且夫重罚者,人之所恶也,而无弃灰,人之所易也。使人行之所易,而无离所恶,此治之道。'一曰:殷之法,弃灰于公道者断其手。子贡曰:'弃灰之罪轻,断手之罚重,古人何太毅也?'曰:'无弃灰所易也,断手所恶也,行所易不关所恶,古人以为易,故行之。'"①在韩非子看来,无弃灰易,断手难。重刑旨在驱民行其所易,避其所难。韩非子在其著述中还不忘为商鞅的无讼思想背书,韩非子曰:"公孙鞅之法也重轻罪。重罪者人之所难犯也,而小过者人之所易去也,使人去其所易无离其所难,此治之道。夫小过不生,大罪不至,是人无罪而乱不生也。一曰:公孙鞅曰:'行刑重其轻者,轻者不至,重者不来,是谓以刑去刑。'"②

三、管子的无讼思想及其实现路径

管子主张重令、严罚。令重、严罚则君尊;严罚者民众则不敢犯,则国治。《管子·重令》曰:"凡君国之重器,莫重于令。令重则君尊,君尊则国安;令轻则君卑,君卑则国危。故安国在乎尊君,尊君在乎行令,行令在乎严罚。罚严令行,则百吏皆恐;罚不严,令不行,则百吏皆喜。故明君察于治民之本,本莫要于令。故曰:亏令者死,益令者死,不行令者死,留令者死,不从令者死。五者死而无赦,唯令是视。故曰:令重而下恐。"③这里的"令"是指法令。管子的思想与商鞅、韩非子的思想是一致的,重刑止奸,以刑去刑。重刑还是社会秩序得以维护的手段。重刑则

---

① 《韩非子集解》卷9《内储说上七术》,第224页。
② 《韩非子集解》卷9《内储说上七术》,第225页。
③ 《管子校注》卷5《重令》,第284页。

君尊,君尊则令行,这样社会秩序才能有保障。

管子还主张"法制不议",即法律一旦颁布就不得随意议论、讨论。法律实施时应公平、平等地对待行为人,不应因犯罪行为人的爵禄差别而在用刑上有所区别。执法者在执法过程中不得法外施恩,不施行宽宥、赦免政策。只有严格依法办事,国家的法治才能形成,守法才会成为民众的习惯行为,这样,国家自然就会强盛。《管子·法禁》曰:"法制不议,则民不相私;刑杀毋赦,则民不偷于为善;爵禄毋假,则下不乱其上。三者藏于官则为法,施于国则成俗,其余不强而治矣。"①

第四节　先秦道家及杂家的无讼思想及其实现路径

一、先秦道家的无讼思想及其实现路径

以老子为代表的道家主张无欲,进而达到不争、无讼的目的。《道德经》曰:"常使民无知无欲,使夫知者不敢为。为无为,则无不治。"②又曰:"夫惟不争,故天下莫能与之争。古之所谓曲则全者。"③又曰:"和大怨,必有余怨,安可以为善?是以圣人执左契,而不责于人。有德司契,无德司彻。④ 天道无亲,常与善人。"⑤"天之道,不争而善胜。"⑥按照老

---

① 《管子校注》卷5《法禁》,第273页。
② [魏]王弼注,楼宇烈校释:《老子道德经注校释》,中华书局2008年版,第三章,第8页。
③ 《老子道德经注校释》,第二十二章,第56页。
④ 左契,契券的左半,由债主收存。彻,古代的一种租税制度,农民按收成上缴粮食、物品。
⑤ 《老子道德经注校释》,第二十二章,第188页。
⑥ 《老子道德经注校释》,第二十二章,第181页。

子的这一思想,为政者应根据自然规律无为而治;民众要保持淳朴的天性,按照自然天道生活,不争则是最好的顺应天道的生活。《庄子·逍遥游》也表达了同样的思想:"至人无己,神人无功,圣人无名。"① 即至人忘掉自我,神人不追求有功,圣人不追求有名。人们应按自然规律生活,少私寡欲,"鹪鹩巢于深林,不过一枝;偃鼠饮河,不过满腹"②。

道家学派代表人物之一的列子对子产诛邓析的行为持赞同的态度:"邓析操两可之说,设无穷之辞,当子产执政,作竹刑。郑国用之,数难子产之治。子产屈之。子产执而戮之,俄而诛之。然则子产非能用竹刑,不得不用;邓析非能屈子产,不得不屈;子产非能诛邓析,不得不诛也。"③ 按《列子》的这一记载,邓析由于操两可之说,挑起无穷的争讼,所以子产才不得不杀了邓析。

二、先秦杂家的无讼思想及其实现路径

作为杂家学派代表人物的吕不韦对争讼也持反对态度。《吕氏春秋·离谓》较为详细地记载了邓析在法律上的贡献,如在诉讼上表现出的卓越智慧,设私学教授诉讼等。子产执政时郑国多地出现了投递匿名书信事件,子产下令严查,严令禁止投递匿名书信;而邓析却故意指使他人投递匿名书信。对于子产的政令,邓析总是予以辩驳:"令无穷,则邓析应之亦无穷矣。是可不可无辨也。可不可无辨,而以赏罚,其罚愈疾,其乱愈疾,此为国之禁也。"④ 法令多,邓析应对的方法也多。这样就造成了可与不可在民众中没有共识标准。民众对可与不可没有形成

---

① 《庄子集释》卷1上《逍遥游》,第20页。
② 《庄子集释》卷1上《逍遥游》,第27页。
③ 杨伯峻:《列子集释》卷6《力命》,中华书局1979年版,第201—202页。
④ 《吕氏春秋集释》卷18《离谓》,第487页。

以法令为准的共识标准就施行赏罚，这样就会造成混乱。《吕氏春秋》认为："辩而不当理则伪，知而不当理则诈，诈伪之民，先王之所诛也。理也者，是非之宗也。"辩论应当依理而行，理是辨别是非的根本。不合理的争辩就是伪，明知不合理仍然争辩就是诈。诈伪之民是历代统治者惩处的对象。

《吕氏春秋·离谓》还记载了一起郑国富人溺死后打捞尸体费用支付的案件。善辩的邓析接受了双方当事人的咨询，分别给出了对己方有利的意见，但不利于问题的解决。"洧水甚大，郑之富人有溺者。人得其死者。富人请赎之，其人求金甚多，以告邓析。邓析曰：'安之，人必莫之卖矣。'得死者患之，以告邓析。邓析又答之曰：'安之。此必无所更买矣。'"①这种挑起争讼的做法不利于纠纷的解决，也不利于社会稳定。

《吕氏春秋·离谓》还记载了邓析开办私学，讲授法律辩论的事例。"子产治郑，邓析务难之，与民之有狱者约，大狱一衣，小狱襦裤。民之献衣襦裤而学讼者，不可胜数。以非为是，以是为非，是非无度，而可与不可日变。所欲胜因胜，所欲罪因罪。郑国大乱，民口谨哗。子产患之，于是杀邓析而戮之，民心乃服，是非乃定，法律乃行。"②这种"以非为是，以是为非，是非无度，而可与不可日变。所欲胜因胜，所欲罪因罪"的讲授内容，引起郑国的舆论哗然。于是子产便斩杀了邓析，之后"民心乃服，是非乃定，法律乃行"。《吕氏春秋》还认为，君主欲治其国，必须诛杀如邓析这种操两可之说扰乱视听之人，如果任由这些人操两可之说扰乱视听，社会秩序将无法维持。

---

① 《吕氏春秋集释》卷18《离谓》，第487页。
② 《吕氏春秋集释》卷18《离谓》，第488页。

第四章　先秦诸子的司法公正观

第一节　先秦儒家的司法公正观

何为儒家？《汉书·艺文志》曰："儒家者流,盖出于司徒之官,助人君顺阴阳明教化者也。游文于六经之中,留意于仁义之际,祖述尧舜,宪章文武,宗师仲尼,以重其言,于道最为高。"①《尔雅·尔雅序》疏曰："儒者,柔也,能以德柔服人者。"②《说文》曰："儒,柔也,术士之称。"段玉裁注曰："儒行者,以其记有道德所行。儒之言优也,柔也,能安人,能服人;又儒者,濡也,以先王之道能濡其身。"③《庄子·渔父》评价孔子的儒学时说："性服忠信,身行仁义,饰礼乐,选人伦,以上忠于世主,下以化于齐民,将以利天下。"可见,儒家是提倡教化和仁政,注重家庭的亲情伦理,在国家治理方面倡导轻徭薄赋,广施教化仁政的学派。儒家在司法公正的主张上也体现了教化和仁政的特点。

---

① 《汉书》卷30《艺文志》,第1728页。
② [晋]郭璞注,[宋]邢昺疏,李学勤主编,李传书整理,徐朝华审定:《尔雅注疏》,北京大学出版社1999年版,第5页。
③ [汉]许慎撰,[清]段玉裁注:《说文解字注》,上海古籍出版社1988年版,第366页。

一、自然天道的司法公正观

人因天地而生,人是自然的副本,因此,人类也应按照自然现象、自然规律规范自身的行为。仰观俯察是人们了解自然、认识自然的方法。天道是最高自然法则,也是人类处理自身问题应遵循的最高法则。

(一)《尚书》中自然天道的司法公正观

《尚书》记录了从尧、舜、禹到春秋时期约一千五百年的帝王言行,其有关天道自然公正观的阐释较为全面。《尚书》把既定的统治秩序、社会秩序,需要变革的社会秩序,维系人类的纲常伦理秩序,民意,甚至对自己所从事的职业忠诚、恪尽职守等等,都称为天道。

在《尚书》中,天道首先表达的是对既定社会秩序的维护。夏启嗣继禹位建立夏朝后,与夏同姓的有扈氏诸侯国叛乱,不服从夏启的统治,夏启亲率大军平叛,双方交战于甘地。大战前,夏启告诫众将士,作《甘誓》曰:"予誓告汝:有扈氏威侮五行,怠弃三正,天用剿绝其命,予惟恭行天之罚。"孔安国传曰:"五行之德,王者相承所取法。有扈与夏同姓,恃亲而不恭,是则威虐侮慢五行,怠惰弃废天地人之正道。言乱常。"孔颖达疏曰:"我设要誓之言以敕告汝:今有扈氏威虐侮慢五行之盛德,怠惰弃废三才之道,上天用失道之故,今欲截绝其命。天既如此,故我今惟奉行天之威罚,不敢违天。"《甘誓》中的"五行""三正"即是天道。清代著名的理学家戴震在其《孟子字义疏证》中的《天道》篇曰:"道,犹行也;气化运行,生生不息,是谓之道。行亦道之通称。"[1]在先秦时期,由于分封制的实行,国内诸侯并立,兴兵讨伐是刑罚的一种。《国

---

[1] [清]戴震注,何文光整理:《孟子字义疏证》卷中《天道》,中华书局1961年版,第21页。

语·鲁语上·温之会》曰:"大刑用甲兵,其次用斧钺;中刑用刀锯,其次用钻笮;薄刑用鞭扑:以威民也。"

在《尚书》中,对职业道德的遵守和职业技能的精进也是天道的要求,怠于职守、荒废职业技能是违反天道的表现。夏朝仲康帝时期,世掌天地四时之职官的义氏、和氏,"沈湎于酒,过差非度,废天时,乱甲乙,不以所掌为意,胤国诸侯受王命往征之"①。《胤征》记载胤国诸侯受王命征讨义氏、和氏的事件。义氏、和氏废职懈怠,"昏迷于天象",日食、月食等天文现象预测错误,"《政典》曰:'先时者杀无赦,不及时者杀无赦。'今予以尔有众,奉将天罚。尔众士同力王室,尚弼予钦承天子威命"②。先时、不及时,在历法上都属于错乱行为,都会影响农时,影响农业社会的经济发展,属于违法犯罪行为,因而归于"杀无赦"的处罚范畴。胤国诸侯率众征伐是在行天罚,维护夏王的天子权威。在今天看来,义氏、和氏的行为是属于玩忽职守的渎职行为,但在《尚书》看来,对职业的不忠诚、废职懈怠行为也是违反天道的行为,应归属于天罚的范畴。

天道还代表着一种需要变革的社会秩序。商汤率众讨伐夏桀时作《汤誓》,在《汤誓》里商汤将其率众推翻夏桀的统治行为称为天命为之。商汤曰:"非台小子,敢行称乱。有夏多罪,天命殛之。"③即商汤我讨伐夏桀,推翻夏桀的统治,并不是商汤我敢冒天下之大不韪,行此以臣伐君之事,而是夏桀有大罪,已失君道,我已不再是夏桀的臣子,上天命令我讨伐夏桀,我只是遵从天命讨伐夏桀罢了。《汤誓》还列举了夏桀的罪行:"不恤我众,舍我穑事,而割正夏。"即不忧念我等众人,舍废我等

---

① 《尚书·胤征》,孔安国传。
② 《尚书·胤征》。
③ 《尚书·汤誓》。

稼穑之事,朝政混乱,是非无度。"夏氏有罪,予畏上帝,不敢不正。"望"尔尚辅予一人,致天之罚,予其大赉汝"。因夏桀有此罪,上天命我讨伐夏桀,我敬畏上天,遵从天命,不敢不正视夏桀之罪而讨伐之。希望你们辅助我,恭行天子威罚,事成之后我会厚赏你们。

商朝末期,西周逐渐强大,周武王兴兵讨伐商纣王,变革社会统治秩序时同样借用了天道公正观为兴兵伐纣正名。周武王兴兵伐纣,誓师于孟津,作《泰誓》。《泰誓上》曰:"商罪贯盈,天命诛之。予弗顺天,厥罪惟钧。"即商纣王恶贯满盈,上天命令我兴兵剿灭其命;今天如果我不兴兵诛灭商纣,就是违背天命,这样就与纣同罪了。西周定国后,迁徙商朝遗民,作《多士》,进一步强调殷商由于不敬上天,天欲灭商,周仅是代行天罚的天道公正观。如《多士》曰:"肆尔多士,非我小国敢弋殷命,惟天不畀允罔固乱,弼我,我其敢求位?惟帝不畀,惟我下民秉为,惟天明畏。"意即,告诉你们这些商代的旧臣们啊,不是我小小的周国敢推翻殷商、夺取大命,是因为上天不想再把统治权给予那些诬枉且统治秩序极其混乱的人,所以上天佑护我周,让周取得大命。如果没有上天的旨意,周岂敢谋取商之大位。上天圣明而威严,下民只能秉承上天的旨意行事。《牧誓》曰:"今予发,惟恭行天之罚。"今天周武王出兵讨伐殷商是在敬畏上天,对殷商行天罚。

儒家的代表人物孟子关于汤武革命也有一段评论:"齐宣王问曰:'汤放桀,武王伐纣,有诸?'孟子对曰:'于传有之。'曰:'臣弑其君可乎?'曰:'贼仁者谓之贼,贼义者谓之残,残贼之人谓之一夫。闻诛一夫纣矣,未闻弑君也。'"①在孟子看来,统治者如不行仁义就是不行君道,不行仁义的君主只是一夫而已,其行为可被称为残、贼,这样的统治者

---

① 《孟子正义》卷5《梁惠王下》,第145页。

是可以被推翻替代的。推翻不行仁义的君王的行为不是犯上作乱,而是符合道义的行为。

在《尚书》中,天道被赋予了另一层含义,就是分辨是非,惩恶扬善。《汤诰》曰:"天道福善祸淫,降灾于夏,以彰厥罪。肆台小子将天命明威,不敢赦。"即天道的法则是给善良人以福祉,惩罚邪恶淫乱者。给夏王朝降下灾殃,就是要彰显夏桀的罪恶。商汤我是在奉上天的旨意惩罚夏桀的,同时,由于敬畏上天,所以不敢宽宥夏桀。《尹训》曰:"惟上帝不常,作善降之百祥,作不善降之百殃。尔惟德罔小,万邦惟庆。尔惟不德罔大,坠厥宗。"即上天不是恒定地赐福给某人或不赐福给某人,而通常是赐福行善者,降灾作恶者。作为帝王的太甲,您的德行无论多么微小,天下百姓都会感到庆幸;您的恶行即使不大,也会导致亡国。《太甲下》曰:"惟天无亲,克敬惟亲。民罔常怀,怀于有仁;鬼神无常享,享于克诚。"即上天不会经常地亲近某一个人,只亲近恭敬他的那些人;民众不会永久地顺从某一个君王,只会顺从有仁德的君王;鬼神也不会固定地眷顾某一特定个人,但会经常惠及诚心诚意的人。《咸有一德》曰:"非天私我有商,惟天佑于一德。……惟天降灾祥,在德。"即不是上天偏爱我商朝,而是上天总是佑助有恒德者。上天赐福或降灾的标准是是否经常修德行善。《蔡仲之命》曰:"皇天无亲,惟德是辅。民心无常,惟惠之怀。为善不同,同归于治。为恶不同,同归于乱。"孔安国传曰:"天之于人,无有亲疏,惟有德者则辅佑之。民之于上,无有常主,惟爱己者则归之。言为善为恶,各有百端,未必正同,而治乱所归不殊,宜慎其微。"即上天对于天下民众没有亲疏远近之分,对于有德行者则给予辅佑。民众并不总是归顺某一人,常常归顺于给予其关怀和德惠之人。为善的方式方法虽然不同,但均能达到社会秩序良好、民众安居乐业的社会效果。作恶的方式方法和表现形式虽然不同,但其结果往往是社会大乱。《酒诰》曰:"天非虐,惟民自速辜。"即上天并非暴虐,而是民众自己招来罪罚。

在《尚书》中,对伦理纲常的遵守也是天道。《泰誓下》曰:"今商王受,狎侮五常,荒怠弗敬。自绝于天,结怨于民。"《尚书·西伯戡黎》孔安国传曰:"受,纣也。"孔颖达疏曰:"'五常'即五典,谓父义、母慈、兄友、弟恭、子孝,五者人之常行,法天明道为之。轻狎五常之教,侮慢而不遵行之,是违天显也。"意即商王纣侮慢五常,荒废懈怠无所恭敬,自绝于上天,结怨于民众。《尹训》曰:"今王嗣厥德,罔不在初。立爱惟亲,立敬惟长,始于家邦,终于四海。"伊尹告诫太甲,要继承商汤的德政,从一开始就省察自己,立友爱从爱亲始,立敬从敬长起,先家庭,后邦国,终而至天下。

在《尚书》中,顺从民意也是一种天道。《泰誓上》曰:"天矜于民,民之所欲,天必从之。"孔安国传曰:"矜,怜也。"上天爱怜民众,民众的愿望,上天一定会顺从。何谓天?天与民有何关系?《泰誓中》曰:"天视自我民视,天听自我民听。"即上天所见来自民众所见,上天所闻来自民众所闻。

(二)其他先秦儒家的自然天道司法公正观

在先秦儒家的其他论著也有一些关于天道自然公正观的论述,如《论语·阳货》曰:"天何言哉?四时行焉,百物生焉,天何言哉?"在孔子看来,天是大爱无私的,给予百物众生的生存发展机会是均等的。天地不言,四时运行,百物生焉,天无私覆,地无私载,这就是天,也是天道。《诗经·大雅·烝民》曰:"天生烝民,有物有则。民之秉彝,好是懿德。"毛亨传曰:"烝,众。物,事。则,法。彝,常。懿,美也。"郑玄笺云:"秉,执也。天之生众民,其性有物象,谓五行仁、义、礼、智、信也。其情有所法,谓喜、怒、哀、乐、好、恶也。然而民所执持有常道,莫不好有德之人。"孟子在论及尧舜禅让之事时,也有同样的论述,认为尧舜的禅让行为是至公的表现。"万章曰:'尧以天下与舜,有诸?'孟子曰:'否!天子不能以天下与人。''然则舜有天下,孰与之?'曰:'天与之。''天与之,谆谆然命之乎?'曰:'否!天不言,以行与事示之而已矣。'"①孟子将具有神秘色彩的"天"转向了具体的"万民","天视自我民视,天听自我民听"。在孟子看来,天道与人道又是紧密相联的。

天道自然法则是人类应遵循的法则,违反天道自然法则则会遭到天罚。天罚是司法公正观的一种表达。

二、公平、平等的司法公正观

(一) 公平观

"公"与"平"两个字所表达的意思有所区别,又互为因果。"公"表达的是行为人对行为客体的一视同仁和评价标准的同一性;而"平"则表达的是具有可比性的事物之间评判标准的同一性。《说文》曰:"公,平分也。平,语平舒也。""公"与"平"具有因果关系,"公"先于"平","平"得于"公";换句话说"公"是"平"之因,"平"是"公"之果。"昔先圣王之治天下也,必先公,公则天下平矣。平得于公。尝试观于上志,有得天下者众矣,其得之必以公,其失之必以偏。凡主之立也,生于公。"②其实,"公"与"平"两个概念很难截然分开,所表达的意思基本相同。

在《尚书》中表达的"公平"是不偏颇、平和正直之意。《尚书·洪范》曰:"无偏无陂,遵王之义。无有作好,遵王之道。无有作恶,遵王之路。无偏无党,王道荡荡。无党无偏,王道平平。无反无侧,王道正直。"即不要有不平,不要有不正,要遵循王的法则;不要有偏好,要遵循

---

① 《孟子正义》卷19《万章上》,第643页。
② 《吕氏春秋集释》卷1《贵公》,第24页。

王的中道;不要行邪恶,要遵循王的中道;不要偏心,不要结党,王的中道宽广;不要结党,不要偏心,王的中道公平;不要违反,不要倾侧,王的中道正直。在先秦人们看来,王道就是不偏不倚、平和正直之道;只有这样"王"才能成为"王",按王道行事的"王"才能很好地统治"王国"。《尚书·立政》曰:"周公若曰:'太史,司寇苏公,式敬尔由狱,以长我王国。兹式有慎,以列用中罚。'"这里记载了周公告诫太史、司寇苏公要恭敬地处理狱讼案件,以使周王朝能长治久安。慎重地审判狱讼案件,所裁判的案件要做到公平、公正。

《诗经·大雅·思齐》曰:"刑于寡妻,至于兄弟,以御家邦。"①"刑,正也。寡,少也。言文王正己适妻,则八妾从,以及兄弟。御,享也。享天下国家之福,但举己心加于人耳。"②《诗经·大雅·思齐》描述的是周文王在处理家国事务时能一视同仁,做到"平",对其妻、兄弟能严格要求。

(二) 无私是公正的另一表达形式

公正与无私密切联系。公而忘私、大公无私等等,都是对公正与无私两个概念之间关系的表达。要做到"公"或"公正"就要"无私";只有"无私"才能做到公正。

无私的公正观来自对天地孕育万物的认识。孔子在论及天道时说:"天何言哉?四时行焉,百物生焉,天何言哉?"天地不言,生载万物;四时运行,成就万物。无私的公正观源于天地自然的观察和感悟。战国末期的吕不韦在其《吕氏春秋·去私》篇中对天道无私作了更为具体

---

① [汉]毛亨传,[汉]郑玄笺,[唐]孔颖达疏,李学勤主编,龚抗云、李传书、胡渐逵整理,肖永明、夏先培、刘家和审定:《毛诗正义》卷18《烝民》,北京大学出版社1999年版,第1218页。

② 《孟子正义》卷3《梁惠王上》注,第87页。

形象的论述:"天无私覆也,地无私载也,日月无私烛也,四时无私行也,行其德而万物得遂长焉。"①

天地无私要求在处理人类自身事务时也要有无私的精神。《尚书·周官》曰:"以公灭私,民其允怀。"执政者在处理公务时,如能秉持公心,消除私欲,民众就会心悦诚服地拥护执政者的统治。史书记载的最早的大公无私的案例当数《左传·隐公四年》记载的卫国大臣石碏大义灭亲的故事。卫国州吁弑卫君桓公自立,石厚与州吁交好,隐公四年九月,"卫人使右宰丑莅杀州吁于濮,石碏使其宰獳羊肩莅杀石厚于陈。君子曰:石碏,纯臣也;恶州吁而厚与焉,大义灭亲,其是之谓乎!"②石厚作为石碏的儿子,因与州吁交好,州吁弑君篡位,石厚充其量也只是个帮凶、从犯,而身为父亲的石碏在州吁被镇压后,派自己的宰臣獳羊肩将自己的儿子石厚杀死于陈国。石碏因其无私的大义灭亲的行为获得了纯臣的美誉。孟子在论及尧舜禅让之事时,认为尧舜的禅让行为是符合天道的至公表现。"万章曰:'尧以天下与舜,有诸?'孟子曰:'否!天子不能以天下与人。''然则舜有天下,孰与之?'曰:'天与之。''天与之,谆谆然命之乎?'曰:'否! 天不言,以行与事示之而已矣。'"③吕不韦在其《吕氏春秋·去私》篇中论及尧舜禅让时也有同样的论述:"尧有子十人,不与其子而授舜;舜有子九人,不与其子而授禹:至公也。"④

在处理举贤任能方面,有德能者给予应有的职位,有功者给予相应的奖赏,是社会治理公平的一种表现。如《尚书·仲虺之诰》曰:"德懋懋官,功懋懋赏。"即道德出众者应授予一定的官位,有功者应给予奖

---

① 《吕氏春秋集释》卷1《去私》,第29页。
② 《春秋左传正义》卷3《隐公四年》,第88页。
③ 《孟子正义》卷19《万章上》,第643页。
④ 《吕氏春秋集释》卷1《去私》,第29页。

赏。在举贤任能方面,无私表现为"外举不避仇,内举不避亲";在处理涉及个人亲属的刑事司法案件时能一视同仁,法不为之绕曲。《吕氏春秋·去私》篇中记载了两例有关无私的事例:

例1:祁黄羊举贤案

> 晋平公问于祁黄羊曰:"南阳无令,其谁可而为之?"祁黄羊对曰:"解狐可。"平公曰:"解狐非子之仇邪?"对曰:"君问可,非问臣之仇也。"平公曰:"善。"遂用之。国人称善焉。居有间,平公又问祁黄羊曰:"国无尉,其谁可而为之?"对曰:"午可。"平公曰:"午非子之子邪?"对曰:"君问可,非问臣之子也。"平公曰:"善。"又遂用之。国人称善焉。孔子闻之曰:"善哉!祁黄羊之论也,外举不避仇,内举不避子。"祁黄羊可谓公矣。①

例2:腹䵍维护法律公平的大义灭亲案

> 墨者有钜子腹䵍,居秦,其子杀人,秦惠王曰:"先生之年长矣,非有它子也,寡人已令吏弗诛矣,先生之以此听寡人也。"腹䵍对曰:"墨者之法曰:杀人者死,伤人者刑,此所以禁杀伤人也。夫禁杀伤人者,天下之大义也。王虽为之赐,而令吏弗诛,腹䵍不可不行墨者之法。"不许惠王,而遂杀之。子,人之所私也,忍所私以行大义,钜子可谓公矣。②

上述两例都是儒家学者们倡导的天道无私的自然观在处理人事任

---

① 《吕氏春秋集释》卷1《去私》,第29—31页。
② 《吕氏春秋集释》卷1《去私》,第31—32页。

免、处理司法案件中的体现。

(三)《左传》中的司法公平观

《春秋》是孔子编撰修订的我国现存的第一部编年体史书,记录了鲁隐公元年(公元前722年)至鲁哀公十四年(公元前481年)共242年的春秋各国史。《春秋》取材于王室档案、鲁国史册记录,以及各诸侯国史。后世儒家学者将《春秋》尊称为"经",称为《春秋经》。《春秋》记事的语言极为简练,每句都暗含褒贬,微言大义,晦涩难懂,后来有很多作者对《春秋》所记述的历史进行解释、补充,这些解释和补充被称为"传"。流传至今的代表著作《左传》《公羊传》和《穀梁传》,被称为"春秋三传"。在"春秋三传"中,《左传》是一部相对独立的史书。有关《左传》的作者,大多认为是鲁国的史官左丘明,《左传》编修成书的时间是战国初年。《左传》记录了鲁隐公元年(公元前722年)至鲁哀公二十七年(公元前468年)共255年的春秋各国史,比《春秋》多了13年。在春秋时期,"周室衰微,诸侯强并弱,齐、楚、秦、晋始大,政由方伯"①。在周朝对各诸侯国统治逐渐衰弱、政由方伯的春秋时期,各诸侯国在处理狱讼纠纷以及相关争议时,公平、正义如何体现?这里摘取了三个案例,望能窥豹见斑。

1. 宋国华弱与乐辔嬉戏被免职案。《左传·襄公六年》记载:华弱与乐辔自少儿时就非常亲密,长大后彼此常诙谐玩笑,相互调侃,一次开玩笑时乐辔发怒,在朝廷上用弓套住华弱的脖子,好像戴枷锁一样。宋平公见到了说:"主管军事司马在朝廷上被人戴枷锁,在战场上也很难取得胜利。"即身为司马的华弱在朝廷上被人如此羞辱,竟不作反抗,其懦弱的性格恐难以胜敌。于是,宋平公罢免了华弱的职务,并将其驱

---

① 《史记》卷4《周本纪》,第149页。

逐出境，华弱逃到了鲁国。乐辔的同族司城子罕认为："同罪异罚，非刑也。专戮于朝，罪孰大焉。"即同样的罪过不一样的处罚，不符合刑法的精神。在朝廷上羞辱大臣，没有比这更大的罪了。司城子罕认为，乐辔在朝廷羞辱宋国大臣也应予以治罪。后乐辔也被免职驱逐了。乐辔非常气愤，用箭射子罕的大门，并且说："看你还能有几天不跟我一样被驱逐出境！"子罕对乐辔的这一行为并没有生气，对待乐辔还像以前一样。这里的"同罪异罚，非刑也"的表述说明了"刑"本身所应体现的公平性，同罪异罚不能体现刑法或"刑"应有的公平性。按现代诉讼标准衡量，该事件不能称作诉讼事件，只是一般的纠纷。但是，法律与社会水乳交融，法律纠纷的处理在一定意义上和一般纠纷的处理具有同质性。《左传》记述的这一事件，反映了作者所要表达的思想，即在处理纠纷事件时以公平为尺度，方能达到惩恶扬善的目的。孔颖达正义引胡虔云："言子罕不阿同族，亦逐乐辔以正国法，忠之至也。及乐辔射其门，畏从华弱之罚，复善乐辔如初，是为柔弱吐刚，丧其志矣。传故举之，明《春秋》之义，善恶俱见。"①

2. 楚大夫伍举奔晋案。《左传·襄公二十六年》记载楚国大夫伍举与声子是好朋友，伍举娶王子牟的女儿为妻，王子牟获罪楚国奔逃出境，伍举为王子牟出奔提供了帮助。伍举因此也获罪楚国，奔逃晋国。声子应楚国派遣出使晋国，在郑国遇见了出逃的伍举，声子答应伍举等其回到楚国后一定帮助他返回楚国。声子返回楚国后，令尹子木看望声子，问及晋国的情况，并且问声子："晋大夫与楚孰贤？"声子回答说：晋不如楚，但是，"虽楚有材，晋实用之"，即楚国的贤才虽多，但都到晋国担当大任了。造成这种状况的原因是楚国的刑赏不当。声子说："善

---

① 《春秋左传正义》卷 30《襄公六年》，孔颖达正义，第 847 页。

为国者,赏不僭而刑不滥。赏僭则惧及淫人,刑滥则惧及善人。若不幸而过,宁僭无滥。与其失善,宁其利淫。无善人,则国从之。"即善于治理国家者,赏赐不能过分,刑罚不能滥施。赏赐过分则会利于坏人,刑罚滥施则会伤及好人。如果不幸出现了不当情况,宁可过分也不要滥施。与其失去善人,宁肯利及坏人。没有善人,则国家就会灭亡。声子接着举例说明楚国析公、雍子、子灵、贲皇奔晋为晋国所用给楚国带来的伤害。后声子将话题转向伍举,伍举现因王子牟之事受牵连而出奔晋国,晋国将委以重任,其将必然给楚国带来伤害,楚国应想办法让伍举回到楚国。"子木惧,言诸王,益其爵禄而复之。"声子回到了楚国,为楚国所用。该段虽然谈论的是国家治理中的人才使用问题,但较多地论及国家"刑"的公平、正当地适用问题。其中"赏不僭而刑不滥"体现了先秦时期儒家所倡导的公平处理国家政务的思想,"若不幸而过,宁僭无滥。与其失善,宁其利淫",则表达了春秋时期的统治者的慎刑思想。

3. 晋侯侵曹伐卫案。《左传·僖公二十八年》记载,晋侯率军侵曹伐卫,捕获了卫、曹两诸侯国国君。不久晋侯释放了卫国国君,但是曹国国君一直被扣押不放。曹伯身边的小臣晋国的筮史游说晋侯曰:"(曹)与卫偕命,而不与偕复,非信也。同罪异罚,非刑也。礼以行义,信以守礼,刑以正邪,舍此三者,君将若之何。"曹卫两国同时获得了晋侯的复国承诺,而如今却没有能与卫国一起复国,这是没有信用的体现。相同的罪过给予不同的处罚,不能体现刑法的公平性。礼仪是用来推行道义的,信用是为了维护礼仪,刑罚是为了纠正邪恶,舍弃了礼、信、刑三者,君侯将如何处世?晋侯听了筮史的话很高兴,于是便释放了曹伯。"同罪异罚,非刑也"体现了当时人们对"刑"所应具有的公平性的共同价值观。

三、具有等级特色的司法公正观

如上文《左传》记载"同罪异罚，非刑也"，执法公平是社会长治久安的根本保证。"王子犯法与庶民同罪"也是儒家所倡导的法律公平观。《礼记·文王世子》曰："公族之罪虽亲，不以犯有司正术也，所以体百姓也。"意即，王之同族犯罪，虽然犯罪者与王同族，但是也不能破坏司法官的正常执法活动和审判活动，应依法判决，这样做是为了让百姓体味到法律的公平性。但是，儒家在倡导法律的公平性的同时，也强调家庭和家族观念，在刑罚的执行上给予了王族和有爵者一定特权，这些特权主要体现在以下两个方面。

（一）法律适用上的等级特权

《周礼·秋官·小司寇》曰："以八辟丽邦法，附刑罚：一曰议亲之辟，二曰议故之辟，三曰议贤之辟，四曰议能之辟，五曰议功之辟，六曰议贵之辟，七曰议勤之辟，八曰议宾之辟。"郑玄注曰："辟，法也。丽，附也。"这里的亲、故、贤、能、功、贵、勤、宾八种人犯罪，按特别程序处理。

1. 亲。注引郑司农云："若今时宗室有罪，先请是也。"贾公彦疏曰："'亲'，谓五属之内，及外亲有服者，皆是议限。"

2. 故。郑玄注曰："故谓旧知也。"注引郑司农云："故旧不遗，则民不偷。"

3. 贤。注引郑司农云："若今时廉吏有罪，先请是也。"郑玄注曰："贤，有德行者。"贾公彦疏曰："'贤有德行'者，谓若乡大夫兴贤者、能者。贤，即有六德六行者也。"

4. 能。郑玄注曰："能，谓有道艺者。"

5. 功。郑玄注曰："谓有大勋力立功者。"贾公彦疏曰："此即司勋所掌王功国功之等,皆入此功也,是以彼音皆言功为首也。"

6. 贵。注引郑司农云:"若今时吏墨绶有罪,先请是也。"贾公彦疏:"先郑推引汉法墨绶为贵,若据周,大夫以上皆贵也。墨绶者,汉法,丞相中二千石,金印紫绶。御史大夫二千石,银印黄绶。县令六百石,铜印墨绶,是也。"

7. 勤。郑玄注曰:"谓憔悴以事国。"

8. 宾。根据郑注和贾疏,宾就是新王朝建立前的前朝王族成员。

《礼记》对法律适用上的等级特权也有类似的记载。《礼记·曲礼》曰:"刑不上大夫。"郑玄注云:"不与贤者犯法,其犯法则在八议,轻重不在刑书。"孔颖达疏曰:"'刑不上大夫'者,制五刑三千之科条,不设大夫犯罪之目。所以然者,大夫必用有德。若逆设其刑,则是君不知贤也。张逸云:'谓所犯之罪,不在夏三千、周二千五百之科。不使贤者犯法也,非谓不刑其身也。其有罪则以八议议其轻重耳。'"孔疏所释符合经义。

(二) 王之同族和有爵者在囚禁期间于械具的适用上有所区别

《周礼·秋官·掌囚》曰:"掌囚掌守盗贼,凡囚者。上罪梏拲而桎,中罪桎梏,下罪梏。王之同族拲,有爵者桎,以待弊罪。及刑杀,告刑于王,奉而适朝,士加明梏,以适市而刑杀之。凡有爵者与王之同族奉而适甸师氏,以待刑杀。"《说文》曰:"梏,手械也。拲,两手同械也。桎,足械也。"《掌囚》的这段话用现代语言表述就是:掌囚的职责是负责看守被拘捕在狱的盗贼,以及那些因有罪被羁押的人。重罪犯戴梏、拲、桎,次一等者戴桎、梏,轻罪犯只戴梏。王的同族人犯罪只戴拲,有爵者只戴桎,以等待判决。对于应执行死刑的罪犯,行刑前要向国王报告死刑犯的姓名、爵级等情况,把罪犯押解到朝士那里,朝士给罪犯戴上书写有罪犯姓名、罪名的标牌,然后押到集市上处死。凡有爵位者以及与王同族的罪犯，就押解到甸师氏那里，以等待施刑或处死。从《掌囚》规定的内容来看，在械具的适用和行刑的地点上体现了差别性。这种差别性主要体现在三个方面：其一，罪行轻重不同所戴的械具不同，如"上罪梏拲而桎，中罪桎梏，下罪梏"。其二，爵位、身份不同所戴的械具不同，如"王之同族拲，有爵者桎"。其三，死刑犯的爵位、身份不同，执行地点不同，如"凡有爵者与王之同族奉而适甸师氏，以待刑杀"。没有爵位、没有王族身份的死刑犯"以适市而刑杀之"。

（三）在死刑和其他刑罚的执行上王之同族和有爵者不同于普通民众

《周礼·天官·甸师》曰："王之同姓有罪，则死刑焉。"注引郑司农云："王同姓有罪当刑者，断其狱于甸师之官。"贾公彦疏曰："周姓姬，言同姓者，绝服之外同姓姬者。有罪者，谓凡五刑则刑杀于市朝，于此死刑焉，谓死及肉刑在甸师氏。必在甸师氏者，甸师氏在疆场，多有屋舍，以为隐处，故就而刑焉。"对于郑司农关于甸师是断狱之官的解释，贾公彦则有不同的看法，他认为甸师是掌管王之同姓的死刑及肉刑的刑罚执行的官吏。《周礼·天官·叙官》郑玄注曰："郊外曰甸。师犹长也。甸师，主供野物官之长。"甸地在离王国都城百里外的郊区，甸地有供国王耕种的土地，同时提供国王享用的野物、薪柴等。甸地为相对隐蔽的地方，王之同姓有罪在甸地执行，能维护王之同姓的体面。

《周礼·秋官·掌戮》曰："掌戮掌斩杀贼谍而搏之。凡杀其亲者，焚之。杀王之亲者，辜之。凡杀人者，踣诸市，肆之三日。刑盗于市。凡罪之丽于法者，亦如之。唯王之同族与有爵者，杀之于甸师氏。凡军旅、田、役斩杀刑戮，亦如之。"郑玄注曰："斩，以铁钺，若今要斩也。杀，以刀刃，若今弃市也。谍，谓奸寇反间者。贼与谍，罪大者斩之，小者杀之。搏当为'膊诸城上'之膊，字之误也。膊，谓去衣磔之。"掌戮负责斩杀盗贼和间谍，杀时剥去衣服并分裂尸体。凡杀害亲属者，处死后焚尸；杀害国王亲属者，处死后碎尸。凡杀人者在集市上被处死后，陈尸三日。对盗贼的行刑在集市上。对触犯法律构成犯罪者的行刑也在集市上。只有王的同族和有爵者犯罪应处死者在甸师氏处行刑。凡出征、田猎、劳役中的斩杀行刑，也这样做。《礼记·文王世子》也有同样的记载："公族其有死罪，则磬于甸人。其刑罪，则纤剸，亦告于甸人。公族无宫刑。"郑玄注曰："甸人，掌郊野之官。县而缢杀之曰磬。纤读为歼，歼，刺也。剸，割也。宫割，淫刑。"即王之同族被判处死刑行刑时交由甸人缢杀之，死刑以外的其他肉刑的执行也交由甸人执行。王的同族犯罪不适用宫刑。《礼记·文王世子》在解释王之同族在刑罚适用上的特权时说："刑于隐者，不与国人虑兄弟也。""公族无宫刑，不翦其类也。"即王之同族犯罪在隐蔽处执行刑罚是为了避免国人议论国王兄弟的过恶。王之同族不适用宫刑，是为了不使王族断绝后代。

四、注重亲情的司法公正观

（一）注重仁孝的司法公正观

"春秋之治狱，论心定罪，志善而违于法者免，志恶而合于法者诛。"[①]在对待犯罪的认识上，论心定罪源于儒家文化的仁孝观。《论语·学而》曰："有子曰：其为人也孝弟，而好犯上者，鲜矣；不好犯上，而好作乱者，未之有也。君子务本，本立而道生。孝弟也者，其为仁之本与！"在儒家看来，有孝弟之心和孝弟之行而犯上者，很少；不犯上者也不会作乱。这是因为有孝弟之心和孝弟之行者，其心本仁；心仁者不会犯上作乱。由孝弟而仁，由仁而忠。作为社会秩序建构的一种理论，儒家的

[①] 王利器校注：《盐铁论校注》卷10《刑德》，中华书局1992年版，第567页。

这种仁孝、忠君思想是成立的,也能够为统治阶层所接受。孔子在《论语》中还进一步阐述了他的仁孝、忠君在建构社会秩序、维护社会统治方面的思想,如《论语·颜渊》曰:"齐景公问政于孔子。孔子对曰:'君君,臣臣,父父,子子。'公曰:'善哉!信如君不君,臣不臣,父不父,子不子,虽有粟,吾得而食诸?'"在孔子看来,君应尽君道,臣应尽臣道,父应尽父道,子应尽子道,这是社会秩序得以维护的根本。如果君不尽君道,臣不尽臣道,父不尽父道,子不尽子道,社会秩序将难以维系,君主统治地位也难以维系。孔子在《孝经》中也阐述了仁孝在社会秩序维护方面的作用。《孝经·三才》曰:"夫孝,天之经也,地之义也,民之行也。"《孝经·广要道》曰:"教民亲爱,莫善于孝。教民礼顺,莫善于悌。移风易俗,莫善于乐。安上治民,莫善于礼。"《孝经·五刑》曰:"五刑之属三千,而罪莫大于不孝。要君者无上,非圣人者无法,非孝者无亲,此大乱之道也。"可见,孝是天地之经义,是民众应践行的行为准则。

在对待亲人犯罪的问题上,儒家主张亲亲相隐,反对父子、兄弟之间相互揭发、控告犯罪。《论语·子路》曰:"叶公语孔子曰:'吾党有直躬者,其父攘羊,而子证之。'孔子曰:'吾党之直者异于是。父为子隐,子为父隐,直在其中矣。'"在孔子看来,父窃羊而子证之是不孝行为,是不值得提倡的;父为子隐、子为父隐是仁孝行为,其中已蕴含公道。《礼记·王制》也有同样的记载:"凡听五刑之讼,必原父子之亲,立君臣之义,以权之意论轻重之序,慎测浅深之量以别之;悉其聪明,致其忠爱以尽之。"凡听审判处罪犯应处五刑中哪一种刑罚时,一定要从体谅父子亲情、确立君臣关系大义的角度来进行权衡;要考虑到犯罪情节、主观恶性的轻重程度,审慎地分析作案动机的深浅分量,以便区别对待;要充分发挥审判官的聪明才智,奉献自己的忠君爱民之心,彻底地查清案情。

儒家强调父子、君臣关系,其目的在于维护家国一体的社会秩序,但是,当孝道与忠君、孝道与守法发生冲突时,儒家的忠孝理论就会陷入两难的境地,甚至出现无解的悲剧。《孟子·尽心上》曰:"桃应问曰:'舜为天子,皋陶为士,瞽瞍杀人,则如之何?'孟子曰:'执之而已矣。''然则舜不禁与?''夫舜恶得而禁之?夫有所受之也。''然则舜如之何?'曰:'舜视弃天下,犹弃敝蹝也。窃负而逃,遵海滨而处,终身欣然,乐而忘天下。'"桃应是孟子的弟子。桃应问孟子说,按照儒家的忠孝观,舜为天子时,皋陶为司法官,假如舜帝之父瞽瞍杀人,该如何处置?孟子回答说:皋陶应依法拘捕瞽瞍。桃应又问:难道舜帝不制止皋陶拘捕自己父亲吗?孟子又回答说:舜帝又怎么能制止皋陶的行为呢?拘捕杀人者是皋陶作为司法官的职责所在。桃应接着又问曰:那么,舜帝接下来又该如何处置其父亲呢?孟子回答曰:舜帝视天子的地位如草芥,舜帝会选择放弃帝位,放弃天下万民,偷偷地背负着父亲离开羁押地,到海边居住,过着闲居独处的生活,直到终老。朱熹在对桃应与孟子的这段对话作注时说:"此章言为士者(指皋陶),但知有法,而不知天子父之为尊;为子者(指舜帝),但知有父,而不知天下之为大。盖其所以心者,莫非天理之极,人伦之至。"①朱熹对舜"窃负而逃"作注曰:"言舜之心,知有父而已,不知有天下也。孟子尝言舜视天下犹草芥,而推顺于父母可以解忧。"②清代焦循《孟子正义》对舜弃天下,"窃负而逃"作注曰:"舜必负父而远逃,终身欣然,忽而忘天下之为贵也。"③无论怎么解释,舜帝放弃天下,负父而远逃的行为是践行了孝道,但却违反了国家法律;如果允许以破坏法律的代价来践行孝道的话,那么,国家的

---

① 《四书章句集注》,《孟子集注》卷13《尽心章句上》,朱熹注,第367页。
② 《四书章句集注》,《孟子集注》卷13《尽心章句上》,朱熹注,第367页。
③ 《孟子正义》卷27《尽心章句上》,第931页。

秩序同样不能得到保障。法律的效力高于孝道的拘束力,孝道应在法律允许的范围内发挥作用,不能超越法律底线。"从道不从君,从义不从父,人之大行也。"①

《史记》也记载了一起先秦时期因孝道与忠君、守法发生矛盾而造成的悲剧。《史记·循吏列传》曰:"石奢者,楚昭王相也。坚直廉正,无所阿避。行县,道有杀人者,相追之,乃其父也。纵其父而还自系焉,使人言之王曰:'杀人者,臣之父也;夫以父立政,不孝也;废法纵罪,非忠也;臣罪当死。'王曰:'追而不及,不当伏罪,子其治事矣。'石奢曰:'不私其父,非孝子也;不奉主法,非忠臣也。王赦其罪,上惠也;伏诛而死,臣职也。'遂不受令,自刎而死。"②石奢作为坚直廉正守法的官吏,在忠与孝不能两全时,选择了自刎而死,不能不说是一种悲剧。

(二)倡导亲情复仇的司法公正观

儒家在强调孝道、亲情的同时,提倡血亲复仇。《公羊传·隐公十一年》曰:"君弑,臣不讨贼,非臣也。子不复仇,非子也。"认为讨弑君之贼、为父报仇,都是做臣、子义不容辞的职责。君被杀,做臣子者不讨贼,不能称作臣;父被杀,做儿子的不为父报仇,不能称作子。

《礼记》中也有一些有关血亲复仇的记载。《礼记·曲礼上》曰:"父之仇,弗与共戴天。兄弟之仇,不反兵。交游之仇,不同国。"对于杀害父亲的仇人,与之不共戴天。对于杀害亲兄弟之仇人,在途中偶遇则不返回拿兵器,用随身携带的武器报仇。对于杀害朋友的仇人,不和他同住一国。《礼记·檀弓上》也有有关复仇的记载:"子夏问于孔子曰:'居父母之仇如之何?'夫子曰:'寝苫枕干,不仕,弗与共天下也。遇诸市曹,不反兵而斗。'曰:'请问居昆弟之仇如之何?'曰:'仕弗与共国,衔君

---

① 《荀子集释》卷20《子道》,第529页。
② 《史记》卷119《循吏列传》,第3102页。

命而使,虽遇之不斗。'曰:'请问居从父昆弟之仇如之何?'曰:'不为魁,主人能,则执兵而陪其后。'"在这里孔子较为详细地解答了其学生子夏关于血亲复仇层次的问题。对于杀害父母的仇人,睡草甸上、头枕盾牌、不去做官,与之不共戴天;在集市上或聚众集会时偶遇,不返回拿兵器而用随身携带的兵器与之决斗。对于杀害兄弟的仇人,不与他在同一国做官;如果受君命出使,即使相遇,也不和他决斗。对于杀害堂兄弟的仇人,不做报仇的头人,如果堂兄弟家人能领头报仇,自己则拿着兵器跟随着去。《大戴礼记·曾子制言》关于复仇也有相似的记载:"父母之仇,不与同生,兄弟之仇,不与聚乡,族人之仇,不与聚邻。"《大戴礼记》在对待父母的仇人上用"不与同生","不与同生"与"不共戴天"的意义相同。对于兄弟的仇人,《大戴礼记》用"不与聚乡","乡"与"国"在范围上有所区别,按《周礼》体国经野的制度设计,国中行乡制,国中设"六乡","乡"在地域范围上小于"国"。《大戴礼记》关于"族人之仇,不与聚邻"的记载是《礼记》中没有的,在其他先秦文献中,如《周礼》等,也没有类似的记载。

　　《周礼》也有关于报仇的记载,但是,与上述《公羊传》《礼记》《大戴礼记》有关复仇的记载相比,《周礼》关于复仇的记载具有一定的理性色彩,同时也具有一定的程序性。《周礼·地官·调人》曰:"调人掌司万民之难而谐和之。凡过而杀伤人者,以民成之,鸟兽亦如之。凡和难,父之仇辟诸海外,兄弟之仇辟诸千里之外,从父兄弟之仇不同国。君之仇视父,师长之仇视兄弟,主友之仇视从父兄弟。弗辟,则与之瑞节而以执之。凡杀人有反杀者,使邦国交仇之。凡杀人而义者,不同国,令勿仇,仇之则死。凡有斗怒者,成之;不可成者则书之,先动者诛之。"

　　《周礼》设立了调人专门负责调解人相杀伤引起的仇雠纠纷。根据《周礼》及其注疏,报仇的情况有两种:一是过失杀人他人者。过失杀伤他人鸟兽者亦属于报仇调解的范围,但《周礼·地官·调人》记载的多是过失杀伤人报仇调解办法。二是故意杀伤他人后得到国家赦免者。对于上述情况需要报仇者，《调人》给予的调解办法是：如杀死或杀伤他人父亲者，杀人者应离开其居住地躲避到周边的蛮夷戎狄之国；如杀死或杀伤他人兄弟者，杀人者应离开其居住地躲避到千里之外；如杀死或杀伤他人同姓堂兄弟者，杀人者应离开其居住地躲避到其他诸侯国。对于杀害君王之仇视为杀害父之仇，杀害师长之仇视为杀害兄弟之仇，杀害主人或朋友之仇视为杀害从兄弟之仇。对于不肯躲避者，由国王或国王授权的机构授给调人玉节将不肯躲避者抓捕，并将他治罪。《周礼·秋官·朝士》与《调人》中规定的"弗辟，则与之瑞节而以执之"有类似的规定，曰："凡报仇雠者，书于士，杀之无罪。"郑玄注曰："谓同国不相辟者，将报之必先言之于士。"贾公彦疏曰："凡仇人，皆王法所当讨，得有报仇者，谓会赦后，使已离乡，其人反来还于乡里，欲报之时，先书于士，士即朝士，然后杀之，无罪。"杀人者不离开原住所地，报仇者可向朝士报告，并由朝士记录在案后实施报复行动将杀人者杀死。对于这种杀人行为，法律不认为是犯罪。

对于杀死多人者，国家则成为报仇者。"凡杀人有反杀者，使邦国交仇之。"即凡杀人后害怕报复而重复杀人，以便达到削弱报复方的报复能力者，该杀人者如逃往他国，杀人者所在国可通过邦交途径使他国得而诛之。

基于法律或道德上的正当性而杀人者不属于报复或仇恨的对象。"凡杀人而义者，不同国，令勿仇，仇之则死。"郑玄注曰："义，宜也，谓父母、兄弟、师长尝辱焉而杀之者，如是为得其宜。虽所杀者人之父兄，不得仇也，使之不同国而已。"凡是基于法律或道德上的正当性而杀人的，杀人者与被杀人之家不在同一国居住，劝令被杀人之家不要报仇，如报仇就要判死罪。

禁止纠纷扩大是处理民众纠纷应遵循的基本原则。"凡有斗怒者，成之；不可成者，则书之，先动者诛之。"郑玄注曰："斗怒，辩讼者也。不可成。不可平也。书之记其姓名，辩本也。"郑司农云："成之，谓和之也。"贾公彦疏曰："言斗怒，则是言语忿争，未至殴击，故成之。若相殴击，则当罪之也。故郑云斗怒，谓辩讼也。"凡是因言语发生争吵，产生矛盾者，调解解决；调解不能达成者，把争辩双方的姓名、事由写下来，先行采取报复行动的，予以惩罚。

儒家为何倡导血亲复仇？这与儒家倡导的"亲亲、尊尊、父父、子子"家国同构的社会秩序有密切联系。人们要亲其亲，就要爱其亲；爱其亲者，亲受到伤害，如同己受到伤害；因此，复仇是表达爱其亲的最好方式。《孟子·尽心下》曰："孟子曰：'吾今而后知杀人亲之重也：杀人之父，人亦杀其父；杀人之兄，人亦杀其兄。然则非自杀之也，一间耳。'"《孟子正义》注曰："一间者，我往彼来，间一人耳。与自杀其亲无异哉。"[1]《四书章句集注》朱熹注引范氏曰："知此则爱敬人之亲，人亦爱敬其亲矣。"[2]从《孟子》及其注疏看，复仇缘起于人与人之间的爱敬情感。《墨子·兼爱》篇中提出"兼相爱，交相利"是天下之治道也，是顺人情而为的自然之道。"夫爱人者，人必从而爱之；利人者，人必从而利之。恶人者，人必从而恶之；害人者，人必从而害之。"[3]在墨子看来，血亲复仇是基于人性中的"爱"或"爱亲"。

---

[1] 《孟子正义》卷28《尽心章句下》注，第968页。
[2] 《四书章句集注》，《孟子集注》卷13《尽心章句下》注，第374页。
[3] 吴毓江撰，孙启治点校：《墨子校注》卷4《兼爱中》，中华书局1993年版，第156页。

五、司法公正的作用

（一）司法公正是社会治理的必要条件

公正的裁判是在向民众宣示正义的社会规则，因此，公正的司法有助于社会关系的调整，有助于社会秩序的稳定。《尚书·吕刑》曰："民之乱，罔不中听狱之两辞。"《尔雅·释诂》曰："乱，治也。"《吕刑》的这句话的意思是：对民众的治理，无不是法官公正地听取双方当事人讼辞的结果。

孔子在《论语》中也有一些关于司法公正对社会秩序调整作用的记载。《论语·为政》曰："哀公问曰：'何为则民服？'孔子对曰：'举直错诸枉，则民服；举枉错诸直，则民不服。'"朱熹注引程子曰："举错得义，则人心服。"①朱熹注引谢氏曰："好直而恶枉，天下之至情也。顺之则服，逆之则去，必然之理也。"②孔子在《论语·颜渊》中又进一步解释了司法公正或者说正义的行为对社会秩序的型构作用。"子曰：'举直错诸枉，能使枉者直。'樊迟退，见子夏，曰：'乡也吾见于夫子而问知，子曰，举直错诸枉，能使枉者直，何谓也？'子夏曰：'富哉言乎！舜有天下，选于众，举皋陶，不仁者远矣。汤有天下，选于众，举伊尹，不仁者远矣。'"孔子的学生子夏将孔子的"举直错诸枉，能使枉者直"作了扩充性的解释，把孔子对事的解释，扩充到对选贤任能的解释。子夏的解释似乎有点"望文生义"，但是其对正义行为积极作用的关注是值得肯定的。

---

① 《四书章句集注》，《论语集注》卷1《为政》注，第58页。
② 《四书章句集注》，《论语集注》卷1《为政》注，第58页。

在先秦儒家著作中,对法律论述较多者当数《荀子》。《荀子·正论》曰:"刑称罪则治,不称罪则乱。"即刑罚中正、适当,社会秩序就会良好;罪与罚失当,社会秩序就会混乱。

(二) 公正的司法对民众的行为有指导作用

《论语·子路》曰:"刑罚不中,则民无所措手足。"如果司法不公,刑罚不中正,则民众将手足无措,不知该如何行为。《荀子·正论》曰:"凡刑人之本,禁暴恶恶,且惩其未也。"即刑罚的目的是禁暴止恶,进而消除犯罪。

(三) 公正司法能保护裁判者自身,同时也有助于树立司法权威

《礼记》中也有一些关于司法公正的记载。《礼记·月令》曰:仲秋之月,"乃命有司,申严百刑,斩杀必当,毋或枉桡;枉桡不当,反受其殃"。即命令官吏,申明并严格执行刑罚,斩杀罪犯一定要恰当,不要有枉曲;枉曲而量刑不当者,自己反而遭受灾殃。《荀子·君子》曰:"刑当罪则威,不当罪则侮。"刑罚适当能产生公信力,不适当则会破坏司法的公信力。

(四) 司法公正能促进社会公平

《荀子·致士》曰:"赏不欲僭,刑不欲滥。赏僭则利及小人,刑滥则害及君子。若不幸而过,宁僭无滥。与其害善,不如利淫。"刑赏只有公正、公平,才能既不利淫,也不害善。

第二节　先秦法家的司法公正观

《汉书·艺文志》曰:"法家者流,盖出于理官,信赏必罚,以辅礼制。

《易》曰'先王以明罚敕法',此其所长也,及刻者为之,则无教化,去仁爱,专任刑法而欲以致治,至于残害至亲,伤恩薄厚。"①《汉书·艺文志》将《商君》《申子》《慎子》《韩子》等列入法家著作,有些文献已散失,今天还能见到的文献有《商君》《慎子》和《韩子》。《管子》在《汉书·艺文志》中没有被提及,但《隋书·经籍志》将其列入法家著作。

一、无私的司法公正观

在法家看来,法是公正的,同时也是无私的,私欲行则法废。《商君书·垦令》曰:"无宿治,则邪官不及为私利于民,而百官之情不相稽。百官之情不相稽,则农有余日。邪官不及为私利于民,则农不敝。"《商君书·开塞》曰:"亲亲则别,爱私则险,民众而以别险为务,则民乱。"在商君看来,亲近自己的亲人,贪爱私利则会造成国家的混乱。"故贤者立中正,设无私,而民说仁。""亲亲者,以私为道也,而中正者使私无行也。"中正者,无私也。私无行,则民众的行为就会归入法制的轨道。

慎子在对法与无私的关系的认识上,与商君是一致的,认为法即是公正,是无私的。《慎子·威德》曰:"法制礼籍,所以立公义。凡立公,所以去私也。"②《慎子逸文》曰:"法之功,莫大于私不行;君之功,莫大于使民不争。今立法而行私,是私与法争,其乱甚于无法。"③

管子关于无私的司法公正观源于对天道的认识。《管子·形势解》曰:"天公平而无私,故美恶莫不覆。地公平而无私,故大小莫不载。"由天道至人道,天道无私,人道也应无私。其次,在处理具体国家事务上,

---

① 《汉书》卷30《艺文志》,第1736页。
② 许富宏:《慎子集校集注》《威德》,中华书局2013年版,第18页。
③ 《慎子集校集注》《慎子逸文》,第64页。

管子主张"不淫意于法之外""不为惠于法之外",一切依法行事,反对私意。《管子·明法解》曰:"法度者,主之所以制天下而禁奸邪也,所以领牧海内而奉宗庙也。私意者,所以生乱长奸而害公正也,所以雍蔽失正而危亡也。故法度行者国治,私意行者国乱。"

韩非子认为,治国之道必明于公私之分,明法制,去私恩。如《韩非子·饰邪》曰:"禁主之道,必明于公私之分,明法制,去私恩。夫令必行,禁必止,人主之公义也;必行其私,信于朋友,不可为赏劝,不可为罚沮,人臣之私义也。私义行则乱,公义行则治,故公私有分。人臣有私心,有公义。修身洁白而行公行正,居官无私,人臣之公义也。污行从欲,安身利家,人臣之私心也。"《韩非子·解老》曰:"所谓直者,义必公正,公心不偏党也。"在韩非子看来,君主治下的臣民既有私心,又有公义,君主治国之道应是据法而治,这样能使公道行,私意止。《韩非子·诡使》又曰:"夫立法令者以废私也,法令行而私道废矣。私者所以乱法也""故本言曰:'所以治者法也,所以乱者私也;法立,则莫得为私矣。'故曰:道私者乱,道法者治。"在韩非子看来,私意与公道、法是相排斥的。依法行事就是在践行公道,废除私意。"外举不避仇,内举不避亲",是无私公正恪守的原则,也是无私公正的标志。

《韩非子·外储说左下》记载了两起"外举不避仇,内举不避亲"的事例:

例1:赵武举贤

中牟无令,鲁平公问赵武曰:"中牟,三国之股肱,邯郸之肩髀,寡人欲得其良令也,谁使而可?"武曰:"邢伯子可。"公曰:"非子之仇也?"曰:"私仇不入公门。"公又问曰:"中府之令谁使而可?"曰:

"臣子可。"故曰:"外举不避仇,内举不避子。"赵武所荐四十六人,及武死,各就宾位,其无私德若此也。①

例2:解狐举贤

解狐荐其仇于简主以为相,其仇以为且幸释己也,乃因往拜谢。狐乃引弓送而射之,曰:"夫荐汝公也,以汝能当之也。夫仇汝,吾私怨也,不以私怨汝之故拥汝于吾君。故私怨不入公门。"一曰解狐举邢伯柳为上党守,柳往谢之曰:"子释罪,敢不再拜。"曰:"举子公也,怨子私也,子往矣,怨子如初也。"②

韩非子所举赵武和解狐在举贤方面的无私事例,旨在说明无私执法的社会影响和作用。

二、刑无等级的司法公正观

商鞅主张壹刑,即刑无等级。《商君书·赏刑》曰:"所谓壹刑者,刑无等级。自卿相将军以至大夫庶人,有不从王令,犯国禁,乱上制者,罪死不赦;有功于前,有败于后,不为损刑;有善于前,有过于后,不为亏法;忠臣孝子有过,必以其数断;守法守职之吏,有不行王法者,罪死不赦,刑及三族。"商鞅所主张的壹刑,即在法律面前人人平等,卿相、将军、大夫以及庶人犯法者,同等处理;对于有功者、有善行者、忠臣孝子,以及奉公守职守法之吏,如果违法构成犯罪,同样依法处理,法律对此设立一些宽宥条件。商鞅在《商君书·赏刑》中记载了两例执法公平的

---

① 《韩非子集解》卷12《外储说左下》,第306页。
② 《韩非子集解》卷12《外储说左下》,第306—307页。

事例：一是晋文公依法对其近臣颠颉行刑的故事；二是西周初年，管叔、蔡叔叛乱，周公旦评判后杀管叔、流霍叔的故事。这两例旨在说明公平执法、刑无等级对社会治理的巨大作用。《商君书·赏刑》记载曰："晋文公欲明刑以亲百姓，于是合诸侯大夫于侍千宫。颠颉后至，请其罪。君曰：'用事焉！'吏遂断颠颉之脊以殉。晋国之士，稽焉皆惧，曰：'颠颉之有宠也，断以殉，况于我乎？'举兵伐曹及五鹿，反郑之埤，东卫之亩，胜荆人于城濮。三军之士，止之如斩足，行之如流水。三军之士，无敢犯禁者。故一假道重轻于颠颉之脊，而晋国治。昔者周公旦杀管叔，流霍叔，曰：'犯禁者也。'天下众皆曰：'亲昆仲有过不违，而况疏远乎？'故天下知用刀锯于周庭，而海内治。故曰：'明刑之犹，至于无刑也。'"

慎子在其《君人》篇中没有直接谈论法的公平性，而是论及了法的公平性的重要性。执法公平，一断于法，可以塞私怨。《慎子·君人》曰："君人者，舍法而以身治，则诛赏予夺从君心出矣。然则受赏者虽当，望多无穷；受罚者虽当，望轻无已。君舍法而以心裁轻重，则同功殊赏，同罪殊罚矣，怨之所由生也。是以分马者之用策，分田者之用钩，非以钩策过于人智也，所以去私塞怨也。故曰：大君任法而弗躬，则事断于法矣。法之所，各以其分，蒙其赏罚而无望于君也。是以怨不生而上下和矣。"①在慎子看来，如果君主在行赏罚时，不依法而是以心裁轻重，则会出现同功异赏、同罪异罚的现象，这样就会出现民心不服的情况，国家的法治秩序就不能保障，就会出现混乱。"法制礼籍，所以立公义也。"②法即是公平，是标准，君主如能做到"事断于法"，则会"怨不生而上下和"。法仅仅是定分止争的标准，不能用善恶来评价它。"法

---

① 《慎子集校集注》，《君人》，第52—54页。
② 《慎子集校集注》，《威德》，第18页。

虽不善,犹愈于无法。夫投钩以分财,投策以分马,非钩策为均也。使得美者,不知所以德;使得恶者不知所以怨,此所以塞愿望也。"①投钩、投策是分割财产或决定重大事项的一种方法。《荀子·君道》曰:"探筹、投钩,所以为公也。"王先谦集解引郝懿行曰:"探筹,剡竹为书,令人探取,盖如今之制签。投钩,未知其审。古有藏彄,今有拈阄,疑皆非是。"②《后汉书·胡广传》曰:"顺帝欲立皇后,而贵人有宠者四人,莫知所建,议欲探筹,以神定选。"③《刘子·去情》曰:"使信士分财,不如投策探钩。"④

管子主张的法律公平观,源于对天道、人道的认识。"故法者,天下之至道也。"⑤"凡祸乱之所生,生于怨咎。怨咎所生,生于非理。是以明君之事众也必经,使之必道,施报必当,出言必得,刑罚必理。"⑥管子基于法律至道、法律理性的认识,认为明主执法应当严格依法行事,不避亲疏,不淫意于法之外,不为惠于法之外。《管子·版法解》曰:"凡将立事,正彼天植。天植者,心也。天植正,则不私近亲,不孽疏远。"《管子·明法解》曰:"明主虽心之所爱,而无功者不赏也。虽心之所憎,而无罪者弗罚也。案法式而验得失,非法度不留意焉。"又曰:"当赏者,群臣不得辞也。当罚者,群臣不敢辞也。"

韩非子主张"无偷赏,无赦罚""法不阿贵,绳不挠曲""刑过不避大臣,赏善不遗匹夫"。韩非子的这一主张与商鞅的壹刑、壹赏主张有相似之处。《韩非子·主道》曰:"明君无偷赏,无赦罚。赏偷则功臣堕其

---

① 《慎子集校集注》,《威德》,第18页。
② 《荀子集解》卷8《君道》,第231页。
③ 《后汉书》卷44《胡广传》,第1505页。
④ 傅亚庶:《刘子校释》卷1《去情》,中华书局1998年版,第20页。
⑤ 《管子校注》卷15《任法》,第906页。
⑥ 《管子校注》卷21《版法解》,第1204—1205页。

业,赦罚则奸臣易为非。是故诚有功则虽疏贱必赏,诚有过则虽近爱必诛。近爱必诛,则疏贱者不怠,而近爱者不骄也。"《韩非子·有度》又曰:"法不阿贵,绳不挠曲。法之所加,智者弗能辞,勇者弗敢争。刑过不避大臣,赏善不遗匹夫。"在韩非子看来,只有做到了"刑过不避大臣,赏善不遗匹夫""则疏贱者不怠,而近爱者不骄也",社会治理才会进入法治的轨道,君王就会垂拱而治,国家也会越来越强大。

《韩非子·外储说右上》中还列举了一例楚庄王时太子违反茅门法,廷理不避亲贵严格执法的例证:

> 荆庄王有茅门之法曰:"群臣大夫诸公子入朝,马蹄践溜者,廷理斩其辀,戮其御。"于是太子入朝,马蹄践溜,廷理斩其辀,戮其御。太子怒,入为王泣曰:"为我诛戮廷理。"王曰:"法者所以敬宗庙,尊社稷。故能立法从令尊敬社稷者,社稷之臣也,焉可诛也?夫犯法废令不尊敬社稷者,是臣乘君而下尚校也。臣乘君则主失威,下尚校则上位危。威失位危,社稷不守,吾将何以遗子孙?"于是太子乃还走,避舍露宿三日,北面再拜请死罪。一日楚王急召太子。楚国之法,车不得至于茆门。天雨,廷中有潦,太子遂驱车至于茆门。廷理曰:"车不得至茆门,非法也。"太子曰:"王召急,不得须无潦。"遂驱之,廷理举殳而击其马,败其驾。太子入为王泣曰:"廷中多潦,驱车至茆门,廷理曰非法也,举殳击臣马,败臣驾,王必诛之。"王曰:"前有老主而不逾,后有储主而不属,矜矣。是真吾守法之臣也。"乃益爵二级,而开后门出太子。勿复过。①

---

① 《韩非子集解》卷13《外储说右上》,第324—325页。

在该例中韩非子盛赞了楚庄王的英明和廷理的执法公正。正是由于楚庄王的英明和执法者的严格执法,楚国才能成为春秋时期的强国,因此也成就了楚庄王的霸主地位。

三、"一准于法"的司法公正观

商鞅认为,君王在制定法律时已将爱民、亲民的情感融入其中,因此,君主治国、执法守吏之人要一准于法,一断于法,不能法外开恩,也不能法外用刑。《商君书·更法》曰:"法者,所以爱民也;礼者,所以便事也。"既然法律已将爱民、亲民的情感融入了法律条文之中,那么,君臣就应共守制定法,"言不中法者,不听也;行不中法者,不高也;事不中法者,不为也"①。共同遵守制定法对国家治理、国家强盛十分重要,"守一者治,守十者乱"②。"有道之国,治不听君,民不从官。"③国家的治理要依法进行,君主管理国家要依法进行,官员管理百姓也要依法进行。"国治:断家王,断官强,断君弱。"④即国家治理良好的状态应是,若让民众自己或者执法官吏依法判断是非、解决纠纷,那么这个国家必强,社会秩序井然;若是非曲直只能由君王一人判断,则其国家不会强大。

"法已定矣,不以善言害法。"⑤法律既然已经制定,君臣的言行立事就应一准于法。在商鞅看来,国家法律制定后,"善"与"法"似乎处于对立面,成为对立的矛盾体。《商君书·说民》曰:"用善,则民亲其亲;任奸,则民亲其制。"《商君书·开塞》曰:"亲亲则别,爱私则险,民众而以

---

① 《商君书锥指》卷5《君臣》,第131页。
② 《商君书锥指》卷5《弱民》,第124页。
③ 《商君书锥指》卷2《说民》,第41页。
④ 《商君书锥指》卷2《说民》,第40页。
⑤ 《商君书锥指》卷3《靳令》,第77页。

别险为务,则民乱。""亲亲者,以私为道也,而中正者使私无行也。"商鞅甚至把儒家的礼乐、诗书、修善孝弟、诚信贞廉、仁义、非兵羞战称谓六虱。"法已定矣,而好用六虱者,亡。"①在执法过程中,"求过不求善"②,反对赦宥刑罚。

慎子认为:"民一于君,事断于法,是国之大道也。"③"法者,所以齐天下之动,至公大定之制也。故智者不得越法而肆谋,辩者不得越法而肆议,士不得背法而有名,臣不得背法而有功。我喜可抑,我忿可窒,我法不可离也;骨肉可刑,亲戚可灭,至法不可疑。"④在慎子看来,法律是天下万民的行为准则,是达到天下至公、社会秩序良好的行为规制;智者应在法律许可的范围为他人出谋划策,辩者应依据法律规定提出辩论意见,士大夫、官吏要依据法律博取功名;个人喜怒情感的发泄要控制在法律允许的范围内;骨肉亲情违法,也要依法处断。

管子认为,"法者,天下之至道也"。至于什么是道,《管子·正第》曰:"无德无怨,无好无恶,万物崇一,阴阳同度,曰道。"在管子看来,法律作为行为准绳,应是无德无怨、无好无恶的。

韩非子认为,一准于法则国治,而仁、忠则乱国之道。"治强生于法,弱乱生于阿,君明于此,则正赏罚而非仁下也。爵禄生于功,诛罚生于罪,臣明于此,则尽死力而非忠君也。君通于不仁,臣通于不忠,则可以王矣。"⑤"故明主使法择人,不自举也;使法量功,不自度也。"⑥韩非子在其《难一》篇中对管子劝说齐桓公远离"竖刁,除易牙,远公子开方"的

---

① 《商君书锥指》卷3《靳令》,第79页。
② 《商君书锥指》卷3《靳令》,第77页。
③ 《慎子集校集注》,《慎子逸文》,第64页。
④ 《慎子集校集注》,《慎子逸文》,第102页。
⑤ 《韩非子集解》卷14《外储说右下》,第330页。
⑥ 《韩非子集解》卷2《有度》,第34页。

做法提出了批评，认为管子的做法不符合法度精神。"明主赏不加于无功，罚不加于无罪。"①管子仅凭个人的情感、个人的认识就认定竖刁、易牙、公子开方不可用，不"使法择人，使法量功"，是造成齐桓公"虫出尸不葬"②的悲剧的主要原因之一。

"行义示则主威分，慈仁听则法制毁。"③彰显个人仁义品行，就分去了君主的威势；听信于仁义说教，就败坏了法制。"明主之道，臣不得以行义成荣，不得以家利为功；功名所生，必出于官法。"④明主治国之道是，官吏不得以行仁义为名取得荣耀，不得为他人谋私利博取功名；功名的取得，必须根据国家法律。《韩非子·难一》中记载了一起在晋国与齐国的靡笄之中晋军主帅韩献子依法处斩违反军令的士兵事件。"靡笄之役，韩献子将斩人，郤献子闻之，驾往救之，比至，则已斩之矣。郤子因曰：'胡不以徇？'其仆曰：'曩不将救之乎？'郤子曰：'吾敢不分谤乎？'"这里的"徇"有斩首示众、巡行示众之意。郤献子本是去救人，劝说韩献子刀下留人，但到达刑场时罪人已被斩首，这时郤献子则对其家臣说：怎么没有斩首示众呢？其家臣不解地问郤献子：您刚才不是想救他吗？郤献子则回答说：刚才想救他是为了给韩献子"分谤"。对此，韩非子认为，郤献子的行为不是"分谤"，而是托仁义之辞彰显自己仁义之名，这种做法会带来"民怨国危"的后果。韩非子曰："韩子之所斩也，若罪人则不可救，救罪人，法之所以败也，法败则国乱；若非罪人，则劝之以徇，劝之以徇，是重不幸也，重不幸，民所以起怨者也，民怨则国危。郤子之言，非危则乱，不可不察也。且韩子之所斩若罪人，郤子奚分焉？

---

① 《韩非子集解》卷11《难一》，第354页。
② 《韩非子集解》卷11《难一》，第352页。
③ 《韩非子集解》卷18《八经·类柄》，第441页。
④ 《韩非子集解》卷18《八经·类柄》，第441页。

斩若非罪人,则已斩之矣,而郄子乃至,是韩子之谤已成,而郄子且后至也。"①《韩非子·难二》中还记载了一起齐桓公饮酒醉,遗其冠,耻之,而后听从管子的建议,发仓济贫,审囹圄,出薄罪,施仁政以雪耻的事例。《难二》曰:"齐桓公饮酒醉,遗其冠,耻之,三日不朝。管仲曰:'此非有国之耻也,公胡其不雪之以政?'公曰:'胡其善。'因发仓囷,赐贫穷;论囹圄,出薄恼。处三日而民歌之曰:'公胡不复遗冠乎!'"韩非子认为,齐桓公的这一行为是"非义"的行为,其结果是施惠于"小人",遗耻于君子。"且夫发困仓而赐贫穷者,是赏无功也;论囹圄而出薄恼者,是不诛过也。夫赏无功则民偷幸而望于上,不诛过则民不惩而易为非,此乱之本也,安可以雪耻哉?"②在韩非子看来,"刑罚不必则禁令不行"③,"故不赦死,不宥刑。赦死宥刑,是谓威淫,社稷将危,国家偏威"④。

法律已将爱民利民的精神融入其中,"故有道之主,远仁义,去智能,服之以法。是以誉广而名威,民治而国安,知用民之法也"⑤。"行仁义者非所誉,誉之则害功;工文学者非所用,用之则乱法。"⑥对于宣扬仁义的人不应当加以赞许,如果赞许了,就会妨害功业;对于从事文学之人不应当加以任用,如果任用了,就会破坏法治。韩非子在其《五蠹》中举例说明仁孝与守法不可兼得。《韩非子·五蠹》曰:"楚之有直躬,其父窃羊而谒之吏。令尹曰:'杀之!'以为直于君而曲于父,报而罪之。以是观之,夫君之直臣,父之暴子也。鲁人从君战,三战三北,仲尼问其故,对曰:'吾有老父,身死莫之养也。'仲尼以为孝,举而上之。以是观

---

① 《韩非子集解》卷15《难一》,第357页。
② 《韩非子集解》卷15《难二》,第360页。
③ 《韩非子集解》卷9《内储说上七术》,第212页。
④ 《韩非子集解》卷1《爱臣》,第25页。
⑤ 《韩非子集解》卷17《说疑》,第400页。
⑥ 《韩非子集解》卷19《五蠹》,第449页。

之,夫父之孝子,君之背臣也。故令尹诛而楚奸不上闻,仲尼赏而鲁民易降北。"在韩非子看来,父之孝子必君之背臣,治国之道应从法而不从孝。

四、司法公正的作用

(一)公正的司法能定分止争,减少纠纷和争讼的发生

商鞅在其《赏刑》篇中列举了周公旦杀管叔、流霍叔的事例。管叔、霍叔是周公旦的亲兄弟,亲兄弟犯法尚且依法处断,在西周初期产生了较大的社会影响,天下民众皆曰:"亲昆仲有过不违,而况疏远乎?故天下知用刀锯于周庭,而海内治。"故"明刑之犹,至于无刑也"。公开、公正、公平的执法所达到的效果就是刑措不用。

管子也有同样的主张。《管子·问第》曰:"审刑当罪,则人不易讼。"司法官吏在处理狱讼案件时审慎、用刑恰当,人们从公正的司法判决中了解了处理类似事件的行为标准,就会自觉地规范自己的行为,因此,纠纷就会减少,犯罪事件也会减少。《管子·七臣七主》曰:"秋行五刑,诛大罪,所以禁淫邪,止盗贼。"秋后行刑,顺应天时,符合五行天道,其目的在于防止淫邪发生,消灭盗贼现象。

(二)公正司法能规范民众的行为,是国家强盛的重要依凭

商鞅在其《赏刑》篇中举了晋文公斩其近臣颠颉事例,该事件在晋国产生了很大的影响。"晋国之士,稽焉皆惧,曰:'颠颉之有宠也,断以殉,况于我乎?'"之后,晋文公"举兵伐曹及五鹿,反郑之埤,东卫之亩,胜荆人于城濮。三军之士,止之如斩足,行之如流水。三军之士,无敢犯禁者。故一假道重轻于颠颉之脊,而晋国治"。

商鞅在其《君臣》篇中反复强调了公正司法对国家治理、强国的重要性。《商君书·君臣》曰:"故明主慎法制。言不中法者,不听也;行不

中法者,不高也;事不中法者,不为也。言中法,则听之;行中法,则高之;事中法,则为之。故国治而地广,兵强而主尊。此治之至也,君人者不可不察也。"

管子认为,公正的司法对于民众行为具有规范和指导作用。《管子·七臣七主》曰:"夫法之制民也,犹陶之于埴,冶之于金也。故审利害之所在,民之去就,如火之燥湿,水之于高下。"司法判决对民众行为的规范,正如陶器之于黏土,冶炼之于金块。民众根据司法判决确定自己的行为方向,权衡自己的利害得失,进而采取相应的行为,正如火近燥去湿,水高止下流一样。

韩非子认为司法公正与否与国家的存亡密切相关,司法判决是在为社会、国家民众确定是非标准。如果是非无度,则民众就会不知所措,社会就会陷入混乱,国家就会危亡;反之,国家则会强盛。《韩非子·安危》曰:"安危在是非,不在强弱;存亡在虚实,不在众寡。"《韩非子·有度》又曰:"国无常强,无常弱。奉法者强则国强,奉法者弱则国弱。"

(三) 公正司法能使罪人不怨,善人不惊,有助于社会秩序的稳定

管子在解释"刑"时说,刑就是罪与罚适当,罪名适当,受刑者无怨恨,守法之民能安心生产、生活。《商君书·靳令》曰:"法平则吏无奸。"《管子·正第》曰:"制断五刑,各当其名,罪人不怨,善人不惊,曰刑。"

韩非子在《外储说左下》讲述了一起"以罪受诛,人不怨上,刖危救子皋"的法制故事。《韩非子·外储说左下》曰:"孔子相卫,弟子子皋为狱吏,刖人足,所刖者守门,人有恶孔子于卫君者曰:'尼欲作乱。'卫君欲执孔子,孔子走,弟子皆逃,子皋从出门,刖危引之而逃之门下室中,吏追不得,夜半,子皋问刖危曰:'吾不能亏主之法令而亲刖子之

足,是子报仇之时也,而子何故乃肯逃我?我何以得此于子?'刖危曰:'吾断足也,固吾罪当之,不可奈何。然方公之狱治臣也,公倾侧法令,先后臣以言,欲臣之免也甚,而臣知之。及狱决罪定,公憱然不悦,形于颜色,臣见又知之。非私臣而然也,夫天性仁心固然也,此臣之所以悦而德公也。'"孔子得知此事后,感慨地说:"善为吏者树德,不能为吏者树怨。概者,平量者也;吏者,平法者也;治国者,不可失平也。"这则事例说明,受罚人、犯罪行为人的内心对公平正义同样有着强烈的渴望,公正执法的官吏即使判罚自己,内心也无怨恨,因为那是自己应付的代价。

第五章 先秦时期的诉讼原则

第一节 因时诉讼原则

一、因时诉讼原则之产生

因时诉讼原则的产生源于人们对天人相应理论的认识。先秦哲学认为,人作为天地化生的产物,理应按照天地运行的规律规划自己的行为。天人相应、阴阳协和理论在春秋战国时期已基本形成,已成为时代的说理工具和思维方式。先秦时期的学术文献,如《易》《老子》《庄子》《管子》《吕氏春秋》等,对天人相应、阴阳协和理论都作了较为系统的阐释。这些理论对因时诉讼原则的形成起到了理论铺垫作用。

因时诉讼的产生与农业生产密切相关。中国是一个地处亚洲东部的以温带气候为主的大陆国家。这里有大河流域形成的冲积平原,土壤肥沃、四季分明、气候温和,农耕是人们生产的主要方式。粮食作物的生长与季节密不可分。春生、夏长、秋收、冬藏是农业生产应遵循的规律。在先秦时期,农业经济是社会存在和发展的基础,因此,国家的政治、文化活动等都应顺应农业经济的发展规律。春季、夏季是农耕最繁忙的时期,如春夏进行诉讼必然会投入一定的人力和物力,因而耽误农业生产,对农业生产和社会发展不利;秋季和冬季对于农业生产来说,相对清闲一些,秋冬季进行诉讼对农耕的影响相对小一些。

二、《管子》中关于因时诉讼的理论及具体做法

《管子·四时》中较为详细地论述了四时行政的原理和具体做法。"令有时,无时则必视,顺天之所以来。"①管子认为,国家的法令一定要顺应天时,为政者要时刻观察上天的变化,以顺应天道。"不知四时,乃失国之基。"不了解四时行令的规则,就失去了治国理政的根本。管子认为,顺应四时之时令施政才是正道。

管子根据阴阳五行理论对春、夏、秋、冬四时行政理论和具体做法在《四时》篇中作了较为详细的论述:

> 东方曰星,其时曰春,其气曰风,风生木与骨。其德喜嬴,而发出节时。其事:号令修除神位,谨祷弊梗,宗正阳,治堤防,耕芸树艺,正津梁,修沟渎,甃屋行水,解怨赦罪,通四方。然则柔风甘雨乃至,百姓乃寿,百虫乃蕃,此谓星德。②

春天是万物生发的季节,在四时之德方面喜嬴,因此,在刑罚的适用上应"解怨赦罪"。

---

① 《管子校注》卷14《四时》,第837页。
② 《管子校注》卷14《四时》,第842页。

> 南方曰日,其时曰夏,其气曰阳,阳生火与气。其德施舍修乐。其事:号令赏赐赋爵,受禄顺乡,谨修神祀,量功赏贤,以动阳气。九暑乃至,时雨乃降,五谷百果乃登,此谓日德。①

夏天是阳气继续上升,万物生长最旺盛的季节,在施政方面应"赏赐赋爵,受禄顺乡,谨修神祀,量功赏贤",以顺应阳气上升、万物旺盛生长的态势。

> 西方曰辰,其时曰秋,其气曰阴,阴生金与甲。其德忧哀、静正、严顺,居不敢淫佚。其事:号令毋使民淫暴,顺旅聚收,量民资以畜聚;赏彼群干,聚彼群材,百物乃收,使民毋怠;所恶其察,所欲必得,我信则克;此谓辰德。②

秋天属于阳气下降、阴气上扬的季节,在刑罚的适用上应"所恶其察",即察奸恶、兴狱讼。

> 北方曰月,其时曰冬,其气曰寒,寒生水与血。其德淳越、温怒、周密。其事,号令修禁徙民,令静止,地乃不泄,断刑致罚,无赦有罪,以待阴气。大寒乃至,甲兵乃强,五谷乃熟,国家乃昌,四方乃备,此谓月德。③

冬季属于阴长阳消的季节,在刑罚的适用上应"断刑致罚,无赦有

---

① 《管子校注》卷14《四时》,第846—847页。
② 《管子校注》卷14《四时》,第851页。
③ 《管子校注》卷14《四时》,第854—855页。

罪,以符阴气"。

管子认为,王者或治国理政者应顺应四时行政令,这样就会事成功遂,民众安居,社会繁荣昌盛。如果违背四时行政,国家就会出现灾殃。春凋、秋荣、冬雷、夏有霜雪等违背自然规律的自然现象,以及日食、月食、彗星等天文现象,都是违背四时行政的灾异现象,是对王者施政失时的警示和惩戒。

"德始于春,长于夏;刑始于秋,流于冬。刑德不失,四时如一。刑德离乡,时乃逆行。"①"是故阴阳者,天地之大理也;四时者,阴阳之大经也;刑德者,四时之合也。刑德合于时则生福,诡则生祸。"②

三、《吕氏春秋》中的因时诉讼原则

《吕氏春秋》是秦庄襄王、秦王嬴政时任丞相的吕不韦召集宾客所作的一部内容涉猎广泛且较为系统的著作。"吕不韦乃使其客人人著所闻,集论以为八览、六论、十二纪,二十余万言。以为备天地万物古今之事,号曰《吕氏春秋》。"③吕不韦及其宾客在编辑《吕氏春秋》时,"斟酌阴阳、儒、法、刑、名、兵、农百家众说,采撷其精英,捐弃其畛挈,一以道术之经纪条贯统御之,诚可怀囊天地,为道开门者矣"④。《汉书·艺文志》将《吕氏春秋》归入杂家,因其"博采九流,网罗百氏"⑤,成一家之言也。

《吕氏春秋》中的"十二纪"是以一年十二个月为序记载有关月令、天道、地道、人事、阴阳、日月、星辰、五行、礼仪等事项。其中根据时令

---

① 《管子校注》卷 14《四时》,第 857 页。
② 《管子校注》卷 14《四时》,第 838 页。
③ 《史记》卷 85《吕不韦列传》,第 2510 页。
④ 《吕氏春秋集释》,《吕氏春秋集释序》(刘文典撰),第 3 页。
⑤ 《吕氏春秋集释》,《吕氏春秋集释序》(刘文典撰),第 3 页。

进行的诉讼事项记载及其理论论证是对先秦时期有关因时诉讼理论的总结。

《吕氏春秋·仲春纪》曰:"是月也,安萌牙,养幼少,存诸孤。择元日,命人社。命有司,省囹圄,去桎梏,毋肆掠,止狱讼。"①即农历二月,要使植物的幼芽安稳地生长,要注重养育幼婴和少儿,要抚恤那些孤寡老人以及孤儿。择吉日,命民众祭祀社神。命令有关司法官吏审查尚未审结的狱讼案件,解除仍在拘禁中的犯罪嫌疑人的镣铐,不可随意鞭笞犯罪嫌疑人,并且要停止一切诉讼活动。

《吕氏春秋·孟夏纪》曰:"是月也,聚蓄百药,靡草死,麦秋至,断薄刑,决小罪,出轻系。"②即四月,采集各种草药,靡草死亡了,麦子已经成熟了,可以审断一些较轻的刑事案件,审判一些罪罚较小的案件,赦免释放一些罪行较轻的罪犯。

《吕氏春秋·仲夏纪》曰:"挺重囚,益其食。"③即五月,要加强重刑囚犯的看护,增加重刑囚犯的饮食。

《吕氏春秋·音律》曰:"夹钟之月,宽裕和平,行德去刑,无或作事,以害群生。……林钟之月,草木盛满,阴将始刑,无发大事,以将阳气。夷则之月,修法饬刑,选士厉兵,诘诛不义,以怀远方。……无射之月,疾断有罪,当法勿赦,无留狱讼,以亟以故。"④即二月,要施行仁政,行仁德,去刑戮,不要兴兵作战,危害百姓。六月,草木茂盛,阴气开始上扬,可以行刑戮,不要发动较大兵事,以扶助阳气。七月,整修法制,严格刑罚,整肃吏治,诛杀不义,使边民归附。九月,有罪当断,不可赦宥,及时

---

① 《吕氏春秋集释》卷3《仲春纪》,第34页。
② 《吕氏春秋集释》卷4《孟夏纪》,第87页。
③ 《吕氏春秋集释》卷5《仲夏纪》,第106页。
④ 《吕氏春秋集释》卷6《音律》,第136—138页。

审理当年案件,不要将案件遗留至来年。

《吕氏春秋·孟秋纪》曰:"是月也,命有司修法制,缮囹圄,具桎梏,禁止奸,慎罪邪,务搏执。命理瞻伤察创,视折审断,决狱讼,必正平,戮有罪,严断刑。天地始肃,不可以赢。"①七月,命令司法官吏严明法制,修缮监狱,备具镣铐,禁止不当的司法行为,审慎地对待诉讼狱案,务必做到全面审理而无遗漏。命令司法官查看犯罪嫌疑人身上有无伤情、残缺。判决案件必须公平,惩罚罪犯必须严肃认真。天气开始变凉,审理狱讼案件不可宽松懈怠。

《吕氏春秋·仲秋纪》曰:"乃命有司,申严百刑,斩杀必当,毋或枉桡;枉桡不当,反受其殃。"②八月,命令司法审判官要向民众、犯罪嫌疑人申明严格执行各种刑罚,用刑斩杀都必须恰当,不得枉曲。枉曲不当,国家、社会、审判官都会遭受灾殃。

《吕氏春秋·季秋纪》曰:"乃趣狱刑,毋留有罪。"③九月,便开始督促审判官加快审理狱讼案件的速度,不要将案件遗留到来年。

《吕氏春秋·孟冬纪》曰:"是月也,命太卜祷祠龟策占兆,审卦吉凶。于是察阿上乱法者罪之,无有掩蔽。"④十月,命令太卜祈祷天地人神,预测吉凶。命令检举那些徇私枉法的司法官吏,被审判的罪犯的罪行有无被庇护和隐去的情况。

《吕氏春秋·仲冬纪》曰:"是月也,可以罢官之无事,去器之无用者。涂阙廷门闾,筑囹圄,此以助天地之闭藏也。"⑤这个月可以罢去无所事事的官吏,丢弃那些无用的器具。涂塞好宫廷的门阙和闾巷的门,

---

① 《吕氏春秋集释》卷7《孟秋纪》,第156页。
② 《吕氏春秋集释》卷8《仲秋纪》,第178页。
③ 《吕氏春秋集释》卷9《季秋纪》,第198页。
④ 《吕氏春秋集释》卷10《孟冬纪》,第217页。
⑤ 《吕氏春秋集释》卷11《仲冬纪》,第242页。

修缮好监狱,这样是在帮助天地做好闭藏工作。

四、《礼记·月令》中的因时诉讼

《礼记》,又称《小戴记》或《小戴礼记》,是一部有关先秦至秦汉时期的礼学文献选编,该书由西汉时期的戴圣编辑整理而成,其中《月令》部分是关于四季礼仪、农业生产等方面的记载。《月令》认为,国家的一切行为都应应天道、因地理、序人纪,如果违背天道、地理、人纪,就会出现"雨水不时,草木蚤落,国时有恐"的自然灾异现象。《礼记·月令》中有关四时狱讼的记载与《吕氏春秋》"十二纪"中关于狱讼时令的记载如出一辙。"汉兴,高堂生,后仓、二戴之徒取此书十二纪为月令。"①这说明,《吕氏春秋》的四时狱讼理论被汉代儒生所接受,进而被统治者所接受,成为国家的施政纲领。由于《礼记·月令》中有关四时狱讼的记载与《吕氏春秋》"十二纪"中关于狱讼时令的记载内容基本一致,本部分不再重复记述。

五、《周礼》中的因时诉讼原则

《周礼》的作者在官制的设计构思方面,显然是接受了春秋战国时期已经形成的且被学术界普遍接受的天人相应、阴阳五行理论,并将其融入国家机构和诉讼制度的设计之中。在诉讼机构的建构方面"顺天时,法阴阳"。

秋官主刑。秋官是《周礼》中专司狱讼案件的司法机构。以"秋"冠名司法机构意为司法机构应"法天时,顺阴阳"。根据天地四时六合理论,《周礼》将国家中央机构分为天官、地官、春官、夏官、秋官和冬官六

---

① 《吕氏春秋集释》,《吕氏春秋附考》(毕沅述,今重校补),第706页。

官。"天地四时之官,即六卿也。天官主治,地官主教,春官主礼,夏官主政,秋官主刑,冬官主事。六官,官各六十,则合有三百六十官。"①"六官之属三百六十,象天地四时日月星辰之度数,天道备矣。"②《周礼》原名为《周官》,"周官"之"周"有周天之意。《说文》曰:"周,密也。"周,在词意上有绕一圈之意。因此,"周官"之名就具有法天之寓意。天地四时理论源于人们对自然和人类社会的认识。在阴阳消长和气体的相对运动方式上,秋天是阴长阳消的季节,秋天审案行刑是顺应天时、顺阴助阳的行为;因此,用"秋官"命名司法机构也就具有法天时、顺阴助阳之意。符合天时的制度建构才能产生风调雨顺、国泰民安的社会景象。

先秦因时诉讼的原则对其后的立法产生了较大的影响,如清代的朝审、热审、秋审就源于先秦时期的因时诉讼原则。

第二节 眚灾肆赦,怙终贼刑

一、"眚灾肆赦,怙终贼刑"之意义

"眚灾肆赦,怙终贼刑"出自《尚书·舜典》。孔安国传曰:"眚,过。灾,害。肆,缓。贼,杀也。过而有害,当缓赦之。怙奸自终,当刑杀之。"孔颖达疏曰:"若过误为害,原情非故者,则缓纵而赦放之;若怙持奸诈,终行不改者,则贼杀而刑罪之。"这句话用现代汉语解释就是,对于过失犯罪,虽然造成了一定的危害结果,但由于行为人的主观恶性较

---

① 《周礼·天官·叙官》,贾公彦疏。
② 《周礼·天官·小宰》,郑玄注。

小，可以从轻或免除处罚；对于故意犯罪，又无悔改表现者，依法从重处罚。《尚书·大禹谟》曰："宥过无大，刑故无小。"如果是过失犯罪，即使过错大，也可以得到宽宥；如果是故意犯罪，即使很小，也应予以处罚。《尚书·康王之诰》曰："乃有大罪，非终，乃惟眚灾，适尔，既道极厥辜，时乃不可杀。"一个人如犯了大罪，不再坚持罪恶，且其犯罪行为属于过失犯罪，又是偶发犯罪，到案后能把自己的罪行交代清楚，这种行为人可以不被杀掉。"眚灾肆赦，怙终贼刑"是《尚书》所确立的诉讼审判原则，这一原则也被先秦学者和统治者们所接受，也成为先秦时代的诉讼原则。

二、《春秋》之原心定罪

西汉武帝时《春秋》被列为经，立学官，设经学博士。在西汉初期，对《春秋》研究影响较大的学者当数董仲舒。《春秋繁露·精华》篇中说："春秋之听狱也，必本其事而原其心。志邪者不待成，首恶者罪特重，本直者论其轻。是故逢丑父当斫①，而辕涛涂不宜执②；鲁季子追庆父，而吴季子释阖闾。此四罪也，罪同异论，其本殊也。"③《盐铁论·刑德》篇曰："春秋之治狱，论心定罪，志善而违于法者，免；志恶而合于法者，诛。"④

---

① 《公羊传·成公二年》曰："逢丑父者，顷公之车右也，面目与顷公相似，衣服与顷公相似，代顷公当左。使顷公取饮，顷公操饮而至，曰：'革取清者。'顷公用是佚而不反。逢丑父曰：'吾赖社稷之神灵，吾君已免矣。'郤克曰：'欺三军者，其法奈何？'曰：'法斫。'于是斫逢丑父。"
② 《春秋经·僖公四年》曰："齐人执陈辕涛涂。"《公羊传·僖公四年》曰："涛涂之罪何？辟军之道也。其辟军之道奈何？涛涂谓桓公曰：'君既服南夷矣，何不还师滨海而东，服东夷且归。'桓公曰：'诺。'于是还师滨海而东，大陷于沛泽之中，顾而执涛涂。执者曷为或称侯？或称人？称侯而执者，伯讨也。称人而执者，非伯讨也。此执有罪，何以不得为伯讨？古者周公东征则西国怨，西征则东国怨。桓公假涂于陈而伐楚，则陈人不欲其反由己者，师不正故也。不修其师而执涛涂，古人之讨，则不然也。"
③ 苏舆撰，钟哲点校：《春秋繁露义证》卷3《精华》，中华书局1992年版，第92—93页。
④ 《盐铁论校注》卷10《刑德》，第567页。

"春秋之治狱,论心定罪"在《春秋》中有两例较为典型:

其一,"晋赵盾弑其君夷皋"例。《春秋经·宣公二年》曰:"秋,九月,乙丑,晋赵盾弑其君夷皋。"《左传》记载,晋灵公失君道,重敛奢靡;在观景台上用弹弓弹人,且以此为乐;滥杀无辜,只因厨子没有将熊掌烹饪熟就将厨子杀死。为此赵盾数谏晋灵公改过从善,晋灵公表面应允,但怀恨在心,密谋除掉赵盾。鲁宣公二年(公元前607年)九月,晋灵公在宫廷设宴招待赵盾,想借机杀死赵盾,而赵盾在翳桑之饿人的帮助下逃脱了被追杀的命运。后赵穿杀死了晋灵公。大史董狐书曰:"赵盾弑其君。"对大史董狐的记载,赵盾提出了质疑,大史董狐则解释曰:"子为正卿,亡不越竟,反不讨贼,非子而谁?"即作为晋国执政大臣的赵盾被追杀时没有逃出晋国国境,晋灵公被杀后作为晋国执政大臣的赵盾没有发兵讨伐弑君之贼,弑君之罪名不由赵盾您来承担又能由谁来承担呢?对此孔子感叹曰:"董狐,古之良史也,书法不隐。赵宣子(即赵盾),古之良大夫也,为法受恶。惜也,越竟乃勉。"①

《穀梁传·宣公二年》对"晋赵盾弑其君夷皋"之事的记载和评论较为充分地体现了《春秋》"论心定罪"的主旨。《穀梁传·宣公二年》曰:"穿弑也,盾不弑,而曰盾弑何也?以罪盾也。其以罪盾何也?曰:灵公朝诸大夫而暴弹之,观其辟丸也。赵盾入谏,不听。出亡,至于郊。赵穿弑公,而后反赵盾。史狐书贼曰:'赵盾弑公。'盾曰:'天乎!天乎!予无罪,孰为盾而忍弑其君者乎?'史狐曰:'子为正卿,入谏不听,出亡不远。君弑,反不讨贼,则志同。志同则书重,非子而谁?'故书之曰'晋赵盾弑其君夷皋'者,过在下也。曰:于盾也,见忠臣之至;于许世子止,见孝子之至。"赵盾虽未有弑君的行为,但是,作为晋国正卿,君弑,不讨

---

① 《春秋左传正义》卷11《宣公二年》,第598页。

贼,在其主观上可推定为"志同",故赵盾的不作为可视同"弑君"行为。这是较为典型的原心定罪之事例。

其二,"许世子止弑其君买"例。《春秋·昭公十九年》曰:"夏,五月,戊辰,许世子止弑其君买。"《左传·昭公十九年》曰:"夏,许悼公疟。五月,戊辰,饮大子止之药,卒。大子奔晋。书曰:'弑其君。'君子曰:'尽心力以事君,舍药物可也。'"从《左传》记载可知,昭公十九年,许悼公患疟疾,身为许悼公世子的许止为父进药,许悼公喝了许止的药后身亡。许止为此逃到晋国避难。药物有毒,当由医师调剂,作为臣子尽己心力即可,不应亲自调剂药物进饮。许悼公饮药身亡,许止无主观故意,但有主观过失。

《公羊传》对"许世子止弑其君买"也有传释。《公羊传·昭公十九年》曰:"贼未讨,何以书葬?不成于弑也。曷为不成于弑?止进药而药杀也。止进药而药杀,则曷为加弑焉尔?讥子道之不尽也。其讥子道之不尽奈何?曰:乐正子春之视疾也,复加一饭则脱然愈,复损一饭则脱然愈,复加一衣则脱然愈,复损一衣则脱然愈。① 止进药而药杀,是以君子加弑焉尔。曰'许世子止弑其君买',是君子之听止也。'葬许悼公',是君子之赦止也。赦止者,免止之罪辞也。"《公羊传》以问答的方式解释,史书虽记载许止弑君,但因其在主观上原非故意,只是没有尽到孝子应尽的审慎责任,才导致悲剧的发生,《春秋经》记载"葬许悼公"意为赦免了许止的罪过。

《穀梁传·昭公十九年》曰:"日弑,正卒也。正卒,则止不弑也。不

---

① 何休解诂曰:"乐正子春,曾子弟子,以孝名闻。脱然,疾除貌也。言消息得其节。"徐彦疏曰:"言子春视疾之时,消息得其节,观其颜色,力少如可时,更加一饭以与之,其病者脱然加愈;若观其颜色,力少如弱时,则复损一饭以与之,则其病者脱然加愈;又观其颜色,力似寒时,则复加一衣以与之,则病者脱然又加愈;又观其颜色,力似如暖,则复损一衣以与之,则病者脱然而愈。"

弑而曰弑,责止也。止曰:'我与夫弑者。'不立乎其位,以与其弟虺,哭泣歠饘粥,嗌不容粒,未逾年而死。故君子即止自责而责之也。"《穀梁传》对"许世子止弑其君买"事件的记载,使我们更进一步了解到,"许止弑父"或"许止弑君"确非故意。对于"父卒"事件的发生,许止也深为自责,主动让出了继位权,自己也因过度自责、悲伤,未逾年而死。

《太平御览》第640卷《刑法部六》记载的董仲舒"春秋决狱"例,援引了"许止进药"例断案。例曰:"甲父乙与丙争言相斗,丙以佩刀刺乙,甲即以杖击丙,误伤乙,甲当何论?或曰:殴父也,当枭首。议曰:臣愚以父子,至亲也,闻其斗,莫不有怵怅之心,扶杖而救之,非所以欲诟父也。《春秋》之义,许止父病,进药于其父而卒。君子原心,赦而不诛。甲非律所谓殴父也,不当坐。"①董仲舒对许止因父病,进药于其父而卒的事件评论时,认为许止的行为实为过失,君子原心,可赦而不诛。

三、先秦法家和秦简中的"眚灾肆赦,怙终贼刑"

(一)先秦法家著述中的原心论定或原心定罪

在先秦法家的著述中也能找到"眚灾肆赦,怙终贼刑"或原心定罪的影子。

《管子·小称》记载管仲病危时,齐桓公探望管仲,并询问管仲有何遗教。管仲说愿齐桓公远离易牙、竖刁、堂巫、公子开方四人。管仲的理由是:"夫易牙以调和事公,公(齐桓公)曰:惟烝婴儿之未尝,于是烝其首子而献之公,人情非不爱其子也,于子之不爱,将何有于公?公喜宫而妒,竖刁自刑而为公治内;人情非不爱其身也,于身之不爱,将何有

---

① [宋]李昉等:《太平御览》卷640《刑法部六·决狱》,中华书局1960年版,第2868页。

于公?公子开方事公十五年,不归视其亲,齐卫之间,不容数日之行;臣闻之,务为不久,盖虚不长。其生不长者,其死必不终。"①齐桓公答应了管仲的请求。管仲死后,齐桓公罢免了易牙、竖刁、堂巫、公子开方四人的官职,将其逐出宫廷。四人离开后,齐桓公在饮食、后宫管理、朝堂治理等方面都感到有些不便,于是齐桓公对管仲的建议和要求产生了怀疑,后又恢复了四人的官职。过了一段时间后,四子作乱,将卧病在床的齐桓公的卧室围起,隔绝了齐桓公与外界的联系。齐桓公病不得医,饮食不得,饿死宫中,虫出于户,方才被收葬。《管子》评价此事时说,是由于齐桓公"不终用贤"的原因。在笔者看来,管仲对此事的判断是原心论定,是根据易牙、竖刁、堂巫、公子开方四人所作所为推定其"务为不久,盖虚不长",即不是出于人之常情而为的事情不会持久,弄虚作假的行为很快会暴露。韩非子在《韩非子·难一》中评价管仲的建议时说,管仲的建议是"非有度"之言也。韩非子说:"明主之道不然,设民所欲以求其功,故为爵禄以劝之;设民所恶以禁其奸,故为刑罚以威之。庆赏信而刑罚必,故君举功于臣,而奸不用于上,虽有竖刁,其奈君何?"在韩非子看来,在举贤任能方面,原心论定不可靠,英明的君主应当论功行赏,见恶施罚,赏罚均出有据。

韩非子虽然主张赏罚均应出有据,但其对论心定罪在一定程度上持肯定态度。《韩非子·说林上》曰:"乐羊为魏将而攻中山,其子在中山,中山之君烹其子而遗之羹,乐羊坐于幕下而啜之,尽一杯。文侯谓堵师赞曰:'乐羊以我故而食其子之肉。'答曰:'其子而食之,且谁不食?'乐羊罢中山,文侯赏其功而疑其心。孟孙猎得麑,使秦西巴持之归,其母随之而啼,秦西巴弗忍而与之。孟孙归,至而求麑,答曰:'余弗

---

① 《管子校注》卷11《小称》,第608页。

忍而与其母。'孟孙大怒,逐之。居三月,复召以为其子傅。其御曰:'曩将罪之,今召以为子傅何也?'孟孙曰:'夫不忍麑,又且忍吾子乎?'故曰:'巧诈不如拙诚。'乐羊以有功见疑,秦西巴以有罪益信。""乐羊以有功见疑,秦西巴以有罪益信"是根据人之常情、常理对行为人的行为做出的判断,进而判断行为人是否可信。这是典型的原心论定事例。

(二)《睡虎地秦墓竹简》中的"眚灾肆赦,怙终贼刑"

1. 严惩故意犯罪和知情不告者。如:"甲谋遣乙盗,一日,乙且往盗,未到,得,皆赎黥。"①即甲主谋派遣乙去盗窃,一天,乙去盗窃,还未走到即被抓获,甲乙二人均被判处赎黥刑。

"人臣甲谋遣人妾乙盗主牛,买(卖),把钱偕邦亡,出徼,得,论各可(何)殹(也)?当城旦黥之,各畀主。"②男奴甲主谋叫婢女的乙去盗窃主人的牛,把牛卖掉,携带卖牛的钱逃出国境,出关时被拿获,他们各应如何论处?应当判决黥城旦,然后交给其主人。

"或盗采人桑叶,臧(赃)不盈一钱,可(何)论?赀繇三旬。"③有人偷采他人的桑叶,赃不值一钱,如何论处?罚服三个月的劳役。

2. 对于没有犯罪故意以及对他人的犯罪行为不知情者不予惩罚。如:"甲盗不盈一钱,行乙室,乙弗觉,问乙可(何)殹(也)?毋论。其见智(知)之而弗捕,当赀一盾。"④甲盗窃的赃物价值不到一钱,盗窃后到了乙家,乙没有发觉,问对乙应如何论处?不应论罪。如果其知情而不予拿获,则罚其一盾。

---

① 《睡虎地秦墓竹简》,第94页。
② 《睡虎地秦墓竹简》,第94页。
③ 《睡虎地秦墓竹简》,第95页。
④ 《睡虎地秦墓竹简》,第96页。

"甲盗乙钱以买丝,寄乙,乙受,弗智(知)盗,乙可(何)殹(也)? 毋论。"①甲盗窃了乙的钱用于购买了丝织品,寄存在乙处,乙代为保管,但不知道其用盗窃的钱买的,对乙应如何论处? 不应定罪。

"工盗以出,臧(赃)不盈一钱,其曹人当治(笞)不当? 不当治(笞)。"②做工时偷盗了工料,赃物不值一钱,其同班组的工友应否被笞打? 不应当被笞打。

"甲、乙交与女子丙奸,甲乙以其故相刺伤,丙弗智(知),丙论可(何)殹(也)? 毋论。"③甲、乙二人均与女子丙通奸,甲、乙二人因此相互刺伤了对方,丙不知情,丙当何论? 不当论。

3. 共同犯罪者根据其参与的程度定罪量刑。如:"甲乙雅不相智(知),甲往盗丙,毚(才)到,乙亦往盗丙,与甲言,即各盗,其臧(赃)直(值)各四百,已去而偕得。其前谋,当并臧(赃)以论;不谋,各坐臧(赃)。"④甲乙素不相识,甲去丙处盗窃,刚到,乙也往丙处盗窃,与甲说,各自盗窃,盗窃的赃值各四百,刚离开丙处即均被拿获。如事前有合谋,按共同盗窃论处;如事前无共同合谋,按各自的盗窃赃值论处。

"夫盗千钱,妻所匿三百,可(何)以论妻? 妻智(知)夫盗而匿之,当以三百论为盗;不智(知),为收。"⑤丈夫盗窃了一千钱,妻子藏匿了三百钱,对妻子的行为如何论处? 妻子如果知道是丈夫盗窃的钱财仍然藏匿,当以盗窃三百钱论处;如不知情,则收为奴婢。

---

① 《睡虎地秦墓竹简》,第96页。
② 《睡虎地秦墓竹简》,第97页。
③ 《睡虎地秦墓竹简》,第134页。
④ 《睡虎地秦墓竹简》,第96页。
⑤ 《睡虎地秦墓竹简》,第97页。

"夫盗三百钱,告妻,妻与共饮食之,可(何)以论妻?非前谋殹(也),当为收;其前谋,同罪。夫盗二百钱,妻所匿百一十,可(何)以论妻?妻智(知)夫盗,以百一十为盗,弗智(知),为守臧(赃)。"①丈夫盗窃三百钱,告诉了妻子,妻子与丈夫一起共同用于饮食,对妻子的行为如何论处?如事前没有合谋,收为奴婢;如事前有合谋,按共同盗窃论处。丈夫盗窃二百钱,妻子藏匿一百一十钱,对妻子的行为如何论处?如不知情,按收藏赃物论处。

"甲盗,臧(赃)直(值)千钱,乙智(知)其盗,受分臧(赃)不盈一钱,问乙可(何)论?同论。"②甲盗窃,赃物的价值达一千钱,乙知情,分得赃物的价值不到一钱,对乙的行为如何论处?按共同盗窃论处。

"削(宵)盗,臧(赃)直(值)百一十,其妻、子智(知),与食肉,当同罪。"③夜间盗窃,盗窃赃物的价值达一百一十钱,其妻子、儿子均知情,且用赃钱买肉吃,这种情况,应按共同盗窃论处。

"削(宵)盗,臧(赃)直(值)百五十,告甲,甲与其妻、子智(知),共食肉,甲妻、子与甲同罪。"④夜间盗窃,赃物的价值达一百五十钱,告诉了甲,甲与其妻子、儿子用赃钱买肉吃,甲与其妻子、儿子同罪。

4. 教唆未成年人犯罪者从重处罚。如:"甲谋遣乙盗杀人,受钱十分,问乙高未盈六尺,甲可(何)论?当磔。"⑤甲主谋让乙盗窃杀人,并且分到了十钱,问乙身高不盈六尺,甲应当如何论处?甲应车裂。这是因为教唆未成年人犯罪主观恶性较大,应从重处罚。

---

① 《睡虎地秦墓竹简》,第 97 页。
② 《睡虎地秦墓竹简》,第 96 页。
③ 《睡虎地秦墓竹简》,第 97 页。
④ 《睡虎地秦墓竹简》,第 98 页。
⑤ 《睡虎地秦墓竹简》,第 109 页。

第三节 恤刑原则

一、恤刑及其起源

恤刑是司法机关根据法律对老、弱、病、残、幼等社会弱势群体犯罪行为人给予一定宽免刑罚制度以及对狱囚的悯恤政策。《尚书·舜典》曰："钦哉，钦哉，惟刑之恤哉！"这句话的意思是：敬之哉，敬之哉！在量刑时要有悯恤之心啊！这是恤刑的最早表达。一个善的法律制度，不仅要注重法律制度的公平性，对所有法律主体公平对待，而且要给社会弱势群体一定的差别性待遇。这种差别性的待遇旨在弥补弱势群体或个体因身体、精神的缺陷或因年龄限制的认知和行为造成的不平等，恤刑是一种旨在校正不平等的制度设计。

二、先秦时期恤刑的制度建构

《周礼》作为先秦时期唯一关于官制的经书，其对恤刑制度也有较为系统的记载。如《周礼·秋官·司刺》曰："司刺掌三刺、三宥、三赦之法，以赞司寇听狱讼。……壹宥曰不识，再宥曰过失，三宥曰遗忘。壹赦曰幼弱，再赦曰老旄，三赦曰蠢愚。以此三法者求民情，断民中，而施上服下服之罪，然后刑杀。"其中三宥、三赦的规定就是关于恤刑的规定。注引郑司农云："不识，谓愚民无所识则宥之。过失，若今律过失杀人不坐死。幼弱、老旄，若今律令年未满八岁，八十以上，非手杀人,他皆不坐。"郑玄注曰:"识,审也。不审,若今仇雠当报甲,见乙,诚以为甲而杀之者。过失,若举刃欲斫伐,而轶中人者。遗忘,若间帷薄,忘有在焉,而以兵矢投射之。惷愚,生而痴骇童昏者。"从《周礼》关于"三宥""三赦"对象来看,二者适用的对象不同,三宥的对象是不识、过失、遗忘,这三者是主观上有过失的表现。三赦的对象是幼弱、老旄、惷愚,这三者均是客观上有缺陷的行为人。对属于弱势群体的行为人进行一定的宽宥,体现了宽严相济的刑罚政策,也是仁政的体现。

在刑罚的执行上,《周礼·秋官·司厉》曰:"凡有爵者与七十者与未龀者,皆不为奴。"郑玄注曰:"龀,毁齿也。男八岁女七岁而毁齿。"即年龄在七十岁以上老人以及年龄未满八岁的幼儿皆不被收为隶臣或奴婢。《礼记·曲礼》曰:"八十、九十曰耄,七年曰悼。悼与耄,虽有罪,不加刑焉。"即年龄在八十、九十岁的老人以及年龄在七岁以下的幼儿,即使其行为构成了犯罪,也不适用刑罚。

三、《睡虎地秦墓竹简》中的恤刑规定

先秦法家的代表人物管子也主张恤刑,《管子·戒第》曰:"老弱勿刑,参宥而后弊。"注曰:"老弱犯罪者,无即刑之,必三宽宥而后断罪。三宥,即《周礼》三宥:一曰不识,二曰过误,三曰悼耄也。"但是,先秦法家另外两个代表人物商鞅和韩非子则反对赦宥。《商君书·赏刑》曰:"圣人不宥过,不赦刑,故奸不起。圣人治国,审壹而已。"《韩非子·爱臣》曰:"故不赦死,不宥刑。赦死宥刑,是谓威淫,社稷将危,国家偏威。"

商鞅和韩非子虽然反对赦宥,但是从出土的秦简来看,主张依法治国的秦国在法律适用上有赦宥之规定。《睡虎地秦墓竹简·法律答问》

中有一例关于未成年免除处罚的记载："甲小未盈六尺,有马一匹自牧之,今马为人败,食人稼一石,问当论不当? 不当论及赏(偿)稼。"①即甲年龄小,身高不满六尺,有马一匹,独自放牧,今马被人吓惊,吃了别人的庄稼一石,问应如何论处? 不应当论处,也不应赔偿庄稼。这是放牧人能力所能控制以外的原因造成的。

第四节　慎刑原则

一、慎刑原则的产生及其内容

《尚书》是流传至今最为久远的一部历史文献汇编,其保存了大量的弥足珍贵的先秦政治、思想、文化、历史、法律等诸多方面的资料,成了研究中国先秦社会的重要古典文籍。《尚书》在法律方面记载反映了自尧以来直至春秋时期法律思想、刑罚适用的原则,是古代中国的法律之源。

司法审判是国家管理的重要手段之一,慎刑是统治者倡导的德政思想的体现。中国古代早期的慎刑思想可以追溯到《尚书·舜典》。根据《尚书·舜典》记载,舜帝统治时期开始了设官分职,设立了相应的管理机构,任命皋陶为士,负责司法审判,要求皋陶在审判狱讼案件时要做到"惟明克允",即在审判狱讼案件时做到案件事实清楚、判处公允。大禹统治时期,皋陶仍被任命为士,负责狱讼审判事务,大禹告诫皋陶

---

① 《睡虎地秦墓竹简》,第130页。

说:"明于五刑,以弼五教,期于予治;刑期于无刑,民协于中,时乃功,懋哉!"①即五刑的适用要做到清楚、明白,以辅助教化的推行,达到我期望的治理效果;刑罚适用的目的在于没有犯罪,不需要使用刑罚,民众信服于公允、中正的判决,这是你的功劳,功德无量啊!

《尚书》在法律适用上主张慎刑。《尚书·大禹谟》曰:"罪疑惟轻,功疑惟重;与其杀无辜,宁失不经。好生之德,洽于民心,兹用不犯于有司。"即罪行大小无法确定者,从轻处罚;奖励多少无法判定者,从重奖偿。与其杀害无辜的人,宁可放过不遵守常法的人。在这种爱惜民生德行、和谐民心的做法下,民众就会自觉遵守法律,不会触犯法律。这是中国古史中最早关于慎刑的记载。《左传·襄公二十六年》记载:"善为国者,赏不僭而刑不滥。赏僭则惧及淫人,刑滥则惧及善人。若不幸而过,宁僭无滥。与其失善,宁其利淫。"

西周时期,在建国之初就反复强调慎刑思想,要"明德慎罚""庶狱庶慎"。《尚书·康诰》曰:"克明德慎罚。"即要能做到崇尚德教,谨慎地适用刑罚。又曰:"敬明乃罚。"即慎重严明地适用刑罚。《尚书·立政》曰:"文王罔攸兼于庶言,庶狱庶慎,惟有司之牧夫。是训用违,庶狱庶慎,文王罔敢知于兹。"即文王不监管各种教令及其实施情况,谨慎小心地处理各种司法案件,案件的裁判交由负有审判职责的司法官牧夫决断。在适用法律、认定当事人的行为时,要小心谨慎,文王对法律的适用、案件的裁判不予干预。"周公若曰:'太史,司寇苏公,式敬尔由狱,以长我王国。兹式有慎,以列用中罚。'"周公告诫说:"太史、司寇苏公,要怀有恭敬之心处理狱讼案件,以使我周朝能长治久安。按照既定法律谨慎地处理狱讼案件,使您所经手处理的狱讼案件都能成为公正裁

---

① 《尚书·大禹谟》。

判的典范。"《尚书·吕刑》进一步详述了先秦时期统治者的慎刑思想。周王告诉吕侯适用五刑刑罚时只有谨慎、慎重,才能成就周王的德政事业。

二、循实断案是慎刑的前提和基础

循实断案,在查清案情的基础上,分清是非,判决争讼,这在《尚书》中已有清晰的表达。《尚书·吕刑》曰:"察辞于差,非从惟从。哀敬折狱,明启刑书,胥占,咸庶中正。其刑其罚,其审克之。狱成而孚,输而孚。"即"察囚辞其难在于差错,非从其伪辞,惟从其本情。当怜下人之犯法,敬断狱之害人,明开刑书,相与占之,使刑当其罪,皆庶几必得中正之道。其所刑,其所罚,其当详审能之,无失中正。断狱成辞而信,当输汝信于王。"①在审理狱讼案件时,要善于发现讼辞之间的矛盾之处,不要主观地不加区分地否定一方当事人的讼辞,也不要主观地不加区分地相信一方当事人的讼辞。在审理刑罪案件时,对于刑事被告人要有哀悯之心,对于审断案件要有敬慎之心,对于各种诉讼文书、讼辞要反复比较,务必做到诉讼判决公正,符合中道原则。判处的刑罚应当是基于案情经过审慎思考作出的,是公允的。判决的作出是基于内心的确信,确信的判决能获得社会的承认和肯定,也能获得社会大众的信任。

《左传·庄公十年》记载,庄公十年(公元前684年)春,鲁国与齐国战于长勺,鲁国人曹刿请求觐见鲁庄公,鲁庄公接见了曹刿。鲁庄公在回答曹刿如何应对与齐国的这场战争时,鲁庄公表达了其爱民、惠民、敬神、守信的民本思想,即"惠本而后民归之志,民和而后神降之福"②。在论及狱讼案件审判时,鲁庄公则说:"小大之狱,虽不能察,必以情。"

---

① 《尚书·吕刑》,孔安国传。
② 《国语》卷4《鲁语上·曹刿问战》,第99页。

鲁国在审理大大小小的狱讼案件时虽然不能做到每个案件都明察,但一定要根据案件的实情加以审断。《左传》的这一记载反映了春秋时期各诸侯国在处理狱讼案件时秉持的基本原则,即情实原则。

《管子》一书中也记载了齐国在处理狱讼案件时的情实原则。《管子·大匡》曰:"令国子断狱必以情。"注曰:"定罪罚者,贵得其情。"[①]《管子·大匡》又曰:"令国子以李。"注曰:"李,狱官也。"[②]国子是负责审判狱讼案件的审判官。要求国子在审断狱讼案件时根据案情,使定罪处罚均能符合案件的实际情况。《周礼·秋官》中对争讼案件的处理原则也作了规定,《周礼·秋官·小司寇》曰:"以五刑听万民之狱讼,附于刑,用情讯之。"在审理刑罪案件涉及五种刑罚的适用时,一定要寻得案件的真实情形。《周礼·秋官·小司寇》又曰:"以五声听狱讼,求民情。"在审理狱讼案件时可以借助察言观色的方法,探寻案件的真实情况。

循实断案原则源于先秦时期的诚信文化。《易经》源于伏羲、神农时代,成于西周初年,孔子为其传。《易经》是中华文化的原典。宋代理学家周敦颐在其《周子通书》中论及《易经》时说:"元、亨,诚之通;利、贞,诚之复。大哉《易》也,性命之源。"[③]周敦颐又说:"圣,诚而已矣。诚,五常之本,百行之源也。"[④]子思在《中庸》篇中对"诚"做了更进一步的阐述:"诚者,天之道也;诚之者,人之道也。诚者,不勉而中,不思而得,从容中道,圣人也。诚之者,择善而固执之者也。"可见,先秦时期人们对"诚"给予了较高的文化地位,"诚"是性命之源,是五常之本,百行之源,是天地之道,是成就圣人之道。既然"诚"与天地之道相契合,是

---

① 《管子校注》卷7《大匡》注,第369页。
② 《管子校注》卷7《大匡》注,第368页。
③ 李敖主编:《周子通书张载集二程集》,天津古籍出版社2016年版,第5页。
④ 《周子通书张载集二程集》,第5页。

百行之源,诉讼当然也应遵循情实原则,狱讼案件应据实审断。

三、慎刑的制度保障

(一)"三刺"是慎刑的制度保障

慎刑思想要有相应的制度保障才能实现。《尚书·周官》记载"议事以制,政乃不迷",意思是说根据既定的制度讨论国家事务,执政者就不会迷失方向,就不会犯错误。《周礼·秋官·小司寇》曰:"以三刺断庶民狱讼之中:一曰讯群臣,二曰讯群吏,三曰讯万民。听民之所刺宥,以施上服、下服之刑。"即用三刺的方法审判普通百姓的狱讼事件,以使判决能够达到中正、平直的效果。这三刺就是:第一,讯问群臣,征询他们对判决的意见和看法;第二,讯问群吏,征询他们对判决的意见和看法;第三,讯问普通百姓,征询他们对判决的意见和看法。通过三次讯问决定诛杀或从宽,适用重刑或轻刑,确保判决公平、公正。根据《周礼》记载,《秋官》中还设有专门负责"三刺"的职能机构,即司刺。《周礼·秋官·叙官》曰:"司刺:下士二人,府一人,史二人,徒四人。"《周礼·秋官·司刺》曰:"司刺掌三刺、三宥、三赦之法,以赞司寇听狱讼。壹刺曰讯群臣,再刺曰讯群吏,三刺曰讯万民。……以此三法者求民情,断民中,而施上服、下服之罪,然后刑杀。"司刺掌三刺之法,协助司寇审断狱讼案件,查清案件的真实情况,作出中正的判决。对于适用的墨、劓之上刑,以及刖、宫之下刑,被告人都能认罪服判。对于判处死刑的被告人,按执行程序刑杀之。

孟子在其著作中对民本的论述较多,在狱讼审判上主张听从民众的意见。《孟子·梁惠王下》曰:"左右皆曰可杀,勿听;诸大夫皆曰可杀,勿听;国人皆曰可杀,然后察之。见可杀焉,然后杀之,故曰国人杀之也。"孟子的这一民本思想之表达与《周礼》"三刺"慎刑思想是一致的。

《礼记·王制》关于"三刺"之法也有记载,三刺不仅有具体的制度内容,而且有具体的程序保障。如:"司寇正刑明辟,以听狱讼,必三刺。……疑狱,泛与众共之;众疑,赦之。必察小大之比以成之。成狱辞,史以狱成告于正;正听之,正以狱成告于大司寇;大司寇听之棘木之下,大司寇以狱之成告于王;王命三公参听之,三公以狱之成告于王;王三又,然后制刑。凡作刑罚,轻无赦。刑者,侀也;侀者,成也。一成而不可变,故君子尽心焉。"①从《礼记·王制》记载的上述内容来看,"三刺"是司寇"正刑明辟,以听狱讼"的必经程序。在程序上,一个狱讼案件要经过史、正、大司寇三审定谳后,才可将案件上报给周王,周王命令三公与负责司法审判的官吏共同听审议决,三公及负责司法审判的官吏共同议决后,将议决结果上报周王,然后确定应判决的刑罚。一个案件之所以这样慎重,是因为先秦时期的刑罚多是有亏躯体的刑罚,断者不可复续,死者不可复生,先秦时期的"刑"具有一成而不可变之意,故案件的审判者必须尽心尽力,慎审判决。

慎刑制度在出土的西周时期青铜器铭文上记载的审判事例中也能得到印证。出土于晚清陕西境内的琱生簋上的铭文就记录了西周初期发生的一起土地争讼案件的审理情况。案件的被告是西周贵族琱生,主审法官是西周姬姓宗族召伯虎。出土的琱生簋有两件,分别是五年琱生簋和六年琱生簋,其中六年琱生簋现藏于中国国家博物馆,五年琱生簋收藏于美国耶鲁大学博物馆。2006年11月陕西省扶风县又出土了五年琱生尊。三件西周青铜器上的铭文记录了同一件事情,构成了一起完整的诉讼事件。主审法官召伯虎负责审理该土地纠纷案件,在判决作出前,根据铭文记载,有三次"讯":其中五年琱生簋记载一次,

---

① [汉]郑玄注,[唐]孔颖达疏,李学勤主编,龚抗云整理,王文锦审定:《礼记正义》卷13《王制》,北京大学出版社1999年版,第411—412页。

"余既(讯)";六年琱生簋记载两次,"余以邑讯有司"和"今余既讯有司"。① 这里的"讯"有"讯问"之意;"有司"是指负有一定职责的司法官吏。"讯有司"意思是征询群臣对该案判决的意见。该土地纠纷案中的"三讯"与《周礼》《礼记·王制》记载的"三刺"应具有相同或相似的含义。有所不同的是"三刺"中有征求民众意见的讯问程序,但在琱生簋和琱生尊的铭文上没有征询民众有关该案判决意见的记载。

(二) 审判中的民意征集

《史记·孔子世家》记载了孔子任鲁国司寇审判狱讼案件时注重征询民意的审慎的审判作风:"孔子在位听讼,文辞有可与人共者,弗独有也。"其中的"文辞有可与人共者,弗独有也"可以理解为对当事人讼辞的认定、罪名的确定,以及量刑均与同僚协商确定,不独自作出决定。对此,董仲舒在其《春秋繁露》中记载的有关孔子审理狱讼的事例,可以作为对"文辞有可与人共者,弗独有也"的注释说明。《春秋繁露·五行相生》记载:孔子"为鲁司寇,断狱屯屯,与众共之,不敢自专,是死者不恨,生者不怨"。即孔子任鲁国司寇时,在审判狱讼案件时非常慎重,判决的确定都要征询同僚和民众的意见,不敢独自作出判定,这样多方征询他人意见,能使判决中正公允,能使死者不怨,生者不恨。刘向在编著的《说苑·至公》中也记载了孔子任鲁司寇审判案件时多方征询他人意见的做法:"孔子为鲁司寇,听狱必师断,敦敦然皆立,然后君子进曰:某子以为何若,某子以为云云。又曰:某子以为何若,某子曰云云。"刘向在评论孔子这一广泛征询他人意见的做法时说,凭孔子的智慧对所审判的诉讼案件完全可以独自作出判决,没有必要广泛征求他人的意

---

① 冯卓慧:《从传世的和新出土的陕西金文及先秦文献看西周的民事诉讼制度》,《法律科学》2009 年第 4 期。

见;虽然如此,孔子的作为体现的是君子礼让之风范,正是"文辞有可与人共之者,君子不独有也"的体现。

《晏子春秋》在《景公问明王之教民何若晏子对以先行义》篇中论及狱讼审判时说:"称事以任民,中听以禁邪。"①俞樾引注曰:"听,议狱也。中听以禁邪,言听讼得中则足以禁邪也。"②在晏子看来,多方听取他人的意见才能做到判决公正,公正的判决能防止邪恶的发生。

(三)死刑执行前的"三复奏"旨在防止冤杀、错杀

"刑者,侀也;侀者,成也。一成而不可变,故君子尽心焉。"③在先秦时期,刑罚上的"刑"主要是指有亏身体的刑罚,故曰"刑者,成也;一成不可变"。死者不可复生,断者不可复继,君子尽心、慎刑,此乃自然之理。《礼记·文王世子》记载,在判决生效后执行死刑前还要履行三宥程序,后世发展为"三复奏"程序。《礼记·文王世子》曰:"狱成,有司谳于公。其死罪则曰:'某之罪在大辟。'其刑罪则曰:'某之罪在小辟。'公曰:'宥之。'有司又曰:'在辟。'公又曰:'宥之。'有司又曰:'在辟。'及三宥,不对,走出,致刑于甸人。公又使人追之,曰:'虽然,必赦之。'有司对曰:'无及也。'"这种执行死刑前的三宥程序旨在防止冤杀、错杀现象的发生,是先秦慎刑思想的又一制度体现。

四、构建多层级的防止犯罪行为发生的体系网

(一)广泛地宣传法律、政令,对民众实施教化

以孔子为代表的儒家学派认为,为政者应先教化、警示告诫,之后,

---

① 吴则虞编著,吴受琚、俞震校补:《晏子春秋集释》(增订本)卷3《内篇问上·景公问明王之教民何若晏子对以先行礼义》,国家图书馆出版社2011年版,第171页。
② 《晏子春秋集释》(增订本)卷3《内篇问上·景公问明王之教民何若晏子对以先行礼义》注,第172页。
③ 《礼记正义》卷13《王制》,第412页。

再有犯罪者方可适用刑罚。"不教而杀,谓之虐;不戒视成,谓之暴;慢令致期,谓之贼。"①没有教化便加以杀戮叫作虐,不予告诫便要求成功叫作暴,开始时懈怠而后突然限期叫作贼,这些都是为政之恶。在《周礼》的刑罚制度设计中,作者将儒家的治国理政的理想方案融入其中,形成多层级的减少诉讼和预防犯罪发生的规范体系,旨在通过多层级的防范形成刑措不用的无刑的社会局面。

根据《周礼》"体国经野"的国家组织结构设计,城中为国,城外为野。国中行乡制,野中行遂制。为便于组织管理,乡遂又依据居民人数划分为不同的居民组织形式,国中的居民组织形式依次是乡、州、党、族、闾、比;遂中的居民组织依次是遂、县、鄙、酂、里、邻。乡遂各级居民组织的居民数依次是 12 500 家、2 500 家、500 家、100 家、25 家和 5 家。乡遂各级居民组织的长官及其属官均有宣传道德教义、政令和法律的义务。

小宰、大司徒、小司徒均是王国中央官吏。小宰于每年正月初一日率领其属官观看宫殿外朝门之两侧门阙上悬挂的教化训示,并且摇木铎告诫百官要静听教化训示,不要违反法律,否则会受到法律的制裁。②大司徒于每年的正月初一日将教化训示的内容布告于邦国、都鄙,并且要求邦国、都鄙将教化训示的内容向其百姓宣读。③ 小司徒作为大司徒的副官,协助大司徒于每年的正月初一日率领其属官观看教化训示内容,并且摇木铎告诫其属官及百姓要静听教化训示,要遵守法律,否则

---

① 《论语·尧曰》。
② 《周礼·天官·小宰》:"正岁,则帅其属而观教法之象,徇以木铎曰:'不用法者,国有常刑。'乃退,以宫刑宪禁于王宫。令于百官府曰:'各修乃职,考乃法,待乃事,以听王命。其有不共,国有大刑。'"
③ 《周礼·地官·大司徒》曰:"正月之吉,始和布教于邦国都鄙,乃县教象之法于象魏,使万民观教象,挟日而敛之。乃施教法于邦国都鄙,使之各以教其所治民。"

会受到法律的制裁,并且要求其属官及属吏在其所辖区域内悬挂相关禁令,依法履职,处理好相关政务。① 经文中提到的"邦国、都鄙"是泛指王国所统治的区域。

按《周礼》读法教化的设计,大司徒每年正月初一日颁布新始教令,乡大夫受领教法后,颁行乡吏,大司徒和乡大夫不读法。州长、党正、族师、闾胥、比长均有读法宣传教化的任务,并且层级越低的居民组织宣读法律的次数越多,因其距离居民更近,即"弥亲民者于教亦弥数"。州长每年须向州民读法两次,党正每年须向本党居民读法五次,族师每年向族民读法十二次,闾师每逢集会的时候就读法。这种广泛的读法、宣传教化活动,有利于教化的实行和法律的普及,对社会秩序稳定起到了积极的推动作用。

(二)各级居民行政组织广泛地适用戒禁以规范居民的行为,防止犯罪行为的发生

《周礼》在预防犯罪发生上建构了德礼教化、政令、戒禁和刑罚四个层级的社会防范体系。德礼教化的宣传与实施主要由主教化的地官及其属官负责,政令、戒禁的宣传与实施则分属各行使国家管理职能的官吏,刑罚的适用则由刑官负责。从《周礼》的制度设计来看,戒禁是解决争讼适用刑罚的前提条件。当事人因纠纷发生争讼,或因违反法律构成刑罪,在纠纷处理前或适用刑罚前要对相关当事人进行告诫,宣传相关禁令,这样做是为了减少争讼的发生,防止犯罪发生。如:

《周礼·地官·小司徒》曰:"凡用众庶则掌其政教,与其戒禁,听其辞讼,施其赏罚,诛其犯命者。"

---

① 《周礼·地官·小司徒》:"正岁,则帅其属而观教法之象,徇以木铎曰:'不用法者,国有常刑。'令群吏宪禁令,修法纠职,以待邦治。"

《周礼·地官·乡师》曰："乡师之职,各掌其所治乡之教,而听其治。以国比之法,以时稽其夫家众寡,辨其老幼、贵贱、废疾、马牛之物,辨其可任者与其施舍者。掌其戒令纠禁,听其狱讼。"

《周礼·地官·遂师》曰："各掌其遂之政令戒禁。……掌其禁令,比叙其事而赏罚。"

《周礼·地官·遂大夫》曰："各掌其遂之政令。以岁时稽其夫家之众寡、六畜、田野,辨其可任者,与其可施舍者。以教稼穑,以稽功事。掌其政令戒禁,听其治讼。"

《周礼·地官·鄙师》曰："各掌其鄙之政令祭祀。凡作民,则掌其戒令,以时数其众庶,而察其媺恶而诛赏。"

司法官在适用刑罚时,用戒禁辅助刑罚的适用,其目的是"毋使罪丽于民",使民众远离犯罪。如:

《周礼·秋官·士师》曰："以五戒先后刑罚,毋使罪丽于民:一曰誓,用之于军旅;二曰诰,用之于会同;三曰禁,用诸田役;四曰纠,用诸国中;五曰宪,用诸都鄙。"

五、圜土、嘉石教化型刑罚旨在减少有亏形体的刑罚适用

从刑罚的性质上看,入圜土改造、坐嘉石思过应属于教化型刑罚的范畴。

（一）入圜土改造的教化型刑罚

《周礼·秋官·大司寇》曰："以圜土聚教罢民,凡害人者,置之圜土而施职事焉,以明刑耻之。其能改者,反于中国,不齿三年。其不能改而出圜土者,杀。"《周礼·秋官·叙官》郑司农云："圜,谓圜土也。圜土,谓狱城也。"贾公彦疏曰："狱城圜者,东方主规,规主仁恩,凡断狱以仁恩求出之,故圜也。"根据《大司寇》的记载,对于有邪恶罪过的危害民

众之行为人,"书其罪恶于大方板,著其背"①,收禁于环形的狱城并让其从事一定的劳作。经过一定期间的劳动改造能改恶从善者,可释放返回乡里,但在三年内"不得以年次列于平民"。②不能改恶从善者,劳役期届满后刑杀之。根据《周礼》的"官联"的治国方略,《周礼·秋官·司圜》对入圜土改造的罢民又有进一步的规定:"司圜掌收教罢民。凡害人者弗使冠饰,而加明刑焉,任之以事而收教之。能改者,上罪三年而舍,中罪二年而舍,下罪一年而舍。其不能改而出圜土者,杀;虽出,三年不齿。凡圜土之刑人也,不亏体;其罚人也,不亏财。"③《司圜》明确规定,入狱城的罢民不得使用冠饰,书其罪恶著其背,并从事一定劳役;能改恶从善者可予以释放返回乡里,不能改恶从善者,劳役期届满后刑杀之;对于在狱城改造的罢民不实施有损害肉体的刑罚,也不适用罚金。

(二) 坐嘉石思过的教化型刑罚

《周礼·秋官·大司寇》曰:"以嘉石平罢民,凡万民之有罪过而未丽于法而害于州里者,桎梏而坐诸嘉石,役诸司空:重罪,旬有三日坐,期役;其次九日坐,九月役;其次七日坐,七月役;其次五日坐,五月役;其下罪三日坐,三月役;使州里任之,则宥而舍之。"对于有邪恶罪过而未触犯法律,但又危害州里的行为人,带上脚铐和手铐坐在嘉石上思过一段时间后,将其交给司空,在司空监督管理下从事劳动改造。劳动改造的时间根据邪恶罪过的轻重确定:邪恶罪过重者,坐嘉石上思过十三天,劳动改造的时间为一年;邪恶罪过次重者,坐嘉石上思过九天,劳动改造的时间为九个月;邪恶罪过再次重者,坐嘉石上思过五天,劳动改造的时间为五个月;邪恶罪过轻者,坐嘉石上思过三天,劳动改造的时

---

① 《周礼·秋官·大司寇》,郑玄注。
② 《周礼·秋官·大司寇》,贾公彦疏。
③ 《周礼·秋官·司圜》。

间为三个月。劳动改造期满后返回乡里,由州长里宰居民监管之。

在先秦时期,刑罚意义上的"刑"主要是指有亏身体的处罚或刑杀。《说文》曰:"刑,剄也;从刀,开声。"如按今天的刑罚观念来评价《周礼》入圜土改造,坐嘉石思过,其实质就是一种刑罚制度,似乎称不上教化措施,因其是以限制人身自由的方式达到改恶从善的目的。但是,我们在评价一个制度时,应根据时代的社会状态来评价。在先秦时期,社会的生活节奏远没有今天快捷,把坐嘉石、入圜土服劳役作为一种教化从善的改造措施,使行为犯免受亏体之刑,在当时的社会条件下是一种善的制度设计,是慎刑思想或原则的又一制度体现。

第六章 先秦时期的诉讼基本制度

第一节 集体审判制度

谈起中国古代的集体审判制度,许多人不以为然。对许多中国人来说,对中国古代审判制度的认识来自戏曲舞台表演,认为"木板一拍把案断,朱笔一钩赴刑场"就是中国古代司法审判的真实写照;同时还认为,中国古代社会是中央集权的专制社会,是家国同构的社会结构,司法审判也是一人说了算,不存在集体审判,司法审判是专制的审判。从中国古代早期的文献以及出土文献记载的相关内容来看,中国古代对狱讼案件的审判以及刑罚的适用采取的态度是审慎的。在西周时期,乃至春秋战国时期,多人参与案件审理的集体定罪制度是存在的。

一、《周礼》中的集体审判制度

《周礼·天官·大宰》曰:"以八法治官府:……三曰官联,以会官治。"郑玄注曰:"官联谓国有大事,一官不能独共,则六官共举之。"官联是《周礼》所确立的治理官府的方法之一。按郑玄的理解,国家有大事,一官不能独治,应有周王所设立的天官、地官、春官、夏官、秋官和冬官六官共同治理。《周礼·天官·小宰》曰："以官府之六联，合邦治：一曰祭祀之联事，二曰宾客之联事，三曰丧荒之联事，四曰军旅之联事，五曰田役之联事，六曰敛弛之联事。凡小事皆有联。"按《小宰》记载，官联之法不仅表现在解决国家大事上，而且表现在邦国的小事上。"凡小事皆有联"，即在邦国的一些小事上也要用官联的治理方法。可见，《周礼》中的"官联"是处理国家事务经常使用的一种治国理政的方法。

在刑罪审判中，官联则体现为一种集体的审判形式。根据《周礼·秋官·叙官》的记载，秋官之属官在类别上有六十五种，在人数上有三千五百人。秋官、司寇、士师、乡士、县士、遂士、方士和讶士等刑官之属，皆非一人，其均是由不同层级的官吏以及无级别的办事人员组成的机构。这是集体审判的主体条件。按《周礼·秋官》所设计的诉讼程序，刑罪案件的审判分为地方审判和中央司法机构审判两个层级。地方司法审判可以称之为刑罪初审，中央司法机构的审判可称之为刑罪终审。刑罪初审均有地方司法机构如乡士、遂士、县士、方士和讶士等负责审判，地方司法机构将案件审结后在一定期间内将案件的囚证材料，连同初审判决书一并上交司寇，由司寇作出终审判决。司寇终审审判的形式是集体审判。《周礼·秋官·乡士》《遂士》《县士》曰："司寇听之，断其狱、弊其讼于朝；群士司刑皆在，各丽其法以议狱讼。"《周礼·秋官·方士》曰："司寇听其成于朝，群士司刑皆在，各丽其法以议狱讼。"按《乡士》《遂士》《县士》《方士》的记载，司寇在听审地方司法机构上报的初审案件时，即在进行终审时，群士、司刑皆参加审判，在审判中群士、司刑均可根据法律发表对案件的看法，发表判决意见。这种集体审判形式能集中众人的智慧，能使判决中正不偏。

司寇听审在外朝进行，由朝士负责组织安排参与审判官吏的位次,并维持听审的秩序。按周制,天子诸侯皆有三朝,外朝一,内朝二。《周礼·秋官·朝士》曰:"朝士掌建邦外朝之法。左九棘,孤、卿、大夫位焉,群士在其后;右九棘,公、侯、伯、子、男位焉,群吏在其后;面三槐,三公位焉,州长众庶在其后。"按《朝士》的规定,参与审判的官吏几乎涵盖朝廷的所有官吏,从爵位上看,有公、侯、伯、子、男,从职级上看,有三公、孤、卿、大夫,从职责看,有群士、群吏。这种审判规模、参与的人数,与秦汉时期的廷议议罪制度或者说是廷议议罪做法基本一致。

二、合议庭式的集体审判形式——杂治

在《史记》《汉书》中,将不同职能部门的官员或不同级别的官员组成的审判集体对案件进行审判的制度称为杂治。笔者在本章中借用"杂治"这一概念以表达先秦时期的集体审判形式。杂治这种集体审判案件的形式是慎刑思想发展的产物。

1983年湖北江陵张家山汉墓出土的《奏谳书》共记载了春秋到西汉初期发生的二十二个司法判例[①],其中有八个谳狱案例仅记录了"谳"部分,即疑狱请示部分,文字较短,对审判情况没有记录;有三个谳狱案例为侦讯案例,主要记述的是案件的侦讯情况,对审判情况没有记录;其余十一个谳狱案例中有十例明确记载有多人参与审判,属于杂治的审判案例,另一例属于廷议议罪案例。

在十例多人参与审判的杂治案例中又可分为三种情况:

1. 记录集体审判中参与审判者意见分歧的案例。如《奏谳书》案例一:"史当:毋忧当要(腰)斩,或曰不当论。"《奏谳书》案例二:"吏当:黥

---

① 参见《张家山汉墓竹简[二四七号](释文修订本)》,《奏谳书》,第91—112页。

媚颜頬,畀禄,或曰当为庶人。"《奏谳书》案例三:"吏议:阑与清同类,当以从诸侯来诱论;或曰,当以奸及匿黥舂罪论。"《奏谳书》案例四:"吏议:符有数明所,明嫁为解妻,解不智(知)其亡,不当论。或曰:符虽已诈书名数,实亡人也,解虽不智(知)其请(情),当以取(娶)亡人为妻论,斩左止为城旦。"当,在秦汉诉讼程序中是指经过法庭调查,案件事实清楚、证据确实充分,罪名确定后的量刑意见。上述四个谳狱案例中,在"吏当"或"吏议"之后记述了两种不同的意见,说明参与审判案件的官吏不止一人,应在两人以上。

2. 记载有参与审判案件的官吏名称的案例。如《奏谳书》案例十四:"南郡守强、守丞吉、卒史建、舍治。"《奏谳书》案例十五:"南郡守强、守丞吉、卒史建、舍治。"《奏谳书》案例十六:"新郪甲、丞乙、狱史丙治。"《奏谳书》案例十七:"丞昭、史敢、铫、赐论,黥讲为城旦。"上述四个谳狱审判案例在文书的末尾记载有参与审判官吏的名称,在一定程度上相当于今天的判决文书的署名。

3. 在谳狱案例行文中体现多人参与审判的案例。如《奏谳书》案例五:"十年七月辛卯朔甲寅,江陵余、丞骜、敢谳之。"《奏谳书》案例十八:"南郡卒史盖、庐、挚、田、假卒史鸣覆攸、雁等狱簿。"上述两个谳狱案例都是在送交上级司法机构的行文中体现出了集体审判的形式。

2013年6月上海辞书出版社出版朱汉民、陈松长主编的《岳麓书院藏秦简(叁)》收录了秦始皇统一前后秦国南郡地区的较为完整的十五个案例。这十五个案例中有七个案例清晰地记载了集体裁判形式。集体审判形式在这七个案例中又分为两种:

1. 以"吏议"形式体现集体审判。如案例一"癸、琐相移谋购案"记载:"吏议曰:癸、琐等论当殹(也);沛、绾不当论。或曰:癸、琐等当耐为侯(候),令琐等环(还)癸等钱;绾等……"案例二"尸等捕盗疑购案"记载:"吏议:以捕群盗律购尸等。或曰:以捕他邦人……"案例六"暨过误失坐官案"记载:"吏议:赀暨一甲,勿赢(累)。"

案例七"识劫婉案"记载:"吏议:婉为大夫口妻,赀识二甲。或曰:婉为庶人,完识为城旦,须(丝须)足输蜀。"

2. 以署名的形式体现集体审判。如案例十四"学为伪书案"记载:"吏议:耐学隶臣。或曰:令赎耐。"案例三"猩、敵知盗分赃案"记载:"江陵守感、丞暨、史同论赦猩、敵为庶人。达等令别论。敢谳之。"案例八"譊、妘刑杀人案"记载:"丞相、史如论令妘赎舂。……丞相、史如论磔……"

在先秦时期,国家官吏在处理政务时能否与其他官吏"合治"是判断一个官吏是否是"良吏"的标准之一。如《睡虎地秦墓竹简·语书》记载:"凡良吏明法律令,事无不能殹(也);有(又)廉洁敦悫而好佐上;以一曹事不足独治殹(也),故有公心;有(又)能自端殹(也),而恶与人辨治,是以不争书。"①曹,为秦汉时郡、县下属的分科办事机构。"一曹事不足独治",意为一部门的事务不能独断专行。睡虎地秦墓竹简整理小组解释说:"辨,读为别;辨治,分治;书,疑读为'署',处理事务"②;"恶与人辨治,是以不争书",意为"不愿与别人分开处理事务,因此不会在办事中竞争"。又如《睡虎地秦墓竹简·法律答问》记载:"赎罪不直,史不与啬夫和,问史可(何)论?当赀一盾。"③睡虎地秦墓竹简整理小组解释说:"判处犯人赎罪不公正,史没有和啬夫合谋,问史应如何论处?应罚一盾。"从该两则例子来看,秦时官吏在处理政务时倡导合作,并且将能否与同曹官吏合作作为判断官吏是否优良的标准之一;同样,在处理司

---

① 《睡虎地秦墓竹简》,第15页。
② 《睡虎地秦墓竹简》,第15页。
③ 《睡虎地秦墓竹简》,第115页。

法事务时,不应一人独治,而应多人合治。

三、集体审判案件的高级形式——廷议

1983年湖北江陵张家山汉墓出土的《奏谳书》第二十一例记载了一起廷议议罪案。根据彭浩先生考证,该案发生的年代应是秦代。[①] 该案记录的是关于女子甲在夫丧期与男子丙和奸案如何定罪量刑的廷审讨论的意见。女子甲居住杜泸县,其夫公士丁病故,其与婆母素夜间守丧,其间女子甲与男子丙在棺后房间内和奸。次日,甲的婆母素告官,女子甲被捕。杜泸县官吏对此案存疑不能决,奏报朝廷,廷尉便听审议决之。廷尉觳、正始、监弘、廷史武等三十人参与了案件的听审,并发表了对本案判决的意见。参与讨论的三十人皆认为,女子甲在其夫死后服丧期与男子丙和奸,虽然控告人没有将和奸双方当事人捉奸到庭,但是,女子甲的行为应当按不孝罪和敖悍罪论处,判处甲完为舂。因公务后到的廷史申对廷尉等人定罪量刑的意见不赞同,认为廷尉等人的定罪和量刑不当。廷史申通过提问的方式,问题层层深入,使廷尉得出了"欺生夫罪重,欺死夫无罪"的结论性意见;同时本案的控告人素没有将和奸当事人捉奸当庭,不符合和奸定罪的条件。最后,廷尉等人改变了对本案所持的判决意见,判决女子甲无罪。这是一例较为完整的廷议议罪判例,也是目前可见的文献中最早的廷议议罪判例。该例向我们展示了廷议议罪讨论的热烈程度,以及参与廷议者不畏权威、对案件负责、对事实负责、对法律负责、对当事人负责的求实态度。

如上文《周礼·秋官·朝士》记载朝士掌邦外朝之法,司寇在审判

---

① 参见彭浩:《谈〈奏谳书〉中秦代和东周时期的案例》,《文物》1993年第3期。

案件时，公、侯、伯、子、男、三公、孤、卿、大夫、州长、群士、群吏共同参与的司法审判形式，也可以称之为廷议形式。

第二节　路鼓、肺石制度

一、路鼓、肺石制度之缘起

路鼓、肺石制度是一种直诉制度，是当事人不能通过正常程序表达自己诉求时的一种越级上诉制度。

路鼓、肺石制度源于尧、舜、禹时的纳谏制度。《管子·桓公问》曰："黄帝立明台之议者，上观于贤也；尧有衢室之问者，下听于人也；舜有告善之旌，而主不蔽也；禹立谏鼓于朝，而备讯唉；汤有总街之庭，以观人诽也；武王有灵台之复，而贤者进也。"①《吕氏春秋·不苟论·自知》曰："尧有欲谏之鼓，舜有诽谤之木，汤有司过之士，武王有戒慎之鼗，犹恐不能自知。"②《大戴礼记·保傅》记载："于是有进善之旌，有诽谤之木，有敢谏之鼓，鼓夜诵诗，工诵正谏，士传、民语。"③注曰："尧置之（指进善之旌），令进善者立于旌下也。尧设之（指诽谤之木），使书政之愆失也。舜置之（指敢谏之鼓），使谏者击之以自闻也。贾谊云：'敢谏之鼓，瞽史诵诗。'然'瞽'与'鼓'，声误也。'夜''史'为字误。"补注曰："《古今注》曰：'诽谤之木，今之华表木也。以横木交柱头，形似桔槔。

---

① 《管子校注》卷18《桓公问》，第1047页。
② 《吕氏春秋集释》卷24《不苟论·自知》，第647页。
③ ［清］孔广森撰，王豐先点校：《大戴礼记补注》卷3《保傅》，中华书局2013年版，第65页。

大路交衢悉施焉。'如淳《汉书音义》曰：'旧亭传于四角面百步，筑土四方，上有屋，出高丈余，有大板贯柱，四出，名曰桓表，县所治，夹两边各一桓。'陈、宋之俗言'桓'声如'和'，今犹谓之'和表'。按：桓、和、华声相近递传。鲁有桓楹，即桓表也。《西京赋》云：'次和树表。'盖军门前亦为和表，因名和门，是皆诽谤之木遗象。禹之令曰：'教寡人以道者，击鼓。'《汉书·礼乐志》云：'立乐府，采诗夜诵。'士传，《春秋左传》所谓'士传言'。杜预曰：'士卑，不得径达，闻君过失传，告大夫'是也。民语，传所谓'庶人谤'。"《史记·孝文本纪》曰："古之治天下，朝有进善之旌，诽谤之木，所以通治道而来谏者。"集解引应劭曰："旌，幡也。尧设之五达之道，令民进善也。"如淳曰："欲有进善者，立于旌下言之。"集解引服虔曰："尧作之，桥梁交午柱头。"应劭曰："桥梁边板，所以书政治之愆失也。至秦去之，今乃复施也。"索隐按："尸子云：'尧立诽谤之木。'韦昭云：'虑政有阙失，使书于木，此尧时然也，后代因以为饰。今宫外桥梁头四植木是也。'"郑玄注《礼》云："一纵一横为午，谓以木贯表柱四出，即今之华表。"尧设进善之旌、诽谤之木，舜禹设敢谏之鼓，汤有司过之士，武王有戒慎之鼗，诵诗、士传、民语，这些都是古代君王了解施政过失的举措。

二、《周礼》中路鼓、肺石之制度建构

（一）路鼓制度之建构

《周礼·夏官·太仆》曰："建路鼓于大寝之门外而（太仆）掌其政，以待达穷者遽令，闻鼓声，则速逆御仆与御庶子。"这是《周礼》关于路鼓制度的完整记载，该部分对路鼓设置的位置及其负责机构、功能、处理的程序等作了规定。

关于路鼓设置的位置，《周礼·夏官·太仆》记载"建路鼓于大寝之

门外"。大寝门在王宫中属于哪道门？路鼓置在大寝门之左还是右？这是研究路鼓制度需弄清楚的问题之一。

按照古代王宫的设置，天子有"三朝五门"。《周礼·秋官·朝士》注引郑司农云："王有五门，外曰皋门，二曰雉门，三曰库门，四曰应门，五曰路门。路门一曰毕门。外朝在路门外，内朝在路门内。"郑玄对先郑关于天子五门的顺序持有异议，认为天子五门的顺序应该是：从外至内依次是皋门、库门、雉门、应门和路门。① 贾公彦赞同后郑的意见。② 关于三朝的位置，郑玄注曰："周天子诸侯皆有三朝，外朝一，内朝二。内朝在路门内者，或称之为燕朝。"贾公彦疏曰："云'天子诸侯皆有三朝，外朝一，内朝二'者，天子外朝一者，即朝士所掌是也。内朝二者，司士所掌正朝，太仆所掌路寝朝，是二也。"《周礼·夏官·太仆》郑玄注曰："大寝，路寝也。"《礼记·玉藻》曰："朝服以日视朝于内朝。朝，辨色始入。君日出而视之，退适路寝，听政，使人视大夫，大夫退，然后适小寝，释服。"根据上述经文及注疏，大寝门是属于内朝的路寝朝门。

路鼓建在内朝的大寝门之外，但是，是置于大寝门之左还是大寝门之右，《周礼》及其注疏均未释明。太仆是夏官属官。《周礼·天官·小宰》曰："四曰夏官，其属六十，掌邦政。"夏官所掌的"政"主要是指"军政"。《道德经》曰："吉事尚左，凶事尚右。偏将军居左，上将军居右。言以丧礼处之。杀人之众，以悲哀莅之，战胜以丧礼处之。"③ 从夏官的职能上看，夏官主要负责国家的军政事务，尚右。关于路鼓的作用或用途，《周礼·夏官·太仆》记载"以待达穷者遽令"。注引郑司农云："穷谓穷冤失职，则来击此鼓，以达于王，若今时上变事击鼓矣。遽，传也。

---

① 参见《周礼·秋官·朝士》，郑玄注。
② 参见《周礼·秋官·朝士》，贾公彦疏。
③ 《道德经》，第三十一章。

若今时驿马军书当急闻者,亦击此鼓,令闻此鼓声,则速逆御仆与御庶子也。太仆主令此二官,使速逆穷遽者。"郑玄注曰:"穷,达者,谓司寇之属朝士,掌以肺石达穷民,听其辞以告于王。遽令,邮驿上下程品。御仆、御庶子,直事鼓所者。太仆闻鼓声,则速逆此二官,当受其事以闻。"贾公彦疏曰:"云'以待'者,太仆在王所,恒于路寝之中,若有穷者及遽令二者来击此鼓,其御仆、御庶子直在鼓所者则入告,太仆迎此二官,以所告之事白王。后郑以达穷是朝士者,以其《朝士职》有'在肺石达穷民',穷民先在肺石,朝士达之,乃得击鼓,故本之也。"孙诒让正义引惠士奇云:"肺石在外朝之阙,路鼓在内朝之门,坐肺石者士听之,击路鼓者太仆达之,则天下无穷民矣。"①按贾疏和惠士奇解,穷民应先立肺石,朝士接待后,才能再击鼓。如此说来,鼓所起的作用主要是传达穷民的告诉。告诉属于诉讼范畴,诉讼属阴,右属阴,故路鼓应设置在大寝门之右。

《太仆》对处理击鼓的程序也作了规定。《周礼·夏官·太仆》曰:"建路鼓于大寝之门外而(太仆)掌其政,以待达穷者遽令,闻鼓声,则速逆御仆与御庶子。"即在大寝门外树路鼓,而掌管有关击鼓的事,对有冤之穷民来击鼓者,听到鼓声,就迅速迎接在路鼓处当值的御仆和御庶子,听取他们报告的情况并转达给国王。

(二)肺石制度之建构

《周礼·秋官·大司寇》曰:"以肺石达穷民,凡远近茕、独、老、幼之欲有复于上,而其长弗达者,立于肺石三日,士听其辞,以告于上,而罪其长。"郑玄注曰:"肺石,赤石也。穷民,天民之穷而无告者。无兄弟曰茕,无子孙曰独。复,犹报也。上,谓王与六卿也。报之者,若上书诣公府言事矣。长,谓诸侯若乡遂大夫。"贾公彦疏曰:"云'肺石,赤石也'

---

① 《周礼正义》卷59《夏官·太仆》注,第2499页。

者,阴阳疗疾法,肺属南方火,火色赤,肺亦赤,故知名肺石是赤石也。必使之坐赤石者,使之赤心,不妄告也。云'穷民,天民之穷而无告者',《王制》文。彼上文云:'少而无父者谓之孤,老而无子者谓之独,老而无妻者谓之鳏,老而无夫者谓之寡。'此四者,天民之穷而无告者也。皆有常饩。言'远近'者,无有远近,畿外畿内之民,皆有茕独老幼之等。云'欲有复于上,而其长弗达'者,谓长官不肯通达,审知其贫困者,故须复报于上,如此之类,是上穷民,即来立于石也。"孙诒让先生对贾疏关于"肺属南方火"之说持异议,正义曰:"贾五藏肺属火者,《古尚书》说也。郑《驳异议》从《今尚书》说,肺属金,则不以火藏。注训肺石为赤石者,盖以肺色本赤,不谓五行属火也。"肺色赤,肺石,赤石也;赤石,意谓直诉者应赤心,不妄告。这是古代象物思维的体现。

关于肺石的位置,《周礼·秋官·朝士》曰:"左嘉石,平罢民焉。右肺石,达穷民焉。"因朝士掌外朝之法,故肺石应在外朝门之右。

(三) 路鼓、肺石制度之内容

路鼓、肺石制度作为一种直诉制度,旨在弥补正常诉讼的不足;同时,这种直诉制度的实行在一定程度上能纠正王国内的冤假错案,促使王国内司法环境的改善,确保司法公正、公平。从上述《太仆》《大司寇》经文及其注疏来看,直诉制度的内容主要包含了以下几个方面的内容:

1. 告诉的主体是茕、独、老、幼之穷民,即社会弱势群体。

2. 有冤情欲通过正常途径陈情于国王或六卿,而乡遂大夫等基层官吏不予受理,或者受理后而不上达者。

3. 告诉者需在赤石上站立三日。站立三日的制度设计,目的在于考验告诉者的诚心。

4. 告诉者在赤石上站立三日后,朝士听取告诉者的陈情。

5. 朝士接受陈情后,引导告诉者到内朝击鼓,并将陈情的书面记录交给御仆和御庶子,御仆和御庶子将陈情记录交给太仆,太仆将其上报给国王或六卿。

朝士对于有冤之穷民的告诉不受理或受理后不上达的地方官吏,要追究其责任,罪其长。关于"罪其长"的处罚办法,《周礼》未予规定。《管子》中有关于庶人、士、贵人欲陈情于上,而乡吏、吏不予上达者给予一定处罚的记载。《管子·大匡》曰:"凡庶人欲通,乡吏不通七日,囚;士欲通,吏不通五日,囚;贵人子欲通,吏不通二日,囚。"注曰:"庶人有所陈诉通于君,乡吏抑而不通,事经七日者,囚其吏,鞫劾其所以也。"①《管子》有关于乡吏及其他官吏不能将普通百姓以及士、贵人的陈情及时上达,就给予一定的处罚的规定,与《周礼》"罪其长"的规定具有一致性。

第三节 调解制度

一、调解制度的起源

调解是争议双方在第三方的主持下互谅互让达成协议,从而解决纠纷的一种方式。调解是一种较为经济的解决纠纷的方式。

古籍中记载的最早的调解事例发生在商朝晚期,《史记》《诗经》都记载了这一事例。《史记·周本纪》记载:"西伯阴行善,诸侯皆来决平。于是虞、芮②之人有狱不能决,乃如周。入界,耕者皆让畔,民俗皆让长。

---

① 《管子校注》卷7《大匡》注,第369页。
② 《史记》卷4《周本纪》,裴骃集解:"《地理志》虞在河东大阳县,芮在冯翊临晋县。"张守节正义:"《括地志》云:'故虞城在陕州河北县东北五十里虞山之上,古虞国也。故芮城在芮城县西二十里,古芮国也。晋太康地记云虞西百四十里有芮城。'"

虞、芮之人未见西伯，皆惭，相谓曰：'吾所争，周人所耻，何往为，只取辱耳。'遂还，俱让而去。"《诗经·大雅·绵》记载："虞芮质厥成，文王蹶厥生。"毛亨传曰："质，成也。成，平也。蹶，动也。虞、芮之君相与争田，久而不平，乃相谓曰：'西伯仁人，盍往质焉？'乃相与朝周。入其境，则耕者让畔，行者让路。入其邑，男女异路，斑白不提挈。入其朝，士让为大夫，大夫让为卿。二国君相谓曰：'我等小人，不可履君子之庭。'乃相让，以其所争田为间田而退。天下闻之，而归者四十余国。"① 郑玄笺云："虞、芮之质平，而文王动其绵绵民初生之道，谓广其德而王业大。"② 孔颖达正义曰："言文王遵太王之道，行善消恶之故，而虞、芮二国之君，有争讼事来诣文王，而得成其和平也。"③

如果按现代的调解理论，虞、芮之间土地争端的解决应属于和解。但是，其欲将其间的土地纠纷交由西周主持调解解决的意愿，则可归属于调解范畴。虞芮之间争端的解决，主要归功于文王治理西周的社会、政治氛围。西周和谐而有序的社会政治秩序使得虞、芮两国国君深为感佩，双方主动放弃了争议土地，形成了象征双方和好永久见证的间原之地。④

二、多样性的调解形式

（一）法庭调解

文献记载最早的法庭调解发生在西周初期。《史记·燕召公世家》曰："其在成王时，召公为三公，自陕以西，召公主之，……召公之治西

---

① 《毛诗正义》卷16之二《大雅·绵》传，第993—994页。
② 《毛诗正义》卷16之二《大雅·绵》笺，第994页。
③ 《毛诗正义》卷16之二《大雅·绵》正义，第994页。
④ 《史记》卷4《周本纪》，张守节正义曰："二国君相谓曰：'我等小人，不可履君子之庭。'乃相让所争地以为'间原'。至今尚在。"

方,甚得兆民和。召公巡行乡邑,有棠树①,决狱政事其下,自侯伯至庶人各得其所,无失职者。召公卒,而民人思召公之政,怀棠树不敢伐,歌咏之,作甘棠之诗。"在西周时期,由于行政兼理司法的现象存在,召公主政西方(即自陕以西)在处理百姓争讼事件时,采取灵活多样的纠纷解决方式,田间地头、树荫下都是召公处理争讼案件的法庭。这种贴近民众的纠纷处理方式,深受民众欢迎。《诗经·召南·甘棠》曰:"蔽芾甘棠,勿翦勿伐,召伯所茇。蔽芾甘棠,勿翦勿败,召伯所憩。蔽芾甘棠,勿翦勿拜,召伯所说。"毛亨传曰:"召伯听男女之讼,不重烦老百姓,止设小棠之下听断焉。国人被其德,说其化,思其人,敬其树。"②孔颖达正义曰:"国人见召伯止设棠下,决男女之讼,今虽身去,尚敬其树,言蔽芾然之于小甘棠,勿得翦去,勿得伐击,由此树召伯所尝舍于其下故也。"③《诗经·召南·甘棠》就是记录和赞美召公灵活多样、贴近民众的处理民间纠纷的解决方式。

(二) 普通第三方的调解

如上文所述,《国语·晋语八》记录一起"范宣子与和大夫争田"④案。与其说这是一起和解案例,不如说它更像是一起调解案例。晋国执政大臣范宣子与晋邑和大夫关于土地问题发生争讼,久拖不决。范宣子在征询了訾祏等人的意见后,主动让出了争议的土地,与和大夫达成了和解协议。该协议的达成,訾祏等人从中的说和、调和作用功不可没。

---

① 《史记》卷34《燕召公世家》,张守节正义:棠树,"今之棠梨树也。《括地志》云:'召伯庙在洛州寿安县西北五里。召伯听讼甘棠之下,周人思之,不伐其树,后人怀其德,因立庙,有棠在九曲城东阜上'"。
② 《毛诗正义》卷1之四《国风·召南·甘棠》传,第78页。
③ 《毛诗正义》卷1之四《国风·召南·甘棠》正义,第78页。
④ 《国语》卷14《晋语八·范宣子与和大夫争田》,第305—307页。

(三) 第三国主持的调解

1. 周公阅与王孙苏争政案。《左传·文公十四年》记载:"十四年,春,顷王崩,周公阅与王孙苏争政,故不赴。……周公将与王孙苏讼于晋,王叛王孙苏①,而使尹氏与冉启讼周公于晋②。赵宣子平王室而复之。"杜预注曰:"王,匡王。叛,不与。讼,理之。尹氏,周卿士。冉启,周大夫。复,使和亲。"这是一起周公阅与王孙苏争政纠纷,或者说是周公阅与王孙苏有关在周王庭的位次及其爵禄的争讼。案件发生在鲁文公十四年(公元前613年)春,周顷王崩,周公阅与王孙苏二者忙于争政,未赴丧。周匡王立,周公阅将其与王孙苏之间的争讼提交给晋国朝廷,请求晋国予以评判。周匡王不支持王孙苏,派遣卿士尹氏、大夫冉启代理周公阅到晋国与王孙苏辩讼。晋国赵宣子接手此案后,从中调和,双方和解,各复其位,该争政案和平解决。

2. 邾人诉鲁于晋案。《左传·昭公二十三年》记载了一起邾国诉鲁国于晋案。昭公二十三年(公元前519年)春,邾国修筑翼城城墙,返回时须经由鲁国的武城到邾国的离姑。当邾国修筑城墙的队伍到达鲁国武城隘道时遭到了鲁国人的前后拦截,鲁国人截留了邾国的筑城人员,同时扣押了邾国大夫徐鉏、丘弱和茅地三人。邾国人认为,鲁国这种"蹊田夺牛"的做法侵害了邾国人的权益,于是便向晋国提出了诉求,请求晋国主持公道。鲁国派遣叔孙婼、子服回到晋国应诉答辩。叔孙婼、子服回到晋国后就被晋国扣押了。晋国韩宣子要求叔孙婼与邾国大夫对庭争讼曲直。叔孙婼拒绝与邾国大夫对庭,并且说:"列国之卿当小

---

① 《左传·文公十四年》杜预注曰:"王,匡王。叛,不与。"杨伯峻注:"叛,背其诺言也。盖匡王初许助王孙苏,既而该助周公。"参见杨伯峻编著:《春秋左传注》,中华书局1990年版,第604页。

② 《左传·文公十四年》杜预注曰:"讼,理之。尹氏,周卿士,冉启,周大夫。"杨伯峻注:"讼周公,为周公诉冤求理也。"参见《春秋左传注》,第604页。

国之君,固周制也①。邾又夷也,寡君之命介子服回在,请使当之,不敢废周制故也。"杜预注曰:"在礼,卿得会伯、子、男,故曰当小国之君。"孔颖达正义曰:"僖公二十九年传曰:'在礼,卿不会公侯,会伯、子、男可也。'于礼得与相会,故当小国之君。"即叔孙婼的意思是说:"鲁国作为大国,其卿大夫应当与邾国这样的小国国君对庭,周朝礼制是这样规定的。而且邾国属于东夷之国,鲁国派遣子服回,可让子服回与邾国大夫对庭,我不能破坏周朝的礼制。"叔孙婼坚持不与邾国大夫对庭。晋国执政大臣韩宣子欲让邾国的诉讼代表们把鲁国叔孙婼的随从扣押起来,然后将鲁国叔孙婼也交由邾国扣押,以求得纠纷解决的对等性。叔孙婼知晓了晋国的处理方案后,只身赴晋廷,以表明身为鲁国使者誓死不辱使命的决心。晋国大夫士景伯担心扣押叔孙婼及其随从会使事件变得更糟糕,便谏言韩宣子说:"所谓盟主,讨违命也。若皆相执,焉用盟主?"晋国作为盟主,其使命是讨伐违礼者。如果让邾鲁双方相互扣押对方人员,盟主的作用又体现在哪里呢? 韩宣子采纳了士景伯的意见,没有将叔孙婼交给邾国人,但是韩宣子命令让叔孙婼和其副手子服回各居一馆,进行隔离。士景伯分别听取叔孙婼和子服回的辩辞,叔孙婼和子服回二人坚称鲁国的做法是合理的、正确的,毫不让步。士景伯将听审调和的情况报告韩宣子后,决定让邾国代表先期回国,将叔孙婼、子服回等人留置在晋国,以求得纠纷的对等性解决。叔孙婼被留置在箕地,子服回等人被留置在其他县邑。在护送叔孙婼前往留置地的路上,士景伯在前引领,叔孙婼随后,四个晋国官吏跟随,像押送犯人一样经过邾国人居住的馆舍,以示对鲁国使者的羞辱。"叔孙所舍馆者,

---

① 《史记·鲁周公世家》曰:"封周公旦于少昊之虚曲阜,是为鲁公。"春秋时期,诸侯国的爵位分为五等:公、侯、伯、子、男。鲁国为侯爵;邾国为子爵国。

虽一日，必葺其墙屋，去之如始至。"叔孙所居住的馆舍从进住到离开的一年内一直处于修缮状态，没有一天是停止的。昭公二十四年（公元前518年）春，叔孙婼、子服回等人被释放回鲁国，邾国人诉鲁一案至此结束。

这是一起邻国之间因通行权纠纷而引起争讼的事件。叔孙婼在晋国被留置一年后回国，该案不了了之。对于此案的处理结果，孔颖达正义曰："鲁人实取邾师，二子辞不屈者，盖以朝聘征伐过他国，必假道乃行，邾人不假鲁道，是邾亦合责。不假道，小过也；取其师，大罪也。蹊田夺牛，为报已甚。故士伯诉而执之，久囚其，足以谢邾，故晋以明年释之。"在孔颖达看来，该案中的邾国和鲁国都有过错，但从过错的程度来看，邾国的过错较小，鲁国的过错较大。晋国将鲁国使者扣押达一年之久足以达到惩罚鲁国的目的。

通过该案的审理过程，让我们看到正义的实现方式具有多样性。正义不仅可以通过判决来实现，而且可以通过使一方当事人遭受特定形式的羞辱，另一方当事人获得尊严的方式来实现。作为盟主的晋国处理"邾人诉鲁案"，正是通过这种方式实现正义的。

三、《周礼》所确立的调人制度

《周礼·地官·叙官》曰："调人，下士二人，史二人，徒十人。"郑玄注曰："调，犹和合也。"贾公彦疏曰："言调人者，郑云'调，犹和合也'，人相杀伤，共其难者，此调人和合之。在此者，会赦之后，设教使之相避。是教官之类故在此。"可见，调人，作为一种解决纠纷的机构，主要是解决人相杀伤而引起的矛盾和纠纷。调人，作为一种调解纠纷的机构，或者说一种调解制度，与现代的调解制度不同。在调解的范围上，《周礼》调人所解决的纠纷仅限于杀伤人畜而引起的矛盾和纠纷，而现代的调解范围远大于调人的调解范围,它涉及社会生活的各个方面,如邻里纠纷、婚姻纠纷、劳动争议、合同纠纷、人事争议等,即凡是现代法律允许调解的纠纷,均可申请民间组织和国家的行政机构进行调解。

根据《周礼·地官·调人》记载,调人主要调解人相杀伤纠纷,《调人》根据将人相杀伤的情况确定了以下几种调解原则:

1. 调人为调解民间杀伤人畜纠纷的专门机构。"调人掌司万民之难而谐和之。"郑玄注曰:"难,相与为仇雠。谐,犹调也。"调人的主要职责是掌管民众之间结怨集仇问题的调解事宜。这是调人机构的主要职责。

2. 凡过失杀伤人畜的纠纷通过和解的方法解决。"凡过而杀伤人者以民成之。鸟兽亦如之。"郑玄注曰:"过,无本意也。成,平也。"郑司农:"'以民成之',谓立证佐成其罪也;一说以乡里之民共和解之。"对于过失伤害他人,或过失伤害他人鸟兽之事,邀请纠纷当事人的同乡民众共同参与和解决。

3. 故意杀伤亲属者,杀人者应远离自己的住所地。不远离住所地者,报仇者可依法杀死杀人者,而报仇者免于刑事处分。"凡和难,父之仇辟诸海外,兄弟之仇辟诸千里之外,从父兄弟之仇不同国。君之仇视父,师长之仇视兄弟,主友之仇视从父兄弟。弗辟,则与之瑞节而以执之。"郑玄注曰:"和之使辟于此,不得就而仇之。九夷、八蛮、六戎、五狄,谓之四海。主,大夫君也。瑞节,玉节之剡圭也。和之而不肯辟者,是不从王命也。王以剡圭使调人执之,治其罪。"贾公彦疏曰:"云'父之仇辟诸海外'已下,皆是杀人之贼,王法所当讨,即合杀之,但未杀之间,虽已会赦,犹当使离乡辟仇也。"按贾疏,该部分的"难"和"仇"均是指故意杀伤或杀死他人引起的怨仇。故意杀伤或杀死他人按王法当讨,属公诉案件;但如遇国家大赦,贼伤他人者将不会受到应有的惩罚,这就产生了需由调人调处的仇雠事件的"难"。

对于不离开原居住地的杀人者,报仇者向朝士报告,朝士将报告内容记录在案后,报仇者可将该杀人者杀死,对于这种杀人行为,可不按犯罪处理。如《周礼·秋官·朝士》曰:"凡报仇雠者,书于士,杀之无罪。"

4. 凡杀人后又杀人者,不属于调解范围。"凡杀人有反杀者,使邦国交仇之。"郑玄注曰:"反,复也;复杀之者,此欲除害弱敌也。邦国交仇之,明不和,诸侯得者即诛之。"郑司农云:"有反杀者,谓重杀也。"贾公彦疏曰:"云'有反杀者',反,复也。谓既杀一人,其有子弟复杀之,恐后与已为敌而害已。故郑云'欲除害弱敌也',云'邦国交仇之者',其杀人者或逃向邻国,所之之国,得则仇之,故云'邦国交仇之'也。"凡杀人后害怕报复而重复杀人,以便达到削弱报复方的报复能力的,该杀人者如逃往他国,他国可得而诛之。同时,该杀人者的重复杀人行为不属于调解范围。

5. 基于法律或道德上的正当性而杀人者不属于报复或仇恨的对象。"凡杀人而义者,不同国,令勿仇,仇之则死。"郑玄注曰:"义,宜也,谓父母、兄弟、师长尝辱焉而杀之者,如是为得其宜。虽所杀者人之父兄,不得仇也,使之不同国而已。"凡是基于法律或道德上的正当性而杀人的,杀人者与被杀人之家不在同一国居住,劝令被杀人之家不要报仇,如报仇就要判死罪。

6. 禁止纠纷扩大是处理民众纠纷应遵循的基本原则。"凡有斗怒者,成之;不可成者,则书之,先动者诛之。"郑玄注曰:"斗怒,辩讼者也。不可成。不可平也。书之记其姓名,辩本也。"郑司农云:"成之,谓和之也。"贾公彦疏曰:"言斗怒,则是言语忿争,未至殴击,故成之。若相殴击,则当罪之也。故郑云斗怒,谓辩讼也。"凡是因言语发生争吵,产生矛盾者,调解解决;调解不能达成者,把争辩双方的姓名、事由写下来,先行采取报复行动的,予以惩罚。

第四节 诉讼期间制度

诉讼期间是指审判机关、诉讼当事人以及其他诉讼参与人进行或完成一定的诉讼行为时所应遵循的时间。从《周礼》有关处理争讼的时间要求来看,笔者认为,先秦时代的诉讼期间是存在的。

一、诉讼期间的种类

根据《周礼》记载,诉讼期间可分为:

1. 受理案件的诉讼期间。《周礼·秋官·大司寇》曰:"以两造禁民讼,入束矢于朝,然后听之。以两剂禁民狱,入钧金,三日乃致于朝,然后听之。"其中的"三日"是"束矢"或"钧金"交付之后的三日。三日之后,大司寇于外朝听审当事人双方的诉讼争议。

2. 质人受理质剂争讼案件的诉讼期间。《周礼·地官·质人》曰:"凡治质剂者,国中一旬,郊二旬,野三旬,都三月,邦国期。期内听,期外不听。"《周礼·地官·质人》又曰:"凡卖买者,质剂焉;大市以质,小市以剂。"郑玄注曰:"谓质剂者,为之券藏之也。大市,人民马牛之属用长券。小市,兵器珍异之物用短券。"可见,质剂是一种商业活动中的买卖合同或契约。因买卖合同或契约发生纠纷,提起诉争的期间与司寇受理地方司法机构上报诉讼案件的期间相同。

3. 朝士受理案件的期间。《周礼·秋官·朝士》曰:"凡士之治有期日,国中一旬,郊二旬,野三旬,都三月,邦国期。期内之治听,期外不听。"

4. 司寇受理地方司法机构上报初审诉讼案件的期间。根据《周礼·秋官》的规定,地方司法机构主要有乡士、遂士、县士、方士和讶士,它们分别负责地方刑罪案件的初审,初审审理结束后,对于不能专决的刑罪案件以及疑难的需要上请的刑罪案件,在一定期间内将案件的诉讼材料、狱囚上报给司寇,司寇在朝士的主持下进行听审。由于地方司法机构距离中央司法机构司寇的远近不同,《周礼》对地方司法机构上报司寇的期间也作了不同的规定。乡士上报初审案件的期间为十日①,遂士上报初审案件的期间为二十日②,县士上报初审案件的期间为三十日③,方士上报初审案件的期间为三个月④。

5. 判决宣告期间。《周礼·秋官·小司寇》曰:"以五刑听万民之狱讼⑤,附于刑,用情讯之,至于旬乃弊之,读书则用法。"其中的"弊"为判决之意,"读书"为宣读判决书。即小司寇宣读判决书的期间为听审后的十日。

6. 刑罚的执行期间。《周礼·秋官·乡士》曰:"狱讼成,士师受中,协日刑、杀,肆之三日。""肆,陈也,杀讫陈尸也。"⑥"肆之三日"者,因犯死罪被行刑,暴尸三日后,家属方可收尸。《遂士》《县士》《方士》中均有"肆之三日"的记载。"肆之三日",与其说是刑罚执行期间,不如说是执

---

① 《周礼·秋官·乡士》曰:"乡士掌国中,各掌其乡之民数而纠戒之,听其狱讼,察其辞,辨其狱讼,异其死刑之罪而要之,旬而职听于朝。"
② 《周礼·秋官·遂士》曰:"遂士掌四郊,各掌其遂之民数,而纠其戒令,听其狱讼,察其辞,辨其狱讼,异其死刑之罪而要之,二旬而职听于朝。"
③ 《周礼·秋官·县士》曰:"县士掌野,各掌其县之民数,纠戒令,而听其狱讼,察其辞,辨其狱讼,异其死刑之罪而要之,三旬而职听于朝。"
④ 《周礼·秋官·方士》曰:"方士掌都家,听其狱讼之辞,辨其死刑之罪而要之,三月而上狱讼于国。"
⑤ 五刑,是指奴隶制社会的五种刑罚:墨、劓、刖、宫、大辟。墨,在面额上刺字;劓,割鼻;刖,断足;宫,残害男子的生殖器,或破坏女性的生殖机能,一说将女子幽闭;大辟,杀死,死刑。
⑥ 《周礼·秋官·乡士》,贾公彦疏。

行死刑后的暴尸期间。

二、期间耽误的法律后果

诉讼期间是司法机关、诉讼当事人和其他诉讼参与人都必须遵循的期间,否则将产生一定的法律后果。诉讼期间制度确立的目的在于提高诉讼效率,防止诉讼拖延。《周礼·地官·质人》曰:"期内听,期外不听。"郑玄注曰:"以期内来则治之,后期则不治,所以绝民之好讼,且息文书也。"《周礼·秋官·朝士》曰:"期内之治听,期外不听。"注引郑司农云:"谓在期内者听,期外者不听,若今时徒论决,满三月,不得乞鞫。"

第五节 诉讼代理制度

一、先秦时期诉讼代理制度的产生

《周礼·秋官·司寇》曰:"凡命夫命妇,不躬坐狱讼。"郑玄注曰:"为治狱吏亵尊者也。躬,身也。不身坐者,必使其属若子弟也。《丧服传》曰:'命夫者,其男子之为大夫者。命妇者,其妇人之为大夫之妻者。'"贾公彦疏曰:"古者取囚要辞皆对坐,治狱之吏皆有严威,恐狱吏亵尊,故不使命夫命妇亲坐。若取辞之时,不得不坐,当使其属或子弟代坐也。引《丧服传》者,《丧服经》有'大夫命妇',子夏传解之云:'大夫者,其男子之为大夫也。'今此云:'命夫者,其男子之为大夫者。'""凡命夫命妇,不躬坐狱讼"是有关诉讼代理制度的最早的记载。"治狱之吏皆有严威,恐狱吏衺尊",是代理制度产生的原因。同时,"凡命夫命妇,不躬坐狱讼"的规定对代理诉讼的范围也作了限定,即代理诉讼仅适用于有命夫命妇身份的当事人,没有命夫命妇身份的当事人需亲自参与诉讼,不允许代理诉讼。

先秦时期人们习惯铺席于地以为坐,但是,在涉及诉讼问题时,诉讼当事人则不能坐在席上,只能坐地。这也许是郑玄担心的"治狱吏衺尊者"的理由之一。《晏子春秋·内篇谏下》曰:"景公猎休,坐地而食,晏子后至,左右灭蒆而席。公不说,曰:'寡人不席而坐地,二三子莫席,而子独搴草而坐之,何也?'晏子对曰:'臣闻介胄坐陈不席,狱讼不席,尸坐堂上不席,三者皆忧也。故不敢以忧侍坐。'公曰:'诺!'令人下席曰:'大夫皆席,寡人亦席矣。'"①《晏子春秋·内篇杂上》曰:"公曰:'夫子从席,曷为坐地?'晏子对曰:'讼夫坐地,今婴将与君讼,敢毋坐地乎?'"②命夫命妇不亲自参加诉讼,可以避免坐地的尴尬。

在春秋末期出现了传授法律辩论之术的私学,《吕氏春秋·审应览·离谓》记载:"(邓析)与民之有狱者约,大狱一衣,小狱襦裤。民之献衣襦裤而学讼者,不可胜数。"③这是先秦时期最早的教授法律辩论的私学的记载。《吕氏春秋》还记载了邓析接受郑国富人溺水死亡赎尸案的当事人法律咨询时提供法律意见的情况:"洧水甚大,郑之富人有溺者。人得其死者,富人请赎之,其人求金甚多,以告邓析。邓析曰:'安之,人必莫之卖矣。'得死者患之,以告邓析。邓析又答之曰:'安之。此必无所更买矣。'"④邓析这种"以非为是,以是为非,是非无

---

① 《晏子春秋集释(增订本)》,第94页。
② 《晏子春秋集释(增订本)》,第227页。
③ 《吕氏春秋集释》卷18《审应览·离谓》,第488页。
④ 《吕氏春秋集释》卷18《审应览·离谓》,第487页。

度,而可与不可日变。所欲胜因胜,所欲罪因罪"的做法,违背了诉讼的诚信原则,也与一个法律工作者的职责相违背。邓析的做法也引起了郑国统治者的不满,鲁定公九年(公元前 501 年),"郑驷歂杀邓析,而用其《竹刑》"①。

主张刑无等级的法家,在立法上也允许代理制度的存在。《睡虎地秦墓竹简·封诊式》就记载了一起代理人代为诉讼的事例。"某里公士甲缚诣大女子丙,告曰:'某里五大夫乙家吏。丙,乙妾殹(也)。乙使甲曰:丙悍,谒黥劓丙。'讯丙,辞曰:'乙妾殹(也),毋(无)它坐。'丞某告某乡主:某里五大夫乙家吏甲诣乙妾丙,曰:'乙令甲谒黥劓丙。'其问如言不然? 定名事里,所坐论云可(何),或覆问毋(无)有,以书言。"②这里的甲是某里五大夫乙的家吏,其代理乙控告乙妾丙,并请求将丙黥劓。这是一起典型的代理诉讼案例。该案例的出现,说明秦代法律也允许代理行为,这在一定程度上是对"凡命夫命妇,不躬坐狱讼"的肯定,是秦律儒家化的体现。

二、先秦时期诉讼代理行为的对等性

《周礼·秋官·小司寇》所规定的"命夫命妇,不躬坐狱讼"的代理诉讼行为不是绝对的,从《左传》记载的狱讼事例来看,也有命夫命妇出庭进行诉讼的事例。如《左传·成公五年》曰:"许灵公诉郑伯于楚。六月,郑悼公如楚讼,不胜。楚人执皇戌及子国。"郑悼公到楚国参与诉讼,败诉。楚国将皇戌和子国扣留。郑悼公作为一国的国君属于命夫命妇的范畴,应属无疑。又如《左传·僖公二十八年》记载:"卫侯与元咺讼,宁武子为辅,针庄子为坐,士荣为大士。"杜预注曰:"元咺又不宜

---

① 《春秋左传正义》卷 55《定公九年》,第 1579 页。
② 《睡虎地秦墓竹简》,第 155 页。

与其君对坐,故使针庄子为主,又使卫之忠臣及其狱官质正元咺。"孔颖达正义曰:"元咺不宜与君对坐,故使针庄子代卫侯为坐狱之主,宁子为辅,辅庄子也。以宁子位高,故先言之。士荣亦辅庄子,举其官名,以其主狱事,故亦使辅之,与晋之狱官对理质正元咺也。"无论是杜预的注,还是孔颖达的正义,都是在强调诉讼参与双方的对等性,而并没有强调诉讼参与双方的身份,即元咺与宁武子、针庄子、士荣本身的身份。元咺、宁武子、针庄子、士荣等人都是卫国的大臣或重臣,在身份上应该属于命夫命妇的范畴。如果上述四人均有命夫命妇的身份,那么命夫命妇不躬坐狱讼的规定就不是绝对的,只是相对的。如果对方的出庭人员不是命夫命妇,那么此方也派一般身份的人参与诉讼;如果对方出庭人员是命夫命妇身份,那么此方就应派相应身份的人员出庭应诉,以求得双方参与者身份的对等性。

《左传·昭公二十三年》记载了一起邾人诉鲁于晋案,其中诉讼代理人双方地位的对等性得到了较为充分的体现。昭公二十三年(公元前519年)春,邾国修筑翼邑返回时途经鲁国的武城,邾国的筑城部队以及随行的邾国大夫徐鉏、丘弱和茅地被鲁国扣押。邾国人向盟主国晋国提出了诉求,鲁国派遣鲁国大夫叔孙婼、副手子服回处理与邾国人的争讼事件。晋国要求叔孙婼与邾国大夫对庭争辩是非曲直,叔孙婼坚持不从,并且说:"列国之卿当小国之君,固周制也。邾又夷也,寡君之命介子服回在,请使当之,不敢废周制故也。"对此,杜预注曰:"在礼,卿得会伯、子、男,故曰当小国之君。"孔颖达正义曰:"僖公十九年传曰:'在礼,卿不会公侯,会伯、子、男可也。'于礼得与相会,故当小国之君。"从杜预注和孔颖达正义看,叔孙婼坚持不与邾国大夫对庭争讼是有理由的,是符合当时的礼制的。叔孙婼坚持的理由是基于周代礼制。但是,这从另一方面也说明,在春秋时期,命夫命妇在特定条件下也出庭应诉,但是双方在身份地位上要具有一定的对等性。

三、先秦时期诉讼代理非理性的表现

《左传》记载了春秋时期诉讼代理的一些非理性的做法,说明在春秋时期诉讼代理制度尚处于初创时期,尚不成熟。代理行为与当事人的行为、代理责任与诉讼结果承担等与诉讼代理制度有关的诉讼理论尚不成熟。理论是行为的先导。理论的不成熟导致了行为的非理性。《左传》中诉讼代理行为的非理性主要表现在以下几个案例中。

1. 郑伯与许男讼案①。《左传·成公四年》记载,鲁成公四年(公元前587年)冬十一月,郑国公孙申率领军队强行占领了许国的边境土地,并且在展陂击退了许国军队。这年冬天,郑国国君又亲率军队与许国交战,占领了许国鉏任、泠敦两地的土地。晋国栾书、荀首、士燮救许伐郑,占领了郑国的氾、祭两地。楚国子反率军救郑,郑国国君与许国国君将他们之间的争议交由楚国子反评判。皇戌代替郑国国君向子反陈述了郑国的辩诉理由,子反难以断定双方的是非曲直,建议郑许双方将争讼事项提交楚国国君,由楚国国君听断。《左传·成公五年》记载:"许灵公诉郑伯于楚。六月,郑悼公如楚讼,不胜。楚人执皇戌及子国。"鲁成公五年(公元前586年)夏,许灵公将郑国国君起诉于楚国。六月,郑悼公到楚国应诉,经审理,楚国国君判决认定郑国败诉。楚国扣押了郑国国君的诉讼代理人皇戌和郑穆公的儿子子国。从该案的判决结果来看,作为南方诸侯国盟主的楚国对郑许两国关于土地争讼的判决是公正的,体现了公平正义原则,但同时,楚国扣押郑国诉讼代理

---

① 《礼记·王制》曰:"王者之制禄爵,公、侯、伯、子、男,凡五等。诸侯之上大夫卿、下大夫、上士、中士、下士,凡五等。"郑氏注曰:"二五象五行,刚柔十日。禄,所受食。爵,秩,次也。上大夫曰卿。"

人皇戌、子国的做法又具有非理性的成分。

2. 卫侯与元咺讼案。《左传·僖公二十八年》记载:"春,晋侯将伐曹,假道于卫,卫人弗许。还,自南河济,侵曹伐卫。正月戊申取五鹿。……卫侯请盟,晋人弗许,卫侯欲与楚,国人不欲,故出其君以说于晋。卫侯出居于襄牛。……卫侯闻楚师败,惧,出奔楚,遂适陈,使元咺奉叔武以受盟。……或诉元咺于卫侯曰:'立叔武矣。'其子角从公,公使杀之。咺不废命,奉夷叔以入守。六月,晋人复卫侯。……卫侯先期入。宁子先,长牂守门以为使也,与之乘而入。公子歂犬、华仲前驱,叔武将沐,闻公至,喜,捉发走出,前驱射而杀之。公知其无罪也,枕之股而哭之。歂犬走出,使杀之。元咺出奔晋。……卫侯与元咺讼,宁武子为辅,针庄子为坐,士荣为大士①。卫侯不胜。杀士荣,刖针庄子,谓宁俞忠而免之。执卫侯,归之于京师,置诸深室。宁子职纳橐饘焉。元咺归于卫,立公子瑕。"这是一起因礼遇与情仇、忠诚与猜忌引起的战争、争讼的事件。晋文公重耳流亡期间途经卫国、曹国,卫侯、曹侯对于流亡时的重耳没有给予应有的礼遇。② 重耳继任晋国国君后称晋文公。僖公二十八年(公元前632年)晋文公发动了侵曹伐卫的战争。其借口借道卫国攻击曹国,卫侯不许,激怒了晋文公。正月戊申日,晋国出兵占领了卫国的五鹿,这时,卫侯请求与晋国结盟,晋国不许。卫侯又想与楚国结盟,卫国人不同意,因卫国与晋国同为姬姓诸侯国,且是近邻,

---

① 《左传·僖公二十八年》杜预注曰:"大士,治狱官也。《周礼》:'命夫、命妇不躬坐狱讼。'元咺又不宜与其君对坐,故使针庄子为主,又使卫之忠臣及其狱官质正元咺。"孔颖达正义曰:"元咺不宜与君对坐,故使针庄子代卫侯为坐狱之主,宁子为辅,辅庄子也。以宁子位高,故先言之。士荣亦辅庄子,举其官名,以其主狱事,故亦使辅之,与晋之狱官对理质正元咺也。"

② 参见《国语·晋语中》"卫文公不礼重耳"和"曹共公不礼重耳观其骈胁",载《国语》([战国]左丘明著,[三国·吴]韦昭注,胡文波点校),上海古籍出版社2015年版,第229—230页。

与楚国结盟不妥。为缓和卫国与晋国的紧张关系,卫国人要求卫侯离开卫国都城,移居襄牛之地,同时处死了卫国的卫戍司令子丛。晋国发动的侵曹伐卫战争引起了南方强国楚国的不满,以晋国为首的宋国、齐国、秦国参加的同盟军与楚国战于城濮,楚国战败。卫侯闻楚国战败,担心晋国加害于己,于是出奔楚国。在出奔前,卫侯授意卫国大臣元咺辅助叔武摄行君事,处理卫国政务。叔武代表卫国参加了在周王王庭举行的诸侯会盟,盟辞写明"皆奖王室,不相害也"。即各诸侯国都应辅助周王王室,各诸侯国之间也不要相互伤害。在此次会盟之后,晋卫两国战事平息。这时在卫侯身边的人进谗言于卫侯说:元咺要立叔武为卫国新君主了。元咺的儿子子角跟随卫侯出逃楚国,为卫侯随从,卫侯指使杀害了子角。元咺得到消息后仍然坚守自己的职责,辅助叔武主持处理卫国政务。僖公二十八年(公元前632年)六月,晋国同意卫侯回国复位。卫侯得到消息后急于回国复位,派颛犬、华仲为先锋。叔武正准备沐浴,听说卫侯已经回国,非常欣喜,手握着头发跑出来迎接,先锋颛犬射杀了前来出迎的叔武。卫侯赶到后,知道叔武无罪,枕尸哭之。这时颛犬已出逃,卫侯派人追杀颛犬。元咺出奔晋国,请求晋国主持公道。晋国受理了元咺的请求。元咺与卫侯因杀害叔武一事进行了一场争讼,因卫侯不便与卫臣元咺对庭,这是春秋战国时期因礼制的对等性而衍生的诉讼代理的对等性所决定的。卫侯选派宁武子、针庄子、士荣三人为其诉讼代理人,其中针庄子为主代理人,宁武子、士荣为副手。晋国听取双方各自的辩辞后,根据案件事实,判决卫侯败诉。判处的刑罚是:判处士荣死刑,针庄子刖刑,宁武子免于刑罚,卫侯囚禁。听审结束后,卫侯被押解到晋国都城,置之囚室。宁武子随行负责照顾卫侯的衣食。元咺回到卫国,拥立公子瑕为卫君。

这起礼遇与情仇、忠诚与猜忌引起的战争和争讼告一段落。战争的结果是大国战胜小国,以大国的全胜而告终。争讼的结果是正义归属于忠诚,猜忌者受到了惩处。卫侯被囚禁,从公平正义的角度讲,是罪有应得。但是,身为诉讼代理人的士荣被杀死,针庄受刖刑,让人难以理解,不符先秦时期倡导的"恶恶止其身"的罪行相适应原则,体现了春秋时期诉讼代理制度的非理性。

《国语·周语》之《襄王拒杀卫成公》篇中也记载了"卫侯与元咺讼"的相关事宜。"温之会,晋人执卫成公归之于周。晋侯请杀之,王曰:'不可! 夫政自上下者也,上作政而下行之不逆,故上下无怨。今叔父作政而不行,无乃不可乎? 夫君臣无狱,今元咺虽直,不可听也。君臣皆狱,父子将狱,是无上下也。而叔父①听之,一逆矣。又为臣杀其君,其安庸刑? 布刑而不庸,再逆矣。一合诸侯而有再逆政,余惧其无后也。不然余何私于卫侯?'晋人乃归卫侯。"②温地会盟时,晋国人将扣押的卫成公交给周襄王。晋文公请求周襄王斩杀卫成公。周襄王说:"这样做不符合礼制。国家的治理、教化的推行是自上而下的,身在高位者的行为、发布的政令,下级官吏臣民效仿、实行之而不违背,才能做到上下无怨。今叔父晋侯您的要求我不答应,不也是符合礼制秩序的吗? 况且,君臣之间不应当兴讼。现今元咺虽然有理,但是,晋国也不应受理元咺的诉求。君臣兴讼、父子之间相互告发,这样就没有上下尊卑之分了。晋侯您受理元咺控告卫侯的诉讼,此乃违礼一也。今又因臣子之事而要杀害其君主,这怎么能对卫侯用刑呢? 刑罚公布了而不执行,此乃二次违礼也。一次诸侯会盟就出现了两次违反礼制的地方,我担心以后很难再能聚集诸侯会盟了。如果不是这样的话,那么,我对卫侯有何偏袒的呢?"于是,晋国人释放了卫成公。

---

① 叔父,指晋文公。参见来可泓:《国语直解》,复旦大学出版社2000年版,第83页。
② 《国语》卷2《周语中·襄王拒杀卫成公》,第40页。

《春秋经》《左传》对"卫侯与元咺讼案"也有后续记载,为了此案的完整性,对该案的后续记载不厌赘述。《春秋·僖公三十年》记载:"秋,卫杀其大夫元咺及公子瑕。"《左传·僖公三十年》记载:"晋侯使医衍鸩卫侯,宁俞货医,使薄其鸩,不死。公为之请,纳玉于王与晋侯,皆十瑴,王许之。秋,乃释卫侯。卫侯使赂周歂、冶廑曰:'苟能纳我,吾使尔为卿。'周、冶杀元咺及子适、子仪。"从《春秋·僖公三十年》《左传·僖公三十年》记载来看,晋国并没有在温地会盟后立即释放卫侯,而是又延续羁押了一年才释放。其间晋侯指使医生衍在药里下毒以药死卫侯,陪伴照顾卫侯衣食的卫臣宁俞(即宁武子)贿赂医生衍使其下毒的量小点,卫侯没有被毒死。鲁僖公从中斡旋,送给晋侯玉十瑴。僖公三十年(公元前630年)秋,卫侯被释放。卫侯在回国复位前,贿赂周歂、冶廑二位卫臣,并许以卿位。周歂、冶廑杀害了元咺和公子瑕。该事件最终以悲剧结束,留给后人的是无尽的遐思。

3. 陈国公子黄诉庆虎、庆寅于楚案。《左传·襄公二十年》记载:"陈庆虎、庆寅畏公子黄之逼,诉诸楚曰:'与蔡司马同谋。'楚人以为讨。公子黄出奔楚。"杜预注曰:"同欲之晋。讨,责陈也。奔楚自理。"该段记载的意思是,陈国的庆虎、庆寅担心陈侯之弟公子黄执政对他们不利,于是向楚国进谗言说:"公子黄与蔡国司马密谋,陈、蔡二国要投靠晋国。"楚国因此而责讨陈国。公子黄为消除楚国的误会,亲自到楚国解释,并说明原因。《襄公二十年》还记载,公子黄出奔楚国前,向国人喊话说:"庆氏无道,求专陈国,暴蔑其君,而去其亲,五年不灭,是无天也。"《左传·襄公二十三年》曰:"陈侯如楚。公子黄诉二庆于楚,楚人召之。使庆乐往,杀之。庆氏以陈叛。夏,屈建从陈侯围陈。陈人城,板队而杀人。役人相命,各杀其长。遂杀庆虎、庆寅。楚人纳公子黄。君子谓:'庆氏不义,不可肆也。'故《书》曰:惟命不于常。"襄公二十三年

(公元前550年)春,陈侯因要朝会盟主而到达楚国,公子黄与蔡国司马密谋投靠晋国之事也可澄清。公子黄因二庆被谮一事向楚国提出了诉求,要求楚国查明事实,分清是非,明确责任。楚国向庆虎、庆寅二人发出了传唤令,要求二人到楚国应诉。庆虎、庆寅担心到了楚国后会被追责,不敢前往,于是便派遣了同宗族庆乐作为他们俩的诉讼代理人前往楚国应诉。二庆败诉,庆乐被杀。庆虎、庆寅在陈国发动了政变,控制了朝政。襄公二十三年(公元前550年)夏,陈侯在屈建率领的楚国军队的支持下平息了这场政变,陈国人杀死了庆虎、庆寅。公子黄被楚国收留。正如君子之谓曰:"庆氏不义,不可饶恕。"《尚书·康诰》亦曰:"惟命不于常",有义则存,无义则亡。该案中的公子黄的清白得以维护,正义得以伸张。但是,身为庆虎、庆寅诉讼代理人的庆乐被杀,属于无错担责,是春秋时期诉讼代理非理性的又一体现。

第六节　判例制度

一、例及判例的产生

《说文》曰:"例,比也。"段玉裁注曰:"此篆盖晚出,汉人少言例者,杜氏说《左传》乃云:'发凡言例,例之言迾也。'迾者,遮迾以为禁;经皆作列,作厉,不作迾。《周礼》注:'厉,遮例也。'释文:'例,本作列,盖古比例字只作列,从人。'"① 《说文》曰:"迾,遮也。"从许慎的《说文解字》到

---

① [汉]许慎撰,[清]段玉裁注:《说文解字注》第八篇人部,上海古籍出版社1988年版,第381页。

段玉裁的《说文解字注》关于"例"的解注来看,例就是向他物看齐,以他物为禁之意,这是例的基本含义。例的产生是人类社会的自然现象,是社会行为相互影响的体现,也是社会行为走向规范,社会秩序走向有序的内在要求。效仿、模仿他人的行为,尤其对那些代表时代进步和文明行为的效仿、模仿,会使得群体行为逐渐走向统一、有序。而对进步行为的效仿、模仿又使得社会逐渐走向文明。效仿、模仿他人的行为社会习性,是儒家的社会教化理论建立的基础,也使得社会教化成为可能。

秩序、安宁是诉讼追求的目的,公正、效率是诉讼的价值体现。人类在处理社会纠纷过程中,以维护群体的秩序与安宁为目的,以公正和效率为价值尺度,其处理纠纷的过程和结果,如能得到群体多数人的认可,并且符合公共道德和社会正义标准,该实例将成为此后处理类似纠纷的参照,这样例也就产生了。对先例的遵循,在国家形成之前,是对秩序或权威的遵循;在国家形成之后,对判决的尊重和遵循,也就形成了判例制度。现代意义上的判例制度是指已确定的判决对其后处理同类或类似案件具有一定的约束力或影响力的制度。

客观需要是事物产生和发展的内在动力。从人类发展的历史来看,"邃古之时,人与人之利害,不甚相违,众所共由之事,自能率循而不越。若此者,就众所共由言之,则曰俗。就一人之践履言之,则曰礼。古有礼而已矣,无法也。追群治演进,人人之利害,稍有不相同,始有悍然违众者,自其人言之,则曰违礼。违礼者,众不能加以裁制,然其裁制者也,亦不过诽议指摘而已。利害之相违日甚,悍然犯礼者非复诽议指摘所能止,乃不得不制之以力。于是有所谓法"①。吕思勉先生关于法的产生和形成过程的论述是可信的,法律的产生、形成和其他事物一样

---

① 吕思勉:《先秦史》,上海古籍出版社1982年版,第390—391页。

是一个渐进的过程。由"俗"到"礼",再到"法"的形成过程,正说明了客观需要是事物产生和发展的内在动力。对先例的遵循是维持社会秩序、安宁的需要。从人类社会发展的一般规律来看,判例法应先于成文法而存在。在判例积累到一定程度,判例的局限性已逐渐凸显,制定成文法成为必要时,才出现成文法。成文法是对已有的判例事例、人们共同遵守的礼俗的归纳和总结。在成文法出现以后,判例仍然存在,这时的判例对成文法只起补充的作用,可弥补成文立法之不足。

记载中国判例存在的最早的文献是《尚书》。《尚书·吕刑》记载:"上下比罪,无僭乱辞,勿用不行。"孔安国传曰:"上下比方其罪,无听僭乱之辞以自疑,勿用折狱,不可行。"孔颖达正义曰:"此又述断狱之法。将断狱讼,当上下比方其罪之轻重,乃与狱官众议断之。其囚有僭乱之虚辞者,无得听之,勿用此辞断狱,此僭乱之辞,言不可行也。"正义又曰:"罪条虽有多数,犯者未必当条,当取故事并之,上下比方其罪之轻重。上比重罪,下比轻罪,观其所当与谁同。狱官不可尽贤,其间或有阿曲,宜预防之。'僭',不信也。狱官与囚等或作不信之辞,以惑乱在上,人君无得听此僭乱之辞以自疑惑,勿即用此僭乱之辞以之断狱,此僭乱之言不可行用也。"《说文》曰:"比,密也。"段玉裁注曰:"今韵平上去入四声皆录此字。要密义足以括之。其本义谓相亲密也。余义辅也,及也,次也,校也,例也,类也,频也,择善而从之也,阿党也。皆其所引申。"① 从《说文解字》段注可知,"比"的引申意有"例"的含义。从孔颖达正义可知,"上下比罪"的做法,其一是在弥补制定法的不足,其二是统治者慎刑的体现,旨在防止轻罪重判、重罪轻判现象的发生。关于大小比罪的判决做法,《礼记》也有相应的记载。《礼记·王制》曰:"必察

---

① 《说文解字注》第八篇人部,第386页。

大小之比以成之。"孔颖达疏曰："大小，犹轻重也。已行故事曰比。"

二、《周礼》中的判例表现形式为"成"

《周礼》中的判例制度用"成"来表示。《周礼·天官·大宰》曰："以八法治官府：……五曰官成，以经邦治。……以官成待万民之治。"郑司农云："官成，谓官府之成事品式也。"郑玄注曰："成，八成也。"贾公彦疏曰："'五曰官成，以经邦治'者，官成者，谓官自有成事品式，依旧行之，以经纪邦治也。"

《周礼·秋官·大司寇》曰："凡庶民之狱讼，以邦成弊之。"郑玄注曰："邦成，八成也。以官成待万民之治。"郑司农云："邦成，谓若今时决事比也。弊之，断其狱讼也，故《春秋传》曰'弊狱邢侯'。"贾公彦疏曰："此八者，皆是旧法成事品式。若今律，其有断事，皆依旧事断之，其无条，取其比类决之，故云决事比。"

从二郑注和贾疏中可知，成，相当于汉唐时期的决事比。决事比是汉代的判例表现形式。《汉书·刑法志》记载：汉武帝时"律令凡三百五十九章，大辟四百九条，千八百八十二事，死罪决事比万三千四百七十二事。文书盈于几阁，典者不能遍睹。是以郡国承用者驳，或罪同而论异。奸吏因缘为市，所欲活则傅生议，所欲陷则予死比，议者咸冤伤之"。这说明在西汉初期，依前例或旧例判案的做法已相当普遍，到汉武帝时，死罪决事比已达一万三千四百七十二事。但由于案例整理、编撰工作滞后，造成了"罪同而论异"、冤假错案的发生。郑司农，名郑众，因其曾任大司农，故称郑司农。郑司农生活在东汉的中期。东汉的判例制度较西汉发达，东汉法律学家陈宠、陈忠对东汉的判例整理、编撰作出了巨大贡献，《后汉书·陈忠传》记载："（陈）忠略依（陈）宠意，奏上二十三条，为决事比，以省请谳之敝。"注曰："比，例也。"《后汉书·应劭传》记载,应劭在建安元年在给汉献帝的奏章中写道:"臣累世受恩,荣祚丰衍,窃不自揆,贪少云补,辄撰具律本章句、尚书旧事、廷尉板令、决事比例、司徒都目、五曹诏书及春秋断狱凡二百五十篇。蠲去复重,为之节文。又集驳议三十篇,以类相从,凡八十二事。"应劭在奏章中直接使用"决事比例"的提法,说明汉代决事比确为判例汇编。

三、类型化判例的形成和判例编纂

判例制度就是一种类比制度,是司法官在审判此案时比照类似案件的判罚判决此案的制度。类比,是人们思考问题、处理问题的一种思维方式;在一定社会群体中,类比也是维护特定秩序的一种行为方式。司法判例的出现旨在弥补成文法的不足。《左传·昭公六年》记载,鲁昭公六年(公元前536年),郑子产铸刑书,叔向反对曰:"昔先王议事以制,不为刑辟。"《左传》的这一记载一定程度上反映了法律初创时期的不完备,对于新的危害统治秩序的行为,需要"议事以制,临事制刑"。判例制度的施行也是统治者慎刑、追求刑罚公平性的体现。

《周礼·秋官·士师》曰:"掌士之八成:一曰邦汋,二曰邦贼,三曰邦谍,四曰犯邦令,五曰挢邦令,六曰为邦盗,七曰为邦朋,八曰为邦诬。"注引郑司农云:"八成者,行事有八篇,若今时决事比。'汋读如酌酒尊中之酌。'国汋者,斟汋盗取国家密事,若今时刺探尚书事。"郑玄注曰:"邦贼,为逆乱者。邦谍,为异国反间。犯邦令,干冒玉教令者。挢邦令,称诈以有为者。为邦盗,窃取国之宝藏者。为邦朋,朋党相阿,使政不平者。为邦诬,诬罔君臣,使事失实。"贾公彦疏曰:"'士之八成',言士者,此八者皆是狱官断事成品式,士即士师已下是也。先郑云:'成者,行事有八篇,若今时决事比'者,即若小宰八成。凡言成者,皆旧有成事品式,后人依而行之。决事,依前比类决之。"根据上述注疏,对于士师之八成可以理解为：邦汋，是有关刺探国家秘密的成例。邦贼，是有关叛国作乱案件的成例。邦谍，是有关为他国作间谍案件的成例。犯邦令，是有关违反国王教令案件的成例。挢邦令，挢，诈也；挢邦令是有关诈称王命案件的成例。邦盗，是关于盗窃国家宝藏案件的成例。邦朋，是有关结党营私案件的成例。邦诬，是有关污蔑国君或大臣案件的成例。这里的"八成"应属于八种侵犯国家利益犯罪案件的成例汇编，而不是个案成例。因为该"八成"中没有案件处理方式、结果的记载，仅仅只有罪名记载。

《周礼·秋官·司刑》中有关五刑的记载应属于编纂的判例记载。《周礼·秋官·司刑》曰："司刑掌五刑之法以丽万民之罪，墨罪五百，劓罪五百，宫罪五百，刖罪五百，杀罪五百。若司寇断狱弊讼，则以五刑之法诏刑罚，而以辨罪之轻重。"郑玄注曰："诏刑罚者，处其所应否，如今律家所属法矣。"贾公彦疏曰："司刑主刑书，若于外朝司寇断狱之时，司刑以五刑之法诏刑罚。"《说文》曰："诏，告也，从言，从召。"郑注和贾疏对司刑所掌的二千五百罪是法条还是判例并没有予以说明。根据先秦文献及先秦立法情况，司刑的"墨罪五百，劓罪五百，宫罪五百，刖罪五百，杀罪五百"应属于判例编纂，即每一罪名下有五百个判例，这些判例可随时更新，但总数不变。司刑在司寇定罪判刑时提供判例参考，"以辨罪之轻重"。

关于司刑所掌的二千五百罪名的记载，历史学家吕思勉先生对此也提出了自己的看法："案集先秦法律之大成者为法经，不过六篇，安得有三千或二千五十百条？"[1]又如《汉书·刑法志》记载：汉初，"相国萧何捃摭秦法，取其宜于时者，作律九章"[2]。汉武帝时，"律令凡三百五十九

---

[1] 吕思勉：《先秦史》，上海古籍出版社2005年版，第391页。
[2] 《汉书》卷23《刑法志》，第1096页。

章,大辟四百九条,千八百八十二事,死罪决事比万三千四百七十二事"①。因此,可以有理由相信,《秋官·司刑》记载的五刑数应是判例数,而不是法律条文数。以此类推,也有理由相信,《尚书·吕刑》记载的"墨罚之属千,劓罚之属千,剕罚之属五百,宫罚之属三百,大辟之罚其属二百,五刑之属三千",应是判例数,而不是法律条文数。

四、《睡虎地秦墓竹简》中的"廷行事"

1975年在湖北省云梦县出土的睡虎地秦墓竹简中有关"廷行事"的记载。"廷行事"主要记载在"法律答问"部分,共有十二处:

1. "告人盗百一十,问盗百,告者可(何)论?当赀二甲。盗百,即端盗驾(加)十钱,问告者可(何)论?当赀一盾。赀一盾应律,虽然,廷行事以不审论,赀二甲。"②

2. "甲告乙盗直(值)□□,问乙盗卅,甲诬驾(加)乙五十,其卅不审,问甲当论不当?廷行事赀二甲。"③

3. "盗封啬夫可(何)论?廷行事以伪写印。"④

4. "廷行事吏为诅伪,赀盾以上,行其论,有(又)废之。"⑤

5. "廷行事有罪当罨(迁),已断已令,未行而死若亡,其所包当诣罨(迁)所。"⑥

6. "求盗追捕罪人,罪人挌(格)杀求盗,问杀人者为贼杀人,且斗

---

① 《汉书》卷23《刑法志》,第1101页。
② 《睡虎地秦墓竹简》,第102页。
③ 《睡虎地秦墓竹简》,第103页。
④ 《睡虎地秦墓竹简》,第106页。
⑤ 《睡虎地秦墓竹简》,第107页。
⑥ 《睡虎地秦墓竹简》,第107页。

(斗)杀？斲(斗)杀人,廷行事为贼。"①

7. "可(何)如为'犯令''法(废)令'？律所谓者,令曰勿为,而为之,是谓'犯令';令曰为之,弗为,是谓'法(废)令'殹(也)。廷行事皆以'犯令'论。"②

8. "'百姓有责(债),勿敢擅强质,擅强质及和受质者,皆赀二甲。'廷行事强质人者论,鼠(予)者不论;和受质者,鼠(予)者□论。"③

9. "实官户关不致,容指若抉,廷行事赀一甲。"④

10. "实官户扇不致,禾稼能出,廷行事赀一甲。"⑤

11. "空仓中有荐,荐下有稼一石以上,廷行事赀一甲,令史监者一盾。"⑥

12. "仓鼠穴几可(何)而当论及谇？廷行事鼠穴三以上赀一盾,二以下谇。鼷穴三当一鼠穴。"⑦

睡虎地秦墓竹简整理小组注曰:"廷行事,法廷成例。汉律常称为'故事'。"⑧睡虎地秦墓竹简整理小组为证明其注解的正确性,引用了《汉书》、王念孙的《读书杂志》中记载的内容以示证明。《汉书·翟方进传》曰:"庆与廷尉范延寿语,时庆有章劾,自道:'行事以赎论,今尚书持我事来,当于此决。'"注引刘敞曰:"汉时人言'行事''成事'者,皆已行、已成事也。"⑨王念孙《读书杂志》四之十二《行事》曰:"行事者,言已行之

---

① 《睡虎地秦墓竹简》,第 109 页。
② 《睡虎地秦墓竹简》,第 126 页。
③ 《睡虎地秦墓竹简》,第 127 页。
④ 《睡虎地秦墓竹简》,第 128 页。
⑤ 《睡虎地秦墓竹简》,第 128 页。
⑥ 《睡虎地秦墓竹简》,第 128 页。
⑦ 《睡虎地秦墓竹简》,第 128 页。
⑧ 《睡虎地秦墓竹简》,第 109 页。
⑨ 《睡虎地秦墓竹简》,第 109 页注。

事,旧例成法也。汉世人作文言'行事''成事'者,意皆同。"①

对于睡虎地秦墓竹简整理小组将"廷行事"释读为"法廷成例"的注解,杨一凡先生和刘笃才先生持不同意见。他们认为:"廷行事是不是判例,关键看它是否在司法实践中被当做'审理案件'的'根据'。但是,《法律答问》既不是司法档案,也不是审判实录,正如张铭新指出的:'查阅云梦秦简,凡是讲到廷行事者,没有一处涉及某一具体的案例事实。'所以云梦秦简本身无法证明廷行事被当做司法审判的依据。"②

第七节　诉讼费用制度

一、诉讼费用

诉讼费用是指国家司法机关或国家相关职能部门对进行诉讼的当事人收取的一定费用或货币或财物。诉讼费用的收取,一是能促使当事人谨慎地提起诉讼,二是能增加国家的财政收入。

二、诉讼费用的种类

《周礼·秋官·大司寇》曰:"以两造禁民讼,入束矢于朝,然后听之。以两剂禁民狱,入钧金,三日乃致于朝,然后听之。"其中的"束矢"③和"钧金"即为诉讼费用。

---

① 《睡虎地秦墓竹简》,第109页注。
② 杨一凡、刘笃才:《历代例考》,社会科学文献出版社2012年版,第57页。
③ 《说文解字》曰:"矢,弓弩矢也,从人,象镝栝羽之形,古者夷牟初作矢,凡矢之属皆从矢。"

关于"讼"与"狱"的区别,《周礼·秋官·大司寇》郑玄注曰:"讼,以财货相告也。狱,谓以罪相告也。"对此,贾公彦则有不同的看法,认为,郑玄关于"讼"与"狱"的注解,"此相对之法。若散文则通,是以卫侯与元咺讼,是罪名亦曰讼"①。正义引黄度云:"小曰讼,大曰狱。"②孙诒让先生赞同黄度的观点。孙诒让先生正义曰:"郑说讼狱之义,于经无核证。《小司徒》云民讼、地讼,不必皆争财也。《士师》云'凡以财狱讼者,正之以傅别、约剂',则争财亦狱矣。《诗·召南·行露》次章云'何以速我狱',末章云'何以速我讼',非一争罪,一争财也。凡狱讼对文者,皆讼小而狱大,本无争财争罪之别。"③笔者赞同孙诒让先生的观点。"讼"与"狱"不是财争与罪争之分,而是大小案件之分。

三、束矢征收适用的案件、程序及其作用

如上所述,束矢主要适用于争议较小的案件。"以两造禁民讼,入束矢于朝,然后听之。"郑玄注曰:"造,至也。使讼者两至,既两至,使入束矢乃治之也。不至,不入束矢,则是自服不直者也。必入矢者,取其直也。《诗》曰'其直如矢'。古者一弓百矢束矢,其百个与?"贾公彦疏曰:"言'禁'者,谓先令入束矢,不实则没入官。若不入,则是自服不直,是禁民省事之法也。"

根据上述经文及其注疏,对束矢适用案件、程序及其作用可作如下梳理:

1. 束矢只适用一些较小的争讼案件。这里的"小"可以作两种理解,一是民事争讼的标的额较小;二是如涉及刑罪,则其刑罪较小。

---

① 《周礼·秋官·大司寇》,贾公彦疏。
② 《周礼正义》卷66《秋官·大司寇》,第2748页。
③ 《周礼正义》卷66《秋官·大司寇》,第2748—2749页。

2. 在程序上,双方当事人到达处理争讼的官廷时,先交纳束矢。"束矢"多解释为一束箭。但是,一束箭的数量是多少,或者说,一束箭是多少支? 一般解释为一束为一百支。《尚书·文侯之命》记载:"用赉尔秬鬯一卣,彤弓一,彤矢百,卢弓一,卢矢百,马四匹。"孔安国传曰:"彤,赤。卢,黑也。诸侯有大功,赐弓矢,然后专征伐。彤弓以讲德习射,藏示子孙。"《左传·僖公二十八年》曰:"王命尹氏及王子虎、内史叔兴父,策命晋侯为侯伯,赐之大辂之服,戎辂之服,彤弓一,彤矢百,玈弓矢千,秬鬯一卣,虎贲三百人。"郑玄和贾公彦根据《尚书·文侯之命》《左传·僖公二十八年》中"彤弓一,彤矢百"的记载,认为束矢应是一百支箭。笔者认为,在农耕文明时期,田猎是人们获取物质财富的主要生活方式之一,弓箭是田猎的主要工具,因此,把"束矢"作为一种流通媒介,或者作为一种财富的象征,具有时代价值和意义。将《周礼》中的"束矢"解释为一百支箭,符合时代特征。《诗经·鲁颂·泮水》曰:"角弓其觩,束矢其搜。"毛亨传曰:"五十矢为束。"《管子·中匡》曰:"军无所计而讼者,成以束矢。"注曰:"不计于军事而私讼者,令出束矢,以平其罪。成,平也。"①从文献记载来看,将束矢作为诉讼费用的做法在先秦时代较为普遍。

3. 束矢交给官府后,开始听取双方诉与辩,即"入束矢于朝,然后听之"。

4. 束矢的作用及其象征意义。正如经文所述,入束矢的作用在于"禁民讼"。《管子·小匡》曰:"无坐抑而讼狱者,正三禁之而不直,则入束矢以罚之。"注曰:"谓其人自无所坐,而被抑屈所讼者,正当禁之三日,得其不直者,则令入束矢也。"②注引俞樾云:"'坐'当为'挫',言人有

---

① 《管子校注》卷8《中匡》,第379页。
② 《管子校注》卷8《小匡》,第423页。

挫折屈抑,则宜讼,若无是而讼,是好讼也,故必有而禁之。"①注引刘绩云:"'正'如《春秋传》'正直为正'之'正',言罪于刑本无所坐,屈抑狱讼者,君为之正,先已三禁之,不从,成狱,不直,则入束矢以罚其诬。"②注引惠士奇曰:"矢取其直,不直者入束矢,束矢以示罚也。"③《国语·齐语》中《管仲教桓公足甲兵》篇记载:"索讼者三禁而不可上下,坐成以束矢。"韦昭注曰:"索,求也,求讼者之情也。三禁,禁之三日,使审实其辞也。而不可上下者,辞定不可移也。坐成,狱讼之坐已成也。十二矢为束,则讼者坐成,以束矢入以朝,乃听其讼。两人讼,一人入束矢,一人不入则曲,曲则伏,入两矢乃治之。矢,取往而不反也。"④

从上述记载来看,讼者缴纳束矢的作用主要有两部分:一是促使争讼双方谨慎地提起诉讼;二是罚没败诉方所交的束矢,是给予败诉方一定程度的惩处。

此外,束矢的命名和缴纳还有一定的象征意义,意为审判者在审判案件时要正直、公正,即"其直如矢";当事人要谨慎地对待诉讼,即"矢,往而不反也"。

四、钧金征收适用的案件、程序及其作用

钧金是对争议或刑罪较大的当事人所征收的一定金额的费用。"以两剂禁民狱,入钧金,三日乃致于朝,然后听之。"郑玄注曰:"剂,今券书也。使狱者各赍券书。既两券书,使入钧金,又三日乃治之,重刑也。不券书,不入金,则是亦自服不直者也。必入金者,取其坚也。三

---

① 《管子校注》卷8《小匡》,第427页。
② 《管子校注》卷8《小匡》,第428页。
③ 《管子校注》卷8《小匡》,第428页。
④ 《国语》卷6《齐语·管仲教桓公足甲兵》,第159页。

十斤曰钧。"

　　1. 钧金适用一些较大的争讼案件。这里的"较大"可作两种解释：一是双方当事人所争议的标的额较大；二是如涉及刑罪时，则其刑罪较大。

　　2. 在程序上，双方当事人需准备好诉讼券书，然后再向官府缴纳钧金，即"以两剂禁民狱，入钧金"。《周礼·天官·小宰》郑玄注曰："傅别，谓大手书于一札，中字别之。书契，谓出予受入之凡要。凡簿书之最目，狱讼之要辞，皆曰契。《春秋传》曰：'王叔不能举其契。'质剂，谓两书一札，同而别之，长曰质，短曰剂。傅别、质剂，皆今之券书也，事异，异其命耳。"经文中的"两剂"即是券书，傅别、质剂、诉讼之要辞。

　　《说文》曰："钧，三十金也。"《淮南子·天文训》曰："三十日为一月，故三十斤为一钧。"①《汉书·律历志》曰："钧者，均也。阳施其气，阴化其物，皆得其成就平均也。……三十斤成钧者，一月之相也。"②《管子·小匡》曰："管子制小罪入金钧分，宥薄罪入以半钧。"《国语·齐语》曰："小罪谪以金分。"韦昭注曰："小罪不入于五刑者，有金赎，有分两之差，今之罚金是也。《书》曰：'金作赎刑。'"③

　　3. 当事人缴纳钧金三日之后到达法庭，开始听审活动。缴纳钧金的案件审理与入束矢案件的审理在程序上有所区别。钧金缴纳后，"三日乃致于朝，然后听之"，而缴纳束矢的案件是"入束矢于朝，然后听之"。钧金案件的审判在缴纳诉讼费用后三日，而束矢案件的审判在缴纳束矢后可立即审判。为什么会有这样的区分？孙诒让正义曰："既两

---

① 刘文典撰，冯逸、乔华点校：《淮南鸿烈集解》卷3《天文训》，第117页。
② 《汉书》卷21上《律历志》，第969页。
③ 《国语》卷6《齐语·管仲教桓公足甲兵》，第159页。

券书,入钧金,仍不即治之,必待三日者,容其自审计,或悔而辍讼,则可勿治也。"①

4. 钧金的作用及其象征意义。钧金的缴纳一方面可以促使当事人谨慎地提起诉讼,另一方面也是对败诉方的惩罚,因为败诉方的钧金要没入官府,而胜诉方的钧金则予以退还。关于钧金的象征意义,孙诒让先生正义曰:"云'必如金者,取其坚也'者,物之坚莫如金,故取其义,欲其不窳薄也,与矢取其直意相同。"②

---

① 《周礼正义》卷66《秋官·大司寇》,第2751页。
② 《周礼正义》卷66《秋官·大司寇》,第2751页。

第七章 先秦时期的诉讼证明制度

第一节 先秦时期的诉讼证据

证据的表现形式反映了一定时期人们对诉讼证明材料的认识程度，以及一定时期社会文化、科学技术的发展水平。从文献记载的情况看，按现代诉讼证据的分类形式和证据类别的划分标准，先秦时期的证据表现形式、证据类别已相当丰富，这一时期的证据除书证、言词证据外，还有鉴定意见、勘验笔录等。本节将按照现代诉讼证据形式的分类标准，对先秦时期的诉讼证据形式和种类作一梳理。

一、表达一定思想内容的证据形式——书证

"书证是指以文字、符号、图形等所记载的内容或表达一定的思想内容来证明案件事实的证据。"[①]书证是日常生活中在特定的载体上形成的表达一定思想内容，并在诉讼中充当证明材料的证据。用文字、符号表达一定的思想在文字形成之前就已经存在，在文字形成之后就更为普遍。但是，表达一定思想的载体，以其思想内容证明案件事实并成

---

① 江伟主编：《民事诉讼法》，高等教育出版社、北京大学出版社2000年版，第135页。

为书证是在诉讼产生之后,因为书证是诉讼语境下的产物。根据先秦文献记载,书证作为诉讼证据的表现形式之一,在春秋战国时期已经存在,并且在诉讼中广泛运用。如《周礼·天官·小宰》记载:"以官府之八成经邦治:一曰听政役以比居,二曰听师田以简稽,三曰听闾里以版图,四曰听称责以傅别,五曰听禄位以礼命,六曰听取予以书契,七曰听卖买以质剂,八曰听出入以要会。"即以官府的八种成事品式治理国政:一是评断征派赋役方面的争讼,依据人口财产登记册;二是核查出征或田猎人员兵器的争讼,依据人员兵器登记册;三是评断闾里间有关土地的争讼,依据户籍和地图;四是评断有关借贷的争讼,依据傅别契约;五是评断禄位当否,依据封赐的册书;六是评断借取授予方面的争讼,依据书契;七是评断买卖方面的争讼,依据买卖契约。这说明在春秋战国时期,书证在诉讼中的使用已十分广泛。书面证据形式的出现及其在经济社会生活中的广泛运用能起到"结信而止讼"[①]的作用。

根据《周礼》及先秦时期的其他文献资料,对于书证可作以下分类:

(一)质剂、傅别、书契等债权文书

1. 质剂、书契。《周礼·地官·质人》曰:"凡买卖者质剂焉,大市以质,小市以剂。(质人)掌稽市之书契,同其度量,壹其淳制,巡而考之,犯禁者举而罚之。"郑玄注曰:"谓质剂者,为之券藏之也。大市,人民、马牛之属,用长券;小市,兵器、珍异之物,用短券。稽犹考也,治也。书契,取予市物之券也。其券之象,书两札刻其侧。"《周礼·天官·小宰》郑玄注曰:"质剂,谓两书一札,同而别之,长曰质,短曰剂。书契,谓出予受入之凡要。凡簿书之最目,狱讼之要辞,皆曰契。《春秋传》曰:'王叔氏不能举其契。'"根据郑注,质、剂、书契都是债权凭证,只是在适用

[①] 《周礼·地官·司市》。

的对象上有所区别。质是长券,适用于市值较大的物品买卖,如人民、马牛等。剂是短券,适用于市值较小的物品买卖,如兵器、珍异之物等。书契则是市场物品取予的凭证。从《质人》记载的文书的表现形式看,春秋战国时期的商品经济已经十分发达了。质剂、书契的广泛运用有利于规范市场秩序,防止纠纷的发生。《周礼·地官·司市》贾公彦疏曰:"质剂谓券书,恐民失信,有所违负,故为券书结之,使有信也。民之狱讼,本由无信,既结信则无讼,故云'止讼'也。"

2. 傅别、约剂。《周礼·秋官·士师》曰:"凡以财狱讼者,正之以傅别、约剂。"郑玄注曰:"傅别,中别手书也。约剂,各所持券也。故书'别'为'辨',郑司农云:'傅或为付。辨读为风别之别,若今时市买,为券书以别之,各得其一,讼则案券以正之。'"《周礼·天官·小宰》曰:"听称责以傅别。"郑玄注曰:"称责,谓贷子。傅别,谓券书也。听讼责者,以券书决之。傅,傅着约束于文书。别,为两,两家各得一也。"《周礼·秋官·朝士》曰:"凡有责者,有判书以治,则听。"郑玄注曰:"判,半分而合者。故书'判'为'辨'。郑司农云:'谓若今时辞讼,有券书者为治之。辨读为别,谓别券也。'"贾公彦疏曰:"云'判,半分而合者',即质剂、傅别,分支合同,两家各得其一者也。"

质剂、傅别、书契、约剂都是债权文书或契约形式或收付凭证,在形式上多是两半券,分为左右两券。《道德经》第七十九章曰:"是以圣人执左契,而不责于人。有德司契,无德司彻。"王弼注曰:"左契,防怨之所由生也。彻,司人之过也。"楼宇烈校释引吴澄曰:"执左券者,己不责于人,待人来责于己。有持右券来合者,即予之,无心计较其人之善否。"①楼宇烈校释曰:"王弼注'左契,防怨之所由生也',正是待人来责

---

① [魏]王弼注,楼宇烈校释:《老子道德经注校释》,中华书局2008年版,第189页。

于己,而己不责于人之意。"①

《战国策·齐四》记载一起冯谖为孟尝君讨债案。一次孟尝君向其食客中征询"习计会,能为文收责于薛者";一"歌夫长铗归来者"食客冯谖应征。冯谖"约车治装,载券契而行","驱而之薛,使吏召诸民,当偿者悉来合券。券遍合,起,矫命以责赐诸民,因烧其券,民称万岁"。冯谖因此受到了孟尝君的责骂。冯谖认为这是在为孟尝君"市义",即购买仁义,这正是孟尝君所缺的。一年后,孟尝君到达其封地薛,老百姓扶老携幼相迎于道旁,这时孟尝君顾谓冯谖先生曰:"所为文市义者,乃今日见之。"从冯谖为孟尝君讨债案可知:其一,春秋时期债权债务的凭证形式为券契,债权人与债务人各执一份。追债时两券之合,且能相互吻合者,债权债务关系成立,否则,不能成立。其二,在民事纠纷的处理过程中,当事人可以依据意思自治原则自己处分或授权他人处分自己的民事权利。

3."参辨券"。书面文书在秦代也被广泛使用,已出土的《睡虎地秦墓竹简·金布律》规定:"县、都官坐效、计以负赏(偿)者,已论,啬夫即以其直(值)钱分负其官长及冗吏,而人与参辨券,以效少内,少内以收责之。其入赢者,亦官与辨券,入之。其责(债)毋敢隃(逾)岁,隃(逾)岁而弗入及不如令者,皆以律论之。"即县、都官在点验或会计中有罪而应赔偿者,经判决后,相关官府啬夫将其应赔偿数额在官长和群吏之间分摊,发给每人一份木券,以便向少内缴纳,少内凭券收取。如有盈余应上缴的,也由官府发给木券,以便上缴。欠债不得超过当年,如超过当年仍不缴纳,以及不按法令规定缴纳的,均依法论处。这里的"参辨券"意为可以分为三份的木券,推测当由啬夫、少内和赔偿人各执一份,

---

① 《老子道德经注校释》,第189页。

作为缴纳赔偿款的凭证。①

《岳麓书院藏秦简（肆）》记载："田律曰：吏归休，有县官吏乘马及县官乘马过县，欲贷刍稿、禾、粟、米及买菽者，县以朔日平贾（价）受钱。先为钱及券鈢，以令、丞印封。令、令史、赋主各挟一辨，月尽发鈢令、丞前，以中辨券案仇钱。钱输少内，皆相与靡（磨）除封印，中辨臧（藏）县廷。"②即田律规定：官吏退休或休假回乡，县属官吏驾乘车马办理公务或县官乘车马路过县界时，如需购买草料、禾、粟、米及菽者，县府以当月初一日的市价为卖出价计算钱款。将收到的钱和出货的票据一并装入储物箱中，然后用县令、县丞的印加贴封条。令、令史和主管草料、粮食者各执一份票据凭证，月底在县令、县丞的见证下打开储物箱，根据县府保存的中券核对钱款。钱款上交少内府，除去储物箱上的封印，输出粮草的中券保存在县廷。这里鈢是一种储物箱或储钱器皿，相当于现代储钱罐或投票箱。从上述《岳麓书院藏秦简（肆）》中田律记载来看，当时的粮草出纳应是"三辨券"。

1987年在湖北省云梦县龙岗六号秦墓出土的《云梦龙岗秦简》记载："于禁苑中者，吏与参辨券。"③

（二）伍籍、兵器簿书、户籍、地图、礼命簿册、要会等国家档案材料

1. 伍籍、兵器簿书。《周礼·天官·小宰》曰："一曰听政役以比居，二曰听师田以简稽。"注引郑司农云："政谓军政也。役谓发兵起徒役

---

① 参见《睡虎地秦墓竹简》，第39页。
② 陈松长主编：《岳麓书院藏秦简（肆）》，上海辞书出版社2015年版，第104—105页。
③ 中国文物研究所、湖北省文物考古研究所：《龙岗秦简》，中华书局2001年版，第75页。

也。比居谓伍籍也。比地为伍,因内政寄军令,以伍籍发军起役者,平而无遗脱也。简稽士卒、兵器簿书。简犹阅也。稽犹计也,合也。合计其士之卒伍,阅其兵器,为之要簿也。故《遂人职》曰'稽其人民,简其兵器'。《国语》曰'黄池之会,吴陈其兵,皆官师拥铎拱稽'。"贾公彦疏曰:"政谓赋税,役谓使役,民有争赋税使役,则以地比居者共听之。稽,计也。简,阅也。谓师出征伐及田猎,恐有违法,则当阅其兵器与人,并筭足否。"从郑注和贾疏可知,比居是比地而居者的簿书,根据簿书记载的情况分配赋税、劳役,因赋税、劳役发生争议则作为处理争讼依据。《周礼·地官·大司徒》曰:"令五家为比,使之相保。"简稽是记载士卒、兵器的簿书,如有违法,则作为案件的书证。

2. 户籍、地图。《周礼·天官·小宰》曰:"三曰听闾里以版图。"郑玄注曰:"版,户籍。图,地图也。听人讼地者,以版图决之。《司书职》曰'邦中之版,土地之图'。"贾公彦疏曰:"在六乡则二十五家为闾,在六遂则二十五家为里。闾里之中有争讼,则以户籍之版、土地之图听决之。"

3. 礼命簿册。《周礼·天官·小宰》曰:"五曰听禄位以礼命。"郑玄注曰:"礼命,谓九赐也。"贾公彦疏曰:"'五曰听禄位以礼命'者,谓听时以礼命之其人策书之本,有人争禄之多少,位之前后,则以礼命文书听之也。"《左传·襄公十年》记载的"王叔陈生与伯舆争政"案即属于禄位之争,后"使王叔氏与伯舆合要,王叔氏不能举其契,王叔奔晋"。

4. 要会。《周礼·天官·小宰》曰:"八曰听出入以要会。"郑玄注曰:"要会,谓计最之簿书,月计曰要,岁计曰会,故《宰夫职》曰'岁终,则令群吏正岁会;月终,则令正月要'。"贾公彦疏曰:"'八曰听出入以要会'者,岁计曰会,月计曰要。此出入者,正是官内自用物。有人争此官物者,则以要会簿书听之。"据孙诒让先生考证,要会是各官府所治之事已成,上报王国中央政府并由有关职能部门保管的副本。① 该副本将作为考核各官府政绩的依凭,也是处理相关争讼的证据。

(三) 表达一定意思的文字符号

《睡虎地秦墓竹简·工律》规定:"公甲兵各以其官名刻久之,其不可刻久者,以丹若漆书之。其假百姓甲兵,必书其久,受之以久。入假而而毋(无)久及非其官之久也,皆没入公,以赍律责之。"② 即官有武器均应刻计其官府的名称,不能刻计的,用丹或漆书写。百姓领用武器,必须登记武器上的标记,按照标记收还。缴回所领武器而其上没有标记和不是该官府标记的,均没收归官,并依据赍律责令赔偿。这里的"久"具有"标记符号"之意,表明兵器的归属。

二、用物品的外形、特征证明案件事实的证据——物证

物证是指以物品的外形、特征或质量证明待证事实一部分或全部的证据。物证作为一种独立的诉讼证据形式在已出土的简牍中表现为多种形式,这说明物证形式在秦汉诉讼中被广泛采用。在已出土的秦汉简牍中物证的表现形式有以下几种:

(一) 具有独特特征的物证

《奏谳书》案例十七③记载了一起发生在秦王政元年(公元前246年)十二月雍县的盗牛案,犯罪嫌疑人毛在雍县县城卖牛时因被怀疑其牛来路不正而被负责督查盗贼的亭长告到雍县县廷,经讯问,毛供述牛是盗来的,盗的是士伍和的牛,于是"以毛所盗牛献和,和识,曰:和牛也"。这里显然是根据牛的外部特征判断牛的归属的。《奏谳书》

---

① 参见《周礼正义》卷3《天官·大宰》,第65—66页。
② 《睡虎地秦墓竹简》,第44页。
③ 参见《张家山汉墓竹简[二四七号墓](释文修订本)》,第100—102页。

案例二十二①记载了一起发生在秦王政六年(公元前241年)咸阳居民区的持刀伤人抢劫案。秦王政六年六月的一天,女子婢在从集市回家经过巷子时突然被人从后猛击倒地,等其起身后发现钱已被抢走,后背上还插有一把簪刀,刀背上还有个缺口。该案最后被破获,抓捕了犯罪嫌疑人,迫使犯罪嫌疑人认罪伏法的最有力的证据就是受害人身上所留下的"刀"与犯罪嫌疑人身上的"鞞"(即刀鞘)相吻合,且刀鞘有金属锈部分与刀上缺口部分能相对应。这种"刀"与"鞞"吻合显然是根据物品的独特性判断案件事实的。《睡虎地秦墓竹简·封诊式·争牛》记载:"某里公士甲、士五(伍)乙诣牛一,黑牝曼縻有角,告曰:'此甲、乙牛殹(也),而亡,各识,共诣来争之。'即令令史某齿牛,牛六岁矣。"②这段话的意思是:"某里公士甲和士伍乙共同牵来一头牛,系黑色母牛,有角,系有长套绳,报告说:'这是甲、乙的牛,丢失了,甲、乙都认为是自己的,一起来争讼。'当即命令史某检查牛的牙齿,牛已六岁。"从《争牛》的记载来看,在秦代对于有关牛的争讼案件,判断牛的归属,查看牛的牙齿,根据牙齿判断牛的年龄是司法审判的重要程序之一。

(二)用实物本身证明案件事实的物证

《睡虎地秦墓竹简·封诊式》记载:"某里士五(伍)甲、乙缚诣男子丙、丁及新钱百一十钱、容(鎔)二合,告曰:'丙盗铸此钱,丁佐铸。甲、乙捕索其室而得此钱、容(鎔),来诣之。'"③即某里士伍甲、乙捆送男子丙、丁及新钱一百一十个,铸钱和钱范两套,控告说:"丙私铸这些钱,丁帮助他铸造。甲、乙将他们捕获并搜查其家,得到这些钱和钱范,一并

---

① 参见《张家山汉墓竹简[二四七号墓](释文修订本)》,第109—111页。
② 《睡虎地秦墓竹简》,第152页。
③ 《睡虎地秦墓竹简》,第153页。

送到。"该案是一起人赃俱获的告诉爱书,其中"新钱百一十钱、容(镕)二合"为控告犯罪嫌疑人的物证,是犯罪嫌疑人用于作案的物品本身。

(三)区别器物归属的标记性物件的物证

《睡虎地秦墓竹简·法律答问》记载:"'盗徙封,赎耐。'可(何)如为'封'?'封'即田千佰。顷半(畔)'封'也,且非是?而盗徙之,赎耐,可(何)重也?是,不重。"①《法律答问》这段话的意思是:"私自移动封界,应判处赎耐刑。"什么叫"封"?"封"就是田地的边界。一百亩田地的边界称为"封",还是不称作"封"?如私自移动边界而判处赎耐刑,是否太重?如果移动了"封",判处赎耐刑就不算重。简文中的"封"即田千佰,《汉书·食货志》注曰:"仟伯,田间之道也,南北曰仟,东西曰伯。"可见,"封"就是田地的边界,也是土地所有权的界限。

(四)具有特定授权性特征的物品的物证

符是先秦和秦汉时期广泛使用的一种信物,是证明某种行为合法性的物品,是出入边关、宫门等犯罪案件的重要物证。《说文》曰:"符,信也;汉制,以竹长六寸分而相合。"

按律规定,凡出入边塞关口、宫门等一些重要场所必须持有官方核发的特定的信物——符,否则,不得出入;违者将会受到惩处。1987年湖北云梦龙岗地区出土的《龙岗秦简》第二简记载:"窦出入及毋(无)符传而阑入门者,斩其男子左趾,□女子□。"②这里的符传是通过关卡的凭证;阑入是指无通行凭证擅自闯入。《汉书·成帝纪》注引应劭曰:"无符籍妄入宫曰阑。"该枚竹简的文字意思是:"凡打洞进出禁地以及没有符传凭证而擅自进入禁地者,男子施斩左趾刑,女子……"《龙岗秦

---

① 《睡虎地秦墓竹简》,第108页。
② 《龙岗秦简》,第69页。

简》第四简记载:"诈伪、假人符传及让人符传者,皆与阑入同罪。"①即以欺骗的方式得到符传、伪造符传、借用符传以及将自己的符传借给他人者,与擅自闯入禁地者同罪。《龙岗秦简》第五简记载:"关。关合符,及以传书阅入之,及□佩入司马门久(?)□。"即来到关门,关吏合符核对,查阅传书,核实后让持符传者入关,发给佩戴标牌,进入司马门加上标记。

三、利用专业技术或专门经验判断案情的结论性意见——鉴定意见

鉴定意见是指鉴定人运用专业知识、专门技术对案件中的专门性问题进行分析、鉴别、判断后作出的结论意见。鉴定意见作为人类的社会实践和科学技术发展的产物,在先秦时期已经出现。

先秦时期已有有关医学鉴定的记载,这说明当时的医疗水平和社会管理都已达到了一定的水平。《周礼·天官·疾医》曰:"凡民之有疾病者,分而治之。死终,则各书其所以,而入于医师。"郑玄注曰:"少者曰死,老者曰终。所以,谓治之不愈之状也。"贾公彦疏曰:"云'死终'者,谓民之有病不问老少皆治之。不愈,少死曰死,似不得寿终然。少曰死,老者则曰终,谓虽治不愈,似得寿终,故曰终也。云'则各书其所以'者,谓书录其不愈之状。"《周礼》的这一记载说明,在春秋战国时期,甚至在其以前的一定时期内,对于病人在疾医治疗过程中死亡的,都要写明原因,以便医师对疾医的技术水平或医疗水平进行考核,进而为确定疾医的爵禄职级提供依据。

《睡虎地秦墓竹简·法律答问》记载:"或自杀,其室人弗言吏,即葬

---

① 《龙岗秦简》,第71页。

薶之,问死者有妻、子当收,弗言而葬,当赀一甲。"①即有人可能是自杀死亡,其家人没有告诉官府就把人埋葬了,死者妻、子本应收尸,只是没有告诉官府就把死者埋葬了,应罚一甲。秦简的这一规定反映了当时的社会管理状况,官府对非正常死亡者有监管、讯问权。

在出土的《睡虎地秦墓竹简·封诊式》中有三例是与法医鉴定有关的治狱案例:

1. 疠爰书

某里典甲诣里人士五(伍)丙,告曰:"疑疠,来诣。"讯丙,辞曰:"以三岁时病疕,麋(眉)突,不可智(知)其可(何)病,毋(无)它坐。"令医丁诊之,丁言曰:"丙毋(无)麋(眉),艮本绝,鼻腔坏。刺其鼻不嚏(嚏)。肘膝□□□到□两足下奇(踦),溃一所。其手毋胈。令号,其音气败。疠也。"②

该例是一起关于疠病诊断的司法判例。里典甲带着士伍丙到官府控告说:"怀疑丙患有麻风病,前来控告。"官府在讯问丙之后,又令医生丁诊断。医生丁经过检查而作出的结论性意见是:丙患有麻风病。《说文》曰:"疠,恶疾也。疕,头疡也。"该例中的"疠"疑为"麻风病"。该例为一起较为典型的法医鉴定事例,其语言简洁,并说明了得出结论的依据。该例中的"里典"应为里的负责人,对于患有麻风病种具有传染性疾病的病人有送交官府予以隔离的责任,这样做的目的是保证整个里的人们的健康安全。

---

① 《睡虎地秦墓竹简》,第111页。
② 《睡虎地秦墓竹简》,第156页。

2. 经死爰书

某里典甲曰:"里人士五(伍)丙经死其室,不智(知)故,来告。"即令令史某往诊。令史某爰书:与牢隶臣某即甲、丙妻、女诊丙。丙死(尸)县其室东内中北廦权,南乡(向),以枲索大如大指,旋通系颈,旋终在项。索上终权,再周结索,余末袤二尺。头上去权二尺,足不傅地二寸,头北(背)傅廦,舌出齐唇吻,下遗矢弱(溺),污两却(脚)。解索,其口鼻气出渭(喟)然。索迹椒(郁),不周项二寸。它度毋(无)兵刃木索迹。权大一围,袤三尺,西去堪二尺,堪上可道终索。地坚,不可智(知)人迹。索袤丈。衣络襌襦、群各一,践□。即令甲、女载丙死(尸)诣廷。诊必先谨审视其迹,当独抵死(尸)所,即视索终,终所党有通迹,乃视舌出不出,头足去终所及地各几可(何),遗矢弱(溺)不殹(也)?乃解索,视口鼻渭(喟)然不也?及视索迹郁之状。道索终所试脱头;能脱,乃□其衣,尽视其身、头发中及篡。舌不出,口鼻不渭(喟)然,索迹不郁,索终急不能脱,□死难审殹(也)。节(即)死久,口鼻或不能渭(喟)然者。自杀者必先有故,问其同居,以合(答)其故。①

该经死爰书记录的是一起自缢死亡的法医鉴定事例。该爰书共分为三部分:某里典甲的告诉,令史某对现场情况、自缢者身体状况检验的记录,以及鉴定结论。

某里典甲向官府报告说:"同里人士伍丙在其家中自缢死亡,不知因何自缢而死,特来向官府报告。"官府立即派遣令史某前往现场勘查

---

① 《睡虎地秦墓竹简》,第158—159页。

检验。令史某爰书写道:本人与牢隶臣某以及里典甲,丙的妻子和女儿对丙缢死情况进行了检验。丙的尸体悬挂在其家东边卧室内北墙居中的房椽上,面向南,用拇指粗的麻绳套在颈上,绳套在颈的后部系结。绳套的终端系在房椽上,绕椽两周后打结,打结后的绳头余有二尺长。死者的头部距房椽有二尺,脚离地面有二寸,头和背部贴墙,舌吐出超出了嘴唇,屎溺流出,玷污了两脚。解开绳索,死者的口鼻有气体排出,如同叹息。死者体上有绳索留下的淤血痕迹,绳索在颈后两寸的缺口不到一圈。经检查死者的其他部位无兵刃、木棒、绳索的痕迹。房椽有一围粗,三尺长,距西面地上的土台二尺,土台上可系挂绳索。地面坚硬,看不清人活动的足迹。绳索长一寸。死者身穿络禅的短衣和裙子,光脚。勘验完毕后便要求甲和丙的女儿把死者尸体运送到县廷。勘验现场时首先必须仔细观察现场留下的痕迹,应亲自到死者所在地,观察系绳的位置,系绳处如有绳索的痕迹,然后再看舌头是否伸出,头部距离系绳的顶端以及脚离系地面各有多远,有无屎尿流出。然后解下绳子,看口鼻有无气体流出,并且要查看绳索处有无淤血。还要检查死者的头能否从系在颈上的绳套中脱出;如能脱出,便脱去死者身上的衣服,全面检查死者的身体、头发以及会阴部。舌头没有伸出,口鼻没有气息流出,绳索处没有淤血,绳套在颈上头不能脱出,这种情况就不能判定是自缢。如果死去已有一段时间,口鼻也不像会叹息的样子。自杀者必先探其缘由,询问与他同住的人,以便查明自杀的原因。

  该份法医鉴定的结论意见并不十分明确,最后的结论性意见的表述是:"自杀者必先有故,问其同居,以合(答)其故。"但从中可以得出死者为自杀身亡的结论。

3. 出子爰书

某里士五(伍)妻甲告曰："甲怀子六月矣，自昼与同里大女子丙斗，甲与丙相捽，丙偾庀甲。里人公士丁救，别丙、甲。甲到室即病复(腹)痛，自宵子变出。今甲裹把子来诣自告，告丙。"即令令史某往执丙。即诊婴儿男女、生发及保之状。有(又)令隶妾数字者，诊甲前血出及痛状。有(又)讯甲室人甲到室居处及复(腹)痛子出状。丞乙爰书：令令史某、隶臣某诊甲所诣子，已前以布巾裹，如衃血状，大如手，不可智(知)子。即置盎水中榣(摇)之，衃血子殹(也)。其头、身、臂、手指、股以下到足、足指类人，而不可智(知)目、耳、鼻、男女。出水中有(又)衃血状。其一式曰：令隶妾数字者某某诊甲，皆言甲前旁有干血，今尚血出而少，非朔事殹(也)。某赏(尝)怀子而变，其前及血出如甲□。①

出子爰书写道，某里士伍妻甲控告说："甲已怀孕六个月，昨天白天与同里的大女子丙斗殴，甲与丙互相纠拽对方的头发，丙把甲摔倒在地。同里人公士丁到场后把甲丙二人分开。甲到家中后就感到腹痛难忍，夜里就流产了。今天甲把流产的婴儿用布包裹着带来自告，控告丙。"县丞随即命令令史某前去抓捕丙，同时查看辨别婴儿性别、毛发和胞衣。又命令曾经多次生育的隶妾检验甲的阴部出血状况及创伤。又讯问了甲的家人甲回到家时居住的地点以及腹痛流产的情况。县丞乙爰书说：命令令史某、隶臣某查看甲所带来的流产儿，用布包裹，如同一大块凝血块，有手掌大小，看不清婴儿的形状。放入盛满水的水盆中摇晃后，能辨别是流产儿，有头、身、臂、手指、大腿和脚，脚趾已像人，看不

---

① 《睡虎地秦墓竹简》，第 161—162 页。

清眼、耳、鼻和性别。水中还分离出一些凝血块。另一爰书报告说：命令多次生育的隶臣妾某检查甲的身体，皆说甲的阴部有干血，现仍有出血，但量小，非月经出血。某曾怀孕流产，其阴部与出血状与甲相似。

该"出子爰书"记录的是一例已怀孕六月的女子甲与同里女子丙争斗导致流产而引起的法医鉴定事例。该爰书也分为三部分：甲的告诉；令史某与隶妾数字者（即生育者）对甲及甲的家室的检查；丞乙经检查后对检查情况所作的客观描述。该"出子爰书"虽然没有一个结论性的意见，但是从其对检查情况的记录来看，其结论也已十分明确。甲流产的事实是能够被确认的。

四、勘验笔录

勘验笔录是司法工作人员对现场或物证经勘查检验后所作的笔录，包括对现场或物证的绘图等。勘验笔录在司法实践中起到固定现场或物证的作用。从出土的文献来看，《睡虎地秦墓竹简·封诊式》中的"贼死爰书""穴盗爰书"是典型的现场勘验笔录的实例。

1. 贼死爰书

某亭求盗甲告曰："署中某所有贼死、结发、不智（知）可（何）男子一人，来告。"即令令史某往诊。令史某爰书：与牢隶臣某即甲诊，男子死（尸）在某室南首，正偃。某头左角刃痏一所，北（背）二所，皆从（纵）头北（背），袤各四寸，相耎，广各一寸，皆臽中类斧，脑角出（頯）皆血出，被（被）污头北（背）及地，皆不可为广袤；它完。衣布襌裙、襦各一。其襦北（背）直痏者，以刃夬（决）二所，应痏。襦北（背）及中衽□污血。男子西有漆秦綦履一两，去男子其一奇六步，一十步；以履履男子，利焉。地坚，不可智（知）贼迹。男子丁壮，析（皙）色，长七尺一寸，发长二尺；其腹有久故瘢二所。男子死

（尸）所到某亭百步，到某里士五（伍）丙田舍二百步。令甲以布裙□狸（埋）男子某所，侍（待）令。以襦、履诣廷。讯甲亭人及丙，智（知）男子可（何）日死，闻号寇者不殹（也）？①

贼死爰书写道，某亭求盗甲告发说："在自己管辖的辖区内发现一被杀死的无名男子，该男子结发，为一成年男子，特告。"立即命令令史某前去现场勘验。令史某爰书说：与牢隶臣某随从甲到现场勘验，男子的尸体在某室内，头向南，平躺。男子的头左额部有一处刀伤，背部有两处，两处刀伤均从头到背，长四寸，宽一寸，两处刀伤相距较近，刀伤的中间部分凹陷，像斧头形成的刀伤，头部额角、眼眶均有出血，从头部到背部以及地面均有血污，宽窄不一，身体其他部分完好。身穿单布裙子、短衣各一件。短衣的背部正好有血污，与两处刀伤部位相吻合。短衣的背部和衣襟的中部有血污。男子尸体的西边有刷有漆的条纹麻鞋一双，一只距男子六步有余，一只距男子十一步；把它们穿在男子的脚上，正好合适。地面坚硬，没法辨认贼人留下的足迹。男子正值壮年，肤白，身长七尺一寸，头发长二尺，腹部有两处陈旧疤痕。男子尸体的位置距某亭的位置有一百步，距离某里士伍丙的农舍的位置有二百步。要求甲把男子的裙子埋在男子的某所，等待进一步勘验。将短衣、麻鞋带到县廷。讯问甲亭人和丙，是否知道男子死亡的日期，是否听到呼喊有贼的声音？

该贼死爰书较为详细地记载了男子被贼杀的现场情况，如尸体的位置、身上的伤情、衣着、现场有无留下痕迹等。这些对于侦破案件、固定犯罪证据将起到积极的作用。该爰书为我们提供了先秦时期或者秦代较为完整的现场勘验笔录记载的情况，为我们了解先秦时期的侦查

---

① 《睡虎地秦墓竹简》，第157页。

状况、司法状况提供了珍贵的第一手资料,从中也可窥见先秦时期的司法文明程度。

2. 穴盗爰书

　　某里士五(伍)乙告曰:"自宵臧(藏)乙复结衣一乙房内中,闭其户,乙独与妻丙晦卧堂上。今旦起启户取衣,人已穴房内,彻内中,结衣不得,不智(知)穴盗者可(何)人、人数,毋(无)它亡也,来告。"即令令史某往诊,求其盗。令史某爰书:与乡□□隶臣某即乙、典丁诊乙房内。房内在其大内东,比大内,南乡(向)有户。内后有小堂,内中央有新穴,穴彻内中。穴下齐小堂,上高二尺三寸,下广二尺五寸,上如猪窦状。其所以叔者类旁凿,迹广□寸大半寸。其穴壤在小堂上,直穴播壤,被(破)入内中。内中及穴中外壤上有膝、手迹,膝、手各六所。外壤秦綦履迹四所,衺尺二寸。其前稠綦衺四寸,其中央稀者五寸,其踵稠者三寸。其履迹类故履。内北有垣,垣高七尺,垣北即巷也。垣北去小堂北唇丈,垣东去内五步,其上有新小坏,坏直中外,类足距之之迹,皆不可为广衺。小堂下及垣外地坚,不可迹。不智(知)盗人数及之所。内中有竹柖,柖在内东北,东、北去廧各四尺,高一尺。乙曰:"□裾衣柖中央。"讯乙、丙,皆言曰:"乙以乃二月为此衣,五十尺,帛里,丝絮五斤装,缪缯五尺缘及殿(纯)。不智(知)盗者可(何)人及蚤(早)莫(暮),毋(无)意也。"讯丁、乙伍人士五(伍)□,曰:"见乙有结复(复)衣,缪缘及殿(纯),新也。不智(知)其里□可(何)物及亡状。"以此直(值)衣贾(价)。①

---

① 《睡虎地秦墓竹简》,第160页。

穴盗爰书写道,某里士伍乙报告说:"昨晚将一棉衣收藏于乙家的一房间内,关闭门户,乙与其妻丙在正室内睡下。今天早上开门取衣,发现房内有一洞穴,通往内室,棉衣不见了,不知挖穴盗窃者何人、人数,其他物品没有丢失,特来报案。"立即命令令史某前往现场勘验,抓捕盗贼。令史某爰书:本人与隶臣某跟随乙和里典丁对乙房内进行了勘验。房间位于大堂东,靠近大堂,南面有门。房间后有小堂,小堂内中间有新的盗洞,通到堂内。穴洞下面接近小堂的地面,上下高二尺三寸,宽二尺五寸,如猪拱洞状。穴洞像是用凿子凿开,凿迹宽有大半寸。凿穴的土壤直接堆砌在小堂内,窃贼从凿开的穴洞进入小堂内。小堂内和穴上留有膝和手的痕迹,膝、手迹各六处。穴洞外的土壤上有漆质条纹麻鞋印迹四处,宽一尺二寸。鞋底的前部条纹稠密,宽四寸;中部条纹较稀,宽五寸;鞋跟部条纹较稠,宽三寸。从鞋印上看像是旧鞋。小堂北面有院墙,墙高七尺,院墙的北面即是巷道。院墙的北面距离小堂屋的外墙一丈,东院墙距离小堂屋五步,东院墙上有新近损坏的痕迹,损坏的部位在东墙的外墙中间,类似脚蹬墙跨越的痕迹,宽窄无法测量。小堂外墙地面及院墙外的地面坚硬,没有勘验出足迹。无法确定参与盗窃的人数及其所去的方向。小堂内有竹床,床位于小堂内的东北,东面、北面距离墙壁各四尺,床高一尺。乙说:"棉衣放在竹床的中央。"讯问乙、丙,乙、丙回答说:"乙今年二月做的此件棉衣,用布五十尺,帛布做里子,内装丝絮五斤,边缘用丝绸镶嵌包裹。不知盗窃者是何人,以及盗窃时间发生在昨天夜里还是今天早上。没有怀疑对象。"讯问丁以及乙的伍人某,回答说:"看见乙有一件棉衣,边缘用丝绸镶嵌包边,是新衣。不知道棉衣的内容是何物,以及如何丢失的。"根据讯问了解棉衣情况以核定棉衣价值。

该穴盗爰书是一份挖墙盗窃现场的勘验记录,对盗洞所处的位置、形状、大小、开凿的状况、有无遗留痕迹,以及被盗房屋的周边状况、有无遗留痕迹等,都进行了详细的勘验、记录,这是对犯罪证据的固定,有助于案件的侦破,也有助于对犯罪分子定罪量刑。爰书还记录了对被盗物主及其家人、周边邻居的讯问情况。

3. 夺首军戏某爰书

> 某里士五(伍)甲缚诣男子丙,及斩首一,男子丁与偕。甲告曰:"甲,尉某私吏,与战刑(邢)丘城。今日见丙戏旞,直以剑伐痍丁,夺此首,而捕来诣。"诊首,已诊丁,亦诊其痍状。①

夺首军戏某爰书写道:某里士伍甲捆送一男子丙来,携带首级一个,男子丁与甲一同前来。甲请求说:"甲是尉某的私人属吏,参加了攻占邢丘城的战斗。今天戏地兵遂看到丙用剑刺伤了丁,并夺走了此首级,故将丙绑送来此诉理。"查验首级,检查了丁的身体,并查验了丁身上的伤情。

五、言词证据的表现形式——当事人陈述和证人证言

(一)告劾人和被告人的陈述

当事人陈述应包括两部分内容:告诉人的告诉和被告人的供述。这种证据形式在出土的先秦时期的有关司法判例的资料中较为常见。湖北江陵出土的《张家山汉墓竹简》中《奏谳书》记载的案例大多有这种证据形式。下面仅以《奏谳书》案例二十二"为例予以说明。

《奏谳书》第二十二例"不智(知)何人刺女子婢最里中案"②是一起侦讯案例,该案较为详细地记录了一起抢劫伤人案件的案发及其侦破过程。据李学勤先生考证,该案发生在秦王政六年(公元前241年),而

---

① 《睡虎地秦墓竹简》,第153页。
② 《张家山汉墓竹简[二四七号墓](释文修订本)》,第109—111页。

秦统一中国的时间为秦王政二十六年（公元前221年），说明该案为秦统一前的先秦时期的案例。案件发生后，咸阳县令即指派狱史顺、去疢、忠等负责侦破此案，讯问受害人女子婢时，女子婢回答说："但钱千二百，操簦，道市归，到巷中，或道后类揕（拊），婢僵，有顷乃起，钱已亡，不智（知）何人之所。其揕（拊）婢疾，类男子。呼盗，女子龀出，谓婢北（背）有笄刀，乃自智（知）伤。"这段话的意思是：我提着一千二百钱，打着雨伞，从集市回来，走到巷道中，感到后面似乎有人突然猛地击打我，我就倒下了，其他什么也不知道了；过了一会儿醒来后，发现一千二百钱不见了，不知是何人所为，也不知逃向何方；其击打的动作迅速而又有力，像是男人所为。我醒来后大声呼喊求救时，附近居民一个名叫龀的女子从家中出来，告诉我说我后背上插着一把刀，这时我才知道自己受伤了。该段话是受害女子婢叙述被袭击、钱被抢、受伤经过的陈述。接着，狱史顺等人又讯问婢说："起市中，谁逢见？……党有与争斗、相怨？……里人智（知）识弟兄贫穷，疑盗伤婢者？曰：毋有。"即早上去集市时，遇见了何人？在自己居住的乡里有无与他人发生过争斗、结怨？在居住的乡里是否知晓有家庭贫穷，可能见财起意实施盗抢的男子？女子婢回答说：没有上述情况。"视刀，铁环，长九寸。婢僵所有尺半荆券一枚，其齿类贾人券。婢曰：毋此券。"查验刀，有铁环，长九寸。女子婢倒地处发现有一尺半的荆券一枚，荆券上的纹路显示像是商人使用的券证。女子婢说，这枚荆券不是她的。

该侦讯案例还详细记录了本案的被告人公士孔的讯问过程。在侦讯过程中，根据线人提供的线索收押了士伍武。经讯问，士伍武供述自己为游荡逃亡之士，没有盗窃伤人，但他提供了公士孔有作案嫌疑的一些信息，因案发前曾看见公士孔身上佩戴有刀，案发后发现公士孔身上没有佩刀了。于是便收押了公士孔，公士孔回答说："为走士，未尝佩鞞刀,盗伤人,毋坐也。"自己是没有固定职业的游走之士,未曾佩刀,没有盗窃伤人,也没有犯罪前科。经进一步侦查摸排,"走马仆诣白革鞘系绢,曰:公士孔以此鞘予仆,不智(知)安取"。一饲养马匹的仆人将系有丝绢的白色的皮革制成的刀鞘交给了狱史举阕,并且说:这是公士孔交给我的,不知为何没有来取。狱史举阕再次讯问公士孔,孔回答说:"未尝予仆鞘,不智(知)云故。"未曾给过走马仆刀鞘,不知道他为什么这么说。狱史举阕将现场发现的刀插入走马仆提交的刀鞘中,正好吻合;仔细查看刀:刀环缺失,刀上还有缺损,刀鞘上留有铜钱颜色的痕迹与刀的残缺处吻合,据此可以断定,走马仆提交的刀鞘是婢背上的刀的原有刀鞘。又讯问公士孔时,公士孔改口说:"得鞘予仆,前忘,即曰弗予。"以前拾到过一个刀鞘送给了走马仆,之前忘了,就说没有给。狱史又调查公士孔的妻子和女儿,孔的妻子和女儿回答说:"孔平时喜好佩刀,现在未见佩刀,不知为什么。"根据孔妻和其女儿提供的情况,又讯问公士孔,公士孔回答说:"买鞘刀不智(知)何人所,佩之市,人盗绀刀,即以鞘予仆。前曰:得鞘及未尝佩,谩。"曾买过鞘刀,但忘记在什么地方买的了,佩戴到集市上时,系有红色丝绢的刀被人盗了,所以就把刀鞘送给了走马仆,先前说买了刀未曾佩戴,是说了谎。

该侦讯案例中被害人女子婢的陈述、被告人公士孔的供述,应是当事人陈述的表现形式。

(二) 证人证言

证人证言是指知晓案件情况的人向法庭所作的陈述。证人证言作为一种证据形式在先秦时期已经存在。如《奏谳书》第二十二例"不智(知)何人刺女子婢最里中案"中就记载有证人陈述的证据形式。咸阳县令接到报案后,立即派狱史顺等人到达案发现场调查了解案件情况,在摸排时,走访了居住在案发现场附近的女子呤,女子呤陈述说:"病卧内中,不见出入者。"即因生病躺在自家房内,没有看见出入巷内人员。在对被告人公士孔的妻子和女儿走访时,公士孔的妻子和女儿陈述说:"孔雅佩刀,今弗佩,不知存所。"即孔平常佩刀,今天没有佩戴,不知把刀存放到哪里了。女子哙、公士孔的妻子和女儿有关案件事实的相关陈述即属于证人证言。又如《奏谳书》案例十七"黥城旦讲乞鞫案"① 记载:"处曰:讲践更咸阳,毛独牵牛来,即复牵去,它如狱。"城旦讲的父亲处陈述说:讲替人在咸阳服劳役,毛一个人把牛牵来后,又牵走了,其他与案件事实一样。本案中案外人讲的父亲处有关案件事实的陈述就是证人证言。

第二节　先秦时期的诉讼证明

证明就是用已知的事实推知或证实未知事实的活动。诉讼证明就是用诉讼中已知的事实推知或证实诉讼中的未知事实的过程或活动。"言已应则执其契,事已增则操其符。符契之所合,赏罚之所生也。"② 韩非子的这段话是在表达证明或诉讼证明是赏罚发生的前提。在进行社会经济活动时,约定的内容应写进契约,对于已经发生的事件应有一定的符券作印证。赏罚实施要有相应的契约、符券作为依据。《韩非子·难三》引用管子曰:"见其可,说之有证;见其不可,恶之有形。赏罚信于所见,虽所不见,其敢为之乎?见其可,说之无证;见其不可,恶之无形。赏罚不信于所见,而求所不见之外,不可得也。"③ 管子这段话的意思是,肯定他人的行为或否定他人的行为都要有证据,奖赏和处罚都要有事

---

① 《张家山汉墓竹简[二四七号墓](释文修订本)》,第100—102页。
② 《韩非子集解》卷1《主道》,第29—30页。
③ 《韩非子集解》卷16《难三》,第380页。

实依据,没有事实依据的奖罚是不可取的。韩非子记述的上述两段话,旨在说明在国家治理过程中赏罚要做到可信,可信的前提是有证据证明。诉讼审判同样如此。

一、寻求争讼案件"情实"的真实诉讼证明标准

证明标准或模式是一定社会时期社会文化样态的综合反映,有什么样的文化样态就有什么样的诉讼证明标准。如果说法律、诉讼样态是扎根于特定时期历史文化土壤里的花朵,那么它或它们一定与生长在同一片土壤里的其他同类具有一定的同质性。诉讼证明模式作为诉讼样态的组成部分,与型构诉讼样态的特定历史时期的历史文化也不能分离。先秦时期的天人相应、诚信文化的土壤为生长其上的诉讼花朵提供了充足的营养,诉讼证明作为诉讼文化的枝叶也必然散发着生长于其上的泥土味道。

(一) 寻求案件真实的诉讼证明之标准

《周礼》根据天人相应原理,将周官分为天官、地官、春官、夏官、秋官和冬官等六官,并赋予其各自不同的功能:天官主治,地官主教,春官主礼,夏官主政,秋官主刑,冬官主事。天官在官吏管理、履行职责方面也强调据实处理相关争讼,如《周礼·天官·小宰》曰:"以官府之六叙正群吏:……六曰以叙听其情。"郑玄注曰:"叙,秩次也,谓先尊后卑也。情,争讼之情。"贾公彦疏曰:"'六曰以叙听其情'者,情,情实。则狱讼之情,受听断之时,亦先尊后卑也。"《周礼·天官·小宰》记载:"以听官府之六计,弊群吏之治。"郑玄注云:"听,平治也。"孙诒让正义引惠士奇云:"听其情,君之所以体臣。《韩诗外传》言,人主之疾十有二发,而隔居其一焉,下请不上通谓之隔。《管子》亦言国有四亡,其二曰塞、曰侵。塞者,下情不上通;侵者,下情上而道止。以叙听其情,则通而不隔,行

而不塞,谁得侵之。"①在惠士奇看来,"听其情"是指国家机关上下之间要互通情况,不使资讯阻隔,或者出现以假乱真的现象。孙诒让先生认为,对"以叙听其情"之注解,郑、惠二人之注解均失之偏颇,正确的理解应该是二者兼而有之,即凡群吏之争讼及以事来咨问请求,亦通谓之情。② 笔者认为,孙诒让先生的解释是符合经义的,因为天官主治,天官所听的"情",不应仅限于狱讼之情,还应包括除狱讼之情以外的其他政情民意。天官关于"以叙听其情"的规定,反映了当时社会政治文化生态或一定的社会文化背景,即情实,求真。

秋官主刑,主狱讼者也。《周礼·秋官》在狱讼案件审理时首先对"情实"原则作了原则性规定,如《周礼·秋官·小司寇》曰:"以五刑听万民之狱讼,附于刑,用情讯之。"郑玄注曰:"讯,言也,用情理言之,冀有可以出之者。"贾公彦疏曰:"以因所犯罪附于五刑,恐有枉滥,故用情实问之,使得真实。"从贾疏和郑注中可以看出,司法官在审理一般诉讼案件时,在涉及刑罚处罚问题时,首先应探求案件的真实情况,其次用情理讯问,排除合理怀疑,尽可能地寻出案件的真情实情。

在具体的诉讼程序设计中,《周礼》将"情实"原则嵌入诉讼审判程序之中,如《周礼·秋官·乡士》曰:"乡士掌国中,各掌其乡之民数而纠戒之。听其狱讼,察其辞,辨其狱讼,异其死刑之罪而要之,旬而职听于朝。"郑玄注曰:"察,审也。要之,为罪法之要辞,如今劾矣。十日,乃以职事治于外朝,容其自反复。"贾公彦疏曰:"乡士主治狱讼之事,故云'听其狱讼,察其辞'。言'审'者,恐人枉滥也。云'要之,为罪法之要辞,如今劾矣'者,劾,实也。正谓弃虚从实,收取要辞为定,容其自反复,恐因虚承其罪,十日不翻,即是其实,然后向外朝对众更询,乃与之

---

① 《周礼正义》卷5《天官·小宰》,第160页。
② 参见《周礼正义》卷5《天官·小宰》,孙诒让正义,第160—161页。

罪。"在《遂士》《县士》中均有"听其狱讼,察其辞,辨其狱讼,异其死刑之罪而要之"之规定,体现了"情实"原则在诉讼审判程序中的落实。《周礼·秋官》除在具体审判狱讼案件时嵌入"情实"诉讼理念和程序架构外,还设计了在司寇听狱弊讼时群士司刑等多人参与审判的民主议决制度和三刺制度。如《周礼·秋官·乡士》曰:"司寇听之,断其狱、弊其讼于朝;群士司刑皆在,各丽其法以议狱讼。"对这种群士司刑共同参与听审评判的狱讼案件形式,贾公彦的解释是"恐专有滥,故众狱官共听之"。《周礼·秋官·小司寇》还规定:"以三刺断庶民狱讼之中:一曰讯群臣,二曰讯群吏,三曰讯万民。听民之所刺宥,以施上服、下服之刑。"《周礼·秋官·司刺》再次规定:"司刺掌三刺、三宥、三赦之法,以赞司寇听狱讼。壹刺曰讯群臣,再刺曰讯群吏,三刺曰讯万民。壹宥曰不识,再宥曰过失,三宥曰遗忘。壹赦曰幼弱,再赦曰老旄,三赦曰惷愚。以此三法者求民情,断民中,而施上服下服之罪,然后刑杀。"对于群士司刑多人参与的民主审判程序、司刺所掌的三刺之法,旨在"求民情,断民中"。对于三刺之法,学者们多解释为统治者的慎刑表现,但是慎刑的前提是"情实",情不实者,慎刑无从可言。多人参与的民主审判制度、三刺之法的实行是在保证案件审判的真实。

(二)"情实"原则是先秦"真实"文化的继承和发展

诉讼证明中的情实原则与先秦时期的"真实"文化是一脉相承的,是先秦时期"真实"文化在诉讼中的体现。《礼记·中庸》曰:"诚者,天之道也;诚之者,人之道也。诚者,不勉而中,不思而得,从容中道,圣人也。诚之者,择善而固执之者也。"朱熹注曰:"诚者,真实无妄之谓,天理之本然也。诚之者,未能真实无妄,而欲其真实无妄之谓,人事之当然也。"[①]在

---

① 《四书章句集注》,《中庸集注》,第31页。

儒家看来，真实、诚信既是天道的自然法则，也是人道应遵循的自然法则。因此，在诉讼审判中追求案件的真实，循实断案也自然就成为儒家所倡导的诉讼原则。在先秦儒家看来，治国理政遵循"情实"原则是仁政的体现，也是国家昌盛、国泰民安的精神寄托。《汉书·五行志》引《京房易》传曰："诛不原情，谓之不仁。"①又曰："诛不原情，厥妖鼠舞门。"②

在诉讼证明中的"情实"原则是先秦时期的真实文化在诉讼中的体现。如《尚书·吕刑》曰："惟察惟法，其审克之。"又曰："察辞于差，非从惟从。"孔安国传曰："惟当清查罪人之辞，附以法理，其当详审能之。察囚辞之难在于差错，非从其伪辞，惟从其本情。""惟察惟法"的表述是，"察"在前，"法"在后，可以理解为审理案件时应先查清案情，然后再适用法律；查清案情是适用法律判处案件的前提。对于有矛盾的讼辞更应谨慎对待，去伪存真，寻求案件的真情。这种审判案件的程序之表述与今天的"以事实为根据，以法律为准绳"的法律适用原则有相似的表达次序和逻辑。真实、诚信是先秦儒家所倡导的立身处世的基本信念之一。《管子·大匡》曰："令国子断狱必以情。"注曰："定罪罚者，贵得其情。"③《左传·庄公十年》曰："小大之狱，虽不能察，必以情。"杜预注曰："言必尽己情。察，审也。"《新书·道术》曰："纤微皆审谓之察。"④可见，真实的诉讼原则是先秦时期在狱讼审判中遵循的基本原则。

---

① 《汉书》卷27中之下《五行志》，第1427页。
② 《汉书》卷27中之上《五行志》，第1374页。
③ 《管子校注》卷7《大匡》注，第369页。
④ [汉]贾谊注，闫振益、钟夏校注：《新书校注》，中华书局2000年版，第304页。

(三)《奏谳书》所反映先秦时期的循实断案原则①

1983年在湖北江陵张家山二四七号墓出土了一批重要的古代法律文献,如《二年律令》《奏谳书》等,这些法律文献为我们研究秦汉时期的法律制度提供了珍贵的第一手资料。在江陵张家山二四七号墓出土的案例汇编《奏谳书》,包含了春秋至西汉初期二十二个案例。根据这些案例所处的诉讼阶段,可把它们分为侦讯案例、初审案例、复审案例和乞鞫(再审)案例,其中侦讯案例二例、初审案例十七例、复审案例二例、乞鞫(再审)案例一例。如按这些案例所反映的时代,可分为西汉初期案例十七例、秦及其以前的案例五例。从诉讼证明的角度仔细研究这些案例,可以发现这些案例所体现的共同特点之一就是:探寻案件的事实真相,注重证据之间的相互印证,循实断案。笔者从中选取两个先秦时期的案例以说明先秦时期的循实断案原则。

1.《奏谳书》第二十二例"不智(知)何人刺女子婢最里中案"

"不智(知)何人刺女子婢最里中案"是一起侦讯案例,详细记录了一起发生在咸阳的抢劫伤人案件的案发及其侦破过程。该案发生在秦王政六年②,即公元前241年。秦王政六年(公元前241年)六月癸卯日,最里里典赢报告曰:"不智(知)何人刺女子婢最里中,夺钱,不智(知)之所。"即不知何人在最里将一个名叫婢的女子刺伤,抢了钱,抢劫者不知逃向何方。咸阳县令即令狱史顺、去疢、忠等侦破此案。女子婢叙述被盗抢的经过时说:"但钱千二百,操簦,道市归,到巷中,或道后类埻輣(拊),婢偾,有顷乃起,钱已亡,不智(知)何人之所。其輣(拊)婢疾,类男子。呼盗,女子龀出,谓婢北(背)有笲刀,乃自智(知)伤。"即提

---

① 该部分主要内容参见笔者发表于《法学评论》2007年第6期的论文《〈奏谳书〉所反映的先秦及秦汉时期的循实情断案原则》,略有改动。

② 参见李学勤:《〈奏谳书〉解说(下)》,《文物》1995年第3期。

着一千二百钱,撑着伞,从集市返回,走到最里巷中时,感到后面有人突然猛击自己,便被击倒在地,过了一会儿醒来后,发现携带的钱不见了,不知是何人所为,也不知其逃向何方。其击打的动作有力且迅速,像是男子所为。醒后呼喊有贼,一个名叫虺的女子从家中出来,告诉婢说婢后背上有一把刀插着,这时婢才知道自己受伤了。狱史顺等接手此案后,随即开始了对本案的侦破工作。摸排是狱史顺等人采用的侦查方法之一。首先,讯问受害人婢,在集市上遇见了谁,其携带的钱有谁看见,居住的乡邻中是否与人有仇怨,有无因贫穷而见财起意者等。婢女的回答是以上情况均没有。狱史顺等对盗抢现场也进行了勘验,发现现场遗留有刀一把、荆券一枚。"视刀,铁环,长九寸。婢偾所有尺半荆券一枚,其齿类贾人券。婢曰:毋此券。"查验刀,刀有铁环,长九寸。婢女倒地的身旁发现有一尺半的荆券一枚,边缘花纹显示像是商人使用的券证。讯问女子婢,女子婢说该荆券不是她的。其次,狱史顺等对居住在案发现场附近的女子哙进行了讯问,女子哙回答说:"病卧内中,不见出入者。"即当时因病躺卧家中,没有看见出入巷中人员。在采取一系列摸排、勘验等侦查措施后,狱史顺等人没有发现破案线索,案件陷入困境。于是,咸阳县令便更换了本案的承案人,由狱史举阔负责此案的侦办工作。

  狱史举阔接手此案后,首先从现场留下的一尺半的荆券入手。狱史举阔将荆券交由集市上的商人辨认,商人们给出的答案是:该券"券齿百一十尺,尺百八十钱,钱千九百八十,类缯中券也"。该券是像是丝织品的中券,纹路显示是一百一十尺,每尺丝织品的市价是一百八十钱,共计一千九百八十钱。出土秦律有"参辨券"的记载,一副完整的券证分为左、中、右三部分。为进一步查证缯券的来源,"讒求其左,弗得"。讒,《说文》曰:"流言也。""讒求其左"就是散布消息寻求缯的左券;结果毫无所获。其次,举阔在前任(狱史顺等)摸排的基础上进一步扩大摸排的范围。"收讯人竖子及贾市者、舍人、人臣仆、仆隶臣、贵大人臣不敬德,它县人来乘庸疑为盗贼者,偏(遍)视其为谓,即薄(簿)出入所以为衣食者,谦(廉)问其居处之状,弗得。……饮食靡大,疑为盗贼者,弗得。举阅求偏(遍)悉,弗得。"即对游手好闲行为不端者、小商小贩、打工者、官员的随从、具有奴隶身份的仆人、品行不端者、外县来务工有盗贼嫌疑者等,"偏(遍)视其为谓,即薄(簿)出入所以为衣食者,谦(廉)问其居处之状",即观察他们所作所为,并调查他们入住旅馆及购买衣服、饮食等消费情况,以及他们的居住情况。通过这些摸排措施都没有发现线索。同时,通过对饮食开销过大、有盗窃嫌疑者,以及其他可能有作案嫌疑者进行追踪调查,也没有发现有价值的线索。

为侦破此案,狱史举阔等又进一步地扩大了摸排的范围。根据多日摸排、跟踪、观察获得的线索,狱史举阔传讯了士伍武。经讯问,士伍武供述自己为游荡之士,没有盗窃、伤人等违法行为,也没有犯罪前科,但他供出了公士孔有作案嫌疑。士伍武供辞曰:几天前的傍晚看见公士孔在集市的旗亭下站一会儿就离开了,第二天又是如此,腰间束有黑色的带子,原戴有佩刀,现在不见了,且其行为有些异常。根据士伍武提供的线索,狱史举阔传讯了公士孔。孔供述说:"为走士,未尝佩鞞刀,盗伤人,毋坐也。"即本人是自由职业者,不曾佩戴刀,没有盗窃、伤人,也没有犯罪前科。在这种情况下,狱史举阔等人并没有根据士伍武的证词简单定案,也没有采取刑讯逼供的方式获取公士孔的有罪供词,而是继续扩大调查范围,有针对性地调整侦查方向,以此获得更多有价值的犯罪线索和证据。于是,狱史举阔等人张贴告示告诫民众说:"有受孔衣器、钱财,弗诣吏,有罪。"即有接受过公士孔的衣服、器物、金钱等财物不报告官府者,将被依律定罪。告示张贴不久,一饲养马的仆人将一个系有绢的白色的皮革刀鞘送交案件承办人,并且说:这是公士孔送的刀鞘,不知为何没有来取。狱史举阕等人得到刀鞘后再次讯问公士孔,孔回答说:"未尝予仆鞘,不智(知)云故。"即没有送给饲养马的仆人刀鞘,不知道他为什么这么讲。狱史举阕将婢女背上的刀与走马仆提交的刀鞘进行比对,正好吻合。仔细查验,刀体的残缺处在刀鞘上留有铜钱颜色的痕迹,因此可以断定,走马仆提交的刀鞘与婢背上的刀是一体的,走马仆提交的刀鞘正是婢背上的刀鞘。再次提审公士孔时,孔改口说:"得鞘予仆,前忘,即曰弗予。"即以前确实送给走马仆一个刀鞘,忘了,所以说没有给。调查至此,应该说案情已基本清楚,可以结案了。但是,狱史举阕等人并没有满足于此,因为犯罪嫌疑人并没有做出有罪供述,案发的原因也没有查清。狱史举阕等人继续扩大侦查范围,调查了公士孔的妻子和女儿,孔的妻子和女儿说:"孔雅佩刀,今弗佩,不知存所。"即公士孔平时喜好佩带刀,现在未见佩刀,不知存放何处。根据孔妻、女提供的讯息,再次讯问孔时,孔说:"买鞘刀不智(知)何人所,佩之市,人盗绀刀,即以鞘予仆。前曰:得鞘及未尝佩,谩。"即在哪里买的刀忘记了,佩带刀到集市时,系有红色丝绢的刀被人偷走,于是便将刀鞘送人了。先前说没有佩带过刀,不是事实。狱史举阕诘问公士孔说:"既然把刀鞘送给了走马仆,却说没有给;平常喜好佩刀,反而说未尝佩带刀,如何解释?"在这种情况下,公士孔理屈词穷,又担心遭受笞掠皮肉之苦,只好将伤害抢劫婢女,又伪造现场的经过全盘托出。公士孔供述说:"家贫无正当职业,常常游荡在集市的亭旗下,多次见到商人的荆券,意欲窃得仿造、携带,并乘机将其置放于案发现场以转移侦查视线。六月的一天,看见一女子打着伞,提着钱从集市返回,此时百姓响应官府号召大都去了田间捕杀蝗虫,乡里人少,于是便跟随婢女至最里巷中,环顾四周无人,便用刀将女子刺伤,抢走一千二百钱,同时将一枚荆券留置现场。"该案成功告破,孔被判处完城旦刑。狱史举阕因"能得微难狱"受到了上级的嘉奖,升迁为卒史。

该案例用1400多字的篇幅记述了一起伤人抢劫案件的案发、侦查、破案、判决,以及对破案有功人员的嘉奖的整个过程。案件发生在秦统一前的战国时代,在今天看来,其破案技术和方法仍不过时。该案循实情而断案的精神、严密的逻辑推理折射出了秦代司法官吏的智慧,以及其所反映的时代法律文化。在侦查破案确定犯罪嫌疑人方面,首先,注重证据之间的相互印证,对受害人婢女身上的留下犯罪工具刀进行了详细的勘验、记录,当找到了犯罪嫌疑人公士孔使用过的刀鞘时,案件承办人将刀与刀鞘进行比对,发现正好吻合;刀的残缺处在刀鞘上还留有相应痕迹。这种注重证据之间相互印证的司法办案的做法,无疑是在寻求案件的真实,做到"情实"。其次,对现场留下的荆券,即丝织品的中券,没有找到相应的左券,但对其作出了合理的解释,是公士孔为扰乱侦查视线而故意伪造留置现场的。最后,案件的证人证言与犯罪嫌疑人的陈述能相互印证。士伍武、走马仆、孔妻与女儿等的证言,与公士孔的证言能相互印证。

2.《奏谳书》第十九例"为君、夫人治食不谨案"①

"为君、夫人治食不谨案"记录了一起较为完整的侦讯案例。该案没有载明案发的年代,但从案件的表述情况以及整个《奏谳书》排列的时间顺序来看,该案应是在秦统一以前的春秋或战国时期发生的。案件记载:"异时狱曰:为君、夫人治食不谨,罪死。宰人大夫说进炙君,炙中有发长三寸;夫人养婢媚进食夫人,饭中有蔡长半寸。君及夫人皆怒,劾。史猷治曰:说毋罪,媚当赐衣。"文中的"炙",烤肉也;"蔡",草也;"劾",告劾、控告之意。即根据已有的法令,为国君及国君夫人提供

---

① 《张家山汉墓汉简[二四七号墓](释文修订本)》,第106页。

饮食不严谨者，判处死刑。宰人大夫说在给国君进献烤肉时，烤肉中发现有长达三寸的毛发；国君夫人的侍婢媚在给国君夫人送饭时，发现饭中有长达半寸的草。国君及其夫人都很愤怒，便将宰人和侍婢交法庭治罪。审判官史猷经审理后提出的判决意见是："宰人大夫说无罪，侍婢媚应当赏赐新衣。"国君及其夫人听后，非常诧异，要求史猷解释判决的理由。史猷便向国君及其夫人详细地解释了案件的侦办过程。"臣谨案说所以切肉刀新磨甚利，其置枹（庖）俎。夫以利刀切肥牛肉枹（庖）俎上，筋□尽斩，炙胾大不过寸，而发长三寸独不斩，不类切肉者之罪。臣有（又）诊炙肉具，桑炭甚美，铁卢（炉）甚磬。夫以桑炭之磬铗□而肉颇焦，发长三寸独不焦，有（又）不类炙者之罪。"即史猷仔细查验了宰人大夫说的切肉的刀，刀是新磨的，且很锋利，放置在厨房的案板上。用锋利的刀在案板上切肉，肉筋都切断了，炙肉大小约一寸见方，而在烤肉中发现的毛发长达三寸，不像是切肉时留下的。再查查看烤肉器具，烤炉洁净、炭火燎旺，以坚硬的铁铗夹住肉在燎旺的炭火上烤，肉已被烤得焦黄，而三寸长的毛发则没有烤灼的痕迹，炙肉中发现的毛发不应归罪于烤肉者。史猷根据案情和经验推测："炙中发，臣度之，君今旦必游而炙至，肉前炙火气矣，入而暑，君令人扇，而发故能蜚（飞）人炙中。"即关于烤肉中毛发的来源，史猷推断，国君今早外出刚回来时炙肉就端上来了，刚出炉的烤肉，热气腾腾，且又值暑天，国君令人掌扇，国君的头发便随风飘入烤肉中。为证实史猷的推测，国君和史猷一起检查了国君就餐的餐厅，在餐厅的地面上发现了二寸至一尺不等的头发六枚。为进一步验证史猷的推断，国君还配合史猷做了现场侦查实验。将炙热的烤肉端至国君面前，令人从后掌扇，一会儿就有两枚头发飘落在烤肉上。

关于国君夫人饭中的草，史猷采用了同样的勘验和推理的方法。"臣有（又）诊夫人食室，涂墍甚谨，张帷幕甚具，食室中毋蔡，而风毋道入。臣有(又)诊视媚卧,莞席敝而经绝,其莞淬(碎);媚衣褱(袖)有敝而絮出,淬(碎)莞席丽其絮,长半寸者六枚。夫以卫夫人有一婢,衣敝衣,使卧席,卧席淬(碎)者丽衣,以为夫人炊,而欲蔡毋入饭中,不可得已。臣操敝席丽媚衣絮者,愿与饭中蔡比之。君出饭中蔡比之,同也。"即查看国君夫人的饭厅,墙壁整洁、帷幔整齐完整,在饭厅中没有发现碎草,也没有发现碎草可能进入饭厅的风道。史猷又查看婢女媚的卧室,媚睡的莞草草席已十分破旧,编席的绳子已经断裂,所用的莞草破碎;婢女媚身上穿的衣服袖子已经破了,且棉絮裸露,破碎的莞草沾在衣袖的棉絮有六枚。一名国君夫人的侍女穿着破碎的衣服,睡在破碎的莞草席上,穿着沾有破碎莞草的衣服给国君夫人服侍饮食,而想不让碎草进入饭食中确难做到。史猷将沾在媚衣服棉絮上的碎草与国君夫人饭食中的草进行比对,都是草席上的碎莞草。国君听了史猷有关判决理由后,赞赏地说:"善哉!亟出说而赐媚新衣,如史猷当。"国君立即释放宰人大夫说,赐给媚新衣,充分肯定了史猷的判决。

"为君、夫人治食不谨案"中的审判官史猷运用推理发现了案件的事实真相,同时又通过侦查实验、现场再现的方式验证其推理的结果。整个案件,没有证人证言、当事人陈述,只有现场物证、勘验,以及为证实推理所做的现场再现。通过这种对案件事实的推定,案件的判决能使人口服心服。

《韩非子·内储说下六微》也记载了一起"发绕炙"的事例:

文公之时,宰臣上炙而发绕之,文公召宰人而谯之曰:"女欲寡人之哽邪?奚为以发绕炙。"宰人顿首再拜请曰:"臣有死罪三:援砺砥刀,利犹干将也,切肉,肉断而发不断,臣之罪一也;援木而贯脔而不见发,臣之罪二也;奉炽炉,炭火尽赤红,而炙熟而发不烧,臣之罪三也。堂下得无微有疾臣者乎?"公曰:"善!"乃召其堂下而谯之,果然,乃诛之。一曰:晋平公觞客,少庶子进炙而发绕之,平公趣杀炮人,毋有反令,炮人呼天曰:"嗟乎! 臣有三罪,死而不自知乎?"平公曰:"何谓也?"对曰:"臣刀之利,风靡骨断而发不断,是臣之一死也;桑炭炙之,肉红白而发不焦,是臣之二死也;炙熟又重睫而视之,发绕炙而目不见,是臣之三死也。意者堂下其有翳憎臣者乎? 杀臣不亦蚤乎!"①

这里的"宰人""炮人"均是指负责烤肉的厨师。该例记载的是发生在晋文公或晋平公时期的饮食安全的事例。晋文公时的宰人、晋平公时的炮人都运用推定的方法排除自己的责任。宰人反罪的方法是说自己用于切肉的刀锋利,刀俎整洁,炭火燎旺,烤肉上还绕有毛发的事是不可能发生的。宰人怀疑王庭中有人有意陷害自己。晋文公下令调查,果然查到了真凶。晋平公的厨师为洗刷自己的罪责,辩解自己使用的厨刀锋利,用于烤肉的炭火旺盛,烤肉烤熟好后仔细查看没有发现毛发,这些防范措施足以排除烤肉上沾染毛发的可能性。韩非子记载该例,说明在春秋战国时期推定这种证明形式在司法实践中已广泛适用。

二、先秦时期的刑讯及其适用条件

刑讯作为探知案件事实的一种方法,旨在获取犯罪嫌疑人或刑事被告人的口供,在先秦时期已经存在。从秦代法律规定来看,刑讯适用应具备一定的条件。《睡虎地秦墓竹简·封诊式》中《治狱》《讯狱》篇对

---

① 《韩非子集解》卷10《内储说下六微》,第253—254页。

秦代的刑讯方法作了较为详细的记载。如《治狱》篇曰："治狱，能以书从迹其言，毋治（笞）谅（掠）而得人请（情）为上；治（笞）谅（掠）为下；有恐为败。"①即审理狱讼案件时，能够根据书面记录、痕迹物证，进而获得被告人的口供，不用笞掠拷打而获得案件真实情况的审讯方法是值得提倡的方法，是上策；通过笞掠拷打获得案件真实情况的方法是下策；通过恐吓获得案件真实情况是失败的方法。②

《睡虎地秦墓竹简·封诊式·讯狱》曰：

> 凡讯狱，必先尽听其言而书之，各展其辞，虽智（知）其訑，勿庸辄诘。其辞已尽书而毋（无）解，乃以诘者诘之。诘之有（又）尽听书其解辞，有（又）视其它毋（无）解者以复诘之。诘之极而数訑，更言不服，其律当治（笞）谅（掠）者，乃治（笞）谅（掠）。治（笞）谅（掠）之必书曰：爰书：以某数更言，毋（无）解辞，治（笞）讯某。③

即凡审理狱讼案件时，必须先听完被讯问人的陈述并加以记录，使被讯问人充分陈述，虽然明知其说谎，也不要马上诘问他。陈述已记录完毕而有些问题还没有陈述清楚的，对应当诘问的问题再进行诘问。诘问的时候要把被讯问人辩解的话记录下来，审视后如还有其他没有交代清楚的问题再进行诘问。诘问到被讯问人词穷，多次说谎，拒不认罪，依律应当笞掠拷打时，才可笞掠拷打。笞掠拷打须记录：因某多次改变口供，强辞辩解，故对某拷打讯问。④

---

① 《睡虎地秦墓竹简》，第147页。
② 参见《睡虎地秦墓竹简》，第148页。
③ 《睡虎地秦墓竹简》，第148页。
④ 参见《睡虎地秦墓竹简》，第148页。

从秦代《治狱》《讯狱》的法律规定来看,可以得出以下几点认识:其一,通过刑笞掠讯获取口供的方法是探知案件事实真相的下策;其二,笞掠刑讯方法的使用是附加条件的,在多次诘问嫌疑人后,嫌疑人仍未将案件事实陈述清楚,且多次说谎,供述前后不一,拒不认罪时才能使用;其三,笞掠刑讯依法进行;其四,笞掠刑讯时还需书面记录刑讯的缘由。

法律的正当性应根据其所处的时代以及所维持的时代的社会秩序的效用来决定。刑讯,作为一种狱讼案件的事实探知方法,在自给自足的农业社会有其存在的理由。当时的科学技术远没有今天发达,刑侦手段没有今天丰富,对人权的尊重远没有今天这样的程度。原心定罪,被告人的主观认可被认为是定罪的主要支撑证据,"零口供"定案在先秦时期似乎没有获得普遍的认可。西汉路温舒在给汉宣帝有关刑讯的奏章中关于刑讯的论述,在一定程度上说明了刑讯存在的原因。《汉书·路温舒传》曰:"夫人情安则乐生,痛则思死。棰楚之下,何求而不得?故囚人不胜痛,则饰辞以视之;吏治者利其然,则指道以明之;上奏畏却,则锻炼而周内之。盖奏当之成,虽咎繇[①]听之,犹以为死有余辜。何则?成练者众,文致之罪明也。"这份奏章在陈述刑讯的弊端、危害,但是,可从中窥出刑讯存在的理由,"夫人情安则乐生,痛则思死。棰楚之下,何求而不得?"且审讯的狱吏利其然,锻炼周内,文致罪明,这样便造成了许多冤假错案的发生。

三、要式证据形式的形成及其在诉讼证明中的运用

要式证据形式的形成是司法审判发展到一定阶段的产物,是司法

---

① 咎繇,古时善听狱讼者。

审判经验理性表达的一种形式。要式证据形式在《周礼》中多处出现，涉及多个方面，这说明在《周礼》成书时期，诉讼审判已经从个案审判发展到对诉讼案件进行类型化分类，进而进入经验总结、理性归纳的阶段了。要式证据的适用范围涉及邻里、土地、债权债务、劳役派遣、田猎、爵禄等级的享有等方面的争讼纠纷。要式证据形式的形成与国家相关的档案管理制度的建构与完善密切相关，以及与社会经济的发展、管理密切相关。《周礼》所设计的国家档案管理制度相当完备，邦国重大活动、土地之版图、人民之数、货贿之数、重大交易活动等都有相应的档案管理机构，大史、内史、司书、司会、司盟、司民等都在一定程度上行使国家档案管理职能。正是由于国家档案管理制度的健全，才使得要式证据的证明模式在狱讼审判中的广泛运用成为可能。春秋战国时期生产力有了进一步发展，社会分工进一步细化，商品交易市场活跃，与此相关的市场管理、契约管理制度进一步完善。① 完善的国家档案管理制度和经济管理制度为要式证据形式的形成奠定了基础。

官成是《周礼》所设计的档案管理以及对职官进行考核的文书形式，或者说是对职官进行考核的一种基于文书档案的管理模式。因官成而保管的有关官府、民众的相关活动记录、成绩记录和权益证书，因而也就成了纠纷发生时的重要证明证据。《周礼·天官·大宰》曰："以八法治官府：……五曰官成，以经邦治。"《周礼·天官·宰夫》曰："掌百官府之征令，辨其八职：……二曰师，掌官成以治凡。""岁终，则令群吏正岁会；月终，则令正月要；旬终，令正日成而以考其治。治不以时举者

---

① 《周礼·地官·司市》曰："掌市之治教、政刑、量度、禁令。以次叙分地而经市，以陈肆辨物而平市，以政令禁物靡而均市，以商贾阜货而行布，以量度成贾而征价，以质剂结信而止讼。"《周礼·地官·质人》曰："掌成市之货贿、人民、牛马、兵器、珍异。凡卖价者质剂焉。大市以质，小市以剂。掌稽市之书契，同其度量，壹其淳制。"

以告而诛之。"①《周礼·天官·小宰》曰:"以官府之八成经邦治:一曰听政役以比居,二曰听师田以简稽,三曰听闾里以版图,四曰听称责以傅别,五曰听禄位以礼命,六曰听取予以书契,七曰听卖买以质剂,八曰听出入以要会。"何谓"成"?《周礼·天官·大宰》郑玄注曰:"官成,谓官府之成事品式也。"《周礼·秋官·士师》注引郑司农云:"八成者,行事有八篇,若今时决事比。"郑司农生活在东汉初期,"今时决事比"即东汉的决事比,是东汉时期的判例形式。贾公彦疏曰:"凡言成者,皆就有成事品式,后人依而行之。决事,依前比类决之。"对于郑司农和贾公彦的注解,孙诒让先生持有异议,孙诒让正义曰:"云'官成,谓官府之成事品式也'者,谓各官府所掌事之已成,则案其簿书文字,考其品数法式,即治会之事。《司会》云:'以参互考日成,以月要考月成,以岁会考岁成。'此官成正与日成、月成、岁成同义。《司书》云:'凡税敛,掌其事者受法焉。及事成,则入要贰焉。'注云:'成犹毕也。'此注云成事,犹彼云事成;彼要贰,亦即官成之要会也。然则郑(玄)所谓成事品式,即谓凡官事之有文籍可按验者,《小宰》以比居简稽等八成,正是此义。"②根据孙诒让先生的"正义"可知,郑玄注解是符合经义的,而郑司农和贾公彦的疏解是不符合经义的;正确的理解应该是八成即官府中可资按验的八种官府文籍,是官府日成、月要、岁会时保留的相关户籍、版图、契约、官员的任命文件及其应享有的职级待遇等文件或文件文书副本。《周礼·秋官·大司寇》曰:"凡庶民之狱讼,以邦成弊之。"郑玄注曰:"邦成,八成也。以官成待万民之治。"八成是判决狱讼纠纷案件的凭借之一。八成可作如下解读:

---

① 《周礼·天官·宰夫》。
② 《周礼正义》卷2《天官·大宰》正义,第65页。

(一) 听政役以比居

"听政役以比居"是指对于因军政征发、派遣劳役问题发生的纠纷,根据比邻居住的伍籍来判定。其中,"政,谓军政也。役,谓发兵起徒役也。比居,谓伍籍也。比地为伍,因内政寄军令,以伍籍发军起役者,平而无遗脱也。"①

(二) 听师田以简稽

"听师田以简稽"是指对于因出兵、田猎等问题发生的纠纷,依据登记的士兵、兵器簿册判定。郑司农云:"简稽,士卒兵器簿书。简,犹阅也;稽,犹计也,合也。合计其士之卒、伍,阅其兵器,为之要簿也。"

(三) 听闾里以版图

"听闾里以版图"是指对于闾里居民之间因为耕地、宅基地发生的争讼,根据官府保存的地图判定。注引郑司农云:"版,户籍。图,地图也。听人讼地者,以版图决之。"按《周礼》记载,五家为比,五比为闾,一闾为二十五家。《周礼·天官·司会》曰:"掌国之官府、郊野、县都之百物财用凡在书契版图者之贰,以逆群吏之制,而听其会计。"郑玄注曰:"书谓簿书。契,其最凡也。版,户籍也。图,土地形象,田地广狭。"《周礼·天官·司书》曰:"司书掌邦之六典、八法、八则、九职、九正、九事、邦中之版、土地之图,以周知入出百物,以叙其财,受其币。"贾公彦疏曰:"言掌邦之六典以下,至周知入出百物以上,所掌与司会同者,以其司会主钩考,司书掌书记之,司书所记,司会钩考之,故二官所掌,其事通焉。九职即司会九功也,九正即司会九赋、九贡也,九事即司会九式也。邦中之版、土地之图,即司会版图也。周知入百物者,即司会百物财用,一也。叙谓比次其财,知用多少。"根据《周礼》,事毕则有成,成者

---

① 《周礼·天官·小宰》,郑玄注。

之文籍则交官府保留,以便三年大比时对履职官吏进行考核,评定等级,这些事毕而成的文籍即是司会所谓日成、月成、岁成。旬、月、岁时各官皆有要会,其正本入大宰,副本则入司书。正是这种档案管理制度,才使得要式证据证明模式有了存在的空间。《周礼》中还设有专门负责户籍登记的官员,如《周礼·秋官·司民》曰:"司民掌登万民之数。自生齿以上,皆书于版。辨其国中与其都鄙及其郊野,异其男女,岁登下其死生,及三年大比,以万民之数诏司寇。司寇及孟冬祀司民之日,献其数于王;王拜受之,登于天府;内史、司会、冢宰贰之,以赞王治。"

西周中后期,井田制逐步瓦解,私田买卖现象十分普遍,因而因土地买卖及疆界划分的争讼事件也时有发生。①《周礼·地官·小司徒》中也有有关发生疆界纠纷事宜时适用要式证明形式的规定:"凡民讼,以地比正之;地讼,以图正之。"郑玄注曰:"地讼,争疆界者;图,谓邦国本图。"贾公彦疏曰:"言'地讼,争疆界者',谓民于疆界上横向争夺者也。'图,谓邦国本图'者,凡量地以制邑,初封量之时,即有地图在于官府,于后民有讼者,则以本图正之。民讼,六乡之民有争讼之事,是非难辨,故以地之比邻知其是非者,共正断其讼。"可见,民讼在一定程度上可以理解为邻里纠纷,地讼为土地纠纷诉讼。

(四)听称责以傅别

"听称责以傅别"是指对于因债权债务关系发生的纠纷,根据借贷发生时双方各自保存的傅别契约来判定。注引郑司农云:"称责,谓贷子。傅别,谓券书也。听讼责者,以券书决之。傅,傅着约束于文书。别,别为两,两家各得一也。"又曰:"傅别,谓为大手书于一札,中字别

---

① 参见黄震云、吴晓波:《土地交换之下的西周土地私有性考察——以金文资料为对象》,《河南财经政法大学学报》2015年第5期。

之。"可见,傅别是一种借贷凭证,其制:在一札的中间写字,从字的中间剖开,双方各执一半。《周礼·秋官·朝士》中也有关于"责"引起的狱讼证明的规定:"凡有责者,有判书以治,则听。"郑玄注曰:"判,半分而合者。"贾公彦疏曰:"云'判,半分而合者',即质剂傅别,分支合同,两家各得其一也。"这里的"责"通"债",《周礼·地官·泉府》曰:"凡民之贷者,以国服为息。"据郑注,国服是私人借贷应付的利息。国服之利息利率是多少?如何确定?贾公彦疏曰:"国服者,如地之出税。依《载师》近郊十一之等,若近郊取责,一岁十千出一千,远郊二十而三者,二十千岁出三千,已外可知矣。国服,依国民服事出税法,故名国服也。"

《周礼·秋官·朝士》中还有关于"属责"的规定:"凡属责者,以其地傅而听其辞。"郑玄注曰:"属责,转责使人归之,而本主死亡,归受之数相抵冒者。以其地之人相比近,能为证者来,乃受其辞乃为治之。"贾公彦疏曰:"玄谓'属责,转责使人归之'者,谓有人取他责,乃别转他人,使子本依契而还财主。财主死亡者,转责者或死或亡也,受责之人见转责人死亡,则诈言所受时少,是归受之数相抵冒也。云'以其地之人相比近,能为证者来,乃受其辞乃为治之'者,谓以其地相比近,委其事实,故引以为证也。言能为证者,则有不能为证之法。地虽相近,有不知者,则不能为证,乃不受其辞而不治之也。""属责"是因债权人或债务人一方当事人死亡而引起的债权债务的继受而产生的纠纷。这类纠纷有居住邻近且知情者作证方能受案审判,否则,则不能受案审判。

(五)听禄位以礼命

"听禄位以礼命"是指因公职人员的俸禄、位序问题发生争议,根据礼命文书判定。这一纠纷相当于当今的劳动人事诉讼。注引郑司农云:"礼命,谓九赐也。"又云:"礼命,礼之九命之差等。"这里的九赐为九等封赐之意,实为记载礼命的策书。① 贾公彦疏曰:"礼命,谓以礼命其人策书之本,有人争禄之多少,位之前后,则以礼命文书听之也。"《周礼·春官·内史》曰:"内史掌王之八柄之法,以诏王治:一曰爵,二曰禄,三曰废,四曰置,五曰杀,六曰生,七曰予,八曰夺。……凡命诸侯及孤卿、大夫,则策命之。……赏赐,亦如之。内史掌书王命,遂贰之。"《左传·襄公十年》记载的一起"王叔陈生与伯舆争政"②案就属于这类案件。根据《左传》记载,鲁襄公十年,即公元前563年,周王大臣王叔陈生与伯舆因在朝廷的职位和排序发生争议,晋国任命士匄为狱官在周王王庭开庭审理了此案,王叔陈生的宰臣和伯舆之大夫瑕禽分别代表双方出席法庭,士匄听取了双方的辩辞,后"使王叔氏与伯舆合要,王叔不能举其契,王叔奔晋"。该案中的"契"就是礼命策书,由于王叔方不能举出礼命策书证明己方的观点和主张,因而败诉。《周礼·天官·小宰》注引郑司农云:"凡簿书之最目,狱讼之要辞,皆曰契。"

(六) 听取予以书契

郑司农云:"书契,谓出予受入之凡要。"书契是书两札,双方各执其一。"听取予以书契"是指审理借取授予的争讼,依据已有的书契判定。取,谓借取或领取;予,谓借予或授予。借取授予的凭证就是书契。按《周礼》,掌府之官多是保管财物之职官,对于财物之出入按书契行之。

---

① 参见杨天宇:《周礼注释》,上海古籍出版社2004年版,第36页。
② 《左传·襄公十年》曰:"王叔陈生与伯舆争政,王右伯舆。王叔陈生怒而出奔,及河,王复之,杀史狡以说焉。不入,遂处之。晋侯使士匄平王室,王叔与伯舆讼焉。王叔之宰与伯舆之大夫瑕禽坐狱于王庭,士匄听之。王叔之宰曰:'筚门闺窬之人,而皆陵其上,其难为上矣。'瑕禽曰:'昔平王东迁,吾七姓从王。牲用备具,王赖之,而赐之骍旄之盟,曰:"世世无失职。"若筚门闺窬,其能来东厎乎?且王何赖焉?今自王叔之相也,政以贿成,而刑放于宠。官之师旅,不胜其富。吾能无筚门闺窬乎?唯大国图之。下而无直,则何谓正矣?'范宣子曰:'天子所右,寡君亦右之,所左亦左之。'使王叔氏与伯舆合要,王叔氏不能举其契。王叔奔晋,不书不告也,单靖公为卿士以相王室。"

《周礼·天官·酒正》曰："凡有秩酒者,以书契授之。"郑玄注曰："书契,谓出予之凡要。"贾公彦疏曰："此书契即出予之凡要也。盖凡有秩酒者,此官则案其当得之数,为书契以授其人,至其人来取酒,又案视书契,而后以数授之。"

(七) 听卖买以质剂

"听卖买以质剂"是指审理因买卖纠纷产生的争讼,根据质剂判定。注引郑司农云："质剂,谓两书一札,同而别之,长曰质,短曰剂。傅别,质剂皆今之券书也,事异,异其名耳。"贾公彦疏曰："质剂,谓券书有人争市事者,则以质剂听之。"《周礼·地官·质人》曰："凡卖买者,质剂焉;大市以质,小市以剂。"郑玄注曰："谓质剂者,为之券藏之也。大市,人民马牛之属用长券。小市,兵器珍异之物用短券。"从上述注疏可知,质剂则是书一札,左右文同而从中剖分开,双方各执其半札。

质剂作为市场交易的重要形式在《周礼》中多次出现,说明春秋战国时期商品经济已相当发达。质剂的广泛运用目的在于结信止讼。如《周礼·地官·司市》曰："以质剂结信而止讼。"郑玄注曰："质剂谓两书一札而别之也。"贾公彦疏曰："质剂谓券书,恐民失信,有所违负,故为券书结之,使有信也。民之狱讼,本由无信,既结信则无讼,故云'止讼'也。"从《周礼》的这一记载可知,质剂券书的使用在于强化交易信用,避免产生纷争。《周礼·地官·质人》曰："凡卖买者质剂焉,大市以质,小市以剂。掌稽市之书契,同其度量,壹其淳制,巡而考之。犯禁者,举而罚之。"郑玄注曰："稽,犹考也,治也。书契,取予市物之券书也,其券之象,书两札刻其侧。杜子春云:'淳,当为纯。纯为幅广,制为匹长也,皆当中度量。'"在市场交易过程中,质人负有对市场诚信的查验、监督职责,对于出售不够度量、尺寸的物品,违反诚信者将被给予处罚。这些规定说明政府管理部门对市场公平交易、诚信非常重视。

(八) 听出入以要会

"听出入以要会"是指审理财物收支方面的争讼,根据会计账册判定。注引郑司农云:"要会,谓计最之簿书。月计曰要,岁计曰会。故《宰夫职》曰:'岁终,则令群吏正岁会;月终,则令正月要。'"贾公彦疏曰:"岁计曰会,月计曰要。此出入者,正是官内自用物。有人争此官物者,则以要会簿书听之。"

四、心证证明模式的形成及其在狱讼审判中的运用

依据生活经验和常识形成对判断对象真伪及其程度、与其他事物的关联性及其程度的判断,进而形成确定性的认知状态,这种状态可称之为心证。

(一) "五听狱讼"心证模式的确定

《周礼·秋官·小司寇》曰:"以五听狱讼,求民情:一曰辞听,二曰色听,三曰气听,四曰耳听,五曰目听。"郑玄注曰:"观其出言,不直则烦;观其颜色,不直则赧然;观其气息,不直则喘;观其听聆,不直则惑。观其牟子视,不直则眊然。"贾公彦疏曰:"直则言要理深,虚则辞烦义寡;理直则颜色有厉,理曲则颜色愧赧;虚本心知,气从内发,理既不直,吐气则喘;观其事直,听物明审,其理不直,听物致疑;目为心视,视由心起,理若直实,视盼分明,理若虚陈,视乃眊乱。"根据《周礼》经文,"五听狱讼"的目的在于"求民情"。按现代语言解释,"五听狱讼"可解释为,审判者在听审案件时通过察言观色的方法观察被讯问者的言辞、面部表情、气息、听觉反应和眼睛的视盼情况等以判断被讯问者的讯辞真伪、有无冤屈。具体的判断方法是:观察受审者的言辞,理曲者往往是

语无伦次,言语不得要领;在面部表情上,理直者面部表情坚毅,理亏者则有愧赧表情;在气息上,理亏者心虚,吐气喘而不平,理直者则吐气平和稳定;在听力上,理亏者注意力不能集中,反应迟钝,理直者则注意力集中,反应迅速;在视觉上,理直者视盼分明,反应迅速,理亏者则视盼游弋,目光眊然,反应迟钝。"五听狱讼"是《周礼》对先秦时期审判经验的总结,也是亲历性审判原则的最好表述。

(二)"五听狱讼"源流梳理

运用察言观色的方法判断人的内心活动的心理学理论在中国古代产生较早,《尚书》中就有有关心理活动对人的影响的记载,如《尚书·周官》曰:"作德心逸日休,作伪心劳日拙。"春秋战国时期心理学理论有了进一步发展,如《孟子·离娄上》记载:"孟子曰:存乎人者,莫良于眸子。眸子不能掩其恶。胸中正,则眸子瞭焉;胸中不正,则眸子眊焉。听其言也,观其眸子,人焉廋哉!"即人之善恶最能彰显者莫过于眼睛;心善者目明,心恶者目浊;听其言,观其眸子,善恶无所藏匿也。《大戴礼记·曾子立事》也有相关记载:"故目者,心之浮也;言者,行之指也;作于中则播于外也。故曰:以其见者,占其隐者。"[①]即通过对眼睛、言行这些外在表现的观察,能探知当事者隐藏于其内心的活动或心理状态。另外,《大戴礼记·文王官人》还系统地记载了周文王通过人的外在表现形式观察人的内心活动,进而判定特定人的人格特质的事例。《大戴礼记·文王官人》曰:"四曰民有五性:喜、怒、欲、惧、忧也。喜气内畜,虽欲隐之,阳喜必见。怒气内畜,虽欲隐之,阳怒必见。欲气内畜,虽欲隐之,阳欲必见。惧气内畜,虽欲隐之,阳惧必见。忧悲之气内畜,虽欲隐之,阳忧必见。五气诚于中,发形于外,民情不隐也。"[②]这种通过个人

---

① 《大戴礼记解诂》卷4《曾子立事》,第76页。
② 《大戴礼记解诂》卷10《文王官人》,第191—192页。

的外部表情探求其内心活动的论述是长期心理学实践经验的总结。《文王官人》是中国古代的一篇较为系统的有关心理学的论著。《周礼》将春秋战国时期的心理学研究成果融进了诉讼制度的设计之中,"五听狱讼"的心证制度是对春秋战国时期及其以前的心理学研究成果的继承和发展。

这些通过察言观色判断案情真伪的"五听"方法始见于《周礼》,对其后的诉讼制度影响深远。《后汉书》就记载有通过察言观色平反冤狱的事例,如《后汉书·和熹邓皇后纪》记载:"永初二年(公元108年)夏,京师旱,亲幸洛阳寺录冤狱。有囚实不杀人而被考自诬,羸困舆见,畏吏不敢言,将去,举头若欲自诉。太后察视觉之,即呼还问状,具得枉实,即时收洛阳令下狱抵罪。行未还宫,澍雨大降。"此后,"五听狱讼"在司法实践中广泛运用,并以法律的形式予以规定,如《唐律疏议·断狱》规定:"诸应讯囚者,必先以情审查辞理,反复参验;犹未能决,事须讯问者,立案同判,然后拷讯。"《疏议》曰:"依《狱官令》:察狱之官,先备五听,又验诸证信,事状疑似,犹不首实者,然后拷掠。"[①]又如《大清律例·断狱》规定:"凡狱囚徒流死罪,各唤囚及其家属,具告所断罪名,仍取囚服辩文状。若不服者,听其自理,更为详审。"[②]"听其自理"则是察言观色、五听狱讼的亲历性审判原则的另一种表达。

五、盟誓证据的形成及其在诉讼中的运用

(一) 盟誓的产生及其拘束力

"盟誓是从原始的诅誓咒语发展而来的,个体与个体或氏族与氏族、部落与部落之间,出于某些目的而缔结某种协议,为了互相取信,唯

---

① 刘俊文点校:《唐律疏议》,法律出版社1999年版,第592页。
② 田涛、郑秦点校:《大清律例》,法律出版社1999年版,第596—597页。

一可行的方式是对神灵作出遵守诺言的保证。"①盟誓是对日月山川等自然神灵和祖先神作出的信守诺言的保证,如不遵守诺言,国家、家族、自身及其后代等将面临种种灾难,这种盟誓对当事者能产生一定的心灵威慑力和恐惧感,因而在一定程度上能确保诺言或契约的遵守。盟誓的约束力除了来自人们对神灵的普遍信仰和迷信外,社会普遍认同的诚实守信的道德信念对盟誓的遵守也起到了一定的促进作用。《左传·成公元年》记载:"叔服曰:背盟而欺大国,此必败。背盟不祥,欺大国不义,神人弗助,将何以胜?"这种基于对神和道义的认识,对盟誓的遵守的作用是不容忽视的。

春秋战国时期,中原地区的手工业有了进一步的发展,井田制瓦解,土地开始流转,金属货币广为流通,私人商业兴起,②在商品交易中,商业信用、对契约的遵守显得尤为重要。《周礼》在契约管理方面的规定,反映了这一时期的社会需求,以手工业为基础的商品经济发展,就需要建立诚实守信的市场行为准则。盟誓形式的出现说明人们对日月山川等自然神灵的敬畏和迷信有了共同的社会基础。《周礼》中有关盟誓的经文主要见于《周礼·春官·大史》《周礼·春官·诅祝》《周礼·秋官·大司寇》《周礼·秋官·司约》和《周礼·秋官·司盟》等。本章所述的盟誓在形式上包括誓、盟和诅三种。

(二) 盟誓的形式及其在诉讼中的运用

盟与誓都是确保契约履行的保证形式,但二者有所区别。《礼记·曲礼》曰:"约信曰誓,莅牲曰盟。"③郑玄注曰:"莅,临也。坎用牲,临而

---

① 吴承学:《先秦盟誓及其文化意蕴》,《文学评论》2001年第1期。
② 参见顾德融、朱顺龙:《春秋史》,上海人民出版社2003年版,第三章"春秋时代的社会经济"。
③ 《礼记正义》卷5《曲礼下》,第141页。

读其盟书。"孔颖达注曰："约信,以其不能自和好,故用言辞共相约束以为信也。若用言语相约束以相见,则用誓礼,故曰誓也。"如《左传·僖公二十八年》曰："王子虎盟诸侯于王庭,要言曰:'皆奖王室,无相害也。有渝此盟,明神殛之,俾队其师,无克祚国。'"又如《左传·哀公十二年》曰："盟所以周信也,故心以制之,玉帛以奉之,言语以结之,明神以要之。"孙诒让先生认为此两例虽然文字内容里出现了"盟",但其实质是誓,因其没有用牲。[①]《周礼·秋官·司约》经文中所载的约剂应属于誓的形式。

《周礼·秋官·司约》曰："司约掌邦国及万民之约剂。治神之约为上,治民之约次之,治地之约次之,治功之约次之,治器之约次之,治挚之约次之。凡大约剂书于宗彝,小约剂书于丹图。若有讼者,则珥而辟藏,其不信者服墨刑。若大乱,则六官辟藏,其不信者杀。"该经文对约剂的适用范围、种类、分类、书写的器物、争讼的验证程序,以及对违约者的处罚等都作了规定。

约剂或誓约的适用范围较广,其适用于邦国之间和百姓之间,在种类上可分为六种,即神约、民约、地约、功约、器约和挚约。《司约》郑玄注曰："此六约者,诸侯以下至于民,皆有焉。剂,谓券书也。治者,理其相抵冒者。神约,谓命祀、郊社、群望及所祖宗也。夔子不祀祝融,楚人伐之。[②]民约,谓征税迁移、仇雠即和,若怀宗九姓在晋,殷民六族、九族在鲁卫皆是也。[③]地约,谓经界所至,田莱之比也。功约,谓王功国功之

---

① 参见《周礼正义》卷50《春官·诅祝》正义,第2060页。
② 《左传·僖公二十六年》曰："夔子不祀祝融与鬻熊。秋,楚成得臣、斗宜生帅师灭夔,以夔子归。"杜预注曰："祝融,高辛氏之火正,楚之远祖也。夔,楚之别封,故亦世绍其祀。"
③ 据贾疏云,周初,怀宗九姓分在晋国,殷之遗民六族在鲁、七族在卫,为迁移之民约也。

属,赏爵所及也。器约,谓礼乐吉凶车服所得用也。挚约,谓玉帛禽鸟,相与往来也。"

关于书写方式及其载体,《司约》曰:"凡大约剂书于宗彝,小约剂书于丹图。"郑玄注曰:"大约剂,邦国约也。书于宗庙之六彝,欲神监焉。小约剂,万民约也。丹图,未闻。或有雕器簠簋之属,有图象者与?"贾公彦疏曰:"书于宗彝,谓刻铭重器,丹图则箸于竹帛,皆所以征信也。"

关于约剂或誓约副本的保藏,《周礼·秋官·大司寇》曰:"凡邦之大盟约,莅其盟书,而登之于天府。大史、内史、司会及六官皆受其贰而藏之。"《周礼·春官·大史》曰:"凡邦国都鄙及万民之有约剂者藏焉,以贰六官,六官之所登。若约剂乱,则辟法,不信者刑之。"从上述经文规定来看,无论邦之大盟约,还是万民之间的小约剂,大史、六官处均保留盟约、约剂的副本,以备核查。

若因约剂或誓约履行发生争讼者,可通过一定的程序进行核查,对不守约方则给予一定的处罚。《司约》曰:"若有讼者,则珥而辟藏,其不信者服墨刑。若大乱,则六官辟藏,其不信者杀。"郑玄注曰:"辟藏,开府视约书。不信,不如约也。珥读曰衈,杀鸡取血衈其户。大乱,谓僭约。六官辟藏,明大罪也。"即若因约剂发生争讼,要按照一定的程序对约剂或誓约进行开验,首先,杀鸡取血,洒于门户,以示神圣、庄严;其次,开府视约书,勘核之。对于违反约剂,不遵守约剂的一方当事人施以墨刑;对于僭越类的行为,则开启六官所藏约剂勘核之,对于不守约方施以大辟之刑。

(三)盟诅的形式及其作用

《周礼·春官·诅祝》曰:"作盟诅之载辞,以叙国之信用,以质邦国之剂信。"郑玄注曰:"盟诅主于要誓,大事曰盟,小事曰诅。"关于"盟"与"诅"的区别,贾公彦在赞同郑玄"大事曰盟,小事曰诅"的注解同时,进一步解释说:"盟者,盟将来;春秋诸侯会有盟无诅;诅者,诅过往,不应会而为之。"孙诒让先生认为,"盟者,盟将来;诅者,诅过往"这一说法并不完全符合经文事实,在《左传》中也有一事兼有盟与诅的事例,如:"襄十一年,季武子将作三军,盟诸僖闳,诅诸五父之衢。定公五年,阳虎囚季桓子,冬十一月己丑,盟桓子于稷门之内,庚寅,大诅。又六年秋,阳虎又盟公及三桓于周社,盟国人于亳社,诅于五父之衢是也。"孙诒让认为,盟与诅的主要区别是盟用牲,而诅则无;至于盟、诅二者用于事之大小,是盟过往,还是诅将来,并没有确切的区别。根据孙诒让先生的解释,诅与誓属于同一形式,几无区别。

关于盟诅的程序,《周礼》经文并未载明,郑玄对盟诅的载辞作注曰:"为辞之载于策,坎用牲,加书于其上。"贾公彦疏曰:"坎,谓掘地为坎。"孔颖达在《礼记正义·曲礼》作了较为详细的疏释:"盟之为法,先凿地为方坎,杀牲于坎上,割牲左耳,盛以珠盘,又取血,盛以玉敦,用血为盟,书成,乃歃血为盟。"[①]"为要誓之辞,载之于策,人多无信,故为辞对神要之,使用信。"[②]这种仪式感能强化当事人对誓辞的遵守和履行,能达到"以叙国之信用,以质邦国之剂信"。

(四) 盟诅之缘由、方式及其适用范围

《周礼·秋官·司盟》曰:"司盟掌盟载之法。凡邦国有疑会同,则掌其盟约之载及其礼仪,北面诏明神,既盟,则贰之。盟万民之犯命者,诅其不信者亦如之。凡民之有约剂者,其贰在司盟;有狱讼者,则使之盟诅。凡盟诅,各以其地域之众庶,共其牲而致焉;既盟,则为司盟共祈酒脯。"对于《司盟》经文可做如下几方面理解:

对于"司盟掌盟载之法",郑玄注曰:"载,盟辞也。盟者书其辞于

---

① 《礼记正义》卷5《曲礼下》正义,第142页。
② 《周礼·春官·诅祝》,贾公彦疏。

策,杀牲取血,坎其牲,加书于上而埋之,谓之载书。"贾公彦疏曰:"'掌盟载之法'者,司盟之官法也。"

"凡邦国有疑会同,则掌其盟约之载及其礼仪,北面诏明神,既盟,则贰之。"这是关于邦国盟约的缘由、司盟及参盟者位次或方位、副本保存的规定。郑玄注曰:"有疑,不协也。明神,神之明察者,谓日月山川也。《觐礼》加方明于坛上。诏之者,读其载书以告之也。贰之者,写副当以授六官。"贾公彦疏曰:"云'北面诏明神'者,谓司盟于坛上,北面以盟约诏告神也。"根据郑注和贾疏,盟约的基本程序是:会盟时盟神位在坛上南面,司盟及参盟者在坛上北面,司盟宣读盟辞,参盟宣誓遵守。之后,盟约副本交由六官收藏。

"盟万民之犯命者,诅其不信者亦如之。凡民之有约剂者,其贰在司盟;有狱讼者,则使之盟诅。"这是关于盟誓适用范围的规定,盟誓除"邦国有疑"适用外,对于万民之"犯命""约剂""狱讼"也适用。郑玄注曰:"盟诅者,欲相与共恶之也。犯命,犯君教令也。不信,违约者也。"盟诅能确保相关当事人遵守法律、契约,能起到减少狱讼的目的。对自然神灵的信仰和敬畏,在一定程度上强化了人们对法律、契约遵守的恒定力。《墨子·明鬼》篇记录一起狱讼盟诅的事例:"昔者齐庄君之臣,有所谓王里国、中里徼者,此二子者,讼三年而狱不断。齐君由谦杀之,恐不辜;犹谦释之,恐失有罪。乃使之人共一羊,盟齐之神社。二子许诺。于是洫洫,到羊而漉其血。读王里国之辞,既已终矣;读中里徼之辞,未半也,羊起而触之,折其脚,祧神之而槁之,殪之盟所。"[①]这是一起狱讼盟诅,惩罚一方当事人的事例。在今天看来,有诸多不可信因素,羊触之也许是个巧合,很难说羊触碰的当事人一定是应当败诉的当事

---

① 《墨子校注》卷 8《明鬼下》,第 333 页。

人。但是，人们对神灵的信仰，对正义的渴望和寄托，在一定程度上强化了人们对契约的遵守，对正义的社会秩序的遵守，具有一定的积极意义。

"凡盟诅，各以其地域之众庶，共其牲而致焉；既盟，则为司盟共祈酒脯。"这是有关盟时所用牲及资物之规定。郑玄注曰："使其邑间出牲而来盟，已，又使出酒脯，司盟为之祈明神，使不信者必凶。"贾公彦疏曰："盟处无常，但盟者遭其地之民出牲以盟，并出酒脯以祈明神也。"《诗经·小雅·何人斯》曰："出此三物，以诅尔斯。"毛亨传曰："三物，豕、犬、鸡也。民不相信，则盟诅之。君以豕，臣以犬，民以鸡。"①

敬天地神灵是《周礼》体现的又一精神理念，采取一定宗教仪式宣读契约内容，使得契约的内容增添了一层神圣的色彩。盟诅形式在先秦时期较为盛行，如《尚书·无逸》曰："民否则厥心违怨，否则厥口诅祝。"孔颖达疏："诅祝，谓告神明令加殃咎也；以言告神谓之'祝'，请神加殃谓之'诅'。"《左传·襄公十七年》曰："宋国区区，而有诅有祝。"《诗经·大雅·荡》曰："侯作侯祝。"毛亨注曰："作、祝，诅也。"诅祝，就是向神灵宣读盟约内容及遵守并履行盟约或券书之义务的仪式。这是盟诅的一种形式，是强化诚信的另一种形式。

《周礼》成书距今已有两千多年了。其有关"情实"的断案原则、要式证据形式、心证的运用以及盟誓证据形式等规定，影响了中国几千年，直到今天仍熠熠生辉。"天命之谓性，率性之谓道，修道之谓教"②，至言也。天地育化人类，即赋予了人类仁、义、礼、智之性，以及喜、怒、哀、乐、怨、恶、惧之情，眼、耳、鼻、舌、身、意之欲，几千年来未曾改变。两千多年前人们为了追寻理想的社会治理秩序而设计的解决纠纷的证

---

① 《毛诗正义》卷12之三《小雅·何人斯》传，第763页。
② 《礼记·中庸》。

明制度，在今天仍有时代价值。诉讼之美的本质要素在于真，没有真，谈不上善，也谈不上美。真实原则是人类超越时代、阶级、阶层的共同的价值追求。要式证据形式的存在和运用能达到结信止讼、减少纠纷的目的。心证的理论和实践，使我们更进一步地认识到诉讼审判的亲历性原则的重要性及其在审判中的价值，五听狱讼仍具有时代价值。盟誓证据形式的存在在一定程度上强化了契约的遵守和履行，今天诉讼审判中的证人宣誓制度是盟誓证据形式在当代的延展。

《周礼》在思想传承、制度设计上具有承前启后的地位。正如孙诒让先生在为《周礼正义》作序时说："此经上承百王，集其善而革其弊，盖尤其精详之至者，故其治跻于纯大平之域。"[1]《周礼》之作者汲取了战国时期诸子百家的优秀研究成果，将其融入了《周礼》的官制设计中，达到了"蟠际天地，经纬万端"[2]之效。诉讼证明制度是《周礼》承前启后的又一例证。

---

[1] 《周礼正义》，《周礼正义序》，第1页。
[2] 《周礼正义》，《周礼正义序》，第1页。

第八章　先秦时期的告诉制度

第一节　先秦时期的告诉

一、先秦时期告诉及形式

告诉作为诉讼的启动形式,在西周时已经存在,如《国语·周语上》记载:"厉王虐,国人谤王。召公告王曰:'民不堪命矣!'王怒,得卫巫,使监谤者。① 以告则杀之。国人莫敢言,道路以目。"《国语》的这一记载说明,在西周时期,告诉作为司法审判的启动程序已经存在,且已成为诉讼启动的必经程序。即使是残暴的厉王要对"谤王"者实行处罚时也要遵循告诉程序,"以告则杀之",不告,则诉讼程序无法启动。

在春秋时期,告诉的形式已趋于规范化。《左传·宣公十年》曰:"己巳,齐侯元卒。齐崔氏出奔卫。"杜预注曰:"齐略见举族出,因其告辞以见无罪。"孔颖达疏曰:"崔杼有宠于惠公,惠公既薨,高国二家恐其借前世之宠,又有宠于新君,故畏其逼已,因君薨而逐之。崔杼未有罪

---

① 《国语·周语上》韦昭注曰:"卫巫,卫国之巫也。监,察也,以巫有神灵,有谤必知之。"

也，齐人疑其事，故不言其名，略言崔氏，见其举族出奔耳。及仲尼修之，大夫出奔，无罪不名。不名即是无罪，故因告称氏而书氏，以见无罪。若贵之，或称官，或称字。"《春秋》记史，"晦而隐"，无罪者不书其名，书姓氏者无罪也。《左传》对春秋时期告诉的记载，使我们对春秋时期的告诉形式有了大致的了解。《左传·宣公十年》曰："夏，齐惠公卒。崔杼有宠于惠公，高、国畏其逼也。公卒而逐之，奔卫。书曰：'崔氏'，非其罪也；且告以族，不以名。凡诸侯之大夫违，告于诸侯曰：'某氏之守臣某，失守宗庙，敢告。'所有玉帛之使者则告；不然，则否。"杜预注曰："典策之法：告者皆当书以名，今齐特以族告，夫子因而存之，以示无罪。"根据《春秋经》和《左传》记载可知，以姓氏告者，非罪之告；如有罪告，则以姓氏加名的形式表述。如果诸侯、大夫违反法令，构成犯罪者，可向诸侯王告发曰："某氏之守臣某，失守宗庙，敢告。""某氏之守臣某，失守宗庙，敢告"是春秋时期告诉的形式，或者说是告诉的格式内容。

二、秦律中关于居民告诉义务的规定

根据秦律规定，告发犯罪是居民应承担的一种法律义务，这种义务是基于一定的社会关系产生的。

（一）什伍居民组织中的居民对什伍中的居民犯罪有检举告发的义务

《史记·商君书列传》记载："令民为什伍，而相牧司连坐。"司马贞索隐引刘氏云："五家为保，十保相连。"又注曰："牧司谓相纠发也。一家有罪而九家连举发，若不纠举，则十家连坐。恐变令不行，故设重禁。"什伍居民组织是军政一体的居民组织，为确保什伍居民组织发挥作用，秦律规定，什伍居民组织的居民有相司纠举告发犯罪的义务。这种什伍连坐的居民组织在一定程度上起到了防止犯罪发生的作用，从而起到净化社会的作用。

1975年在湖北省云梦县出土的《睡虎地秦墓竹简》中的《封诊式》部分记录有两例什伍居民组织居民告发同居民组织居民犯罪的事例:

其一,□□爰书:"某里士五(伍)甲、乙縛詣男子丙、丁及新钱百一十钱、容(𩰫)二合,告曰:'丙盗铸此钱,丁佐铸。甲、乙捕索其室而得此钱、容(𩰫),来詣之。'"①该爰书写道,某里无爵士伍甲、乙绑缚男子丙、丁二人,并且携带新铸一百一十钱和铸钱器具二合,控告说:"这些钱是丙铸造的,丁是协助者。甲、乙二人在丙、丁的住室搜查到这些铸钱、铸钱的器具,来控告丙、丁。"简文中没有说明甲、乙与丙、丁是否是同一什伍组织;但从推理上看,甲、乙与丙、丁应属同一什伍组织,否则甲、乙很难发现丙、丁这一具有隐蔽性的违法行为。

其二,奸爰书:"某里士五(伍)甲詣男子乙、女子丙,告曰:'乙、丙相与奸,自昼见某所,捕校上来詣之。'"②这是一起告发他人和奸的告诉事例。某里士伍甲绑缚男子乙、女子丙告发说:乙、丙二人相与和奸,今天白天在某所发现,特将两人捕获,加上木械送来报案。

(二) 县令、丞以下各级基层组织的官吏对其辖域内的犯罪有纠举告发的义务

从已出土的秦简中有关法律规定的内容看,有有关官员纠举告诉义务的规定。如《睡虎地秦墓竹简·语书》曰:"今法律令已布,闻吏民犯法为间私者不止,私好、乡俗之心不变,自从令、丞以下智(知)而弗举论,是即明避主之明法殹(也),而养匿邪避(僻)之民。如此,则为人臣亦不忠矣。若弗智(知),是即不胜任、不智殹(也);智(知)而弗敢论,是即不廉殹(也)。此皆大罪殹(也),而令、丞弗明智(知),甚不便。今且

---

① 《睡虎地秦墓竹简》,第151页。
② 《睡虎地秦墓竹简》,第163页。

令人案行之,举劾不从令者,致以律,论及令、丞。有(又)且课县官,独多犯令而令、丞弗得者,以令、丞闻。"①《语书》中所载明的告诉义务的主体是令、丞以下的官吏。这里的令、丞是指县令、县丞。令、丞对其属下吏民犯法为间私者有纠举之义务。令、丞对其辖域内犯法为间私者不纠举是对国家法律的不执行、不遵守,是对有邪恶民众的放纵,也是对君主不忠诚的表现。身为令、丞对其辖域内的犯罪行为不知道,也没有察觉,是不胜任、不明智的;知道了、察觉了,却不敢依法处置,是不正直、不廉洁的表现,这些都是大罪。身为令、丞不清楚明白这些道理是不应该的。现在国家派人到各地巡行,纠举那些不依法办事者,纠举的范围包括令、丞。国家还要定期对县官进行考核,如果县域内有多起违法犯罪事件发生而令、丞没有侦破,也没有抓获犯罪嫌疑人,要依法上报,对令、丞予以惩处。

(三) 军中服役的军人对同伍、同署、同屯军人犯罪有检举告发的义务

《睡虎地秦墓竹简·秦律杂抄》记载:"不当禀军中而禀者,皆赀二甲,法(废);非吏殹(也),戍二岁;徒食、敦(屯)长、仆射弗告,赀戍一岁;令、尉、士吏弗得,赀一甲。军人买(卖)禀禀所及过县,赀戍二岁;同车食、敦(屯)长、仆射弗告,戍一岁;县司空、司空佐史、士吏将者弗得,赀一甲;邦司空一盾。"②即不应当从军中领取军粮而领取的,如是官吏,罚二甲,撤职永不叙用;如不是官吏,罚戍边二年;一起食用军粮的军人、屯长、仆射不告发者,罚戍边一年;令、尉、士吏没有发觉者,罚一甲。军人在领取军粮的地方以及所路过的县出卖所领取的军粮者,罚戍边二年;同车一起吃军粮的军人、屯长、仆射不告发者,罚戍边一年;县司空、

---

① 《睡虎地秦墓竹简》,第13页。
② 《睡虎地秦墓竹简》,第82页。

司空佐史、士吏没有发觉者,罚一甲,邦司空罚一盾。

《睡虎地秦墓竹简·秦律杂抄》记载:"徒卒不上宿,署君子、敦(屯)长、仆射不告,赀各一盾。"① 即徒卒不到岗位上值班警卫,同署的君子、屯长、仆射不告发者,各罚一盾。"军新论攻城,城陷,尚有栖未到战所,告曰战围以折亡、假者,耐;敦(屯)长、什伍智(知)弗告,赀一甲;禀伍二甲。"② 军队就新近攻城论功行赏,如果城池攻陷时因迟到尚未进入战场的,却报告说在攻城作战时受伤死亡、弄虚作假者,应处耐刑;屯长、同什知情不告发者,罚一甲;同伍者,罚二甲。

(四) 里典、伍老对其里、伍内不当免老有纠举告发义务

《睡虎地秦墓竹简·秦律杂抄》曰:"百姓不当老,至老时不用请,敢为酢(诈)伪者,赀二甲;典、老弗告,赀各一甲;伍人,户一盾,皆迁之。"③ 这里的老是免老的意思。《汉官旧仪》曰:"秦制二十爵。男子赐爵一级以上,有罪以减,年五十六免。无爵为士伍,年六十乃免老,有罪,各尽其刑。"④ 睡虎地秦墓竹简整理小组注曰:"老,即免老。秦制无爵男子年六十岁免老,不再服封建政府规定的兵役和徭役。典、老,即里典(正)、伍老,相当于后世的保甲长。"综合上述注解,该段律文的意思是说:百姓不应当免老,或应免老而不予以申报,或者弄虚作假者,罚二甲;里典、伍老不告发,各罚一甲;同伍之人,每家罚一盾,且都予以流放。

(五) 基于职务行为的告发义务

《睡虎地秦墓竹简·封诊式》曰:"盗马爰书:市南街亭求盗才(在)某里曰甲缚诣男子丙,及马一匹,雅牝右剽;缇覆(复)衣,帛里莽缘领褎

---

① 《睡虎地秦墓竹简》,第88页。
② 《睡虎地秦墓竹简》,第88页。
③ 《睡虎地秦墓竹简》,第87页。
④ 《汉官六种》,第53页。

(袖),及履,告曰:'丙盗此马、衣,今日见亭旁,而捕来诣。'"①《史记·高祖本纪》曰:"高祖为亭长,乃以竹皮为冠,令求盗之薛治之。"裴骃集解引应劭曰:"求盗者,旧时亭有两卒,其一为亭父,掌开闭扫除;一为求盗,掌逐捕盗贼。"②从求盗的职责来看,盗马爰书记录的应是市南街亭某里的求盗甲绑缚男子丙,并携带缴获马匹等盗窃物品向官府告发。此盗马爰书的告发,对于求盗来说,是一种职务行为。

告诉还有一定的身份和年龄的限制。如《二年律令·告律》曰:"子告父母,妇告威公,奴婢告主、主父母妻子,勿听而弃告者市。"③即子女告发父母,儿媳妇告发公婆,奴婢告发主人、主人的父母妻子者,不予受理,同时对告发者判处死刑并弃市。又曰:"年未盈十岁及系者、城旦舂、鬼薪白粲告人,皆勿听。"④即年未满十周岁的儿童以及被羁押尚未判决的犯罪嫌疑人、服城旦舂、鬼薪白粲劳役者告发他人者,不予受理。《二年律令》是西汉初期的法律,汉承秦制,由此推论,秦代应有类似的规定。

三、秦律中的共同告诉

争讼的双方当事人同时到法庭争辩是非曲直的活动,称之为共同告诉。在《睡虎地秦墓竹简·封诊式》记载有两例共同告诉的事例:

1. 争牛案。"某里公士甲、士五(伍)乙诣牛一,黑牝曼縻有角,告曰:'此甲、乙殹(也),而亡,各识,共诣来争之。'即令令史某齿牛,牛六岁矣。"⑤这是一起甲、乙二人因争牛共同到法庭解决纠纷的事例。争牛爰书曰:某里公士甲、士伍乙一起牵来一头牛,是一头黑色母牛,有

---

① 《睡虎地秦墓竹简》,第151页。
② 《史记》卷8《高祖本纪》,第346页。
③ 《张家山汉墓竹简[二四七号墓](释文修订本)》,第27页。
④ 《张家山汉墓竹简[二四七号墓](释文修订本)》,第27页。
⑤ 《睡虎地秦墓竹简》,第152页。

角,系有绳套。诉辞曰:这是甲、乙的牛,丢失了,甲、乙二人都认为是自己的,一起来讼争解决。审理案件的法官当即命令令史某查验牛的牙齿以确定牛的年龄,经查验,牛的年龄为六岁。

2. 争军功案。"某里士五(伍)甲、公士郑才(在)某里曰丙共诣斩首一,各告曰:'甲、丙战刑(邢)丘城,此甲、丙得首殹(也),甲、丙相与争,来诣之。'"①这是一起争夺军功的共同告诉事例。某里士伍甲、住在郑县某里的丙一起送到首级一个,共同报告说:甲、丙在邢丘城作战,这是甲、丙获得的首级,甲、丙相互争夺,故把首级送到此处,请求裁断。

四、自告及其法律责任

自告是当事人自愿向官府陈述自己的犯罪事实,并自愿接受处罚的行为,即投案自首。《张家山汉墓竹简·二年律令·告律》曰:"告不审及有罪先自告者,各减其罪一等。"②汉承秦制,我们有理由相信《二年律令》的这一规定应是来源于秦律,秦律中也应有自告减免一等的规定。

《法律答问》曰:"司寇盗百一十钱,先自告,可(何)论?当耐为隶臣,或曰赀二甲。"③即司寇盗窃一百一十钱,先已自首,如何论处?当耐为隶臣,一说应赀二甲。司寇在《睡虎地秦墓竹简》中是一种刑罚称谓。孙星衍撰《汉官六种》中《汉旧仪二卷补遗二卷》曰:秦制,"罪为司寇,司寇男备守,女为作,如司寇,皆作二岁"④。该例因犯罪行为人是司寇身份,是刑徒,所以处罚较重。在《法律答问》记载的另一例中,同样盗窃一百一十钱,因犯罪行为人的身份是无爵士伍,即自由民,仅处耐刑。

---

① 《睡虎地秦墓竹简》,第153页。
② 《张家山汉墓竹简[二四七号墓](释文修订本)》,第26页。
③ 《睡虎地秦墓竹简》,第95页。
④ 《汉官六种》,第85页。

如:"士五(伍)甲盗,以得时直(值)臧(赃),臧(赃)直(值)过六百六十,吏弗直(值),其狱鞫乃直(值)臧(赃),臧(赃)直(值)百一十,以论耐,问甲及吏可(何)论?甲当黥为城旦;吏为失刑罪,或端为,为不直。"①士伍甲盗窃,如在抓获时估其赃物的价值,其价值应超过六百六十,但当时吏没有估价,到审判时才估价,其赃值一百一十,因而判处耐刑,问甲和吏应如何论处?甲应当黥为城旦,吏为失刑罪;如果吏是故意作为,应按不直罪论处。

《睡虎地秦墓竹简·封诊式》就记载了三例自告的事例:

1. 盗窃后自告例。"某里公士甲自告曰:'以五月晦与同里士五(伍)丙盗某里士五(伍)丁千钱,毋(无)它坐,来自告,告丙。'即令令史某往执丙。"②即某公士甲自首说:"于五月底与住在同里的士伍丙盗窃了某里士伍丁的一千钱,没有其他过犯,来自首,并且告发丙。"当即命令令史前往拘捕丙。

2. 盗牛逃亡后又抓捕杀人逃亡案犯自告例。"男子甲缚诣男子丙,辞曰:'甲故士五(伍),居某里,乃四月中盗牛,去亡以命。丙坐贼人□命。自昼甲见丙阴市庸中,而捕以来自出。甲毋(无)它坐。'"③即男子甲绑缚男子丙,告辞称:"甲原为士伍,居某里,自今年四月盗牛后,逃亡。丙犯有杀人罪逃亡。白天见丙隐藏在市庸中,因而将其抓捕前来自首。甲没有其他过犯。"该例中的"自出"与下例的"自出"均为"自告"的意思,即投案自首。

3. 逃亡后自告例。"亡自出。乡某爰书:男子甲自诣,辞曰:'士五(伍),居某里,以乃二月不识日去亡,毋(无)它坐,今来自出。'问之□名

---

① 《睡虎地秦墓竹简》,第101页。
② 《睡虎地秦墓竹简》,第150页。
③ 《睡虎地秦墓竹简》,第150页。

事定,以二月丙子将阳亡,三月中逋筑宫廿日,四年三月丁未籍一亡五月十日,毋(无)它坐,莫覆问。以甲献典乙相诊,今令乙将之诣论,敢言之。"①即男子甲自己投案,告辞说:"为士伍,居某里,自今年二月不知是哪一天逃亡,没有其他过犯,今来自首。"经讯问,其身份、姓名确定,于二月丙子日游荡逃亡,三月逃避修筑宫殿劳役二十天;四年三月丁未日曾记载逃亡一次,共五月零十天,没有其他过犯,不用再审问。将甲交给里典乙检查审视,现命令乙将甲押送候审,谨告。

《二年律令·告律》对自告也有一定的身份限制。如《张家山汉墓竹简·二年律令·告律》曰:"杀伤大父母、父母,及奴婢杀伤主、主父母妻子,自告者皆不得减。"②即家庭成员之间的犯罪,如卑幼侵犯尊长,奴婢侵犯主人、主人父母妻子等类的犯罪,自首也不得减免。《睡虎地秦墓竹简·法律答问》中有两例有关家庭成员犯罪自告的事例。如:"'夫有罪,妻先告,不收。'妻媵臣妾、衣器当收不当? 不当收。"③即法律规定,"丈夫有罪,妻子先告发,妻子不得收为奴婢",那么,妻子陪嫁的妾、衣服、器具当收不当收? 不当收。另一例则曰:"当罨(迁),其妻先自告,当包。"④即应当流放的,妻子事先自首,仍应随丈夫去往流放地点。

五、公室告和非公室告

(一) 公室告和非公室告的界定及其适用

《睡虎地秦墓竹简·法律答问》中有有关公室告和非公室的记载。如:"'公室告'何殹(也)? '非公室告'可(何)殹(也)? 贼杀伤、盗它人

---

① 《睡虎地秦墓竹简》,第163页。
② 《张家山汉墓竹简[二四七号墓](释文修订本)》,第26页。
③ 《睡虎地秦墓竹简》,第133页。
④ 《睡虎地秦墓竹简》,第108页。

为'公室';子盗父母,父母擅杀、刑、髡子及奴妾,不为'公室告'。"①这段话用现代汉语解释就是:什么叫"公室告"?什么叫"非公室告"?杀死他人或杀伤他人身体、盗窃他人财物,就是公室告。子女盗窃父母的财物,父母擅自杀死、刑伤、髡刑子女及奴婢,不是公室告。

《法律答问》关于"公室告""非公室告"还有进一步的注解。如:"'子告父母,臣妾告主,非公室告,勿听。'可(何)谓'非公室告'?主擅杀、刑、髡其子、臣妾,是谓'非公室告',勿听。而行告,告者罪。告者罪已行,它人有(又)袭其告之,亦不当听。"②即法律规定:"子女控告父母,臣妾控告主人,非公室告,不予受理。"什么是"非公室告"?主人擅自杀死、刑伤、髡刑其子女、臣妾,叫"非公室告",不予受理。如仍坚持控告者,控告者有罪。控告者控告之罪已经论处,仍继续控告者,也不应受理。

从《法律答问》关于"公室告"与"非公室告"的范围界定来看,公室告所限定的告诉范围包括贼杀与盗窃,是属于国家纠举范畴,是公诉案件。非公室告的告诉范畴是家庭成员之间的犯罪,多是尊长侵犯卑幼、主人侵犯奴婢的案件,不属于国家纠举的范围,受到侵害的家庭成员也不得告发。非公室告属于家罪范畴。《法律答问》中还有关于家罪的界定。如:"家人之论,父时家罪殹(也),父死而諀(甫)告之,勿听。可(何)谓家罪?家罪者,父杀伤人及奴妾,父死而告之,勿治。"③即对家属的论处,父亲在世时的家罪,父亲死亡后告发,不予受理。什么叫作"家罪"?家罪就是父亲杀伤了他人或奴妾,父亲死亡后才告发,不予论处。又曰:"可(何)谓家罪?父子同居,杀伤父臣妾、畜产及盗之,父已死,或

---

① 《睡虎地秦墓竹简》,第117页。
② 《睡虎地秦墓竹简》,第118页。
③ 《睡虎地秦墓竹简》,第118页。

告,勿听,是胃(谓)家罪。"①即什么叫"家罪"？父子居住在一起,子杀伤父亲的臣妾、牲畜,以及盗窃父亲的牲畜,父亲死后,有人告发,不予受理,叫作家罪。

但是,从《睡虎地秦墓竹简·法律答问》中的有关规定来看,非公室告所适用案件不予受理不是绝对的,是相对的。《法律答问》有有关擅杀子应受到刑罚惩处的记载：

1. "'擅杀子,黥为城旦舂。其子新生而有怪物其身及不全而杀之,勿罪。'今生子,子身全殹(也),毋(无)怪物,直以多子故,不欲其生,即弗举而杀之,可(何)论？为杀子。"②即"擅自杀子,黥为城旦舂。新生儿身上长有异物或肢体不全者杀之,不予治罪"。今有新生儿肢体健全,身体上也没有长有异物,父亲只是以儿子太多的缘故,不想让新生儿活下来,就不再养育而把他杀死,如何论处？按擅杀子罪论处。

2. "士五(伍)甲毋(无)子,其弟子以为后,与同居,而擅杀之,当弃市。"③士伍甲无儿子,将其弟的儿子过继给其作后嗣,与其一起居住,而擅自将其后嗣杀死,应当弃市。

3. "'擅杀、刑、髡其后子,谳之。'可(何)谓'后子'？官其男为爵后,及臣邦君长所置为后大(太)子,皆为'后子'。"④即"擅自杀死、刑伤、髡刑其后子者,应当上请定罪"。什么是"后子"？经官方认可的男性爵位继承人,以及臣邦君长立为后嗣的太子,都是"后子"。

4. "人奴擅杀子,城旦黥之,畀主。"⑤即私家奴婢擅自杀死自己的子女,应黥为城旦,交给主人。

---

① 《睡虎地秦墓竹简》,第119页。
② 《睡虎地秦墓竹简》,第109页。
③ 《睡虎地秦墓竹简》,第110页。
④ 《睡虎地秦墓竹简》,第110页。
⑤ 《睡虎地秦墓竹简》,第110页。

5."人奴妾治（笞）子，子以枯死，黥颜頯，畀主。"①即私家奴婢笞打自己的子女，被笞打的子女因此死亡，黥其面部与颧部，然后交给主人。

（二）非公室告反映了秦律的儒家化

《睡虎地秦墓竹简》中有关公室告和非公室告的记载反映了秦律所具有的儒家化特征。秦简中有关仁义之道、辩尊卑之位的做法，都是儒家倡导的，与商鞅所提出的"壹刑""刑无等级"的法治原则是不相匹配的。非公室告的规定与其后出现的西汉初期颁布并施行的《二年律令》中有关告律的规定如出一辙。《二年律令·告律》曰："子告父母，妇告威公，奴婢告主、主父母妻子，勿听而弃告者市。"②即子女告父母，儿媳告公婆，奴婢告主人、主人的父母和妻子，不予受理，且对公告者按弃市罪论处。

秦律的儒家化还体现在对不孝罪的处理上。《法律答问》曰："免老告人以为不孝，谒杀，当三环之不？不当环，亟执勿失。"③本章前述已经明确，免老是六十岁以上的老人。该问答的意思是：六十岁以上的老人控告子女不孝，并且要求判处死刑，应否经过三次原宥手续？不应原宥，应及时逮捕，不要让他逃亡了。《法律答问》又曰："'殴大父母，黥为城旦舂。'今殴高大父母，可（何）论？比大父母。"④即"殴打祖父母，应黥为城旦舂"。如殴打曾祖父母，应如何论处？应与殴打祖父母同样论处。

《法律答问》中的"非公室告"限制的是卑幼告尊长、奴婢告主人，但没有限制尊长告卑幼、主人告奴婢。给予家长惩治子女、主人惩治奴婢

---

① 《睡虎地秦墓竹简》，第110页。
② 《张家山汉墓竹简[二四七号墓]（释文修订本）》，第27页。
③ 《睡虎地秦墓竹简》，第117页。
④ 《睡虎地秦墓竹简》，第111页。

的权力，是儒家所倡导的尊卑有序的等级观念的体现。《睡虎地秦墓竹简·封诊式》中有四例是关于卑幼告尊长、奴婢告主人的事例：

1. "告臣爰书：某里士五(伍)甲缚诣男子丙，告曰：'丙，甲臣，桥(骄)悍，不田作，不听甲令。谒卖(卖)公，斩以为城旦，受贾(价)钱。'讯丙，辞曰：'甲臣，诚悍，不听甲。甲未赏(尝)身免丙。丙毋(无)病(也)，毋(无)它坐罪。'令令史某诊丙，不病。令少内某、佐某以市正贾(价)贾丙丞某前，丙中人，贾(价)若干钱。丞某告某乡主：男子丙有鞫，辞曰：'某里士五(伍)甲臣。'其定名事里，所坐论云可(何)，可(何)罪赦，或覆问毋(无)有，甲赏(尝)身免丙复臣之不殹(也)？以律封守之，到以书言。"①

某里士伍甲绑缚男子丙，控告说："丙是甲的隶臣，骄横强悍，不在田里干活，不听从甲的使唤。请求卖给官府，送去作城旦，请官府给予价钱。"审讯丙，丙供述说："是甲的隶臣，确实强悍，不听从甲的使唤。甲没有免除丙的奴隶身份。丙没有疾病，无其他过犯。"命令令史某检查丙的身体，没有发现疾病。令少内某、少内副手某以市场正常价格在县丞某钱对丙进行估价，丙系正常人，价钱若干。县丞某通告某乡主曰：男子丙经审讯供称，"系某里士伍甲的隶臣"。请确定丙的姓名、身份、籍贯，曾犯有何罪，判处何种刑罚，是否赦免，或者再覆问有无这种情况，甲是否免除过丙的隶臣身份然后再去奴役他？请依法加以查封看守，事成后书面报告。

2. "黥妾爰书：某里公士甲缚诣大女子丙，告曰：'某里五大夫乙家吏。丙，乙妾殹(也)。乙使甲曰：丙悍，谒黥劓丙。'讯丙，辞曰：'乙妾殹(也)，毋(无)它坐。'丞某告某乡主：某里五大夫乙家吏甲诣乙妾丙，曰：

---
① 《睡虎地秦墓竹简》，第154页。

'乙令甲谒黥劓丙。'其问如言不然？定名事里,所坐论云可（何）,或覆问毋（无）有,以书言。"①

某公士甲绑缚大女子丙,报告说："甲是某里五大夫乙的家吏,丙是乙的妾。乙指使甲说：丙强悍,请求施予丙黥劓刑。"审讯丙,丙辩辞说："是乙的妾,没有其他过犯。"县丞某通告某乡主曰：某里五大夫乙家吏甲绑缚乙妾到庭控告说,"乙派遣甲代为请求对丙施以黥劓刑"。请讯问查清是否属实,并确定丙的姓名、身份、籍贯,曾犯有何罪,或覆问有无,用书面回复。

3. "𨛦（迁）子爰书：某里士五（伍）甲告曰：'谒鋈亲子同里士五（伍）丙足,𨛦（迁）蜀边县,令终身毋得去𨛦（迁）所,敢告。'告法（废）丘主：士五（伍）咸阳才（在）某里曰丙,坐父甲谒鋈其足,𨛦（迁）蜀边县,令终身毋得去𨛦（迁）所论之,𨛦（迁）丙如甲告,以律包。今鋈丙足,令吏徒将传及恒书一封诣令史,可受代吏徒,以县次传诣成都,成都上恒书太守处,以律食。法（废）丘已传,为报,敢告主。"②

某里士伍甲控告说："请求对我的亲生子住在同里士伍丙施以断足之刑,流放到蜀地边远县域,令其终身不得离开流放地,谨告。"谨告废丘负责人：咸阳某里士伍丙,其父甲请求断其足,并流放到蜀地边远县域,令其终身不得离开流放地,按甲所告将丙流放,根据法律,丙的家属应一同前往流放地。现将丙断足,命吏与徒将通关符传和恒书一封交给令史,途中可更换吏和徒隶,逐县解送到成都,到成都后将恒书上交太守,按律给予饮食。解到废丘,应回报,谨告负责人。

4. "告子爰书：某里士五（伍）甲告曰：'甲亲子同里士五（伍）丙不孝,谒杀,敢告。'即令令史己往执。令史己爰书：与牢隶臣某执丙,得某

---

① 《睡虎地秦墓竹简》,第155页。
② 《睡虎地秦墓竹简》,第155页。

室。丞某讯丙，辞曰：'甲亲子，诚不孝甲所，毋（无）它坐罪。'"①

某里士伍甲控告说："甲的亲生子同里士伍丙不孝，请求处以死刑，谨告。"当即命令令史前往捉拿。令史己爰书说：与牢隶臣某前去捉拿丙，在某室将某捉拿。县丞某讯问丙，丙辩辞说："系甲的亲生子，与甲一起居住时确实不孝，没有其他过犯。"

六、州告

《睡虎地秦墓竹简》中还出现了"州告"的告诉形式。《法律答问》曰："可（何）谓'州告'？'州告'者，告罪人，其所告且不审，有（又）以它事告之。勿听，而论其不审。"②即什么是"州告"？"州告"就是控告罪人，其所控之罪不实，又以它事控告之。这样的告诉不予受理，并且对控告者以控告不实之罪论处。州告是一种循环控告或连续控告的告诉形式。《法律答问》中也仅此一条记载，再无其他相关的记载。从《法律答问》的这一记载内容来看，州告是告诉的一种表现形式，是多次控告或连续控告同一人的告诉形式，它不是一种独立的告诉形式。从《法律答问》这一记述内容来看，回答的内容也不具有逻辑理性，与《秦律十八种》中记载的法律内容相比，存在法律逻辑错误，这也许是抄录者抄录不全或误抄造成的。

七、禁止匿名告发

秦律禁止匿名告发。《法律答问》曰："'有投书，勿发，见辄燔之；能捕者购臣妾二人，系投书者鞫审谳之。'所谓者，见书而投者不得，燔书，

---

① 《睡虎地秦墓竹简》，第156页。
② 《睡虎地秦墓竹简》，第117页。

勿发；投者得，书不燔，鞫审谳之之谓殹(也)。"①即"有投匿名信的，不得拆开看，见后立即烧掉；能捕获投递匿名信人者，奖励隶臣妾二人，将投匿名信者羁押审讯清楚后上请定罪"。律文的意思是，见到匿名信后而投递匿名信的人没有抓到，这时就要把匿名信烧掉，不要拆开看；如果投递匿名信的人抓到了，匿名信就不要烧掉，将投递匿名信者羁押审讯后上请定罪。这里"谳"是有罪上请之意。

禁止匿名告发他人，记录该事件最早的文献资料是《睡虎地秦墓竹简·法律答问》，其次是《张家山汉墓竹简·二年律令》："毋敢以投书者言系治人。不从律者，以鞫狱故不直论。"②即不得以匿名信记载的内容羁押审讯他人。不遵守此法律者，按鞫狱不直罪定罪处罚。

汉代对匿名信的处罚较重，《后汉书·梁统列传》曰："(永平)四年冬，(梁松)乃县飞书诽谤，下狱死，国除。"③注曰："飞书者，无根而至，若飞来也，即今匿名书也。"《三国志·国渊传》曰："时有投书诽谤者，太祖疾之，欲必知其主。渊请留其本书，而不宣露。其书多引《二京赋》，渊敕功曹曰：'此郡既大，今在都辇，而少学问者。其简开解年少，欲遣就师。'功曹差三人，临遣引见，训以'所学未及，《二京赋》，博物之书也，世人忽略，少有其师，可求能读者从受之'。又密喻旨。旬日得能读者，遂往受业。吏因请使作笺，比方其书，与投书人同手。收摄案问，具得情理。"④《三国志·国渊传》记载了这起通过笔迹比对破获匿名投书诽谤的事例。《晋书·刑法志》记载，三国时期魏文帝修订法律时，"改投书

---

① 《睡虎地秦墓竹简》，第106页。
② 《张家山汉墓竹简[二四七号墓](释文修订本)》，第25页。
③ [南朝·宋]范晔撰，[唐]李贤等注：《后汉书》卷34《梁统列传》，中华书局1965年版，第1170页。
④ [晋]陈寿撰，[宋]裴松之注：《三国志》卷11《魏书·国渊传》，中华书局1982年版，第339—340页。

弃市之科，所以轻刑也"①。

《唐律疏议》第二十四卷设有"投匿名书告人罪"之罪名，律文规定："诸投匿名书告人罪者，流二千里。得书者，皆即焚之，若将送官司者，徒一年。官司受而为理者，加二等。被告者，不坐。辄上闻者，徒三年。"②注曰："谓绝匿姓名及假人姓名以避己作者，弃、置、悬之俱是。"在中国古代，为何对匿名书信如此恐慌，处罚如此之重，防范如此之严？《疏议》部分的注疏也许就是该问题的答案。《疏议》曰："匿名之书，不合检校，得者即须焚之，以绝欺诡之路。"③对匿名书信的防范与禁止是为了"绝欺诡之路"，防止谣言扰乱社会秩序。

此后的宋、明、清等均对投递匿名书信的行为给予严惩。如《宋刑统》第二十四卷《讼律》规定："诸投匿名书告人罪者，流二千里。得书者，皆即焚之，若将送官司者，徒一年。官司受而为理者，加二等。被告者，不坐。辄上闻者，徒三年。"④《大明律》第二十二卷《刑律·诉讼》规定："凡投隐匿姓名文书，告言人罪者，绞。见者，即便烧毁。若将送入官司者，杖八十。官司受而为理者，杖一百。被告言者，不坐。若能连文书捉获解官者，官给银一十两充赏。"⑤《大清律例》第三十卷《刑律·诉讼》规定："凡投（贴）隐匿（自己）姓名文书，告言人罪者，绞。（监候。虽实，亦坐。）见者，即便烧毁。若（不烧毁）将送入官司者，杖八十。官司受而为理者，杖一百。被告言者（虽有指实），不坐。若（于方投时）能连（人与）文书捉获解官者，官给银一十两充赏。（指告者勿论。若诡写他人姓名词帖，讦人阴私陷人；或空纸用印，虚捏他人文书，买嘱铺兵递

---

① ［唐］房玄龄等：《晋书》卷30《刑法志》，中华书局1974年版，第925—926页。
② 《唐律疏议》，第474页。
③ 《唐律疏议》，第474页。
④ 薛梅卿点校：《宋刑统》，法律出版社1999年版，第422页。
⑤ 怀效锋点校：《大明律》，法律出版社1999年版，第174页。

送；诈以他人姓名，注附木牌，进入内府，不销名字，陷人得罪者，皆以此律绞。其或系泛常骂詈之语，及虽有匿名文书，当无投官确据者，不坐此律。）"①《条例》规定："一、凡凶恶之徒，不知国家事务，捏告悖谬言词，投贴匿名揭帖者，将投贴之人，及知而不首者，俱拟绞立决。旁人出首者，授以官职；奴仆出首者，开户。二、凡布散匿名揭帖，及投递部院衙门者，俱不准行，俱将投递之人，拿送刑部，照例治罪。不行拿送者，交该部议处；接受揭帖者及审理者革职。若不肖官员，唆使恶棍黏贴揭帖，或令布散投递者，与犯人罪同。如该管官不严加察拿，别有发觉者，将司坊官、专汛把总、步军校，及巡城御史、兼辖营官、步军副尉、总尉、统领俱交该部，分别议处；步军营兵及司坊衙役，并枷号三个月，杖一百。"②

第二节 奖励告奸制度

一、奖励告奸的内涵

《史记·商君书列传》记载："告奸者与斩敌同赏。"司马贞索引案："谓告奸者一人得爵一级，故云'与斩敌同赏'也。"《韩非子·定法》曰："商君之法曰：'斩一首者爵一级，欲为官者为五十石官；斩二首者爵二级，欲为官者为百石之官。'官爵之迁与斩首之功相称也。"③奖励告奸是商鞅变法时所确立的旨在防止犯罪发生的法律改革措施。《商君书·

---

① 田涛、郑秦点校：《大清律例》，法律出版社1999年版，第477页。
② 《大清律例》，第477—478页。
③ 《韩非子集解》卷17《定法》，第399页。

开塞》曰:"故王者用刑于将过,则大邪不生;赏施于告奸,则细过不生。"①《商君书·赏刑》篇也有奖励告奸的内容:"守法守职之吏有不行王法者,罪死不赦,刑及三族。周官之人知而讦之上者,自免于罪,无贵贱尸袭其官长之官爵田禄。"②

二、奖励告奸的条件

《睡虎地秦墓竹简》中也有关于奖励告奸的记载。根据出土文献记载,只有告诉并将罪犯抓获归案者,才予以奖赏。如果仅仅是向官府提供了犯罪线索,没有抓获罪犯,而罪犯由官吏捕获,对提供犯罪线索者,按控告并抓捕罪犯的奖赏的一半予以奖赏。如《二年律令·捕律》曰:"诇告罪人,吏捕得之,半购诇者。"③其中"诇"是侦查之意。即控告罪犯并提供捕获线索者,官吏根据线索捕获了犯罪行为人,按奖赏的一半奖赏给控告并提供线索者。《晋书·刑法志》曰:"汉承秦制,萧何定律,除参夷连坐之罪,增部主见知之条,益事律兴、厩、户三篇,合九篇。"④因此,有理由相信,《二年律令》这一规定与秦律是一致的。

《睡虎地秦墓竹简》中对奖赏还有一些限制性规定,告诉并抓捕了罪犯者,且抓获的罪犯所犯之罪应判处耐罪以上,每抓获一人奖励黄金二两;如果告诉并抓获的罪犯所犯罪行在耐刑以下,则不予奖赏。如《法律答问》记载:"捕亡完城旦,购几可(何)? 当购二两。"⑤即抓获了逃亡的完城旦刑徒,奖赏多少? 应当奖赏黄金二两。

"夫、妻、子五人共盗,皆当刑城旦,今中〈甲〉尽捕告之,问甲当购几

---

① 《商君书锥指》卷2《开塞》,第57页。
② 《商君书锥指》卷4《赏刑》,第101页。
③ 《张家山汉墓竹简[二四七号墓](释文修订本)》,第27页。
④ 《晋书》卷30《刑法志》,第922页。
⑤ 《睡虎地秦墓竹简》,第125页。

可(何)？人购二两。"①夫、妻、子五人共同行盗,均应判处刑城旦刑,现甲将其余四人全部捕获归案告发,问甲应奖赏多少？每抓获一人奖赏黄金二两。

"夫、妻、子十人共盗,当刑城旦,亡,今甲捕得其八人,问甲当购几可(何)？当购人二两。"②夫、妻、子十人共同行盗,均应判处刑城旦刑,已经逃亡,现在甲抓获了其中八人,问甲应当奖赏多少？应当按每抓获一人赏黄金二两予以奖赏。

"'盗出朱(珠)玉邦关及买(卖)于客者,上朱(珠)玉内史,内史材鼠(予)购。'可(何)以购之？其耐罪以上,购如捕它罪人;赀罪,不购。"③"盗窃珠玉并将盗窃的珠玉偷运出邦关并卖给客商的,将珠玉上缴内史,内史给予奖赏。"如何奖赏？如果抓获的罪犯应当判处耐罪以上,和抓获其他犯罪的罪犯一样奖赏;如果抓获的是应判处罚金罪的罪犯,不予奖赏。

如果控告人所控告之罪轻于经审讯查实之罪,即经审讯查实之罪重于所控之罪,在这种情况下,不影响对控告人的奖赏。如《法律答问》记载:"甲告乙贼伤人,问乙贼杀人,非伤殴(也),甲当购,购几可(何)？当购二两。"④甲控告乙杀伤人,经审讯乙是杀死了人,不是杀伤人,甲应得到奖赏,奖赏多少？应奖赏黄金二两。

三、奖励告奸之例外

如果控告人所控告之罪重于经审讯查实之罪,即经审讯查实之罪

---

① 《睡虎地秦墓竹简》,第125页。
② 《睡虎地秦墓竹简》,第125页。
③ 《睡虎地秦墓竹简》,第126页。
④ 《睡虎地秦墓竹简》,第124页。

轻于所控之罪,在这种情况下,对控告人不予奖赏。如《法律答问》记载:"甲告乙盗牛,今乙贼伤人,非盗牛殴(也),问甲当论不当?不当论,亦不当购;或曰为告不审。"①甲控告乙盗牛,现在乙是杀伤人,不是盗牛,问甲应否论处?不应论处,也不应奖赏;一说应定为控告不实。《二年律令·贼律》曰:"贼伤人,及自贼伤以避事者,皆黥为城旦舂。"②《二年律令·盗律》曰:"盗臧(赃)直(值)过六百六十钱,黥为城旦舂。六百六十钱到二百廿钱,完为城旦舂。不盈二百廿到百一十钱,耐为隶妾。不盈百一十到廿二钱,罚金四两。不盈廿二钱到一钱,罚金一两。"③从汉律的有关规定来看,盗窃罪的处罚一般轻于贼伤人罪。

如果控告人所控的犯罪事实与经审讯查实的犯罪事实有出入,在这种情况下,对控告人也不予奖赏。如《法律答问》记载:"甲捕乙,告盗书丞印以亡,问亡二日,它如甲,已论耐乙,问甲当购不当?不当。"④甲捕获乙,控告乙偷盖县丞官印逃亡,经审问乙逃亡的日期与控告逃亡的日期不一致,其他与甲控告一致,对乙已判处耐刑,问甲是否应当奖赏?不应当奖赏。简文中的"二日,意为其日期与所控告不合"⑤。

四、对抓获奴婢犯罪者的奖赏

对抓获的犯罪行为人为奴婢者,奖赏的主体仍是官府,而非奴婢的主人。《法律答问》记载:"或捕告人奴妾盗百一十钱,问主购之且公购?公购之。"⑥有人捕获盗窃一百一十钱的私家奴婢,问应由奴婢主人给

---

① 《睡虎地秦墓竹简》,第103页。
② 《张家山汉墓竹简[二四七号墓](释文修订本)》,第12页。
③ 《张家山汉墓竹简[二四七号墓](释文修订本)》,第16页。
④ 《睡虎地秦墓竹简》,第125页。
⑤ 《睡虎地秦墓竹简》,第125页。
⑥ 《睡虎地秦墓竹简》,第126页。

予奖赏还是由官府给予奖赏？应当由官府给予奖赏。

五、禁止转移购赏和诈伪

《二年律令·捕律》规定："吏主若备盗贼、亡人而捕罪人，及索捕罪人，若有告劾非亡也，或捕之而非群盗也，皆勿购赏。捕罪人弗当，以得购赏而移予他人，及诈伪，皆以取购赏者坐臧（赃）为盗。"①从上述规定可知，对于负有备盗贼、捕亡人职责的官吏，在履行职责过程中捕获罪人以及根据群众提供的线索捕获罪人，捕获非逃亡人员，捕获非群盗人员，均不能获得奖赏。捕获的罪人不属于奖赏范围，为了获得奖赏而将罪人移交他人以及有其他弄虚作假行为者，皆以取得奖赏数额比照盗窃罪处罚。《睡虎地秦墓竹简·法律答问》中记录了一起有关诈伪取赏咨询事例。"有秩吏捕阑亡者，以畀乙，令诣，约分购，问吏及乙论可（何）殹（也）？当赀各二甲，勿购。"②有秩史捕获了没有符传出关逃亡者，把捕获的逃亡者交给了乙，让乙将捕获的逃亡者送交官府，约定共同分配奖赏，问该吏和乙应如何论处？应当各罚二甲，不予奖赏。

2013年6月上海辞书出版社出版的朱汉民、陈松长主编的《岳麓书院藏秦简（叁）》就收藏了两例有关转移购赏和如何购赏的事例：

例1：癸、琐相移谋购案③

> 廿五年六月丙辰朔癸未，州陵守绾、丞越敢谳之：乃四月辛酉，校长癸、求盗上造柳、士五（伍）轿、沃诣男子治等八人、女子二人，

---

① 《张家山汉墓竹简[二四七号墓]（释文修订本）》，第29页。
② 《睡虎地秦墓竹简》，第125页。
③ 朱汉民、陈松长主编：《岳麓书院藏秦简（叁）》，上海辞书出版社出2013年版，第95—105页。

告群盗盗杀人。治等曰：群盗盗杀人。辟，未断，未致购。到其甲子，沙羡守骉曰：士五琐等捕治等，移鼠（予）癸等。癸曰：【□□】治等群盗盗杀人校长果部。州陵守绾令癸与令佐士五行将柳等追。【□】迹行到沙羡界中，琐等已捕。琐等言治等四人邦亡，不智（知）它人何辠（罪）。癸等智（知），利得群盗盗杀人购。癸、行请告琐等曰：琐等弗能诣告，移鼠（予）癸等。癸等诣州陵，尽鼠（予）琐等死辠（罪）购。琐等利得死辠购，听请相移。癸等券付死辠（罪）购，先以私钱二千鼠（予）琐等，以为购钱数。得公购，备鼠（予）琐等。行弗诣告，皆谋分购。未致购，得。它如沙羡书。行、柳、轿、沃言如癸。士五琐、渠、乐曰：与士五得、潘、沛戍。之山材，见治等，共捕。治等四人言秦人，邦亡，其它人不言所坐。得、潘、沛令琐等将诣沙羡。沛等居亭，约得购，分购钱。未到沙羡，实不智（知）治等何辠，弗能告。有（又）不智（知）群盗购多。利癸等约死辠购，听请，券付死辠购，先受钱二千。未受公购钱，得。沛等不智琐等弗诣、相移送钱。它如癸等。沛、潘、得言如琐等。

五月甲辰，州陵守绾、丞越、史获论令癸、琐等各赎黥。癸、行戍衡山郡各三岁，以当灋（法），先备赎。不论沛等。监御史康劾以为：不当，钱不处，当更论。更论及论失者言夬（决）。绾等曰：治等发，兴吏徒追。癸等弗身捕，琐等捕，弗能告。请相移，给以求购。购未致，得。绾等以盗未有取吏赀灋（法）戍律令论癸、琐等。口（?）令琐等环（还）癸等钱。它如癸等及劾。诊问：死辠购四万三百廿，群盗盗杀人购八万六百卅钱。……□。它如告、辞（辞）。治等别论……

鞫之：癸、行、柳、轿、沃，群盗治等盗杀人，癸等追，琐、渠、乐、得、潘、沛已共捕。沛等令琐等诣，约分购，未诣。癸等智（知）治等群盗盗杀人,利得其购,给瑣等死罪购。瑣等弗能告,利得死皋购,听请相移,给券付死罪购。先受私钱二千以为购,得公购备。行弗诣告,约分购。沛等弗诣,约分购,不智(知)弗诣,相移受钱。狱未断,未致购,得。死皋购四万三百廿;群盗盗杀人购八万六千卌钱。绾等以盗未有取吏赀瀍(法)戍律令论癸、瑣等,不论沛等……。审。疑癸、瑣、绾等皋。癸、瑣、绾及不毄(系)。敢讞之。

吏议曰:癸、瑣等论当毆(也);沛、绾等不当论。或曰:癸、瑣等当耐为侯,令瑣等环(还)癸等钱;绾等……

廿五年七月丙辰朔乙未,南郡叚守贾报州陵守绾、丞越:子讞:校长癸等诣男子治等,告群盗盗杀人。杀羡曰:士五(伍)瑣等捕治等,移鼠(予)癸等。癸曰:治等杀人,癸与佐行将徒追。瑣等已捕,治等四人曰邦亡,不智它人皋(罪)。癸等利得群盗购,请瑣等鼠(予)癸等,癸等诣,尽鼠(予)所等死皋购。瑣等鼠(予)。癸先以私钱二千鼠(予)以为购数。行弗诣告,皆谋分购。未致购,得。疑癸、瑣、绾等皋(罪)。讞固有审矣。癸等,其审请瑣等;所出购,以死皋(罪)购,备鼠瑣等,有券。受人货材(财)以枉律令,其所枉当赀以上,受者、货者皆坐赃(赃)为盗,有律,不当讞。获手,其赀绾、越、获各一盾。它有律令。

这是一例为得购赏而将罪人移予他人且有诈伪行为的案例。秦王政二十五年(公元前222年)六月二十八日,州陵县代理县令绾、县丞越上请曰:今年四月初五日,校长癸、求盗柳(上造爵)、士伍轿和士伍沃捕获并送来治等八名男子和二名女子,罪名是群盗盗杀人。经讯问犯罪嫌疑人治等,治等也说是群盗盗杀人。该案罪名尚未确定,也未给相关人员奖赏。四月初八日,沙羡县代理县令驪报告说:该案犯罪嫌疑人治等是士伍琐等捕获的,而后移交给了癸等。癸说:治等群盗盗杀人将校长果杀死,州陵县代理县令绾命令癸为负责人、士伍行为副手率领柳等追捕,追踪到沙羡县境内时,琐等已将治等抓获。琐等说治等是未有符传私自偷越边境,不知治等有其他犯罪行为。癸等知道治等还有其他犯罪行为,想从群盗盗杀人的奖赏中获得部分奖赏。癸、行与琐等协商说:琐等不清楚治等的犯罪行为,不能捕告,可将治等移交癸等捕告;癸等将治等押送到州陵县府后,按捕获死罪的奖赏标准支付琐等奖赏。琐等认为按死罪的奖赏标准获得奖赏有利可图,于是就听从了癸等的意见,将治等移交给了癸等。癸等立了支付琐等死罪奖赏的契据,并且事先垫付了二千钱给琐等,作为支付死罪奖赏的部分奖金。双方约定,待得到官府的奖赏后再把剩余奖赏支付琐等。士伍行没有报告,参与了共谋分享奖赏。奖赏没有得到,案发被捕。其他如沙羡县报告的一致。行、柳、轿、沃的供述与癸的供述一致。士伍琐、渠、乐被讯问时说:与士伍得、潘、沛戍边,上山砍柴时,看见治等人游窜,就共同把治等人抓捕。据说治是秦人,偷越边境,其他人不知犯何种罪。得、潘、沛命令琐等将治等押送至沙羡县府,沛等仍驻守亭中,并且约定获得奖赏后参与分配。未将治等押送至沙羡县府,确实不知治等是何种罪名,故未能告劾;也不知道群盗盗杀人奖金多。认为癸等所说的按死罪获得奖赏有利可图,就听从了癸等意见,收到了癸等给予的死罪奖赏的契据,同时收到了二千钱。尚未得到官府的奖赏,案发被捕。沛等对琐等未将治等送交沙羡县府,移交治等接受钱款、契据之事不知情。其他与癸等供述一致。沛、潘、得的供述与琐的供述一致。

五月十八日州陵县代理县令绾、县丞越、史获判决癸、琐等赎黥刑。癸、行在衡山郡戍边三年,以抵偿法定赎金。(琐等)已交付全部赎金。沛等无罪。监御史康告劾曰:判决不当,赎金尚不应收缴,应重新审理判决；同时审理误判及其所涉及的相关问题。绾等说：治等杀人案发，派遣官吏率徒追凶。癸等没有亲自捕获罪犯，琐等亲自捕获罪犯但未能送交官府告发。琐等将捕获的罪犯移交给癸等，弄虚作假，企图获得奖赏。奖赏尚未兑现，案发。绾等依照"盗未有取吏赀法戍律"判处癸、琐等刑罚，并要求琐等归还了收受癸等的二千钱。其他与癸等供述和监御史康告劾的一致。现查明：捕获应判处死罪的案犯奖励四万三百二十钱；捕获群盗盗杀人的案犯奖励八万六百四十钱。其他与告诉、讯问内容一致。治等再另做判处。

经审理查明：群盗治等盗杀人，癸、行、柳、轿、沃等追捕。琐、渠、乐、潘、沛已将治等十人全部捕获。沛令琐等将罪犯送交官府，获得的奖赏均分，琐等未将罪犯送到官府。癸等知悉治等所犯罪名为群盗盗杀人，以此罪名获得奖赏有利可图，欺骗琐等说将治等送交官府，可获得死罪罪名的奖赏。琐等没有将治等押解送至官府告发，贪念死罪罪名的奖赏，听从癸等安排将治等移交给癸等，签署了获得死罪奖赏契据，并且接受了癸等预先支付的二千钱奖赏，作为官府奖励的垫付部分。行没有告发，并且与癸等约定分得奖赏。沛等没有押送治等去官府，与琐等约定分得奖赏，对于琐等没有将治等送交官府，且将治等移送给癸等，接受钱财之事不知情。案件没有审结，也没有兑付奖赏，案发。捕获死罪罪犯者奖四万三百二十钱；捕获群盗盗杀人罪犯者每捕获一人奖八万六百四十钱。绾等按"盗未有取吏赀法戍律令"判处癸、琐等刑罚；对沛等未追究刑事责任。疑癸、琐、绾等罪，癸、琐、绾以及其他犯罪嫌疑人均为羁押。特上请，请批示！

吏议曰：对癸、琐等人的判决适当，沛、绾等人的行为不构成犯罪。还有一种意见认为，癸、琐等应判处耐为候的刑罚，并且判决琐等归还收受癸等的钱款。

秦王政二十五年(公元前 222 年)七月十日,南郡代理郡守贾通报州陵县代理县令绾、县丞越:你县上请的事项是,校长癸等押送治等男子控告群盗盗杀人。沙羡县说:士伍琐等捕获治等并将其移交给癸等。癸供述说:治等杀人,癸与副手行等带领队伍追凶。琐等已将治等捕获,治等供述说是偷越国境,不知治等还犯有其他罪行。癸等意欲从群盗盗杀人案中获得奖赏,商请琐等将治等移交给癸等,癸等将治等解送官府后,按官府给予的死罪奖赏标准给予琐等奖赏。琐等将治等移交给了癸等。癸先以私钱二千钱给付琐等,以作为事先垫付的奖金。行没有与癸等一起押送罪犯到官府控告,但约定参与奖金的分配。官府的奖金没有支付,案发。疑癸、琐、绾等罪。上请的案情属实,相关法律已规定得很清楚。癸等商请琐等移交治等,事实清楚;癸等按死罪罪名的奖赏标准支付琐等,有契券证明。收受他人钱财而曲解法律者,其曲解者应当受到罚款以上处罚者,收受者、送货财者皆按坐赃为盗论处,法律有规定,不应当请示。经手,罚绾、越、获各一盾。其他律令有相同规定。

例 2:尸等捕盗疑购案①

廿五年五月丁亥朔壬寅,州陵守绾、丞越敢讞之:乃二月甲戌,走马达告曰:盗盗杀走马好□□□部中。即令狱史骊、求盗尸等十六人追。尸等产捕诣秦男子治等四人、荆男子闻等十人,告群盗盗杀伤好等。治等曰:秦人,邦亡荆;闻等曰:荆邦人,皆居京州。相与亡,来入秦地,欲归义。行到州陵界中,未诣吏,悔。谋言曰:治等已有辠(罪)秦,秦不□归义。来居山谷以攻盗。即攻盗盗杀伤

---

① 《岳麓书院藏秦简(叁)》,第 113—117 页。

好等。它如尸等。诊、问如告、辞（辞）。京州后降为秦。为秦之后，治、闻等乃群盗盗杀伤好等。律曰：产捕群盗一人，购金十四两。有（又）曰：它邦人□□□盗，非吏所兴，无士伍将长者捕之，购金二两。鞠之：尸等产捕治、闻等，告群盗盗杀伤好等。治等秦人，邦亡荆；闻等荆人。亡，来入秦地，欲归义，悔，不诣吏。以京州降为秦后，群盗盗杀伤好等。皆审。疑尸等购。它县论。敢之。吏议：以捕群盗律购尸等；或曰：以捕它邦人……

廿五年六月丙辰朔己卯，南郡叚守贾报州陵守绾、丞越：子谳求盗尸等捕秦男子治等四人、荆男子闻等十人，告群盗盗杀伤好等。治等秦人，邦亡；闻等荆人，来归义，行到州陵，悔□□□□□攻盗，京州降为秦，乃杀好等。疑尺（尸）等购。谳固有审矣。治等，审秦人殹（也），尸等当购金七两；闻等，其荆人殹（也），尸等当购金三两。它有令。

这是一例如何确定奖赏标准的案例。秦王政二十五年（公元前222年）五月十六日州陵县代理县令绾、县丞越上请说：今年二月十七日达（走马爵）报告说，盗贼盗窃并杀害了好（走马爵），就立即命令狱史驥、求盗尸等十六人追捕盗贼。尸等生捕并押送秦国籍男子治等四人，楚国籍男子闻等十人到州陵县府，控告治、闻等群盗盗杀伤好等人。治等供述说：是秦人，偷越边境到了楚国。闻等供述说：是楚国人，居住在京州。一起逃亡到秦国地界，欲归义。一起走到州陵县界时，未到官府报到，后悔。相互商议说：治等的行为按秦律已构成犯罪，秦人不会接受治等归义。于是便来到山谷居住下来攻剽盗劫，攻剽盗劫杀伤好等人。其他如尸供述的一致。经调查核实，控告及犯罪嫌疑人的供述均属实。京州县后投降了秦国。京州成为秦国后，治、闻等实施的群盗盗杀伤好等人的行为。法律规定,生捕群盗一人奖黄金十四两;同时又规定,其他邦国的人为群盗者,不是官府以追捕盗贼而发起的,也没有什伍首领率领而捕获盗贼者,奖励黄金二两。经审理查明:尸等生捕治、阆等,控告罪名为群盗盗杀伤好等人。治等是秦国人,偷逃盗楚国;阆等是楚国人,流亡到秦国属地,欲归义,后反悔,没有到官府报到。京州县投降秦国后,群盗盗杀伤好等。本案事实清楚。现对尸等人奖赏标准及数额存疑。其他问题由县负责论处。特请示!官吏讨论的意见是:根据捕群盗律奖励尸等,或者按照捕他邦人律奖赏尸等。

秦王政二十五年(公元前 222 年)六月二十四日,南郡代理郡守贾通报州陵县代理县令绾、县丞越:你县上请的求盗尸等捕获秦国男子治等四人,楚国男子阆等十人,控告罪名为群盗盗杀伤好等人。治等秦人,偷越国境;阆等楚国人,来欲归义秦国,走到州陵县境时,反悔,到山谷居住下来攻剽盗劫。京州县投降秦国后,盗杀了好等人。现对尸等人的奖赏存疑。上请的案件事实清楚。治等是秦国人,尸等应当奖赏黄金七两;阆等是楚国人,尸等应奖赏黄金三两。其他依照法律规定处理。

第三节　错告及其法律责任

一、错告及其种类

控告人故意或因过失造成的不实控告就是错告。据实控告是维护一个社会正常司法秩序所必须的,错告会给正常的司法秩序带来损害,

产生消极的影响。根据《睡虎地秦墓竹简》记载的内容,秦代的错告可作如下分类:

(一) 故意错告和过失错告

根据控告人错告的主观心理状态秦律把错告分为故意错告和过失错告。故意错告为"诬人",过失错告为"告不审"。《法律答问》记载:"甲告乙盗牛若贼伤人,今乙不盗牛,不伤人,问甲可(何)论?端为,为诬人;不端,为告不审。"①"端为"是故意作为之意;"不端"是非故意作为之意。这段话的意思是:甲控告乙盗窃牛或者杀伤人,现在乙没有盗牛,没有伤人,问甲应当如何处理?如系故意,其行为就是诬告他人;如果不是故意,其行为就是控告不实。

(二) 对象错告和数量错告

根据错告的对象和数量的不同,秦律把错告分为对象错告和数量错告。

根据《睡虎地秦墓竹简·法律答问》的记载,对象错告是指控告人已知某犯罪行为人实施了犯罪行为,但对该犯罪行为侵害的对象不清楚或了解不够,因而出现的控告对象非此而彼的现象。如《法律答问》记载:"甲告乙盗牛,今乙贼伤人,非盗牛也,问甲当论不当?不当论,亦不当购;或曰告不审。"②"甲告乙盗牛,今乙盗羊,问何论?为告不审。"③"甲盗羊,乙智(知),即端告曰:甲盗牛。问乙为诬人,且为告不审。当为告盗驾(加)臧(赃)。"④"告人曰邦亡,未出徼阑亡,告不审,论可(何)殹(也)?为告黥城旦不审。"⑤

---

① 《睡虎地秦墓竹简》,第103页。
② 《睡虎地秦墓竹简》,第103页。
③ 《睡虎地秦墓竹简》,第104页。
④ 《睡虎地秦墓竹简》,第104页。
⑤ 《睡虎地秦墓竹简》,第104页。

数量错告是指控告人已知某犯罪行为人实施了侵犯特定对象的犯罪行为，但对侵害对象的数量不清楚或了解不够，因而出现的控告数量与实际侵害数量不符的控告。《法律答问》记载："告人盗百一十，问盗百，告者何论？当赀二甲。盗百，即端加盗十钱，问告者何论？当赀一盾。赀一盾应律，虽然，廷行事以不审论，赀二甲。"①即控告他人盗窃一百一十钱，经审讯查明被告人盗窃一百钱，对该控告者应如何论处？判处赀二甲。盗窃一百钱，故意增加十钱，问控告者应如何论处？判处赀一盾。按法律应当判处赀一盾，虽然如此，判例以告不审论，判处赀二甲。又如："告人盗千钱，问盗六百七十，告者何论？毋论。"②即控告他人盗窃一千钱，经审讯查明实际盗窃六百七十钱，对控告者如何论处？不予论处。

二、错告的法律责任

《二年律令·告律》规定："诬人以死罪，黥为城旦舂；它各反其罪。告不审及有罪先自告，各减其罪一等。"③从《二年律令·告律》的规定可知，汉代法律对诬告者实行反坐，告不审者减所告罪一等。

从《睡虎地秦墓竹简》出土的简文来看，秦律对诬告者的处罚是很重的。如《法律答问》记载："甲告乙盗直（值）□□钱，问乙盗卅，甲诬驾（加）乙五十，其卅不审，问甲当论不当？廷行事赀二甲。"④即甲告乙盗窃价值若干钱，经审问结果乙盗窃三十钱，乙诬加五十钱，又有三十钱不审，问甲应否论处？成例应罚二甲。"上造甲盗一羊，狱未断，诬人盗

---

① 《睡虎地秦墓竹简》，第102页。
② 《睡虎地秦墓竹简》，第103页。
③ 《张家山汉墓竹简[二四七号墓]（释文修订本）》，第26页。
④ 《睡虎地秦墓竹简》，第105页。

一猪,论可(何)殹(也)?当完城旦。"即上造甲盗了一只羊,又诬告他人盗窃一头猪,应如何论处?应完城旦。

根据上述秦律,在盗窃犯罪的司法审判中,凡故意增加盗窃数额或者故意增加盗窃赃值的,按"告盗加赃"论处。对于"告盗加赃"的处罚,则根据其增加部分加上实际盗窃额是否超过法定的量刑幅度来决定是否给予处罚;如果其增加部分加上实际盗窃额不超过法定量刑幅度的,则不予处罚;如果超过法定量刑幅度的,即使只有十钱,也应予以处罚。如:"告人盗百一十,问盗百,告者何论?当赀二甲。盗百,即端加盗十钱,问告者何论?当赀一盾。赀一盾应律,虽然,廷行事以不审论,赀二甲。"①又如:"告人盗千钱,问盗六百七十,告者何论?毋论。"②"诬人盗千钱,问盗六百七十,诬者何论?毋论。"③

在非金钱盗窃案中,如果控告人故意变换盗窃对象以增加盗窃赃值者,也按"告盗加赃"论处,如《法律答问》记载:"甲盗羊,乙智(知),即端告曰甲盗牛,问乙为诬人,且为告不审?当为告盗驾(加)臧(赃)。"④即甲盗羊,乙明知,故意控告甲盗牛,问乙的行为是诬人,还是告不审?应为告盗加赃。"甲盗羊,乙智(知),而不智(知)其羊数,即告吏曰盗三羊,问乙可(何)论?当为告盗驾(加)臧(赃)。"⑤即甲盗羊,乙明知,但不知盗羊的数量,就向官吏告发说盗羊三只,问对乙应如何论处?应按告盗加赃论处。

在上述《法律答问》中,控告者控告他人盗窃一千钱,经审讯查明被

---

① 《睡虎地秦墓竹简》,第102页。
② 《睡虎地秦墓竹简》,第103页。
③ 《睡虎地秦墓竹简》,第103页。
④ 《睡虎地秦墓竹简》,第104页。
⑤ 《睡虎地秦墓竹简》,第104页。

告人实际盗窃六百七十钱,控告数额与实际盗窃额相差三百三十钱,而按秦律对此不予处罚。误告十钱者予以处罚,而误告三百三十钱者则不予处罚,按常人的观念,这一规定是难以理解的,因其不符合常理。但是,《二年律令·盗律》中关于量刑幅度的规定可以帮助我们理解秦律的这一规定。"盗赃值六百六十钱,黥为城旦舂。六百六十到二百廿钱,完为城旦舂。不盈二百廿钱到百一十钱,耐为隶臣妾。不盈百一十钱到廿二钱,罚金四两。不盈廿二到一钱罚金一两。"① 秦汉时数字运算以十一为倍数,定罪量刑也以十一为倍数确定量刑幅度。在上述《法律答问》记载的事例中控告人虽然仅错告了十钱,但因量刑发生了质的变化,导致被控告人受到较高一格量刑的处罚,虽然控告人只错告十钱,依律也应承担责任。同样,在上述《法律答问》记载的事例中控告人虽然错告了三百三十钱,但由于量刑幅度未发生质的变化,所以,控告人依律不应承担法律责任。《二年律令·盗律》关于盗窃罪量刑标准的规定与《睡虎地秦墓竹简》中的规定是一致的,《法律答问》中记载的两例可资说明。

例1:

> 士五(伍)甲盗,以得时直(值)臧(赃),臧(赃)直(值)过六百六十,吏弗直(值),其狱鞫乃直(值)臧(赃),臧(赃)直(值)百一十,以论耐,问甲及吏可(何)论?甲当黥为城旦;吏为失刑罪,或端为,为不直。②

---

① 《张家山汉墓竹简[二四七号墓](释文修订本)》,第16页。
② 《睡虎地秦墓竹简》,第101页。

例2：

　　士五(伍)甲盗，以得时直(值)臧(赃)，臧(赃)直(值)百一十，吏弗直(值)，狱鞫乃直(值)臧(赃)，臧(赃)直(值)过六百六十，黥甲为城旦，问甲及吏可(何)论？甲当耐为隶臣，吏为失刑罪。①

从上述两例的法律规定来看，秦汉关于盗窃罪的量刑幅度基本一致，盗窃赃值过一百一十者，论耐；盗窃赃值过六百六十者，黥为城旦。

---

① 《睡虎地秦墓竹简》，第102页。

第九章 先秦时期的诉讼审判程序

第一节 刑罪案件与非刑罪争讼案件的划分

一、刑罪案件与非刑罪争讼案件的划分根据

根据《周礼》六官的设置及分工,秋官主刑,是负责刑罪案件审判的司法机构。在《周礼》中,刑主要是指有亏身体的刑罚。《周礼·秋官·叙官》郑玄注曰:"刑,正人之法。《孝经说》曰:'刑者,侀也,过出罪施。'"贾公彦疏曰:"《孝经援神契》'五刑'章曰:'刑者,侀也。过出罪施者,下侀为著也。行刑者,所以著人身体。过误者出之,实罪者施刑。'"《说文》曰:"刑,刭也;从刀,开声。"从《说文》"刑"之造形看,刑左边的"开"像两个并排竖立的钻子,右边是刀。从刑的造形和表意上看,刑表意为用一种工具(如刀等)对他物体造成一种有形的损害(如开状)。《周礼·秋官·司刑》曰:"司刑掌五刑之法,以丽万民之罪。墨罪五百,劓罪五百,宫罪五百,刖罪五百,杀罪五百。"司刑所掌的刑是墨、劓、宫、刖和杀五种刑罚。可见,《周礼》中的"刑"主要是指刑罪,是指有亏身体的刑罚。

《周礼·地官·大司徒》曰:"凡万民之不服教而有狱讼者,与有地

治者听而断之,其附于刑者归于士。"该部分经文已明确将狱讼案件分为"附于刑者"之案件和"不服教而有狱讼者"之"非附于刑者"之案件,前者可称之为刑罪案件,后者可称之为非刑罪案件。刑罪案件归属司寇及其属官,由司寇及其属官审判;非刑罪案件则主要由负责教化的大司徒及其属官审判或调处。这是《周礼》对争讼事件进行定性分类后,又进行的事治划分。

本章在案件性质的划分上使用了"刑罪案件"与"非刑罪案件"界分,而没有使用现代通常使用的刑事案件与民事案件的划分。一是这种划分的依据是《周礼》之经文。如上述"凡万民之不服教而有狱讼者,与有地治者听而断之,其附于刑者归于士"。这部分经文把狱讼分成了"附于刑者"之狱讼和"非附于刑者"之狱讼。"附于刑者"之狱讼被称为刑罪狱讼或刑罪案件,"非附于刑者"之狱讼被称为非刑罪狱讼或非刑罪案件,这种立足于经文的研究方法符合"论从史出"的史学研究方法。一味贴标签的史学研究不能正本清源,也不能达到古为今用之效果。二是刑事案件与民事案件之划分与《周礼》有关争讼的处理设计不能吻合。如按现代刑事案件与民事案件的划分标准,地官及其属官处理的一些非刑罪案件不能归于民事案件范畴,如《周礼·地官·司救》有关邪恶过失之民坐嘉石、归于圜土服劳役的教化处罚,《周礼·地官·调人》有关血亲复仇的"谐和之"之内容,如按现代诉讼标准则应归于刑事诉讼范畴,属于刑事案件而非民事案件。又如《周礼·秋官·大司寇》有关"嘉石平罢民"的设计,《周礼·秋官·司圜》有关"收教罢民"之规定,按现代诉讼标准,这两类案件既非刑事案件,也不是民事案件,而是介于二者之间,根据条件又可转化的案件。

二、"狱"与"讼"的含义及其表达的案件性质

关于"狱"与"讼"的含义及其表达的案件性质,《周礼·地官·大司

徒》郑玄注曰:"争罪曰狱,争财曰讼。"贾公彦疏曰:"云'争罪曰狱,争财曰讼'者,案《周礼·秋官·大司寇》云:'以两造禁民讼,以两剂禁民狱。'狱讼相对,故狱为争罪,讼为争财。若狱讼不相对,则争财亦为狱。"贾公彦疏还引注了《左传·僖公二十八年》记载的卫侯与元咺讼案,①旨在说明在春秋时期争罪的案件有时亦用"讼"。贾疏曰:"卫侯出奔,及其反国,误射杀第叔武,元咺诉于晋,卫侯与元咺讼,晋士荣为大士而听断之。引此者,欲见有狱必有讼,有讼者不必有狱。故彼是争罪之事,而言卫侯与元咺讼。"关于"狱"与"讼"的界定,孙诒让先生也不赞同郑玄的解读,孙诒让正义曰:"然经凡狱讼对文者,狱大而讼小也。郑谓以争罪争财为异,似非经义。"②根据《周礼》和先秦文献的相关记载,笔者赞同贾疏和孙诒让先生关于"狱"与"讼"的释义,"狱"与"讼"在争罪与争财的表述上是相对的,而不是固化的表达方式,狱讼是在表达一种争讼事件。既然狱讼不是争罪争财的固化表达,那么,可以有理由认为,"凡万民之不服教而有狱讼者,与有地治者听而断之,其附于刑者归于士"是关于刑罪案件和非刑罪案件分际的规定,将争讼案件原则上分为刑罪案件和非刑罪案件,符合《周礼》之经义。

第二节　刑罪案件的初审程序

《周礼》在治事上分设六官,各司其职,各负其责。在区域管理上,采取的是"分地域而辨其守,施其职而平其政"③的管理模式,对王国进

---

① 《左传·僖公二十八年》曰:"卫侯与元咺讼,宁武子为辅,针庄子为坐,士荣为大士。卫侯不胜,杀士荣,刖针庄子,谓宁俞忠而免之。"
② 《周礼正义》卷19《地官·大司徒》,第763页。
③ 《周礼·地官·小司徒》。

行了行政区划划分。《周礼》以"日至之景"测地中,建国都。在国家行政区划的设置上,实行的是"体国经野"的乡遂制度,王国从整体上分为"国"和"野"两部分。"国"中行"乡"制,"野"中行"遂"制。都城所辖地为国中,方圆约一百里,又谓城中。以国中为中心向外延展,依次为四郊、野、都和四方。距王城百里以外至二百里地域为四郊,二百里以外至三百里地域为野,三百里以外至四百里地域为县,四百里以外至五百里地域为都,都之外为四方位诸侯之地。国中、郊、野、都和四方之地的司法官分别是乡士、遂士、县士、方士和讶士,分别负责其辖区内的刑罪案件的司法审判业务。《周礼·地官·大司徒》曰:"凡万民之不服教而有狱讼者,与有地治者听而断之,其附于刑者归于士。"该经文是关于地域管辖的原则性规定。

一、乡士享有国中刑罪案件的初审权

《周礼·秋官·叙官》曰:"乡士,上士八人,中士十有六人,旅下士三十有二人。"郑玄注曰:"士,察也,主察狱讼之事者。乡士主六乡之狱。"贾公彦疏曰:"乡士,其职云掌国中,国中兼百里内六乡,以八人分主六乡,故谓之乡士。下士言旅,旅,众也,小官理众事也。训'士'为'察'者,义取察理狱讼,是以刑官多称士。"先秦时期司法官多称"士",如《尚书·舜典》曰:"皋陶,蛮夷猾夏,寇贼奸宄,汝作士。"士,是中国最早的司法官称谓,《周礼》延续了这一称谓。依据《周礼·秋官·叙官》之规定,乡士之属共分为上士、中士和下士三个层级,共五十六人,分管国中六乡之刑罪狱讼案件的受理、调查和初审审判之事宜。

《周礼·秋官·乡士》曰:"乡士掌国中,各掌其乡之民数而纠戒之,听其狱讼,察其辞,辨其狱讼,异其死刑之罪而要之,旬而职听于朝。"郑玄注曰:"言掌国中,此主中狱也,六乡之狱在国中。乡士八人(上士),言各者,四人而分主三乡。察,审也。辩、异,谓殊其文书也。要之,为其罪法之要辞,如今劾矣。十日,乃以职事治之于外朝,容其自反复。"贾公彦疏曰:"乡士主治狱讼之事,故云'听其狱讼,察其辞'。言'审'者,恐人枉滥也。'听其狱讼,察其辞'者,辞即谓狱讼之辞。云'辨其狱讼'者,辨,别也。狱谓争罪,讼谓争财。事既不同,文书亦异。云'异其死刑之罪'者,死与四刑轻重不同,文书亦异。云'而要之'者,文书既得,乃后取其要辞。虽得要实之辞,罪定,仍至十日,乃后以断刑之职,听断于外朝。云'要之,为其罪法之要辞,如今劾矣'者,劾,实也。正谓弃虚从实,收取要辞为定,容其反复,恐因虚承其罪,十日不翻,即是其实,然后向外朝对众更询,乃与之罪。"郑注和贾疏对"乡士掌国中"的上述部分的解释基本一致,据此,对《乡士》上述经文可以解读为:乡士掌理六乡以及国都中的狱讼,各掌所属乡的人民数并对乡民加以纠察和戒禁,受理他们的诉讼,审查他们的讼辞,辨别罪名及刑罚之轻重,区别死罪与其他刑罪而写出初审判决文书,对于不能专决的疑难案件,过十天再在外朝加以审断。

对关于郑、贾二人"要之,旬而职听于朝"之注疏,孙诒让先生则有不同的看法。孙诒让正义曰:"要者,狱讼之小成,群士所专定而上之司寇者也。云'旬而职听于朝'者,乡士虽已定其罪之要辞,仍不敢专决,至旬日,乃以因证及所定狱辞刑要等,致之皋门内司寇听狱讼之外朝,与众公议之也。"①

综合上述注疏释义,对于乡士的职责和审案程序可以做如下理解:

1. 乡士的刑罪管辖区域是国中,即王国都城及距王国都城一百里的范围内。

---

① 《周礼正义》卷67《秋官·乡士》,第2795—2796页。

2. 兼掌其乡之人民数并对乡民进行纠察戒禁。该职责与乡师为官联之职责,是德治和泛教化主义的体现。

3. 受理狱讼案件,审察讼辞,固定相关证据,厘清案情。即"听其狱讼,察其辞"。

4. 确定狱讼案件的罪名、量刑轻重、适用死刑或是其他刑罚,并写出判决文书或草拟出判决意见。即"辨其狱讼,异其死刑之罪而要之"。

5. 在判决作出后十日内将需上请的案卷材料、判决文书或诉讼文书(如疑难谳请文书),以及囚证送交司寇处,并在朝士主持的外朝由司寇与群士、司刑共议决之。

关于"要之"之理解,郑注曰"劾",贾疏曰"实",孙诒让正义曰"小成"。三者表述有异,意则相同,都是在表达事实厘清、刑罪确定之意。《说文》曰:"劾,法有罪也。"段玉裁注曰:"法者,谓以法施之。《广韵》曰:'劾,推穷罪人也。'"《尚书·吕刑》孔颖达正义曰:"汉世问罪谓之鞫,断狱谓之劾。"《周礼·秋官·乡士》贾公彦疏曰:"成,谓罪已确定。"笔者认为,要之,实际上是在表达狱讼案情已经查清、罪名确定、量刑确定、判决书作出,或如遇疑难案件存疑待报的诉讼阶段,是指乡士部分的审判程序已经结束,或者说是乡士部分的初审程序已经结束。

对于"旬而职听于朝"之理解,郑注曰:"十日,乃以职事治之于外朝,容其自反复。"贾疏曰:"罪定,仍至十日,乃后以断刑之职,听断于外朝。"同时贾疏也赞同郑注,认为"十日"是容当事人反复的期间,十日内当事人不反复则为实,然后向外朝对众更询,乃与之罪。孙诒让正义曰:"乡士虽已定其罪之要辞,仍不敢专决,至旬日,乃以囚证及所定狱辞刑要等,致之皋门内司寇听狱讼之外朝,与众公议之也。"笔者认为,孙诒让先生关于"旬而职听于朝"的解读较为符合经义。"十日(旬)"应是乡士辞罪确定后,将"囚证及所定狱辞刑要等"送交司寇听审的期间,而不是容许当事人反复的期间。《周礼·秋官·朝士》中规定的"期内之治听,期外不听"的诉讼期间,根据孙诒让先生的解读,应是指当事人乞鞫的期间。同时,根据《周礼》经文,并非乡士所审决的所有刑罪案件均应送交司寇听审。根据《周礼》确立的"大事则从其长,小事则专达"①邦治原则②,对于乡士能够专决的"小事"或"小罪"案件则不应"从其长"(即送交司寇听审)。至于哪些"小事"或"小罪"由乡士专决,《周礼》经文中未予明确,笔者不敢妄自揣度。依据法理,即使属于乡士能够专决的案件,但在案件的定性及适用法律方面产生了意见分歧,属疑难案件,需要上请的案件,也要遵循"十日"期间的规定。根据笔者考证,秦汉及先秦时期,下级司法官吏在审理狱讼案件时需上请,即谳;谳者,疑狱上请也。③

二、遂士享有四郊之刑罪案件的初审权

《周礼·秋官·遂士》曰:"遂士掌四郊,各掌其遂之民数,而纠其戒令,听其狱讼,察其辞,辨其狱讼,异其死刑之罪而要之,二旬而职听于朝。"

根据《周礼·秋官·遂士》之经文,可作下述解读:

---

① 《周礼·秋官·小宰》曰:"以官府之六属,举邦治:一曰天官,其属六十掌邦治,大事则从其长,小事则专达。二曰地官,其属六十掌邦教,大事则从其长,小事则专达。三曰春官,其属六十掌邦礼,大事则从其长,小事则专达。四曰夏官,其属六十掌邦政,大事则从其长,小事则专达。五曰秋官,其属六十掌邦刑,大事则从其长,小事则专达。六曰冬官,其属六十掌邦事,大事则从其长,小事则专达。"

② 中国古代在狱案审理上一直有按级分类管辖的做法,如《二年律令·置吏律》曰:"官各有辨,非其官府勿敢为,非所听勿敢听。"《唐律疏议·名例》疏曰:"今之典宪,前圣规模,章程靡大,鸿纤备举,而刑宪之司执行殊异:大理当其坐死,刑部处以流刑;一州断以徒年,一县将为杖罚。"

③ 参见程政举:《汉代上请制度及其建立的理性基础》,《河南财经政法大学学报》2012年第1期。

1. 遂士的刑罪管辖区域是四郊，即距王城百里以外至二百里地域。

2. 兼掌其遂之人民数并对四郊之民进行纠察戒禁。

3. 受理遂之狱讼案件，审察讼辞，固定相关证据，厘清案情。即"听其狱讼，察其辞"。

4. 确定狱讼案件的罪名、量刑轻重、适用死刑或其他刑罚，并写出判决文书。即"辨其狱讼，异其死刑之罪而要之"。

5. 判决作出后二十日内将案卷材料、判决文书或诉讼文书，以及囚证送交司寇处，并在朝士主持的外朝由司寇与群士、司刑共议决之。

三、县士享有王国之野的刑罪案件初审权

《周礼·秋官·县士》曰："县士掌野，各掌其县之民数，纠其戒令，而听其狱讼，察其辞，辨其狱讼，异其死刑之罪而要之，三旬而职听于朝。司寇听之。"

根据《周礼·秋官·县士》之经文，可作下述解读：

1. 县士的刑罪管辖区域是王国之都、县、野之地，即距王城二百里以外至五百里的区域。"县士掌野"中野之范围是郊外所有的王国所辖之公邑地。《秋官·县士》郑玄注曰："地距王城二百里以外至三百里曰野，三百里以外至四百里曰县，四百里以外至五百里曰都。都县野之地，其邑非王子弟、公卿大夫之采地，则皆公邑也，谓之县，县士掌其狱焉。言'掌野'者，郊外曰野，大总言之也。狱居近，野之县狱在二百里上，县之县狱在三百里上，都之县狱在四百里上。"《地官·载师》郑玄注曰："公邑，谓六遂余地，天子使大夫治之，自此以外皆然。"根据郑玄注，野、县、都之地均在郊外，统称之为"野"，且"县士掌野"之"野"并非所有野地，而仅指野之公邑之地也。

2. 兼掌其野之人民数并对其野之民进行纠察戒禁。

3. 受理野之狱讼案件,审察讼辞,固定相关证据,厘清案情。即"听其狱讼,察其辞"。

4. 确定狱讼案件的罪名、量刑轻重、适用死刑或其他刑罚,并写出判决文书。即"辨其狱讼,异其死刑之罪而要之"。

5. 判决作出后三十日内将案卷材料、判决文书或诉讼文书,以及囚证送交司寇处,并在朝士主持的外朝由司寇与群士、司刑共议决之。

四、方士享有都家刑罪案件的初审权

《周礼·秋官·方士》曰:"方士掌都家,听其狱讼之辞,辨其死刑之罪而要之,三月而上狱讼于国。"又曰:"凡都家之士所上治,则主之。"

根据《周礼·秋官·方士》之经文,对于方士之职责,可作下述解读:

1. 方士的刑罪管辖区域是都家。《秋官·方士》郑玄注曰:"都,王子弟及公卿采地。家,大夫之采地。大都在疆地,小都在县地,家邑在稍地。不言掌其民数,民不纯属王。"贾公彦疏曰:"云'不言掌其民数,民不纯属王'者,采地之民,虽在王畿之内,属采地之主,类畿外之民属诸侯,故云不纯属王。"《周礼·地官·载师》曰:"以公邑之田任甸地,以家邑之田任稍地,以小都之田任县地,以大都之田任疆地。"郑玄注曰:"疆,五百里,王畿界也。"贾公彦疏曰:"郊外曰甸。稍者,以大夫地少,稍稍给之,故云稍也。"方士对都家狱讼的掌管,不同于县士对野之狱讼的掌管。"县士掌三等公邑之狱,亲掌之;若方士掌三等采地之狱,遥掌之。采地有都家之士掌狱,有事上于方士耳。"[①]

2. 方士听取都士、家士之狱讼判辞。根据《周礼》经文以及郑注和

---

① 《周礼·秋官·方士》,贾公彦疏。

贾疏可知,采地之主有一定的自治权,包括狱讼听审权。采地的狱讼案件由采地的司法官即都士、家士具体负责,而方士作为司寇的派出机构或司法官,对都士、家士的听审有监督和辅佐之责。在讼辞的审核上,方士表述为"听其狱讼之辞",县士、遂士、乡士则表述为"察其辞"。"听"与"察"两字不同,则表明其职权和职责不同。《说文》曰:"听,笑儿,从口,斤声。察,覆也,从宀,祭。臣铉等曰:'祭祀必天,质明,明察也,故从祭。'"听,多是指履行监督、督查职责;察,则是指查明案情之意。对此,孙诒让先生有同样的解读:"'听其狱讼之辞'者,谓方士莅都士、家士而听狱讼也。"①

3. 确定狱讼案件的罪名、量刑轻重、适用死刑或其他刑罚,并写出判决文书。即"辨其死刑之罪而要之"。

4. 判决作出后三个月内将案卷材料、判决文书或诉讼文书,以及囚证送交司寇处,并在朝士主持的外朝由司寇与群士、司刑共议决之。

5. 方士负都士、家士审理的疑难案件的谳请之责。经文曰:"凡都家之士所上治,则主之。"郑玄注曰:"都家之士,都士、家士也。所上治者,谓狱讼之小事,不附罪者也。主之,告于司寇,听平之。"贾公彦疏曰:"云'所上治者,谓狱讼之小事,不附罪者',以其上文已有士师受中,为附罪之大事,明此是小事。"孙诒让先生对郑注和贾疏则持不同看法,认为"狱讼小事不附罪者,宜都家之士与其长吏自决之,不必上于王国,郑、贾说不合事情"②。此处都家所上治者,应为谳疑狱。《左传·昭公二十八年》曰:"梗阳人有狱,魏戊不能断,以狱上。"笔者认为,孙诒让先生的意见较为符合经文。都士、方士在处理狱讼过程中遇到疑难案件时,应都士、家士的请求,方士可主持听审而议决之。从这个意义上说,

---

① 《周礼正义》卷67《秋官·讶士》,第2810页。
② 《周礼正义》卷67《秋官·讶士》,第2812页。

方士对都士、家士狱讼案件的审理有指导之责,这也是维护王国司法统一的需要。

五、讶士的特别审判权和特别审判程序

根据《周礼》经文,讶士在王国的司法审判中享有特殊的审判权和诉讼地位,他既享有四方诸侯部分狱讼的终审权,又是沟通诸侯与王国中央司法机构的桥梁。《周礼·秋官·讶士》曰:"讶士掌四方之狱讼,谕罪刑于邦国。凡四方之有治于士者,造焉。四方有乱狱,则往而成之。"从《周礼·秋官·讶士》经文关于讶士审判职权的表述上看,讶士享有不同于乡士、遂士、县士和方士的特殊的审判权和诉讼地位。

1. 讶士对四方诸侯的狱讼审判提供法律咨询。经文曰:"讶士掌四方之狱讼,谕罪刑于邦国。"注引郑司农云:四方之狱讼是指"四方诸侯之狱讼"。根据上文,四百里以外至五百里地域为都,都之外为四方诸侯之地。四方诸侯之地远离王国都城,享有一定的司法自治权。郑玄注曰:"告晓以丽罪及制刑之本意。"贾公彦疏曰:"谕为晓,故云'告晓以丽罪'。罪者,谓断狱附罪轻重也。云'及制刑之本意'者,圣人所作刑法,正为息民为恶。故云刑期于无刑,以杀止杀,是制刑之本意,以此二者告晓于诸侯。"孙诒让正义曰:"谓以刑书告晓邦国制刑之本意。谓依罪之轻重制作刑法以治之,其意义或深远难知,讶士则解释告晓之,若后世律书之有疏议也。"[①]从上述经文及经家注解来看,四方诸侯对其境内发生的狱讼事件享有独立听审权或司法审判权,这是司法分权或区域司法的体现。讶士对四方诸侯断狱弊讼时仅是"告晓邦国制刑之本意",而非"听其狱讼,察其辞",也无"辨其狱讼,异其死刑之罪而要之"

---

① 《周礼正义》卷67《秋官·讶士》,第2813页。

之权限,因此,可以认为讶士在四方诸侯之狱讼审判中处于辅助和协助的诉讼地位,不享有独立的听审权或司法审判权。

2. 讶士享有四方诸侯之"乱狱"之专决权和终审权。经文曰:"四方有乱狱,则往而成之。"郑玄注曰:"乱狱,谓若君臣宣淫,上下相虐者也。往而成之,犹吕步舒使治淮南狱。"孙诒让正义曰:"'乱狱,谓若君臣宣淫,上下相虐者也'者,此皆狱之尤重,大不易平断者也。讶士掌四方之乱狱,则往而成之。成之者,听之也。"正义引惠士奇云:"成者,断狱之名,《王制》所谓成狱辞也。"①讶士对于诸侯内产生的一般狱讼无听审权,但对四方诸侯产生的"乱狱"则有听审权和专决权。这是为了维护王国统治秩序的需要。郑注提到的吕步舒治淮南狱案,其文献来源于《史记·儒林列传》和《汉书·五行志》。《史记·儒林列传》曰:"(吕)步舒至长史,持节使治淮南狱,于诸侯擅专断,不报,以《春秋》之义正之,天子皆以为是。"②《汉书·五行志》曰:"上思仲舒前言,使仲舒弟子吕步舒持斧钺治淮南狱,以《春秋》谊专断于外,不请。既还奏事,上皆是之。"③郑注引吕步舒使治淮南狱例旨在说明讶士对四方诸侯"乱狱"案有专决权和终审权。

3. 讶士是沟通诸侯与王国中央司法机构的桥梁。经文曰:"凡四方之有治于士者,造焉。"郑玄注曰:"谓谳疑辨事,先来诣,乃通之于士也。士,主谓士师也,如今郡国亦时遣主者吏,诣廷尉议者。"贾公彦疏曰:"谓四方诸侯有疑狱不决,遣使上王府士师者,故云'四方之有治于士者'。知士是士师者,以其士师受中,故知疑狱亦士师受之也。云'造焉'者,先造诣讶士,乃通之士师也。谳,白也,谓咨白疑辨之事。"孙诒

---

① 《周礼正义》卷67《秋官·讶士》,第2814页。
② 《史记》卷121《儒林列传》,第3129页。
③ 《汉书》卷27上《五行志上》,第1333页。

让先生不同意贾疏关于谳谓咨白疑辨之事的解释，认为贾疏此解未达其意。孙诒让先生认为："谳疑辩事，谓邦国之士来谳问疑难不决之狱，及辩论法律之事，则先请诣讶士，讶士通之于士也。王引之云：'古者为讼理为治讼。凡四方之有治于士者，谓有讼理于士者也。'"① 笔者认为，孙诒让先生的解释较为符合经义。"凡四方之有治于士者，造焉"此句经义可解释为：凡四方诸侯在审理疑难狱讼案件需上请士师者，先将谳请于讶士，讶士代为上请。如此，讶士则是沟通诸侯与中央司法机构的桥梁。

第三节 刑罪案件终审审判程序

一、司寇享有王国刑罪案件的终审权

《周礼·秋官·叙官》曰："乃立秋官司寇，使帅其属而掌邦禁，以佐王刑邦国。刑官之属：大司寇，卿一人；小司寇，中大夫二人。"郑玄注曰："禁，所以防奸者也。刑，正人之法。《孝经说》曰：'刑者，侀也，过出罪施。'"贾公彦疏曰："王者恐民以奸入罪，故设禁示之，防其奸恶。若不忌为奸，然后以刑罪之。"从经文以及郑注和贾疏可知，司寇及其属官的职责是"掌邦禁"和"佐王刑邦国"。"掌邦禁"是指司寇及其属官设禁示民，防止奸恶发生，这是司寇及其属官兼负的教化职责，是德治和泛教化主义的体现。司寇"佐王刑邦国"有两层意思：一是司寇为王国的最高司法官，享有王国的最高司法权，即"佐王"之意；二是司寇所享有

---

① 《周礼正义》卷57《秋官·讶士》，第2812页。

的司法审判权仅是指刑罪案件司法审判权,即"刑邦国"。

二、刑罪案件终审程序之启动

根据《周礼·秋官》中《小司寇》《乡士》《遂士》《县士》《方士》《讶士》和《朝士》之经文及其注疏,王国刑罪案件终审程序的启动有以下两种路径:

1. 初审判决作出后,当事人及利害关系人在法定期间内乞鞫者。乞鞫是启动司寇终审程序的诉讼行为。《周礼·秋官·朝士》曰:"凡士之治有期日,国中一旬,郊二旬,野三旬,都三月,邦国期。期内之治听,期外不听。"注引郑司农云:"谓在期内听,期外者不听,若今时徒论决,满三月,不得乞鞫。"①贾公彦疏曰:"云'凡士之治有期日'者,即上文乡士听讼于朝,乡士一旬,遂士二旬。期日,即上乡士遂士之等,狱讼成来于外朝职听,远近节之,皆有期日。云'国中'者,谓狱在国中,据乡士。云'郊二旬'者,谓狱在郊,据遂士。云'野三旬'者,谓野之县狱三处皆是野。云'都三月'者,谓方士掌都家。云'邦国期'者,谓讶士虽不云期日,差之,邦国当讶士所掌。云'期内之治听,期外不听'者,所以省烦息讼也。"孙诒让先生认为,先郑(指郑司农)之意见符合经义,贾疏的意见不符合经义。《朝士》中"士之治有期日"应是指当事人的乞鞫期间,而非诸士职听之期。孙诒让正义曰:"此'士之治有期日',盖有两意:一则民以事来讼,士官为约期日以治之;二则狱在有司而断决不当者,许其于期内申诉。"正义引王平仲云:"谓乡士、遂士等不能决,及弊,而民不

---

① 乞鞫是当事人及其近亲属不服已生效的狱案判决向司法官吏或司法机关提起请求,要求对该案进行重新审理的一种诉讼行为。乞鞫作为一种诉讼制度在战国时期已经存在,如《睡虎地秦墓竹简·法律答问》记载:"以乞鞫及为人乞鞫者,狱已断乃听,且未断犹听也?狱断乃听之。"又如《二年律令·具律》曰:"罪人狱已决,自以罪不当欲乞鞫者,许之。"参见程政举:《张家山汉墓竹简反映的乞鞫制度》,《中原文物》2007年第3期。

服,赴诉于士者,故以远近为期限,非乡遂士等所止于狱之成也。"①《周礼·地官·质人》中也有关于期日的记载:"凡治质剂者,国中一旬,郊二旬,野三旬,都三月,邦国期。期内听,期外不听。"郑玄注曰:"谓赍券契来讼也,以期内来治之,后期不治,所以绝民之好讼,且息文书也。"从经文意之一致性解,"士之治有期日"之期间规定作乞鞫期间解较为符合经义。如将"士之治有期日"解释为诸士职听期间,那么诸士耽误诉讼期间,则可能会受到遏讼的处罚,如《周礼·秋官·禁杀戮》云:"禁杀戮掌司斩杀戮者,凡伤人见血而不以告,攘狱者,遏讼者,以告而诛之。"郑司农云:"攘狱者,距当狱者也;遏讼者,遏止欲讼者也。"笔者赞同孙诒让先生对此经文的解读。

2. 乡士、遂士、县士和方士审结刑罪案件而依职权不能专决需上报的案件以及依职权能够专决但属疑难案件需上请者。根据上文,乡士上报案件的期间是一旬,遂士二旬、县士三旬、方士三个月。

三、司寇听审刑罪案件的地点以及听审主体和参与者的位次

司寇的听审地点是王国的外朝。据郑注,周王王城为三朝五门之建制②,寓意为天道五行。《周礼·秋官·朝士》注引郑司农云:"王有五门,外曰皋门,二曰雉门,三曰库门,四曰应门,五曰路门。路门一曰毕门。"郑玄注曰:"周天子诸侯皆有三朝,外朝一,内朝二。内朝之在路门内者,或谓之燕朝。"《周礼·秋官·小司寇》郑玄注曰:"外朝,朝在雉门外者。"关于五门的前后顺序,郑玄认为:"王五门,雉门为中门,雉门设两观,与今之宫门同。阍人几出入者,穷民盖不得入也。库门在雉门外

---

① 《周礼正义》卷68《秋官·朝士》,第2825—2826页。
② "三朝五门"是天人相应、象天法地之王朝都城建构思想的体现;三者,天地人之谓也;五者,五行之谓也。

必矣。"①贾公彦疏曰:"云'天子诸侯皆有三朝,外朝一,内朝二'者,天子外朝一者,即朝士所掌是也。内朝二者,司士所掌正朝,太仆所掌路寝朝,是二也。"据《周礼》,内朝分别由司士和太仆所掌,而外朝则由小司寇和朝士所掌。小司寇掌外朝之政,如询国危、询国迁和询立君之政。朝士掌外朝之法,即司法审判之事宜。《周礼·秋官·朝士》贾公彦疏曰:"法,谓位次刑禁之类。"

关于朝士所掌外朝司寇听审的位次,《周礼·秋官·朝士》曰:"朝士掌建邦外朝之法。左九棘,孤、卿、大夫位焉,群士在其后;右九棘,公、侯、伯、子、男位焉,群吏在其后;面三槐,三公位焉,州长众庶在其后。"郑玄注曰:"树棘以为立者,取其赤心而外刺,象以赤心三刺也。槐之言怀也,怀来人于此,欲与之谋。群吏,谓府史也。州长,乡遂之官。"先秦时期将棘木比喻为赤心已较为普遍,如《诗经·邶风·凯风》曰:"凯风自南,吹彼棘心。棘心夭夭,母氏劬劳。"诗中把母亲辛劳哺育儿女的赤心比喻为棘心,慈且有纹理。《说文》曰:"棘,小枣丛生者。"段玉裁注曰:"小枣树丛生,今亦随在有之,未成则为棘而不实,已成则为枣。"据《说文》及段注,棘木为枣树的灌木丛,即小枣树丛。《礼记·王制》曰:"正以狱成告于大司寇,大司寇听于棘木之下。"《说文》曰:"槐,木也。"槐与"怀"音相近也。《初学记·政理部》引《春秋元命包》云:"树棘槐,听讼于其下。棘,赤心有刺,言治人者,原其心不失赤,实事所以刺人,其情令各归实。槐之言归也,情见归实。"②《周礼·秋官·小司寇》郑玄注曰:"群臣,卿大夫士也;群吏,府吏也。"结合《周礼·秋官》中《乡士》《遂士》《县士》之经文"司寇听之,断其狱弊其讼狱于朝。群士司

---

① 《周礼·秋官·朝士》,郑玄注。
② [唐]徐坚:《初学记》,中华书局 2004 年版,第 490 页。

刑皆在,各丽其法以议狱讼",司寇听审的位次应是:司寇坐北面南;左为东,孤、卿、大夫、群士坐于外朝之东;右为西,公、侯、伯、子、男、群吏在外朝之西;三公、州长众庶坐南面北。

关于诉讼当事人在听审中的位置和座次,根据先秦时期有关狱讼不席、讼夫坐地的文献记载,司寇听审时原被告双方当事人应坐地不席。《晏子春秋·内篇谏下》曰:"景公猎休,坐地而食,晏子后至,左右灭葭而席。公不说,曰:'寡人不席而坐地,二三子莫席,而子独褰草而坐之,何也?'晏子对曰:'臣闻介胄坐陈不席,狱讼不席,尸坐堂上不席,三者皆忧也。故不敢一忧侍坐。'公曰:'诺。'令人下席曰:'大夫皆席,寡人亦席矣。'"①《晏子春秋·内篇杂上》曰:"(齐景)公曰:'夫子从席,曷为坐地?'晏子对曰:'婴闻讼夫坐地,今婴将与君讼敢毋坐地呼?'"②在《周礼》中允许诉讼代理人出庭应诉,如《周礼·秋官·小司寇》曰:"凡命夫命妇,不躬坐狱讼。"郑玄注曰:"为治狱吏亵尊者也。躬,身也。不身坐,必使其属若子弟也。《丧服传》曰:'命夫者,其男子之为大夫者。命妇者,其妇人之为大夫妻者。'"这是中国古代最早的关于诉讼代理制度的文献记载。

四、集体听审和议决的合议制形式

(一)"察辞于差,非从惟从"③,强调诉讼审判的真实性和亲历性

真实性和亲历性贯穿于《周礼》的诉讼程序设计之中,体现了《周礼》设计者的智慧和卓识。真实是狱讼案件审判应遵循的首要原则,是

---

① 《晏子春秋集释》,第94页。
② 《晏子春秋集释》,第227页。
③ 《尚书·吕刑》。

仁政的首要前提,是"以刑止刑,以杀止杀"的首要前提,离开了真实,仁政和审判艺术均无从谈起。《周礼》强调了审判案件的真实性原则。《周礼·秋官·小司寇》曰:"以五刑听万民之狱讼,附于刑,用情讯之。"郑玄注曰:"讯,言也,用情理言之,冀有可以出之者。"贾公彦疏曰:"云:'附于刑,用情讯之'者,以因所犯罪附于五刑,恐有枉滥,故用情实问之,使得真实。"在听审的方法上,强调审判官或听审官的亲历性,要求审判官或听审官通过察言观色的方法判断当事人讼辞的真伪。《周礼·秋官·小司寇》曰:"以五声听狱讼,求民情:一曰辞听,二曰色听,三曰气听,四曰耳听,五曰目听。"郑玄注曰:"观其出言,不直则烦;观其颜色,不直则赧然;观其气息,不直则喘;观其听聆,不直则惑;观其眸子视,不直则眊然。"贾公彦疏曰:"直者言要理深,虚则辞烦义寡,故云'不直则烦';理直则颜色有厉,理曲则颜色愧赧。《小尔雅》云:'不直失节,谓之惭愧。面惭曰赧,心惭曰恧,体惭曰逡。'虚本心知,气从内发,理既不直,吐气则喘。《尚书》云:'作德心逸日休,作伪心劳日拙。'观其事直,听物明审,其理不直,听物致疑。目为心视,视由心起,理若直实,视盼分明,理若虚陈,视乃眊乱。"

(二)兼听则明、多方征求意见、集体议决、三刺定谳的听审形式

根据《周礼》,直接参与司寇听审的相关司法官吏有士师、乡士、遂士、县士、方士、朝士、司刑、司刺等。《周礼·秋官·士师》曰:"察狱讼之辞,以诏司寇断狱弊讼,致邦令。"郑玄注曰:"诏司寇,若今白,听正法解。"贾公彦疏曰:"狱讼辞讼,各有司存。谓若乡士、遂士、县士、方士,各主当司之狱讼,其有不决,来问都头士师者,则士师审察以告大司寇断狱弊讼也。"《周礼·秋官》中《乡士》《遂士》《县士》曰:"司寇听之,断其狱弊其讼狱于朝。群士司刑皆在,各丽其法以议狱讼。"《周礼·秋

官·乡士》郑玄注曰："丽,附也。各附致其法以成议也。"贾公彦疏曰："狱言'断',讼言'讼',弊亦断,异言耳。"《周礼·秋官·方士》曰："司寇听其成于朝。群士司刑皆在,各丽其法以议狱讼。"《周礼·秋官·司刑》曰："司刑掌五刑之法以丽万民之罪,墨罪五百,劓罪五百,宫罪五百,刖罪五百,杀罪五百。若司寇断狱弊讼,则以五刑之法诏刑罚,而以辨罪之轻重。"先秦时期集体议决案件的形式较为普遍,其集体听审形式有杂治、廷议等。① 这种集体听审的形式旨在防止个人专断,使狱讼案获得公正的判决,即"恐专有滥,故众狱官共听之"②。

《周礼》还设有"司刺"之职官,专门负责征询群臣、群吏和万民的意见,以及相关法律适用的相关事宜。按贾疏,该"三刺"是罪定之后向外朝征询意见的行为。《周礼·秋官·小司寇》曰："以三刺断庶民狱讼之中:一曰讯群臣,二曰讯群吏,三曰讯万民。听民之所刺宥,以施上服下服之刑。"郑玄注曰："中,谓罪正所定。刺,杀也,三讯罪定则杀之。讯,言也。宥,宽也。民言杀,杀之;民言宽,宽之。上服,即劓墨;下服,宫刖也。"贾公彦疏曰："'三刺'之言,当是罪定断讫,乃向外朝始行三刺。云'刺杀也,三讯罪定则杀之',所刺不必是杀,余四刑亦当三刺。直言杀者,举法重者而言,其实皆三刺。"《周礼·秋官·司刺》曰："司刺掌三刺、三宥、三赦之法,以赞司寇听狱讼。壹刺曰讯群臣,再刺曰讯群吏,三刺曰讯万民。壹宥曰不识,再宥曰过失,三宥曰遗忘。壹赦曰幼弱,再赦曰老旄,三赦曰惷愚。以此三法者求民情,断民中,而施上服下服之罪,然后刑杀。"

(三)听审十日内作出并宣布判决

《周礼·秋官·小司寇》曰："至于旬,乃弊之,读书则用法。"郑玄注

---

① 参见程政举:《先秦和秦汉的集体审判制度考论》,《法学》2011年第9期。
② 《周礼·秋官·乡士》,贾公彦疏。

曰:"十日乃断之。"注引郑司农云:"读书则用法,如今时读鞠已乃论之。"贾公彦疏曰:"云'至于旬乃弊之'者,缓刑之意,欲其钦慎也。云'读书则用法'者,谓行刑之时,当读刑书罪状,则用法刑之。"《周礼》倡导教化,以刑止刑,据此,该部分经文的意思可以解释为:司寇听审议决后十日内作出判决书,并向刑罪被告人宣读判决书认定的罪名、适用的法律,以及判决理由。在具体案件判决时,明理释法是最好的教化活动。判决是向普通大众宣告正义的行为规则,普通大众通过对判决的了解、认知,进而选择自己的行为和方向。"举直错诸枉,则民服;举枉错诸直,则民不服。"①

五、朝士维护听审秩序,确保听审内外环境严而有序

《周礼·秋官·朝士》曰:"帅其属而以鞭呼趋且辟。禁慢朝、错立、族谈者。"郑玄注曰:"趣朝辟行人,执鞭以威之。慢朝,谓临朝不肃敬业。错立族谈,谓违其位傅语。"从《朝士》经文来看,朝士负责维护司寇的听审秩序:一是避免听审周围群众过多地聚集,影响审判的正常进行;二是对王庭内的听审秩序进行维护,对于交头接耳、衣着不整等行为予以制止。

第四节 非刑罪争讼案件的审判程序

秋官主刑,"其附于刑者,归于士",涉及刑罪的狱讼事件由秋官及其属官负责,这是《周礼》在设计六官职责时的基本思路和构图。而因

---

① 《论语·为政》。

利益纷争产生的争讼则主要由具有教化职能的地官及其属官处理,也有少部分因礼乐和军政问题产生的争讼由春官及其属官和夏官及其属官处理。这些规定是基于国家统治的需要,也有利于稳定社会关系,节约司法成本。

根据《周礼》"体国经野"的建国理念,国中行乡制,野中行遂制。王国由六乡、六遂构成。"司徒主六乡,乡师分而治之,二人者共三乡之事,相左右也。州、党、族、闾、比,乡之属别也。"①州、党、族、闾、比为乡之居民行政组织,其长官分别是州长、党正、族师、闾胥和比长。小司徒、乡师均为大司徒之副官,乡大夫为六乡之长。"遂人主六遂,若司徒之于六乡也。六遂之地自远郊达于畿,中有公邑、家邑、小都、大都焉。县、鄙、酇、里、邻,遂之属别也。"②县、鄙、酇、里、邻为遂之居民行政组织,其长官分别是县正、鄙师、酇长、里宰和邻长。遂人之副官为遂师,六遂之长为遂大夫。"凡万民之不服教而有狱讼者,与有地治者听而断之。"③"凡用众庶,则掌其政教与其戒禁,听其辞讼,施其赏罚,诛其犯命者。"④各级居民行政组织有处理其治下因教化、行政事务所产生的争讼事务。

一、非刑罪争讼案件的审判程序特征

《周礼》将因不服教化而产生的民事争讼交由主教化之职官负责处理。民事争讼的听审与刑罪狱讼案的听审有所不同,体现了以下三个特点:

---

① 《周礼·地官·叙官》,郑玄注。
② 《周礼·地官·叙官》,郑玄注。
③ 《周礼·地官·大司徒》。
④ 《周礼·地官·小司徒》。

（一）处理争讼的主体具有多元性

处理争讼的主体除负有教化职责的行政区划组织的行政官员外，如乡师、遂师、遂大夫、县正，还有负有行业管理职责的行政官吏，如司市、媒氏、调人、乐师、墓大夫、马质等。

（二）处理争讼程序的非程序性

《周礼·地官》中对因不服教化而产生的争讼的处理程序没有明确规定，无论是负有教化职责的行政区划组织的行政官员处理的争讼，还是负有行业管理职责的行政官吏处理的争讼，都没有固定的程序。这一点与司寇及其属官听审的严格程序不同。也许是《周礼》的设计者认为因教化产生的纠纷还是要用简易灵活的方式处理为宜。《诗经·召南·甘棠》①和《史记·召公世家》②记载的燕召公在甘棠树下听讼的事例，在一定程度上印证了《周礼》在设计民事争讼时的非程序性和灵活性。刑罪诉讼程序的程序性与非刑罪争讼程序的非程序性的显著区别，与二者所解决的纠纷的性质不同有密切的联系。刑罪诉讼程序解决的是刑罚的适用，而《周礼》中的刑则是指有亏身体的刑罚，如墨、劓、刖、宫、大辟等。《礼记·王制》曰："刑者，侀也；侀者，成也，一成不可变也，故君子尽心焉。"《周礼·秋官·小司寇》曰："引《王制》云'刑者，侀也'者，上刑为刑，下侀为著，为行法著人身体。又训为'成'者，意取一成不可变者，死者不可复生，断者不可复续，是其不可变也。故君子尽心焉，不可滥。"非刑罪争讼程序所解决的大多是民事权益的分配问题，

---

① 《诗经·召南·甘棠》曰："蔽芾甘棠，勿翦勿伐，召伯所茇。蔽芾甘棠，勿翦勿败，召伯所憩。蔽芾甘棠，勿翦勿拜，召伯所说。"

② 《史记·燕召公世家》记载："召公之治西方，甚得兆民和。召公巡行乡邑，有棠树，决狱政事其下，自侯伯至庶人各得其所，无失职者。召公卒，而人民思召公之政，怀棠树不敢伐，歌咏之，作《甘棠》之诗。"

在重义轻利的儒家看来,只要能够解决民事权益纠纷,处理纠纷的方式、方法和程序可由纠纷处理者灵活掌握。所谓"义者,宜也"。

(三)一审终审的纠纷解决模式

从《周礼》关于因不服教化而产生的争讼的处理程序的设计方面看,没有给当事人上诉或乞鞫的救济设计,也没有给纠纷的处理主体上请的路径设计。因此,可以有理由认为,《周礼》在民事纠纷的处理程序上实行的是一审终审的纠纷解决模式。

二、"有地治者听而断之"民事争讼

根据《周礼》所设计的纠纷的处理主体不同,《周礼》中民事争讼可分为"有地治者听而断之"和行业管理组织负责处理因行业纠纷引起的争讼事件。

《周礼·地官·大司徒》曰:"凡万民之不服教而有狱讼者,与有地治者听而断之。"如前文所述,这里的"狱""讼"通称为争讼,而非刑事案件与民事案件的划分。对于因不服教化所产生的争讼,由地方各级主管教化的行政长官负责处理,如:

《周礼·地官·乡师》曰:"乡师之职,各掌其所治乡之教,而听其治。……掌其戒令纠禁,听其狱讼。……断其争禽之讼。"

《周礼·地官·遂师》曰:"遂师各掌其遂之政令戒禁。……作役事,则听其治讼。"

《周礼·地官·遂大夫》曰:"遂大夫备掌其遂之政令。……掌其政令戒禁,听其治讼。"

《周礼·地官·县正》曰:"县正各掌其县之政令、征、比。以颁田里,以分职事,掌其治讼,趋其稼事而赏罚之。"

三、行业管理组织负责处理因行业纠纷引起的争讼事件

(一)司市负责处理市场交易过程中产生的经营纠纷

司市是具有市场监管职责的官吏,负责市场准入许可、度量衡的监督检查、买卖契约备案、物价稳定和市场欺诈行为的打击等,以维护市场良好的交易秩序。同时,司市还享有处理市场交易方面的争讼的裁判权。《周礼·地官·司市》曰:"市师莅焉,而听大治大讼;胥师、贾师莅于介次,而听小治小讼。""司市,市官之长也。"①市师、胥师、贾师均为司市之属官,是负责管理市场并履行一定职责之属吏。司市及其属官除具有调处市场交易纠纷的权力外,对违反市场管理法规的行为也有一定的行政处罚权,如"市刑,小刑宪罚,中刑徇罚,大刑扑罚。其附于刑者归于士"②。郑司农云:"宪罚,播其肆也。"郑玄注曰:"徇,举以示其地之众也。扑,挞也。"《孟子·公孙丑下》记载:"古之为市也,以其所有易其所无者,有司者治之耳。有贱丈夫焉,必求龙(垄)断而登之,以左右望而罔市利。人皆以为贱,故从而征之。征商,自此贱丈夫始矣。"从《孟子》记载中可知,春秋战国时期在商业经营中已出现了商业垄断现象。国家为了规范市场秩序设立了管理市场的官员,该官员负责处理在市场交易中产生的纠纷。其中的"治之,谓治其争讼。左右望者,欲得此而又取彼也。罔,谓罔罗取之也"③。

(二)媒氏负责处理婚姻纠纷引起的争讼事件

媒氏是婚姻登记管理机构,负责登记成年男女的出生日期、催促达

---

① 《周礼·地官·序官》,郑玄注。
② 《周礼·地官·司市》。
③ 《四书章句集注》,《孟子集注》卷4《公孙丑下》,第251页。

法定婚龄的男女及时婚配、对结婚男女进行登记,同时对因婚姻家庭问题产生的纠纷有调处权。《周礼·地官·媒氏》曰:"男女之阴讼,听之于胜国之社。其附于刑者,归之于士。"郑玄注曰:"阴讼,争中冓之事以触法者。胜国,亡国也。亡国之社,掩其上栈其下,使无所通。就之以听阴讼之情,明不当宣露。其罪不在赦囿者,直归于士而形之,不复听。"《周礼》将婚姻纠纷称为"阴讼"具有一定的时代意义,也与中国传统文化中有关家庭的观念相符合。"家丑不外扬",这是人们对家庭矛盾认识和处理的传统理念。在今天这种理念仍然产生着影响,其对我国正在进行的家事审判程序建构也许有一定的参考价值。

(三) 调人专门负责处理因血亲复仇、鸟兽损害产生的纠纷

《周礼·地官》中设有调处血亲复仇、鸟兽损害的专门机构,即调人。《周礼·地官·调人》曰:"调人掌司万民之难而谐和之。凡过而杀伤人者,以民成之。鸟兽亦如之。"郑玄注曰:"难,相与为仇雠也。谐,犹调也。过,无本意也。成,平也。"郑司农云:"以民成之,谓立证佐成其罪也。一说以乡里之民共和解之,《春秋传》曰:'惠伯成之'之属。"①《调人》中虽然规定过失杀伤鸟兽也属调人调处的范围,但《调人》对过失杀伤鸟兽如何解决并没有规定,对过失杀伤血亲则有较为详细的规定。《调人》对过失杀伤血亲的复仇和处理办法规定:"凡和难,父之仇辟诸海外,兄弟之仇辟诸千里之外,从父兄弟之仇不同国。君之仇视父,师长之仇视兄弟,主友之仇视从父兄弟。"即被伤害者为当事人父亲

---

① 《左传·文公七年》曰:"鲁穆伯娶于莒,曰戴己,生文伯;其娣声己,生惠叔。戴己卒,又聘于莒。莒人以声己辞,则为襄仲聘焉。冬,徐伐莒。莒人来请盟。穆伯如莒莅盟,且为仲逆。及鄢陵,登城见之,美,自为娶之。仲请杀之,公将许之,叔仲惠伯谏曰:'臣闻君作于内为乱,于外为寇。寇犹及人,乱自及也。今臣作乱,而君不禁,以启寇仇,若之何?'公止之,惠伯成之。使仲舍之,公孙敖反之。复为兄弟如初。"该段传文记录的是鲁国两位大臣因婚姻配偶问题产生纠纷,欲以武力解决,叔仲惠伯(叔孙牙)从中调和,使鲁穆伯(公孙敖)和襄仲(公孙敖从昆弟)两位兄弟和好的故事。

者,加害人要远避之海外;被伤害者是当事人兄弟者,加害者要远避诸千里之外;被伤害者是当事人从兄弟者,不在同一国内居住。被伤害者是国君、师长、朋友者,分别比照伤害父亲、兄弟、从兄弟的处理原则处理。《调人》又进一步规定:"弗辟,则与之瑞节而以执之。"即经调人调解后而不肯远离者,属于不遵守契约和违反王命的行为,调人可以执瑞节将不肯远离者拘执交由官府治罪。《调人》还规定:"凡杀人反杀者,使邦国交仇之。凡杀人而义者,不同国,勿令仇,仇之则死。凡有斗怒者,成之;不可成者,则书之,先动者诛。"郑玄注曰:"反,复也。复杀之者,此欲除害肉敌也。邦国交仇之,明不和,诸侯得者即诛之。义,宜也。谓父母、兄弟、师长尝辱焉而杀之者,如是得其宜。虽所杀者人之父兄,不得仇,使之不同国而已。斗怒,辨讼者也。不可成,不可平也。书之,记其姓名,辨本也。"调人还禁止重复杀人;对基于孝道和维护亲情需要的义愤杀人者不属于仇雠的对象;基于利益或其他问题产生争辩、争吵,双方应保持应有的克制,先动手伤人者要受到责罚。

从《周礼》关于调人的职责来看,调人具有准司法机构的性质。从《调人》的规定来看,调人主要负责调解因过失杀伤人引起的纠纷。调人在调处这种纠纷时邀请乡里之民众或邻里共同参与以促成纠纷的解决,这种纠纷的解决方式是社会自治的一种体现。《调人》有关复仇的规定,在某种程度上反映了古代同态复仇的观念,这种血亲复仇的规定也是维持家国一体的统治秩序的需要。

(四) 墓大夫负责处理因墓地纠纷产生的争讼

墓大夫是掌管邦国墓地规划、管理、设计、墓图的绘制,以及有关墓地管理禁令的制定的职官,负责处理与墓地有关的争讼。《周礼·春官·墓大夫》曰:"墓大夫掌凡邦墓之地域,为之图。……凡争墓地者,听其狱讼。"华夏民族具有厚葬的传统,慎终追远,有关墓地的争讼由墓大夫听断,具有专业性,有利于纠纷的解决。

(五)乐师负责处理舞乐政令引起的争讼事件

乐师是掌管舞乐的职官,负责处理违反舞乐政令的争讼。《周礼·春官·乐师》曰:"凡乐官掌其政令,听其治讼。"治讼,可以理解为违反舞乐政令的争讼,相当于现代的行政诉讼。乐礼在舞乐的等级、规模、形式上都有要求,违反者由乐师负责听断。

(六)马质负责处理因马之年龄、品种、体质优劣等产生的纠纷

马质是辨别马的年龄、品种、体质优劣的职官,属技术职官。马质负责调处有关马的年龄、品种、体质优劣等方面的争讼。《周礼·夏官·马质》曰:"马质掌质马。……若有马讼,则听之。"

第十章 先秦时期的乞鞫制度

第一节 先秦时期的乞鞫

通过对先秦史料的考证,先秦时期的秦国没有上诉制度,但是,在初审时有"覆讯"制度,在《汉书》和《后汉书》中称为验证制度。覆讯制度,又称验证制度,是指案件经初次审讯,案情基本清楚后,再由其他官员或审讯人本人进行二次审讯,以验证初次审讯案情真实性的程序。对已生效的错误判决设立一定的救济程序,能确保司法公正,进而稳定社会秩序,秦国的乞鞫制度就是对已生效的错误判决设立的一种救济程序。

一、乞鞫及其成立的条件

乞鞫,是指当事人及其亲属不服已生效的狱案判决向司法官吏或司法机关提起请求,要求司法机关对该案进行重新审理的一种诉讼行为。乞鞫,作为一种诉讼制度,在先秦时期已经存在,如《睡虎地秦墓竹简·法律答问》记载:"以乞鞫及为人乞鞫者,狱已断乃听,且未断犹听也?狱断乃听之。"①乞鞫以及为他人乞鞫,是狱案判决后才受理,还是

---

① 《睡虎地秦墓竹简》,第120页。

判决还未作出后就受理？判决作出后才能受理。从《睡虎地秦墓竹简》的这一记载我们可知，乞鞫者可以是本人，也可以是他人；同时，乞鞫行为须在"狱断"后方可进行，否则，乞鞫行为无效。这说明战国时代秦国的乞鞫制度已相当完备，明确了乞鞫是对已审结案件申请再审的行为。这种制度在秦统一后仍然沿用，如《史记·夏侯婴列传》索隐注曰："案晋灼云：狱结竟，呼囚鞫语罪状，囚其称枉欲乞鞫者，许之也。"①

汉初仍然沿用秦时的乞鞫制度，已出土的《二年律令·具律》对此作了较为详细的规定。《二年律令·具律》规定："罪人狱已决，自以罪不当欲气（乞）鞫者，许之。气（乞）鞫不审，驾罪一等；其欲复气（乞）鞫，当刑者，刑乃听之。死罪不得自气（乞）鞫，其父、母、兄、姊、弟、夫、妻、子欲为气（乞）鞫，许之。其不审，黥为城旦舂。年未盈十岁为气（乞）鞫，勿听。狱已决盈一岁，不得气（乞）鞫。"②这一规定就明确了乞鞫成立的前提条件、乞鞫主体、乞鞫提起的时间等。

"狱已决"是乞鞫成立的前提条件。《周礼·秋官·司寇》郑玄注曰："狱，谓相告以罪名者。""狱已决"显然是指刑事罪案已经判决定案。这是乞鞫成立的前提条件；如果狱案尚未判决，显然不能乞鞫。这一规定与现代诉讼法规定的申请再审有相似之处。

"以罪不当"，即认为判决不当，这是乞鞫成立的主观条件。乞鞫是刑事被告人的一种诉讼权利，是否行使由当事人自己决定。在一般情况下，一个具有通常理性的人的行为都是有目的的行为，往往是在对其行为目的和意义进行理性评判后所做出的。乞鞫行为是否提出由当事人及其亲属依据法律和法律事实作出评判。"以罪不当"是当事人及其亲属决定是否乞鞫的主观标准。

---

① 《史记》卷 95《夏侯婴列传》，第 2664 页。
② 《张家山汉墓竹简［二四七号墓］（释文修订本）》，第 24 页。

乞鞫由谁提起，谁有资格乞鞫，是乞鞫要解决的主体问题。上述引用的《二年律令·具律》部分对此作了较为明确的规定。"罪人狱已决，自以罪不当欲气（乞）鞫者，许之。""自以罪不当"的主体显然是指被告人自己。"死罪不得自气（乞）鞫，其父、母、兄、姊、弟、夫、妻、子欲为气（乞）鞫，许之。"即在被判处死刑的案件中，被告人本人没有乞鞫权，但是被告人的父、母、兄、姊、弟、夫、妻、子有乞鞫权。"年未盈十岁为气（乞）鞫，勿听。"即年未满10岁的儿童无乞鞫权。从《具律》的上述规定来看，有资格提起乞鞫的主体可归纳为两类：1. 罪人（或被告人）本人；2. 罪人（或被告人）的亲属，包括罪人的父、母、兄、姊、弟、夫、妻、子等。但是，年龄未满10岁的儿童无乞鞫权。

关于乞鞫的对象，即可以乞鞫的案件，《二年律令·具律》规定："死罪不得自气（乞）鞫。"即对于死罪案件，被告人本人不得乞鞫；至于其他案件，被告人本人有乞鞫权。"死罪不得自气（乞）鞫"的规定似乎不太合理，该规定基于何种考虑不得而知。但是《二年律令》并没有限制死罪案件中被告人亲属的乞鞫权。"死罪不得自气（乞）鞫。其父、母、兄、姊、弟、夫、妻、子欲为气（乞）鞫，许之。"可见，对于死罪判决，被告人的父、母、兄、姊、弟、夫、妻、子认为判决不当的，可以向有关司法机关提起乞鞫请求。除死罪案件外，被告人的亲属还可以对哪些案件行使乞鞫权，《二年律令》没有明确规定。但是，从《晋书·刑法志》有关汉律的记载来看，汉律对于被告人亲属的乞鞫权也设定了一定的限制。如《晋书·刑法志》记载的三国时魏国的一次修律活动曰："改汉旧律不行于魏者皆除之，……二岁刑以上，除以家人乞鞫之制，省所烦狱也。"[①]这里的"除"应为"废除"或"罢黜"之意。"二岁刑以上，除以家人乞鞫之制。"

---

① 《晋书》卷30《刑法志》，第926页。

意为罢黜二岁刑以上的被告人的亲属乞鞫的制度。据此可知,汉律有二岁刑以上被告人的亲属有乞鞫权,反之,二岁刑以下的被告人亲属无乞鞫权的规定。

关于乞鞫提起的有效期限,《二年律令·具律》规定:"狱已决盈一岁,不得气(乞)鞫。"《说文》曰:"盈,满器也。""狱已决盈一岁,不得气(乞)鞫。"意为狱案判决满一年的,不得行使乞鞫权。《周礼·秋官·朝士》曰:"凡士之治有期日:国中一旬,郊二旬,野三旬,都三月,邦国期。期内之治听,期外不听。"郑玄注引郑司农云:"谓在期内者听,期外者不听,若今时徒论决满三月,不得乞鞫。"郑司农,又名郑众,生年不详,卒于公元83年,东汉前期经学家,曾任大司农,世称郑司农。从郑玄注引郑司农的解释来看,汉代乞鞫的期限是存在的,东汉时期的乞鞫期限为三个月而不是汉初的一年,二者的差异说明西汉和东汉在乞鞫期限的规定方面是不同的。

二、乞鞫案件的管辖及审理

乞鞫案件的管辖是指乞鞫者应向哪一机关或哪一级机关提出自己的请求,以及哪一机关或哪一级机关有权受理乞鞫请求的制度。《二年律令·具律》规定:"乞鞫者各辞在所县道①,县道官令、长、丞谨听,书其气(乞)鞫,上狱属所二千石官,二千石官令都吏覆之。都吏所覆治,廷及郡各移旁近郡,御史、丞相所覆治移廷。"②《具律》的这一规定实际是关于乞鞫案件的管辖的规定。

"乞鞫者各辞在所县道"是指欲乞鞫者须向其所在的县、道提出乞

---

① 县、道是汉代县级行政区划的称谓。《汉书·百官公卿表》曰:"县令、长,皆秦官,掌治其县。……列侯所食县曰国,皇太后、皇后、公主所食曰邑,有蛮夷曰道。"
② 《张家山汉墓竹简[二四七号墓](释文修订本)》,第24—25页。

鞫请求。如上所述,乞鞫者包括犯罪行为人本人及其亲属;对于罪人本人与其亲属不在同一行政区域,以及徙边的罪人如何确定"在所县道"的问题,《二年律令》未予以明确规定。"县道官令、长、丞谨听,书其气(乞)鞫,上狱属所二千石官。"即县道官令、长、丞应认真听取乞鞫者的请求,做好记录,然后将其乞鞫请求上报所属的两千石官。这里的"两千石官"应指郡守。《汉书·百官公卿表》曰:"郡守,秦官,掌治其郡,秩二千石。……县令、长,皆秦官,掌治其县。万户以上为令,秩千石至六百石。减万户为长,秩五百石至三百石。"①

"二千石官令都吏覆之。"何谓"都吏"?《史记·萧相国世家》曰:"萧相国何者,沛丰人也,以文无害为沛主吏掾。"注引《汉书音义》曰:"文无害,有文无所枉害也。律有无害都吏,如今言公平吏。"《汉书·文帝纪》曰:"二千石遣都吏循行。"注引如淳曰:"律说,都吏,今督邮是也。闲惠晓事,即为文无害都吏。"《续汉书·百官志》注:"案《律》有无害都吏,如今言公平吏。"可见,都吏,在西汉时为二千石官所属的无害公平官吏,在东汉时为督邮,代表郡守巡行所属县道,平反冤狱。"覆之"为复审之意,即重新审理此案。

"都吏所覆治,廷及郡各移旁近郡,御史、丞相所覆治移廷。"《睡虎地秦墓竹简·法律答问》曰:"辞者辞廷,今郡守为廷不为?为也。"根据《法律答问》的这一解释,"廷及郡"中的"廷"应指"郡廷"。"覆治"是指对乞鞫案件的再审。根据笔者考证,秦汉时期存在一种验狱制度,是指案件经初次审讯,案情基本清楚后,再由其他机关或官员对案件进行二次审讯,以验证初次审讯的情况是否真实的程序。②《史记》《汉书》和

---

① 《汉书》卷19《百官公卿表》,第742页。
② 参见程政举:《略论〈奏谳书〉所反映的秦汉"覆讯"制度》,《法学评论》2006年第2期。

《后汉书》在涉及狱案审理时多次提到的"案验"中的"验"是验狱制度的另一表述。"延及郡各移旁近郡"可理解为对于都吏已复审的案件,郡守或郡的司法官吏再将案件移送至邻近的郡验审(或再复审)。"御史、丞相所覆治移廷"可理解为御史、丞相已复审过的案件再移送至廷尉验审(或再复审)。这种乞鞫案件中实行的验狱制度体现了秦汉司法审判中的慎刑原则,对今天的司法审判有一定的借鉴意义。

三、乞鞫的效力以及对乞鞫不审的处罚

当事人及其亲属的乞鞫行为对司法程序有何影响,涉及乞鞫的效力问题。《二年律令·具律》规定:"罪人狱已决,自以罪不当欲气(乞)鞫者,许之。气(乞)鞫不审,驾罪一等;其欲复气(乞)鞫,当刑者,刑乃听之。"从该条的规定来看,当事人及其亲属的乞鞫行为必然引起再审程序的发生。因为"许之"之前并没有设定特定的条件。"罪人狱已决,自以罪不当欲气(乞)鞫者"是"许之"的一般条件。只要"罪人狱已决",当事人及其亲属"自以罪不当欲气(乞)鞫者"即可得到司法机关的许可,即可引起再审审理程序的发生。

"其欲复气(乞)鞫,当刑者,刑乃听之。"该规定包含两层意思:一是已再审过的案件当事人及其亲属认为判决仍不当者,可复乞鞫;二是当事人及其亲属的复乞鞫行为不影响判决的执行,即"当刑者,刑乃听之"。

但是,对于初次乞鞫被受理后进入再审程序的案件是否停止原判决的执行,《二年律令·具律》并未作出明确的规定。但从《奏谳书》第十七例"黥城旦讲乞鞫案"中有关乞鞫审理的过程记述的情况看,初次乞鞫案的审理并未停止原判决的执行。

《二年律令》对乞鞫不当行为也设定了严格的法律责任。如《二年

律令·具律》规定:"气(乞)鞫不审,驾(加)罪一等。"不审,为一种具有主观过失的心理状态。"气(乞)鞫不审"意为乞鞫者请求再审的理由不成立或部分不成立。对于"气(乞)鞫不审"者处以加罪一等的处罚。汉律的这一规定一方面在一定程度上限制了乞鞫者乞鞫权的行使,增加了乞鞫者乞鞫的风险和心理负担;另一方面能促使乞鞫者谨慎地行使乞鞫权,在一定程度上能防止滥用乞鞫权现象的发生。

第二节 先秦乞鞫案例实证分析

一、"黥城旦讲乞鞫案"实证分析

1983年在湖北江陵张家山二四七号墓出土的《奏谳书》记载了春秋至西汉初期二十二个案例。从这些案例存在的诉讼阶段上看,可分为侦讯案例、初审案例、复审案例和乞鞫(再审)案例。《奏谳书》第十七例是二十二个案例中唯一的乞鞫案例。案例原文如下:①

> 四月丙辰,黥城旦讲气(乞)鞫,曰:故乐人,不与士五(伍)毛谋盗牛,雍以讲为与毛谋,论黥讲为城旦。覆视其故狱:元年十二月癸亥,亭庆以书言雍廷,曰:毛买(卖)牛一,质,疑盗,谒论。毛曰:盗士五(伍)牝牛,毋它人与谋。牝曰:不亡牛。毛改曰:乃已嘉平可五日,与乐人讲盗士五(伍)和牛,牵之讲室,讲父士五(伍)处见。处曰:守汧邑南门,已嘉平不识日,晦夜半时,毛牵黑牝牛来,即复

---

① 《张家山汉墓竹简[二四七号墓](释文修订本)》,第100—102页。

牵去,不智(知)它。和曰:纵黑牝牛南门外,乃嘉平时视,今求弗得。以毛所盗牛献和,和识,曰:和牛也。讲曰:践更咸阳,以十一月行,不与毛盗牛。毛改曰:十月中与谋曰:南门外有纵牛,其一黑牝,类扰易捕也。到十一月复谋,即识捕而纵,讲谓践更,讲谓毛勉独捕牛,买(卖),分讲钱。到十二月巳嘉平,毛独捕,牵买(卖)雍而得,它如前。诘讯毛于诘,诘改辞如毛。其鞫曰:讲与毛谋盗牛,审。二月癸亥,丞昭、史敢、铫、赐论,黔讲为城旦。

今讲曰:践十一月更外乐,月不尽一日下总咸阳,不见毛。史铫初讯谓讲,讲与毛盗牛,讲谓不也,铫即磔治(笞)讲北(背)可十余伐,居数日,复谓讲盗牛状何如?讲谓实不盗牛,铫有(又)磔讲地,以水责(渍)讲北(背)。毛坐讲旁,铫谓毛,毛与讲盗牛状何如?毛曰:以十月中见讲,与谋盗牛。讲谓不见毛弗与谋。铫曰毛言而是,讲和弗口。讲恐复治(笞),即自诬曰:与毛谋盗牛,如毛言。其请(情)讲不与毛谋盗牛。诊讲北(背),治(笞)绐(胹)大如指者十三所,小绐(胹)癥相质五也,道肩下到要(腰),稠不可数。毛曰:十一月不尽可三日,与讲盗牛,识捕而复纵之,它如狱。讲曰:十月不尽八日为走马都魁庸(墉),与偕之咸阳,入十一月一日来,即践更,它如前。毛改曰:诚独盗牛,初得□时,史腾讯毛谓盗牝牛,腾曰:谁与盗?毛谓独也,腾曰非请(情),即笞毛北(背),可六伐。居(?)八、九日,谓毛:不牝亡牛,安亡牛?毛改言请(情),曰盗和,腾曰:谁与盗?毛谓独也。腾曰毛不能独盗,即磔治(笞)毛北(背)殿(臀)股,不审伐数,血下污池(地)。毛不能支治(笞)疾痛,即诬指讲。讲道咸阳来。史铫谓毛:毛盗牛时,讲在咸阳,安道与毛盗牛?治(笞)毛北(背)不审伐数。不与讲谋,它如故狱。和曰:毛所盗牛雅扰易捕,它如故狱。处曰:讲践更咸阳,毛独牵牛来,即复牵去,它如狱。魁都从军,不讯;其妻租言如讲。诘毛:毛笱(苟)不与讲盗牛,覆者讯毛,毛何故不蚤(早)言请(情)?毛曰:覆者初讯毛,毛欲言请(情),恐不如前言,即复治(笞),以此不蚤(早)言请(情)。诘毛:毛笱(苟)不与讲盗,何故言曰与谋盗?毛曰:不能支疾痛,即诬讲,以彼治罪也。诊毛北(背)笞绌(朏)瘢相质五也,道肩下到要(腰),稠不可数,其殿(臀)瘢大如指四所,其两股瘢大如指。腾曰:以毛譓(谩),笞,它如毛。銚曰:不智(知)毛诬讲,与承昭、史敢、赐论盗牛之罪,问如讲。昭、敢、赔言如銚,问如辞。鞫之:讲不与毛谋盗牛,吏笞谅(掠)毛,毛不能支疾痛而诬讲,昭、銚、敢、赐论失之,皆审。二年十月癸酉朔戊寅,廷尉兼谓泝啬夫:雍城旦讲乞鞫曰:故乐人,居泝畦中,不盗牛,雍以讲为盗,论黥为城旦,不当。覆之,讲不盗牛。讲毄(系)子县,其除讲以为隐官,令自常(尚),畀其于。妻子已卖者,县官为赎。它收已卖,以贾(价)畀之。及除坐者赀,赀已入环(还)之。腾书雍。

据李学勤先生考证,该案发生时间为秦王政元年(公元前246年)和二年(公元前245年)。这是一例较为完整的秦国再审案例。该案例记载的内容可分为以下几部分:1.黥城旦讲的乞鞫请求;2.原审案件记载的基本情况,即故狱;3.再审查证的情况;4.再审人员对案件事实的认定,即鞫的内容;5.廷尉对再审案件的判处。

黥城旦讲的乞鞫请求简单明了,乞鞫请求人讲乞鞫说:原是乐人,不曾与士伍毛合谋盗牛,雍县县廷认定自己与毛合谋盗牛,并被判处黥为城旦。

原审案件材料记载:秦王政元年(公元前246年)十二月癸亥日,雍市亭负责人庆以书面的形式报告县廷,有一个名叫毛的来卖牛一头,经盘问，怀疑是盗来的，请求审讯。毛说：盗士伍犯牛，无其他合谋人。犯曰：没有丢失牛。毛于是改口曰：今年十二月五日，与乐人讲一起盗窃，盗的是士伍和的牛，并将牛牵到讲的住处，讲的父亲士伍处见到了牛。处说：当时负责看守枅（汧）邑南门，今年十二月的一天，具体日期记不清了，天已黑，约有半夜时，看见毛牵一头黑色的母牛来，随即又牵走了，其他的不知道。和曰：将黑母牛纵放在南门外，今年十二月前去查看，不见黑牛，至今还没有找到。将毛所盗牛交给和辨认，经辨认，和说：是和的牛。讲说：今年十一月已到咸阳替人服役，不可能与毛一起盗牛。毛改口说：今年的十月中旬已与讲谋划盗牛，并说南门外有纵放的牛，其中一黑色母牛，温顺易捕；今年十一月再次谋划，并对欲盗之牛进行辨认，确认易捕后又将其释放；随后讲替人服役，讲对毛说让毛独自捕牛，将盗得的牛卖后，分给讲一部分钱。今年十二月毛单独盗牛，并将牛牵到雍县县城卖时被抓获，其他和前面讲的一样。根据毛的供词审讯、诘问讲时，讲改口，与毛供述一致。判词说：讲与毛合谋盗牛，事实清楚。二月癸亥日，丞昭、史敢、史铫、史赐判决：黥讲为城旦。

再审查证的情况：在复审时，讲叙述说，十一月在外乐替人服役，十一月二十九日到咸阳，不见毛。史铫第一次审讯讲时对讲说：讲与毛盗牛；讲说没有与毛盗牛，铫就让讲张肢伏地并笞打其背。笞打讲背数日后，铫又诘问讲盗牛的情况，讲说确实没有合谋盗牛，铫又让讲张肢伏地，并以水渍讲背。毛坐在讲的旁边，铫讯问毛，并让毛讲述与讲盗牛的经过。毛说：十月中旬见过讲，与讲合谋盗牛。讲对毛说没有与其合谋。铫说：毛说的是事实，而讲的供述与毛的供述不一致。讲害怕再次受刑，就自诬说：曾与毛合谋盗牛，其他与毛说的一样。事实是讲不曾与毛合谋盗牛。查验讲背部，其笞瘢大如手指者十三处；小笞瘢与大笞瘢相杂，从肩到腰，稠不可数。毛供述说：十月二十七日，与讲合谋盗牛，将牛捕获后又放了，其他情况与原判决认定的一样。讲说：十月二十二日受雇为都魁驾马，并与都魁一起到了咸阳；十一月一日以来，就替人服兵役，其他如前所述。毛改口说：确实是独自盗牛。初被捕获时，史腾讯问毛时，毛说盗犯牛；史腾又问说：谁与你一起盗牛？毛说独自盗牛；腾说毛没有讲实情，随即就笞打毛背约六下；过了八九天后，史腾对毛说：犯没有丢牛，你盗的是谁的牛？毛改口说出了实情，实际盗窃的是和的牛。腾问谁与你一起盗牛？毛说独自盗牛，腾说毛不可能独自盗牛，于是就让毛张肢伏地笞打毛背、臀、股，笞打无数，血流满地。毛实在无法忍受笞痛，即诬告讲与之合谋。讲从咸阳回来后，史铫对毛说，毛盗牛时，讲在咸阳，怎能说与毛一起盗牛呢？史铫又笞毛背，也不知笞打了多少下。实际情况是没有与讲合谋盗牛，其他与以前说的一样。和说：毛所盗牛温顺易捕，其他与以前说的一样。处说：讲替人在咸阳服役，毛独自牵牛来，随即又将牛牵走，其他与以前说的一样。魁都在军队，没有对其进行讯问。讲妻租的证词证实了讲的供述。诘问毛说：如果毛果真不与讲盗牛，验狱人审讯毛时，毛为什么不早点讲出实情？毛说：验狱人审讯毛时，毛本想说出实情，担心与前面供述的不一致，又要遭受笞打，因此不敢说出实情。诘问毛说：如果毛果真没有与讲合谋盗牛，为何说与讲合谋盗牛？毛说：实在无法忍受笞痛，就诬告讲与之合谋，致使讲受到了刑事处罚。查看毛背部笞瘢大小相杂，从肩到腰，稠不可数，其臀部笞瘢大如手指者四处，其两股的笞瘢有的也大如手指。史腾说：由于毛傲慢，所以笞打毛，其他与毛说的一样。史铫说：不知道毛诬告讲，与丞昭、史敢、史赐共同判定讲盗牛罪成立，并且在讯问讲时，讲也承认盗牛。丞昭、史敢、史赐的回答如与铫说的一样，经再次讯问仍如前所述。

　　再审人员对案件事实的认定，即鞠的内容写道：讲没有与毛合谋盗牛，吏笞掠毛，毛不能忍受酷刑，诬告讲与其合谋盗牛，昭、铫、敢、赐所作的判决不当，案件事实清楚，证据确凿。

廷尉对复审案件的判处曰：秦王政二年（公元前245年）十月六日廷尉兼通告汧邑令，雍县城旦讲乞鞫说，讲原为乐人，住汧县酉圭中，没有盗牛，雍县县廷认定讲盗牛，判决讲黥为城旦。经复审查明，讲没有盗牛。讲羁押在您县，现免除讲的刑徒身份，为隐官，恢复其自由，安置在于县（今河南西峡）。因讲判刑而被卖为奴的讲的妻、子均由官府负责赎回。其他被没收的财产已被变卖的，按实卖价款支付给讲；免除连坐被处罚人的罚金，已收取的罚金退还；并将该判决书的副本送交雍县。

"黥城旦讲乞鞫案"向我们展示了一例完整的秦代乞鞫案例，其完整的诉讼材料、清晰的审判程序使我们对秦汉时期的诉讼审判有了一个更直观的认识。其循实情而断案和有错必纠的做法，以及严密的逻辑推理在一定程度上向我们展示了秦汉时期发达的诉讼文明。在诉讼审判方面，"黥城旦讲乞鞫案"有以下几个方面的特点：

首先，对案件事实进行全面审查。在"黥城旦讲乞鞫案"中，案件复审人不仅审查了原审卷宗材料，详细讯问了乞鞫申请人讲，原审另一被告人毛，案件的相关证人讲父处、讲妻租；案件的另一证人魁都因在军队服役没有被讯问，在卷宗材料中予以特别说明；更为重要的是在审人员还对原审人员雍县丞昭、史腾、史敢、史赐等人员进行调查、讯问。现代司法人员在再审案件中，往往会考虑各种关系，对原审审判人员的调查多半省去。

其次，注重证据之间的相互印证。在"黥城旦讲气鞫案"中，我们可以看到，秦汉司法官吏在审案时较为注重证据之间的相互印证。如在讲、毛陈述完自己被拷打的经过后，随即对讲、毛的伤情进行查验；同时，又对讲、毛陈述所涉及的相关证人（如讲父处、讲妻租）进行讯问，以便核实讲、毛陈述的真实性。

最后,从案件的复审判决结果来看,黯城旦讲的错案得到了纠正,讲本人无罪释放,恢复其自由;其被收为奴的妻、子由官府负责赎回;其他被没收的财产已被变卖的,将卖的价款支付给讲,免除连坐被处罚人的罚金,已收取的罚金退还等。讲的冤屈得以平反,由于当时尚无国家赔偿制度,讲所受到的身心痛苦、精神的煎熬,没有给予相应的补偿。在专制的封建体制下,讲案经过复审后改判能达到上述效果,说明秦政府在一定程度上和一定范围内是负责任的,做到了有错必究。

二、"得之强与弃妻奸案"乞鞫例实证分析

"得之强与弃妻奸案"收录在 2013 年 6 月上海辞书出版社出版的朱汉民、陈松长主编的《岳麓书院藏秦简(叁)》中。该案是一起乞鞫案例。案例的原文如下:①

> 当阳隶臣得之气(乞)鞫曰:……不强与弃妻夌奸,未蚀。当阳论耐得之为隶臣。得之气(乞)鞫(鞫),廷覆之,以得之不审,毄(系)得之城旦……覆视其狱:夌告:为得之妻而弃。晦逢得之,得之捽偃夌,欲与夌奸。夌弗听,有(又)殴夌。夌言如告。得之曰:捽握(偃)夌,欲与奸。它如夌。其鞫曰:得之强与人奸,未蚀。审。丞謹论耐得之为隶臣。
>
> 元年四月,得之气(乞)鞫曰:和与夌卧,不奸。廷史赐等覆之:夌曰:得之欲与夌奸,夌弗听,捽捞殴夌,它如故狱。得之改曰:欲强与夌奸,未蚀。它如夌。其鞫曰:得之殴屏夌,欲强与奸,未蚀。乞鞫

---

① 《岳麓书院藏秦简(叁)》,第 196—201 页。

不审。审。廷报之：毄(系)得之城旦六岁。今讯得之，得之曰：逢夌，和与奸。未已，闻人声。即起，和与偕之夌里门宿。得之□，弗能与奸。它如气(乞)鞫书。夌曰：晦逢得之，得之欲与夌奸。夌弗听，即捽倍(踣)屏夌，欲强与夌奸。夌与务，殴捼夌。夌恐，即逯请得之：乃(迺)之夌里门宿。到里门宿，逢颠，弗能与夌奸，即去。它如故狱。颠曰：见得之牵夌，夌谓颠：救吾！得之言曰：我□□□□□殹(也)。颠弗救，去。不智(知)它。睢曰：夌言：逢得之，得之欲与夌奸。夌弗听，即殴……不智(知)它。得之改曰：逢夌，欲与奸。夌不肯，得之即捽屏夌，揭裙欲强与奸。夌与得之务，未蚀奸，夌谓得之：乃(迺)之夌里门宿。得之与偕，欲与奸。夌不肯，有(又)殴之。它如夌。诘得之：得之强与夌奸，未蚀，可(何)故而气(乞)鞫？得之曰：幸吏不得得之请(情)。气(乞)鞫，气(乞)鞫为不审。辠(罪)殹(也)。问：……气(乞)鞫。它如辞。鞫之：得之气(乞)鞫不审。审。谓当阳啬夫：当阳隶臣得之气(乞)鞫曰：□□不强与弃妇夌奸，未蚀，当阳论耐；得之气(乞)鞫，廷有(又)论毄(系)城旦，皆不当。覆之：得之去毄(系)亡，已论毄(系)十二岁，而来气(乞)鞫，气(乞)鞫不如辞。以毄(系)子县。其毄(系)得之城旦六岁，备前十二岁毄(系)日。

从简文的记述情况来看，该案的乞鞫人得之应是两次乞鞫：第一次是"当阳隶臣得之气(乞)鞫"，第二次是"元年四月，得之气(乞)鞫"。第一次乞鞫简文记述得较为简略，第二次乞鞫简文记述得较为详细。"得之强与弃妻奸案"与上文的"黥城旦讲乞鞫案"的记述方式有所不同。"黥城旦讲乞鞫案"的记述顺序是：乞鞫请求、故狱、再审查证、鞫、论(即定罪)、当(即判刑)；而"得之强与弃妻奸案"的记述方式是：乞鞫请求、廷覆之、故狱、再审查证、鞫、论、当。

第一次乞鞫的情况是：当阳县具有隶臣身份的得之乞鞫曰，没有强奸已休弃的妻子夋，没有发生性关系，当阳县判处得之耐刑并为隶臣不当，故请求再审。廷尉对得之乞鞫案件进行复审，认为得之乞鞫理由不成立，判处得之城旦刑六年。当阳县初审案卷记载：夋控告说，夋以前是得之的妻子，后被得之休弃。上月三十遇见得之，得之将夋摁倒在地，欲与夋强行发生性关系。夋不从，得之还殴打了夋。经讯问，夋的回答与控告一致。得之回答说：确实将夋按倒在地，欲强行与之发生性关系，其他如夋所说一致。判决认定：得之欲强奸他人，未遂。事实清楚。当阳县丞謹判处得之耐刑并为隶臣。

第二次乞鞫的情况是：秦王政元年（公元前246年）四月，得之再次乞鞫说，与夋只是一块躺卧，没有强奸。廷史赐等对案件的覆讯的情况是：经讯问，夋回答说，得之欲与夋强行发生性关系，夋不从，得之辩抓扯并殴打夋，其他与初审时叙述的一样。得之改口说：欲强行与夋发生性关系，但没有成功。其他如夋说的一致。经查明的事实是：得之殴打并将夋扑倒，欲强行与夋发生性关系，未遂。乞鞫不当。案件事实清楚。廷尉判决：判处得之城旦刑六岁。今讯问得之，得之说：遇见夋，欲自愿发生性关系。还没有发生性关系时，听见有人声，于是就起来了，说好了一起到夋房内进行；后得之没有与夋发生性关系。其他与乞鞫书写的一样。夋说：三十日遇见得之，得之欲与夋发生性关系。夋不从，得之用力将夋摁倒在地，欲强行与夋发生性关系。夋与得之扭打在一起，得之殴打夋。夋害怕受到伤害，就哄骗得之说：一同到夋的房内行事。在去夋房的路上，遇见了颠，未能与夋发生性关系，得之遂即离去。其他与初审案件叙述一致。颠说，遇见得之牵着夋，夋对颠说：救我！得之说……颠对夋进行施救后即离去，其他情况不知道。睢说：听夋说，遇见得之，得之欲强行与其发生性关系。夽不从,得之殴打了她,其他情况就不知道了。得之改口说:遇见夽,欲强行与之发生性关系,夽不肯,得之即将夽扑倒,揭夽裙欲强行与之发生性关系。夽与得之扭打、抗争,未遂,夽遂即对得之说:一同到夽房内休息。得之与夽一起到了夽房内,又欲与夽发生性关系。夽不肯,得之又殴打了夽,其他与夽说的一致。诘问得之:得之强行与夽发生性关系,未遂,为何还乞鞫?得之回答说:抱着侥幸的心理,希望审判官吏能对自己网开一面。乞鞫,乞鞫不实,有罪。又讯问了一些乞鞫情况,其他与供辞一致。经审理查明:得之乞鞫不审;事实清楚。通告当阳啬夫,当阳隶臣得之乞鞫说,没有强行与已休弃的妻子夽发生性行为,且未遂,当阳县判处耐刑;得之乞鞫,廷尉又判处系城旦刑,皆不当。覆讯查明:得之在服刑期间离开服刑地逃亡,已判处城旦十二岁刑,今又乞鞫,乞鞫不审。得之现羁押你县,本次乞鞫不审判处得之城旦六岁刑,另有前十二岁城旦刑期未服,一并羁押你县执行。

从"得之强与弃妻奸案"中,我们可以得到这样一些诉讼信息:

其一,秦国或秦代对乞鞫的要求是很严厉的,乞鞫不审者按犯罪论处。本案中得之两次乞鞫均不审,分别被判处了六岁城旦刑。仅这两次乞鞫不审就被判处了十二岁的城旦刑。笔者认为,法律的这一规定与先秦时期的诚信文化密切相关。诚信文化要求诚实信用,因而在诉讼上也要诚实诉讼,对于不诚信诉讼行为,法律予以一定的制裁也就具有了一定的文化基础。

其二,注重证据之间的关联性和一致性。该案是一起只有双方当事人口供和证人证言的主观证据,没有物证等客观证据。该案在事实认定上,首先,注重了控告人与被告人之间的供述的一致性,对相互矛盾的地方进行诘问,以便厘清案件的事实真相。其次,注重了证人证言与案件当事人双方供述的一致性。在第二次乞鞫审理时,涉及了两个与案件有关联的证人:颠和雎。颠是案件的直接目击证人,雎是案件间接证人。作为案件直接目击证人颠的证词与案件的双方当事人得之与奎的供述能相互印证。雎的供述也能与案件的事实相印证。

三、"田与市和奸案"乞鞫例实证分析

"田与市和奸案"收录在2013年6月上海辞书出版社出版的朱汉民、陈松长主编的《岳麓书院藏秦简(叁)》。该案也是一起乞鞫案例。案例的原文如下:①

　　……□隶臣田负斧质气(乞)鞫曰:故……。覆视故狱:……。
　　今讯田,田曰:市,田姑姊子,虽与和奸,与叚(假)子□……奸。毋智捕田,田仁(认)奸,其实未奸。辤(辞)丞袑谒更治,袑不许。它如气(乞)鞫书。毋智曰:狱史相□……捕□□□□□告□□见任智,自内□候,旦田来,与市卧,上□上,即捕诣田、市,服仁(认)奸。未论,市弟大夫骊、亲走马路后请货毋智钱四千,曰:更言吏不捕田、市校上。毋智□受钱,恐吏智(知),不敢自言。环(还)钱。它如故狱。相曰:主治瓣(辨)市。闻田数从市奸覈(系)所,令毋智捕。弗治(笞)谅(掠),田、市仁(认)奸。它如毋智。骊、路曰:市令骊、路货毋智。以告,田曰:剸(专)为之。它如毋智。田妻曰:□市□……它如田。市言如毋智。田曰:毋智不捕田校上。捕田时,田不奸。骊、路以市言,告田货毋智钱。田幸除毋(无)辠,即弗止。不智(知)市、毋智云故。它如骊、路及前。蘷等言如故狱。袑曰:论坐田,田谒更治。袑谓:已服仁(认)奸,今狱夬

---

① 《岳麓书院藏秦简(叁)》,第205—211页。

(决)及曰不奸。田尝□毋智,令转□,且有(又)为辠(罪)。田即受令(命)。它如爨等。以言不同,诣讯。言各如前。诘相:令毋智捕田、市,可(何)解？相曰:怒田、市奸官府。毋(无)它解。诘田:夏阳吏不治(笞)谅(掠),田、市仁(认)奸。今覆吏讯市。市言如故狱。田云未奸,可(何)解？田曰:未奸,而毋(无)以解市言。诘毋智/市:……。毋智/市曰:……。毋(无)它解。问:骊、路以赦前货毋智,以后沓。它如辞。

鞫之:田与市和奸,毋智捕校上。田虽不服,而毋(无)以解骊、路、毋智、市言。田负斧质气(乞)鞫不审。沓已巳赦。它为后发觉。皆审。谓魏啬夫:重泉隶臣田负斧质气(乞)鞫曰:不与女子市奸,夏阳论耐田为隶臣,不当。覆之:市仁(认)与田和奸,隶臣毋智捕校上。田不服,而毋(无)以解市、毋智言。其气(乞)鞫不审。田毄(系)子县。当毄(系)城旦十二岁,沓已巳赦。其赦除田,复为隶臣。腾诣重泉、夏阳。

该案也是一起乞鞫案例。从简文的记述情况来看,该起乞鞫案件的记述情况与"黥城旦讲乞鞫案"的记述顺序基本一致,即该案包括:乞鞫请求、故狱、再审查证、鞫、论(即定罪)和当(即判刑)。该案与"黥城旦讲乞鞫案"相比,简文缺损较多,没有"黥城旦讲乞鞫案"内容记录得完整。简文记述:

隶臣田负斧质乞鞫说:……。覆视故狱:……。

今讯问田,田回答说:市是田的姑表妹,即使与市自愿发生了性行为,因市被田家收为义女,也不应按通奸定罪。毋智抓捕田时,田承认有通奸行为,但事实上没有发生性行为。当时就向县丞袑申诉,请求重新调查认定,袑不许。其他与乞鞫书一样。毋智说,按照狱史相的指令前去抓捕田和市,早上见田来后与市一起进入房间,关上门,遂即捕获了田、市。田、市承认有通奸行为。尚未定罪时,市的弟弟大夫骊和市的亲戚走马路送给毋智四千钱,请求毋智说,给官吏说没有现场捕获田、市通奸。毋智接到钱后,担心被官吏知晓,也不敢更改先前的案情报告,把钱退还给了骊和路。其他与初审案件一致。狱史相说:负责主办狱讼事务。听闻田多次到市所在地通奸,即指令毋智予以捕获。没有笞、掠等刑讯行为,田、市均承认有通奸行为。其他与毋智所述一致。骊、路说:市要求骊、路行贿毋智,把此事告诉田后,田说:你们全权处理。其他与毋智所述一致。田的妻子说:……,其他与田说的一致。市的回答与毋智的陈述一致。田又说:毋智不是现场捉奸,抓捕田时,田与市没有发生性行为。骊、路按照市安排行贿毋智,并把行贿毋智之事告诉了田,田认为不是自己主谋,自己没有违法犯罪,就没有阻止他们行贿毋,至于市、毋智是怎么说的我不知道。其他与骊、路以及以前的供述一致。爨等的证词与初审的证词一致。袑说:判定田的行为构成犯罪,田请求重审。袑告诉田说:已经承认了通奸,而今要求判决没有通奸行为。田曾行贿毋智,今有要求重审,(申诉不审)又为罪。田听从了劝告,接受判决,没有坚持重审。其他与爨等叙述一致。因案件当事人、证人、承办人等对案情的叙述有出入,故又进行一次讯审。他们各自的供述与以前的供述一致。诘问狱史相说:命令毋智抓捕田、市,缘由是什么?狱史相回答说:对田、市在官府所在地通奸的行为感到愤怒,没有其他理由。诘问田说:夏阳县狱吏没有笞、掠等刑讯行为,田、市承认通奸,今覆讯官吏讯问市时,市的供述与初审供述一致,而田说没有通奸行为,做何解释?田回答说:没有通奸行为,而对市的供述不能理解。诘问毋智、市:……。毋智、市回答说:……。无他解。问:骊、路在赦罪前行贿毋智,以至于涉及本案。其他与控诉一致。经审理查明：田与市通奸，毋智现场捕获。田虽然不承认有通奸行为，但与骊、路、毋智、市等对事实供述或所作的证词相矛盾，且无法解释。田负斧质乞鞫不审。涉及的相关罪行已赦免，其他为赦后发觉。事实清楚。通告魏县啬夫，重泉县隶臣田负斧质乞鞫说，没有与女子市通奸，夏阳县判决田耐为隶臣，不当。经覆讯查明：市承认与田通奸，隶臣毋智现场捕获。田不服，但无法解释市、毋智的供述或证词。其乞鞫不审。田现羁押在你县。田应当判处城旦十二岁刑，案件所涉的其他人员已赦免。田不予赦免，复为隶臣。誊写至重泉县、夏阳县。

从该乞鞫案中，我们可以获得这样一些诉讼讯息：

其一，该案是一起被告人田始终不认罪的乞鞫判例。从案件的初审、复审到再审（乞鞫），田均未承认与市的通奸行为。侦讯、审理案件的承办人员、狱吏均没有笞、掠等刑讯逼供行为。案件事实的认定是根据案件的另一涉案当事人市、侦讯人毋智以及案件的相关证人骊、路等人供述或证词的一致性而认定的。这一案例在一定程度上反映了先秦时期的秦国司法文明程度和司法官吏审理案件的水准。案件事实的认定不一定非要获取刑事被告人的有罪供述；被告人即使不认罪，只要有证据证明被告人的犯罪行为，同样可以对其定罪判刑。依据证据定案，而不是被告人的有罪供述定案，是司法文明或审判文明发展到一定阶段的产物。秦国的这一"零口供"的判例充分展示了秦国的司法文明。

其二，全面调查、循实断案的审案思路。该案对涉案的所有相关人员都进行了调查，不仅调查讯问了涉案的当事人田与和，案件相关人员骊、路，而且还调查了侦讯阶段的毋智、狱史相、初审审判官诏；同时对与案件无太大关系的田的妻子、曩等都进行了调查讯问。对相关人员调查讯问通常在两次以上，务必做到前后一致，对于有不一致、矛盾的地方，要进行诘问，以达到"已解"或"无解"为止。

第十一章　先秦时期执行程序

第一节　刑罚执行机构及刑罚种类

一、刑罚执行机构

(一) 司寇

司寇在《周礼》中是秋官的属官,是王国最高的司法审判机构,也是王国最高的司法审判官。在先秦时期,审判机构与审判官在称谓上没有明显的区分,其表达的含义根据表达时的语境确定。如司寇,其表达的是司法机构,还是司法审判官,则根据上下文的语境来确定。如《国语·周语上》记载:"郑厉公见虢叔曰:'吾闻之,司寇行戮,君为之不举,而况敢乐祸乎!今吾闻子颓歌舞不息,乐祸也。'"[①]这里的"司寇"应理解为司法审判机构,因文中所记载的"司寇行戮"是司法机构的职责行为。

根据《周礼》有关司法官制的规定,司寇并不负责刑罚的执行,刑罚

---

① 《国语》卷1《周语上·郑厉公与虢叔杀子颓纳惠王》,第20页。

的执行事宜由秋官的其他属官负责。

(二) 士师、乡士、遂士、方士和讶士

按《周礼·秋官》关于士师、乡士、遂士、方士和讶士的职责规定,士师是司寇之属官,是中央司法机构,主要负责刑罚的执行;乡士、遂士、方士和讶士是地方司法机构,分别负责所辖区域的刑罪案件的审判,其对小罪案件有专决权,对较大的案件仅有初审权。士,作为司法机构或司法官的称谓,在先秦时期较为普遍,旨在表达司法审判要有通天地之道,达人之情怀的理念。《周礼·秋官·叙官》郑玄注曰:"士,察也,主察狱讼之事者。乡士,主六乡之狱。遂士,主六遂之狱者。县士,主县之狱者。方士,主四方都家之狱者。讶,迎也。士官之迎四方宾客。"《周礼·秋官·讶士》贾公彦疏曰:"在此者,案其职云'掌四方之狱讼',非直迎宾客,以狱讼为主,故亦士言之也。"在职责上,乡士、遂士、方士和讶士兼有刑罚执行的职责,如《周礼·秋官·乡士》曰:"狱讼成,士师受中。协日刑杀,肆之三日。"郑玄注曰:"受中,谓受狱讼之成也。郑司农云:'士师受中,若今二千石受其狱也。中者,刑罚之中也。'故《论语》曰'刑罚不中,则民无所措手足'。协日刑杀,协,合也,和也,和合支干善日,若今时望后利日也。肆之三日,故《春秋传》曰'三日弃疾请尸',《论语》曰'肆诸市朝'。玄谓士师即受狱讼之成,乡士则择可刑杀之日,至其时而往莅之,尸之三日乃反也。"可见,士师和乡士在刑罚的执行上有协同配合或协同合作的职责。《遂士》《县士》《方士》《讶士》有同样的规定,如《周礼·秋官·遂士》曰:"狱讼成,士师受中。协日就郊而刑杀,各于其遂,肆之三日。"《周礼·秋官·县士》曰:"狱讼成,士师受中。协日刑杀,各就其县,肆之三日。"《周礼·秋官·方士》曰:"狱讼成,士师受中,书其刑杀之成与其听狱讼者。"

(三) 狱史

狱史是春秋时期诸侯国设置的负责司法审判的司法机构。如《韩非子·外储说左下》曰："孔子相卫，弟子子皋为狱吏，刖人足，所刖者守门，人有恶孔子于卫君者曰：'尼欲作乱。'卫君欲执孔子，孔子走，弟子皆逃，子皋从出门，刖危引之而逃之门下室中，吏追不得。夜半，子皋问刖危曰：'吾不能亏主之法令而亲刖子之足，是子报仇之时也，而子何故乃肯逃我？我何以得此于子？'"①"刖人足""亲刖子之足"皆是子皋为狱史时所为，说明卫国的狱史有刑罚执行的职责。

(四) 掌囚

掌囚是《周礼》中所设立的专门负责羁押犯罪嫌疑人或罪犯的司法机构。《周礼·秋官·叙官》曰："掌囚，下士十有二人，府六人，史十有二人，徒百有二十人。"郑玄注曰："囚，拘也，主拘系当刑杀之者。"贾公彦疏曰："在此者，案其职云'掌守盗贼，凡囚者'。刑狱之事，故在此也。"《周礼·秋官·掌囚》曰："掌囚掌守盗贼，凡囚者。上罪梏拲而桎，中罪桎梏，下罪梏，王之同族拲，有爵者桎，以待弊罪。及刑杀，告刑于王，奉而适朝，士加明梏，以适市而刑杀之。凡有爵者与王之同族，奉而适甸师氏，以待刑杀。"郑玄注曰："凡囚者，谓非盗贼自以他罪拘者也。郑司农云：'拲者，两手共一木也。桎梏者，两手各一木也。'玄谓在手曰梏，在足曰桎。中罪不拲，手足各一木耳。下罪又去桎。王同族及命士以上，虽有上罪，或拲或桎而已。弊犹断也。告刑于王，告王以今日当行刑及所刑姓名也。其死罪则曰'某之罪在大辟'，其刑罪则曰'某之罪在小辟'。奉而适朝者，重刑，为王欲有所赦，且当以付士。士，乡士也。乡士加明梏者，谓书其姓名及其罪于梏而著之也。囚时虽有无梏者，至

---

① 《韩非子集解》卷12《外储说左下》，第293页。

于刑杀,皆设之,以适市就众也。庶姓无爵者,皆刑杀于市。适甸师氏,亦由朝乃往也。待刑杀者,掌戮将自市来也。《文王世子》曰:'虽亲不以犯有司正术也,所以体异姓。刑于隐者,不与国人虑兄弟也。'"贾公彦疏曰:"此谓五刑罪人,古者五刑不入圜土,故使身居三木,掌囚守之。此一经所云五刑之人,三木之囚,轻重著之。极重者三木俱著,次者二,下者一。王之同族及有爵,纵重罪,亦著一而已,以其尊之故也。云'待弊罪'者,禁而待断之也。此经谓欲行刑之日。云'告刑于王,奉而适朝'者,王意欲有所免故也。云'以适市'者,据庶姓又无爵者也。若有爵及王同姓,即于甸师也。经云'及刑杀,告刑于王'者,谓死罪、刑罪有二种,郑知有姓名者,以其言某之罪,明当有姓名也。云'其死罪'已下,《文王世子》之文。云'且当以付士。士,乡士也'者,凡囚,乡士、遂士、县士、方士各自有狱。推问之时,各于本狱之所,狱成上于王时,则使掌囚掌之。及欲刑杀,掌囚还付士。若然,上皆云士师受中,协日刑杀,刑杀各于本狱之所。今此经云'以适市'者,此文止谓六乡之狱在国中,推问在狱,行刑杀则在市。若遂士以下,自在本狱之处刑杀之,故此云'士,乡士也'。若遂士已下,于此时掌囚亦当付士也。云'囚时虽有无梏'者,案上经,王之同族及有爵,囚时并无梏也。云'以适市就众也'者,《王制》云:'刑人于市,与众弃之。'彼虽据异代法,此六乡之人,亦就众在市也。云'庶姓无爵者,皆刑杀于市'据下而知之也。此亦据六乡之人也。"从《掌囚》经文及郑注、贾疏来看,掌囚的职责与现代的关押刑事犯罪嫌疑人、被告人的看守所有相似之处,其在一定程度上行使刑罚执行的职责。

(五) 掌戮

掌戮是《周礼》所确立的专门负责刑杀刑罚执行的司法机构。《周礼·秋官·叙官》曰:"掌戮,下士二人,史一人,徒十有二人。"郑玄注曰："戮犹辱也，既斩杀又辱之。"贾公彦疏曰："在此者，案其职云'掌斩杀贼谍而搏之'。刑罪之事，故在此。"《周礼·秋官·掌戮》曰："掌戮掌斩杀贼谍而搏之。凡杀其亲者，焚之。杀王之亲者，辜之。凡杀人者，踣诸市，肆之三日。刑盗于市。凡罪之丽于法者，亦如之。唯王之同族与有爵者，杀之于甸师氏。凡军旅田役斩杀刑戮，亦如之。墨者使守门，劓者使守关，宫者使守内，刖者使守囿，髡者使守积。"郑玄注曰："斩以铁钺，若今要斩也。杀以刀刃，若今弃市也。谍，谓奸寇反间者。贼与谍，罪大者斩之，小者杀之。搏当为'膊诸城上'之膊，字之误也。膊，谓去衣磔之。亲，缌服以内也。焚，烧也。《易》曰：'焚如，死如，弃如。'辜之言枯也，谓磔之。踣，僵尸也。肆犹申也，陈也。凡言刑盗，罪恶莫大焉。"从《掌戮》经文及郑注可知，掌戮作为秋官的属官，其主要职责是负责刑罚的执行，主要包括有亏肉体的刑罚的执行和死刑刑罚的执行。

(六) 职金

职金是《周礼》所确立的专门负责罚金、赎金收缴的司法机构。《周礼·秋官·叙官》曰："职金，上士二人，下士四人，府二人，史四人，胥八人，徒八十人。"郑玄注曰："职，主也。"贾公彦疏曰："在此者，案其职云'掌凡金玉之戒令'，又云'掌受金罚、货罚'，亦是刑狱之事，故在此。"从贾疏可知，职金的职责之一是负责刑狱之事，应属秋官之属官。《周礼·秋官·职金》曰："掌受士之金罚、货罚，入于司兵。"郑玄注曰："给治兵及工直也。货，泉贝也。罚，罚赎也，《书》曰'金作赎刑'。"贾公彦疏曰："云'掌受士之金罚'者，谓断狱讼者，有疑即使出赎。既言'金罚'，又曰'货罚'者，出罚之家，时或无金，即出货以当金直，故两言之。"从《职金》的经文及其注疏来看，在职责上职金相当于今天的罚金、罚款收缴机构，如财政部门等。

《周礼·秋官·朝士》也有关于获得货贿、人民、六畜的处理规定："凡得获货贿、人民、六畜者,委于朝,告于士,旬而举之,大者公之,小者庶民私之。"郑玄注曰:"俘而取之曰获。委于朝十日,待来识之者。人民,谓刑人、奴隶逃亡者。"注引郑司农云:"若今时得遗物及放失六畜,持诣乡亭县廷。大者公之,大物没入公家也。小者私之,小物自畀也。"从《朝士》的职责规定来看,对于拾得的财物、捕获逃亡的奴婢和牲畜,送交外朝,报告朝士,过十天无人认领而加以没收:大物归公,小物归拾得的民众私人所有。从《秋官》的设置情况来看,归公的物品应该交给职金收藏。

（七）司厉

司厉是《周礼》所确立的负责保管收缴的盗贼的兵器、财物,以及因犯罪被收为奴婢服劳役的分配管理的司法机构。《周礼·秋官·叙官》曰:"司厉,下士二人,史一人,徒十有二人。"郑玄注曰:"犯政为恶曰厉。厉士主盗贼之兵器及其奴者。"《周礼·秋官·司厉》曰:"司厉掌盗贼之任器、货贿,辨其物,皆有数量,贾而楬之,入于司兵。其奴,男子入于罪隶,女子入于舂槁。凡有爵者与七十者与未龀者,皆不为奴。"注引郑司农云:"任器、货贿,谓盗贼所用伤人兵器及所盗财物也。入于司兵,若今时伤杀人所用兵器,盗贼赃,加责没入县官。谓坐为盗贼而为奴者,输于罪隶、舂人、槁人之官也。由是观之,今之为奴婢,古之罪人也。"郑玄注曰:"奴从坐而没入县官者,男女同名。有爵,谓命士以上也。龀,毁齿也。男八岁女七岁而毁齿。"从《周礼·秋官·司厉》的规定来看,司厉的职责主要有两方面:其一,负责保管收缴的盗贼的兵器以及盗窃的财物,并且要对盗贼使用的兵器的类别、数量进行分辨、清点,登记造册;对盗窃的财物进行估价并且要将估价情况写在木简上,将木简插在盗窃的财物上。其二,对因犯罪被收为奴婢后从事劳役的情况进行分配管理,男子为罪隶服劳役,女子服舂槁劳役;有爵位者,年龄在七十岁以上者,年龄未满七周岁者,不应收为奴婢从事劳役。

二、刑罚种类

先秦时期,文献关于刑罚的记载,呈现出多种形式。这些刑罚所表达的意思不尽相同,有些属于教化型的刑罚,有些属于官府治理中所适用的刑罚,有些属于有亏躯体的刑罚,等等。为使本部分的内容较为全面地反映先秦时期的刑罚类别,笔者按照文献记载的情况,将刑罚的类别分述如下:

(一)《国语》之五刑

《国语·鲁语·温之会》曰:"温之会,晋人执卫成公归之于周,使医鸩之,不死,医亦不诛。臧文仲言于僖公曰:'夫卫君殆无罪矣。刑五而已,无有隐者,隐乃讳也。大刑用甲兵,其次用斧钺,中刑用刀锯,其次用钻笮,薄刑用鞭扑,以威民也。故大者陈之原野,小者致之市朝,五刑三次,是无隐也。'"温之会发生在鲁僖公二十八年(公元前632年),晋、鲁、齐、宋、蔡等国在温地(今河南温县西南)会盟,商讨攻打不服从的国家。该部分记录的是温地会盟时发生的事。晋文公为报其流亡时卫成公对其不敬之仇,在其取得晋国侯王位置后,即发兵讨伐卫国,并且羁押了卫成公。在羁押期间,晋文公派医生用毒酒毒害他,卫成公没有被毒死,医生也没有受到惩罚。在温地会盟时晋文公将卫成公押解到周王室,希望周王处罚卫成公。这时鲁国大夫臧文仲向鲁僖公进言说:"卫成公大概没有罪了吧。刑罚不过只有五种罢了,没有暗中投毒谋害的做法,暗中投毒是禁忌。大刑是用军队讨伐,其次是用斧钺杀戮,中刑是用刀锯截肢,其次是用錾笮黥面,轻刑用鞭子笞打,用来威慑民众。甲兵、斧钺杀死的陈尸于原野,用刀锯杀死的陈尸于朝堂街市,五种刑罚,野、朝、市三个地方,这些都没有暗中行刑的。"《国语》中的甲兵、斧钺、刀锯、钻笮、鞭扑这五种刑罚,实际上是指五种刑罚方法,更确切地说是刑罚使用的五种器具。

(二)《尚书》之九刑

《尚书·舜典》曰:"象以典刑,流宥五刑,鞭作官刑,扑作教刑,金作赎刑。"孔安国传曰:"象,法也;法用常刑,用不越法。宥,宽也;以流放之法宽五刑。以鞭作为治官事之刑。扑,榎楚也;不勤道业则挞之。金,黄金;误而入刑,出金以赎罪。"《尚书·舜典》的这段话的意思是:法要用常刑,以流刑作为对五刑的宽宥,以鞭刑作为治官之刑,以扑刑作为教育之刑,以出金作为赎刑。《尚书·舜典》还记载了流刑和大辟的适用情况:"流共工于幽洲,放驩兜于崇山,窜三苗于三危,殛鲧于羽山,四罪而天下咸服。"将共工流放到幽州,将驩兜流放于崇山,将三苗流放于三危之地,将鲧处死于羽山,对四人的罪行予以处罚后社会秩序便井然有序,民心思服,政令畅通。

《尚书·大禹谟》曰:"明于五刑,以弼五教。"《尚书·吕刑》曰:"墨辟疑赦,其罚百锾,阅实其罪。劓辟疑赦,其罚惟倍,阅实其罪。剕辟疑赦,其罚倍差,阅实其罪。宫辟疑赦,其罚六百锾,阅实其罪。大辟疑赦,其罚千锾,阅实其罪。墨罚之属千,劓罚之属千,剕罚之属五百,宫罚之属三百,大辟之罚其属二百,五刑之属三千。"从《尚书·大禹谟》《尚书·吕刑》的记载来看,在夏、商、周时期作为常刑的五刑主要是墨、劓、剕、宫和大辟五种刑罚。除五刑之外,还有四种附加刑罚:流刑、鞭刑、扑刑和罚金刑。常刑和附加刑共有九种刑罚。

(三)《周礼》中的刑与刑罚之种类

1. 官刑。《周礼·天官·大宰》曰:"以八法治官府:……七曰官刑,以纠邦治。……凡邦之小治,则冢宰听之。待四方之宾客之小治。岁终,则令百官府各正其治,受其会,听其致事,而诏王废置。三岁,则大计群吏之治而诛赏之。"这里的"刑"是大宰进行行政管理的措施或手段,对群吏之治进行诛赏之措施。大宰在每年岁终时听取百官汇报,并对百官治理情况进行考察,对年度绩效较好的官吏予以奖赏,对年度绩效较差的官吏予以处罚,以推行国家政令畅通和王道教化的施行;三年进行一次大考。官刑为大宰进行行政管理的一种手段,与通常的刑罚不同。官刑作为一种行政管理手段,从《周礼·天官·宰夫》的规定中也可得到印证。《周礼·天官·宰夫》曰:"掌治法以考百官府、群都县鄙之治,乘其财用之出入。凡失财用物辟名者,以官刑诏冢宰而诛之。其足用、长财、善物者,赏之。"郑玄注曰:"群都,诸采邑也。六遂五百家为鄙,五鄙为县。言县鄙而六乡州党亦存焉。乘犹计也。财,泉谷也。用,货贿也。物,畜兽也。辟名,诈为书,以空作见,文书与实不相应也。"贾公彦疏曰:"宰夫是句考之官,故以治法考百官府及群都县鄙乡遂之内治功善恶也。言'乘其财用之出入'者,谓上数处用官物者,当乘计其用财之出入,知其多少。云'凡失财用、物辟名'者,谓失官家财及用与物三者而辟名者,以官刑诏告冢宰,长官诛责之也。有足用,用之能足。长财,财又能长。善物,物又能善。如此者,赏之。"

2. 宫刑。宫刑是用于王宫管理的奖惩措施。《周礼·天官·小宰》曰:"小宰之职:掌建邦之宫刑,以治王宫之政令,凡宫之纠禁。……以宫刑宪禁于王宫。"郑玄注曰:"宫刑,在王宫中者之刑。建,明布告之。纠犹割也,察也,若今御史中丞。……宪,谓表县之,若今新有法令云。"贾公彦疏曰:"小宰卑,云'建'者,则明布告,使知而已。云'纠犹割也,察也'者,既言纠,谓纠举其非。事已发者,依法断割之;事未发者,审察之。……凡刑禁皆出秋官。今云'宪禁'者,与布宪义同,故小宰得秋官刑禁文书,表而县之于宫内也。"从经文及其注疏来看,天官中的"宫刑"

是指用于管理王宫的一些奖惩措施。

3. 乡刑。乡刑是用于居民道德教化的教育手段。《周礼·地官·大司徒》曰:"以乡八刑纠万民:一曰不孝之刑,二曰不睦之刑,三曰不姻之刑,四曰不弟之刑,五曰不任之刑,六曰不恤之刑,七曰造言之刑,八曰乱民之刑。"郑玄注曰:"纠犹割察也。不弟,不敬师长。造言,讹言惑众。乱民,乱名改作,执左道以乱政也。"注引郑司农云:"任谓朋友相任,恤谓相忧。"贾公彦疏曰:"云'一曰不孝之刑'者,有不孝于父母者则刑之。《孝经》不孝不在三千者,深塞逆源,此乃礼之通教。兼戒凡品,故不孝有刑也。'二曰不睦之刑'者,不相亲睦亦刑之。'三曰不姻之刑'者,不亲于外亲亦刑之。'四曰不弟之刑'者,谓不敬师长亦刑之。'五曰不任之刑'者,谓不信任于朋友亦刑之。'六曰不恤之刑'者,谓见灾危而不忧恤亦刑之。'七曰造言之刑'者,有造浮伪之言者,亦刑之。'八曰乱民之刑'者,谓执左道乱政则刑之。"按《周礼》设官分职的设计,司徒掌邦教,乡刑是教化之刑,是对不服从教化的行为人所实施的惩罚,不同于有损于躯体的刑罚。亏体之刑罚"则归于士,使秋官士师等听断之"①。

4. 市刑。市刑是对违法市场交易和管理秩序的行为人所施行的一种惩罚措施。《周礼·地官·司市》曰:"市刑,小刑宪罚,中刑徇罚,大刑扑罚,其附于刑者归于士。"郑玄注曰:"徇,举以示其地之众也。扑,挞也。"注引郑司农云:"宪罚,播其肆也。"贾公彦疏曰:"'附于刑者归于士'者,此刑各有所对言之,市刑虽轻,亦名为刑,若对五刑,则五种者为刑,故云附于刑归于士。士谓秋官士师、乡士、遂士之属。其人属彼者各归之,使刑官断之也。'徇,举以示其地之众也'者,徇者,徇列之名。

---

① 《周礼·秋官·大司徒》,贾公彦疏。

故知举其人以示其地肆之众,使从为戒也。云'扑,挞也'者,《大射》云'司射搢扑',《尚书》云'扑作教刑',皆是笞挞为扑,故云扑挞也。先郑云'宪罚,播其肆也'者,宪是表显之名,徇既将身以示之,则此宪是以文书表示于肆,若布宪之类也。"从《司市》经文、郑玄注及贾公彦疏中可知,市刑是对违反市场量度、禁令的行为人,以及有诈伪行为者所施行的一种惩罚。小的惩罚是在其肆中公告其违反禁令行为;中等的处罚是在整个集市上公告其违反禁令的行为;较大惩罚是对违禁行为人施以挞罚。《周礼・地官・司稽》曰:"掌执市之盗贼,以徇,且刑之。"贾公彦疏曰:"此掌执市之盗贼以徇且刑之,亦无过小盗徇扑而已,故云'以徇,且刑之'。若直徇者,不必有刑,其刑者必徇,故徇、刑两言之也。"从贾疏可知,这里的"徇"和"刑"涉及司市中的两种刑:中刑的徇罚和大刑的扑罚。司稽对在市场上查获的盗窃行为人既要让其游街示众,又要对其进行挞罚。

5. 教化之五刑。《周礼・秋官・大司寇》曰:"以五刑纠万民:一曰野刑,上功纠力;二曰军刑,上命纠守;三曰乡刑,上德纠孝;四曰官刑,上能纠职;五曰国刑,上愿纠暴。"郑玄注曰:"刑亦法也。纠犹察异之。功,农功。力,勤力。命,将命也。守,不失部伍。德,六德也。善父母为孝。能,能其事也。职,职事修理。愿,悫慎也。'暴'当为'恭'字之误也。"贾公彦疏曰:"此五刑,与寻常正五刑墨、劓之等别,刑亦法也。此五法者,或一刑之中而含五,或此五刑全不入五刑者。云'纠犹察异之'者,谓万民犯五刑,察取与之罪,使别异善恶,则《尚书・毕命》云'旌别淑慝,表厥宅里'是也。以其言野,则国外,若卿大夫云'野自六尺'之类。既言在野为功,故知功是农功,力,勤力也。

以其在军,捆外之事,将军裁之,故知命是将命也。军行必有部分卒伍,故云'不失部伍'也。谓在乡中之刑。《大司徒》云:'以乡三物教万民,一曰六德,知、仁、圣、义、忠、和.'既言在乡,故知德是六德教民者,非教国子三德、咎由九德者也。'善父母为孝',《尔雅·释训》文。知'能是能其事。职,职事修理'者,以其言官,官中见能、见职,明知义然。知为'恭'不作'暴'者,以其上四刑,皆纠察其善,不纠其恶,以类言之,故知是恭。恭又似暴字,故云'字之误也'。"孙诒让对郑玄和贾公彦关于将"暴"释读为"恭"则有不同的看法,正义引吴廷华云:"上功,上命,上德,上能,上愿,具是当嘉尚者。纠力,纠守,纠孝,纠职,纠暴,与上五者相反,纠则有刑,故上曰五刑耳。是所谓纠力、纠守、纠孝、纠职者,纠其不力、不守、不孝、不职也。纠暴,则直纠其暴而已。"[1]正义还引用了俞樾关于大司徒以乡八刑纠万民,以及州长云:"正月之吉,各属其州之民而读法,以考其德行道艺而劝之,以纠其过恶而戒之。"从而阐明:"纠其过恶,不得云纠察其善,不纠其恶也。"[2]

从上述经文、郑注、贾疏、孙诒让正义可知,《大司寇》规定的五刑实为教化之刑。该教化之刑涉及面较广,如农业生产、军事管理、家庭关系、官府管理、社会治安和社会秩序等。与上述《大司徒》所述的"乡刑"相比,涉及面更广。

6. 明刑。《周礼·秋官·大司寇》曰:"凡害人者,置之圜土而施职事焉,以明刑耻之。"郑玄注曰:"明刑,书其罪恶于大方版,著其背。"《周礼·秋官·司圜》曰:"司圜掌收教罢民,凡害人者,弗使冠饰而加明刑焉,任之以事而收教之。"郑玄注曰:"弗使冠饰者,著墨幪,若古之象刑与?不使冠饰,任之以事,若今时罚作矣。"根据郑玄注,明刑是将受罚之人的罪恶写在大方板上,著其背,或弗使其冠饰,著墨幪,这是一种不亏躯体的耻辱型刑罚,在《周礼》中也属于一种教化型刑罚。

---

[1] 《周礼正义》卷66《秋官·大司寇》,第2745页。
[2] 《周礼正义》卷66《秋官·大司寇》,第2745页。

7. 刑罚之五刑。《周礼·秋官·司刑》曰:"司刑掌五刑之法,以丽万民之罪。墨罪五百,劓罪五百,宫罪五百,刖罪五百,杀罪五百。"司刑所掌之刑是刑罚之刑,是有亏身体的刑罚。墨、劓、宫、刖、杀(或大辟)五种刑罚又被称为常刑,该常刑直至西汉文帝实行刑罚改革,废除肉刑后才发生变化。《周礼·秋官·叙官》郑玄注曰:"《孝经说》曰:'刑者,侀也,过出罪施。'"贾公彦疏曰:"云'《孝经说》曰'者,《孝经援神契》'五刑'章曰:'刑者,侀也。过出罪施者,下侀为著也。行刑者,所以著人身体。过误者出之,实罪者施刑。'"《礼记·王制》曰:"刑者,侀也。侀者,成也,一成而不可变,故君子尽心焉。"战国时诸侯国广泛使用肉刑,如《韩非子·外储说左下》记载:"梁车新为邺令,其姊往看之,暮而后门闭,因逾郭而入,车遂刖其足,赵成侯以为不慈,夺之玺而免之令。"①

(四)罚金刑

1975年在湖北省云梦县睡虎地秦墓出土的《睡虎地秦墓竹简》中有大量的关于罚金刑的适用。罚金刑适用面较广,涉及市场交易、徭役派发、普通民众的犯罪行为、官员不当履职行为等社会生活的方方面面。涉及徭役派发方面的罚金刑适用,如《睡虎地秦墓竹简·徭律》规定:"御中发征,乏弗行,赀二甲。失期三日到五日,谇;六日到旬,赀一盾;过旬,赀一甲。"②即为朝廷征发徭役,不耽搁不予征发,应罚二甲。误期三到五日,斥责;六到十日,罚一盾;十日以上,罚一甲。

涉及市场交易方面的罚金刑适用,如《睡虎地秦墓竹简·关市》规定:"为作务及官府市,受钱必辄入其钱缿中,令市者见其入,不从令者赀一甲。"③即从事手工业以及为官府出售产品,收钱时必须立即把钱投

---

① 《韩非子集解》卷12《外储说左下》,第308页。
② 《睡虎地秦墓竹简》,第47页。
③ 《睡虎地秦墓竹简》,第42页。

进鲶中,使买者看见投入,违法法令者罚一甲。《效律》规定:"衡石不正,十六两以上,赀官啬夫一甲;不盈十六两到八两,赀一盾。甬(桶)不正,二升以上,赀一甲;不盈二升到一升,赀一盾。"①即衡石不准确,误差在十六两以上,罚官啬夫一甲;不满十六两而在八两以上者,罚一盾。桶不准确,误差在二升以上,罚一甲;不满二升而在一升以上者,罚一盾。

涉及徭役派发方面的罚金刑适用,如《秦律杂抄》曰:"戍律曰:同居毋并行,县啬夫、尉及士吏行戍不以律,赀二甲。"②戍律规定:同居者不要同时征发戍边,县啬夫、县尉及士吏不依法征发边戍者,罚二甲。

涉及盗窃犯罪的罚金刑适用,如《法律答问》记载:"告人盗百一十,问盗百,告者可(何)论? 当赀二甲。"③即告人盗窃一百一十钱,审问结果是盗窃一百钱,控告者应如何论处? 应罚二甲。

(五)赎刑

先秦时期有缴纳赎金代替刑罚执行的做法,最早的文献见于《尚书》。《尚书·吕刑》曰:"墨辟疑赦,其罚百锾,阅实其罪。劓辟疑赦,其罚惟倍,阅实其罪。剕辟疑赦,其罚倍差,阅实其罪。宫辟疑赦,其罚六百锾,阅实其罪。大辟疑赦,其罚千锾,阅实其罪。"孔安国传曰:"六两曰锾。锾,黄铁也。阅实其罪,使与罚名相当。"《说文》曰:"锾,锊也。"从《吕刑》的规定来看,对可能判处墨、劓、剕、宫和大辟罪刑罚的罪行存疑者,可用缴纳赎金的方式予以赦免。

《张家山汉墓竹简·二年律令》对赎刑也有专条规定:"赎死,金二斤八两。赎城旦舂、鬼薪白粲,金一斤八两。赎斩、府(腐),金一斤四

---

① 《睡虎地秦墓竹简》,第69—70页。
② 《睡虎地秦墓竹简》,第89页。
③ 《睡虎地秦墓竹简》,第102页。

两。赎劓、黥,金一斤。赎耐,金十二两,赎䙴(迁),金八两。"①

通过赎买的方式获得刑罚的减免,在一定程度也符合刑罚的公平正义理论。对于自然人来说,在生命存在的情况下,对个人最重要的事情有两件:自由和财产。对自由的剥夺,则意味着作为生命个体的人在一定程度上失去了存在的社会价值,作为正常人所享有的幸福也在一定程度上被剥夺。对财产的剥夺,则意味着对作为生命个体的人在一定时间内创造的劳动成果的剥夺,其在一定时间内的付出、努力付诸东流。这也是一种惩罚。这种惩罚如能弥补其对社会所造成的伤害,如能为社会大众所接受,法律对这种惩罚方式应予以肯定。当然,赎金刑的适用在任何社会都应有一定的限制。对于危害国家安全、统治秩序的犯罪,以及对社会秩序和人的生存秩序有重大影响的犯罪,如故意杀人等,都不应适用罚金刑。

第二节　刑罚执行程序

本节刑罚执行程序主要论述的是墨、劓、刖、宫、杀(或大辟)以及罚金刑的执行程序,至于乡刑以及其他教化刑则不属于本节论述的内容。

一、死刑执行及其程序

(一)乡士、遂士、县士、方士对已经审结的死刑案件的执行程序

《周礼·秋官·乡士》曰:"狱讼成,士师受中。协日刑杀,肆之三

---

① 《张家山汉墓竹简[二四七号墓](释文修订本)》,第25页。

日。"注引郑司农云:"士师受中,若今二千石受其狱也。中者,刑罚之中也。故《论语》曰'刑罚不中,则民无所措手足'。协日刑杀,协,合也,和也,和合支干善日,若今时望后利日也。肆之三日,故《春秋传》曰'三日弃疾请尸',《论语》曰'肆诸市朝'。"郑玄注曰:"受中,谓受狱讼之成也。士师即受狱讼之成,乡士则择可刑杀之日,至其时而往莅之,尸之三日乃反也。"贾公彦疏曰:"此经为上议得其实,欲行刑之时,故云'狱讼成'。成谓罪已成定。云'士师受中'者,士师当受取士成定中平文书为案。云'协日刑杀'者,谓乡士当和合善日,行刑及杀之事。云'肆之三日'者,据死者而言。其四刑之类,行讫即放,不须肆之。云'肆之三日'者,肆,陈也,杀讫陈尸也。玄谓'士师既受狱讼之成,乡士则择可刑杀之日,至其时而往莅之,尸之三日乃反也'者,乃反,谓收取其尸。郑言此者,经云'士师受中,协日刑杀',文无分别,恐是士师受中,还是士师刑杀,故须辨之。知非士师刑杀者,以其士师是司寇之考,总摄诸士。所刑杀者,乡士、遂士、县士、方士各自往莅之。若一一遣士师自行,于理不可,是以郑为此解也。"

孙诒让先生对贾疏将"狱讼成"解释为"上议得其实,欲行刑之时"则持不同意见,认为"狱讼成"应为弊罪之时。① 对于"中"、刑杀之肆,孙诒让先生有进一步的解释,正义曰:"中者,狱讼之大成,即司寇与群士、司刑众定之者也。士师云:'察狱讼之辞,以诏司寇断狱弊讼,致邦令。'者司寇听狱于朝,士师实诏其事。及狱讼既定,司寇则与群士定其文书,以受士师,士师受而藏之,岁终总登之天府,故小司寇云:'岁终,则令群士计狱弊讼,登中于天府。'所登者即此狱讼之中也。此乡士协日刑杀,即于国中之市。以王宫前朝后市,相去不远,故经不别言刑杀所

---

① 《周礼正义》卷67《秋官·乡士》,第2797页。

就之处也。云'肆之三日'者,《掌戮》注云:'肆犹申也,陈也。'此亦国中之市肆之也。以肆与刑杀并同所,故经不着所肆之处。其六乡之罪人,则当各就其乡肆之,与六遂同,经不言者,亦文不具也。"①

从上述经文、郑注、贾疏、孙诒让先生正义可知,六乡之士已审结的死刑案件的执行程序通常是:

1. 案件审结后,即司寇与群士集体审理定案后,将有关狱讼文书上交士师,士师将有关狱讼文书收藏于天府。

2. 乡士与士师协商确定死刑执行期日。

3. 死刑执行之日,乡士临场观刑。

4. 执行地点为乡之集市。

5. 死刑执行后,暴尸三日;之后,才予以收埋。《周礼·秋官·掌戮》亦曰:"凡杀人者,踣诸市,肆之三日。刑盗于市。"郑玄注曰:"踣,僵尸也。肆犹申也,陈也。凡言刑盗,罪恶莫大焉。"

遂士、县士、方士已审结的死刑案件的执行程序与乡士基本相同。如《周礼·秋官·遂士》曰:"狱讼成,士师受中。协日就郊而刑杀,各于其遂,肆之三日。"郑玄注曰:"就郊而刑杀者,遂士也。遂士择刑杀日,至其时往莅之,如乡士为之矣。言各于其遂者,四郊六遂,遂处不同。"《周礼·秋官·县士》曰:"狱讼成,士师受中。协日刑杀,各就其县,肆之三日。"郑玄注曰:"刑杀各就其县者,亦谓县士也。"《周礼·秋官·方士》曰:"狱讼成,士师受中,书其刑杀之成与其听狱讼者。"郑玄注曰:"都家之吏自协日刑杀。但书其成与治狱之吏姓名,备反复有失实者。"从《遂士》《县士》《方士》之经文以及郑玄的注来看,遂士、县士、方士已审结的死刑案件的执行程序与乡士主要有两点不同:一是执行的地点

---

① 《周礼正义》卷67《秋官·乡士》,第2797—2798页。

不同。六乡执行死刑的地点是国中之市,六遂执行死刑的地点是四郊六遂之市,县的执行死刑的地点是县野之地的集市,都家的死刑执行地点为都家采邑之集市。二是在执行死刑的期日确定上有所区别。方士在确定死刑执行期日时与都家之吏协商确定,而乡士、遂士、县士在确定死刑执行期日时需要与士师协商确定。

(二) 王族及有爵者的死刑执行程序

根据《周礼》和《礼记》的记载,王族及有爵者犯有死罪者,其死刑的执行主体、地点、程序均有一些特殊规定,不同于普通死刑犯的执行。根据《周礼》记载,甸师负责对王族和有爵者死刑刑罚的执行。《周礼·天官·甸师》曰:"王之同姓有罪,则死刑焉。"郑司农云:"王之同姓有罪当刑者,断其狱于甸师之官也。"《周礼·天官·叙官》郑玄注曰:"郊外曰甸;师,犹长也。甸师,主共野物官之长也。"按此注,甸师即是王国野生动物保护地的负责人,但是又享有对王族和有爵者死刑的刑罚执行权。《周礼·秋官·掌囚》又曰:"凡有爵者与王之同族,奉而适甸师氏,以待刑杀。"郑玄注曰:"以待刑杀者,掌戮将自市也。"《周礼·秋官·掌戮》云:"唯王之同族与有爵者,杀之于甸师氏。"《礼记·文王世子》曰:"公族其有死罪,则磬于甸人。"郑玄注曰:"不于市朝者,隐之也。甸人,掌郊野之官,县缢杀之曰磬。"

甸师对王之同族以及有爵者的执行专属权是王权社会等级特权的体现。在家国一体的专制政体里,王权既要维护法律的公平实施,又要维护王族政权的核心地位。王子犯法与庶民同罪,"公族之罪虽亲,不以犯有司正术也,所以体百姓也"[①]。所以,犯罪王族成员及有爵位者虽为王亲或具有一定的社会地位,但是其行为一旦触犯了法律,构成了犯

[①] 《礼记正义》卷20《文王世子》,第648页。

罪，也要承担相应的法律后果。这样做是为了端正国家法纪，并以此来维护国家的整体秩序。但是"亲亲、尊尊"秩序在家国一体的政权结构中具有重要地位和作用，王族成员及有爵位犯死罪者交由甸师在郊外的隐蔽处执行，是基于亲情和政权的考虑。"刑于隐者，不与国人虑兄弟也。"①在隐蔽的地方行刑，是为了避免国人议论国君兄弟的过恶。这种"刑于隐者"的做法，既维护了法律的公平实施，又维护了封建的等级特权制度。

但是，王族及有爵者在隐蔽处行刑的做法在先秦时期并不具有普遍性。如《史记·商君列传》记载，商鞅被处以车裂之刑。商鞅爵至大良造。索隐曰："即大上造也，秦之第十六爵名也。"《春秋·成公十七年》曰："晋杀其大夫郤锜、郤犨、郤至。"传曰："皆尸诸朝。"正义曰："陈其尸于朝。"《左传·昭公十四年》记载，晋邢侯与雍子争鄐田，叔鱼作为代理审判官时，收受了雍子的贿赂后判决邢侯败诉。邢侯怒杀叔鱼与雍子于朝。对于邢侯、叔鱼、雍子三人的行为如何认定，晋国的执政大臣韩宣子在征求叔向等人的意见后，"乃施邢侯而尸雍子与叔鱼于市"②。

（三）死刑执行前的三宥程序

《礼记·文王世子》曰："狱成，有司谳于公。其死罪，则曰：'某之罪在大辟。'其刑罪，则曰：'某之罪在小辟。'公曰：'宥之。'有司又曰：'在辟。'公又曰：'宥之。'有司又曰：'在辟。'及三宥，不对，走出，致刑于甸人。公又使人追之，曰：'虽然，必赦之。'有司对曰：'无及也。'"郑玄注曰："宥，宽也。欲宽其罪，出于刑也。"案件作成定案后，在死刑执行前还要履行三宥程序。三宥程序体现了统治者的慎刑思想。《礼记·文王世子》规定的死刑执行前的三宥程序对后世也产生了深远的影响。

---

① 《礼记正义》卷20《文王世子》，第648页。
② 《春秋左传正义》卷47《昭公十四年》，第1338页。

如《隋书·刑法志》记载:"(开皇)十五年制,死罪者三奏而后决。"《唐六典·尚书刑部》规定:"凡决大辟罪,在京者,行决之司五复奏;在外者,刑部三复奏。若犯恶逆已上及部曲、奴婢杀主者,唯一复奏。"注曰:"在京者,决前一日二复奏,决日三复奏;在外省者,初日一复奏,后日再复奏。纵临时有赦不许复奏,亦准此复奏。"①

(四)死刑执行时国王不举乐、素服

《礼记·文王世子》曰:"反命于公。白已刑杀。公素服不举,为之变。如其伦之丧,无服。亲哭之。"郑玄注曰:"白已刑杀。素服,于凶事为吉,于吉事为凶,非丧服也。君虽不服臣,卿大夫死则皮弁锡衰以居,往吊当事则弁绖。于士盖疑衰,同姓则缌衰以吊之。今无服者,不往吊也。伦谓亲疏之比也。素服亦皮弁矣。不往吊,为位哭之而已。君于臣,使有司哭之。"死刑案件执行完毕后,有司向国王报告刑罚已执行完毕,国王则换着素服,不听音乐,为死者改变日常生活,就如同自己的亲属有丧,还要亲自去哭死者。先秦时期执行死刑时国王素服、不举乐,一方面与先秦时期人们对诉讼、刑罚的认识有关,认为诉讼属阴,素服、不举乐符合天道自然观;另一方面,素服、不举乐也是统治者所表现的爱民如子的仁政的体现。在先秦时期的其他文献中也有关于死刑执行时不举乐的记载,如《国语·周语上》记载:"惠王三年,边伯、石速、蒍国出王而立子颓。王处于郑三年。王子颓饮三大夫酒,子国为客,乐及遍舞。郑厉公见虢叔,曰:'吾闻之,司寇行戮,君为之不举,而况敢乐祸乎!今吾闻子颓歌舞不息,乐祸也。夫出王而代其位,祸孰大焉!临祸忘忧,是谓乐祸。祸必及之,盍纳王乎?'"②"司寇行戮,君为之不举",即

---

① [唐]李林甫等撰,陈仲夫点校:《唐六典》卷6《尚书刑部》,中华书局1992年版,第189页。
② 《国语》卷1《周语上·郑厉公与虢叔杀子颓纳惠王》,第19—20页。

司寇对死刑罪犯执行死刑时,国王不听音乐,也不观看歌舞表演。《左传·庄公二十年》曰:"大司寇行戮,君为之不举,而况敢乐祸乎!"杜预注:"去盛馔。"孔颖达正义:"不举者,贬膳食彻声乐也。"《左传·襄公二十六年》曰:"将刑为之不举,不举则彻乐,此以知其谓刑也。"先秦时期的这一诉讼文化被后世统治者继受,如《唐六典·尚书刑部》规定:"凡京城决囚之日,尚食蔬食,内教坊及太常皆撤乐。"①

(五) 死刑执行的方式

1. 斩杀。即腰斩。《周礼·秋官·掌戮》曰:"掌戮掌斩杀贼谍而搏之。"郑玄注曰:"斩以铁钺,若今要斩也。杀以刀刃,若今弃市也。"《史记·商君列传》曰:"不告奸者腰斩。"《韩非子·外储说右上》记载:"(晋文)公曰:'刑罚之极安至?'对曰:'不辟亲贵,法行所爱。'文公曰:'善。'明日令田于圃陆,期以日中为期,后期者行军法焉。于是公有所爱者曰颠颉后期,吏请其罪,文公陨涕而忧。吏曰:'请用事焉。'遂斩颠颉之脊,以徇百姓,以明法之信也。"

2. 焚烧。《周礼·秋官·掌戮》曰:"凡杀其亲者,焚之。"郑玄注曰:"亲,缌服以内也。焚,烧也。"

3. 磔杀。《周礼·秋官·掌戮》曰:"杀王之亲者,辜之。"郑玄注曰:"辜之言枯也,谓磔之。"《睡虎地秦墓竹简·法律答问》记载:"甲谋遣乙盗杀人,受分十钱,问乙高未盈六尺,甲可(何)论? 当磔。"②

4. 枭首。《史记·秦始皇本纪》记载嫪毐作乱被平定后,"中大夫令齐等二十人皆枭首"。集解曰:"县首于木上曰枭。"

5. 车裂。《左传·桓公十八年》记载:"齐人杀子亹,而轘高渠弥。"杜预注曰:"车裂曰轘。"《左传·宣公十一年》记载:楚国伐陈,"杀夏征

---

① 《唐六典》卷6《尚书刑部》,第189页。
② 《睡虎地秦墓竹简》,第109页。

舒,轘诸栗门"。杜预注曰:"轘,车裂。栗门,陈城门。"《左传·襄公二十二年》记载:"轘观起于四竟。"《史记·商君列传》曰:"秦惠王车裂商君以徇。"《史记·秦始皇本纪》记载嫪毐作乱被平定后,"车裂以徇,灭其宗"。正义引《说苑》云:"秦始皇太后不谨,幸郎嫪毐,始皇取毐四支车裂之。"《史记·秦始皇本纪》记载:"吾读秦纪,至于子婴车裂赵高,未尝不健其决,怜其志。"

二、墨、劓、刖、宫刑罚执行及其程序

(一)墨、劓、刖、宫刑执行的通常程序

1. 肉刑的执行时间。《周礼·秋官·乡士》曰:"狱讼成,士师受中。协日刑杀,肆之三日。"贾公彦疏曰:"云'协日刑杀'者,谓乡士当和合善日,行刑及杀之事。"经文"刑杀"含有"刑"和"杀"两层意思。狱讼案件审结后,将诉讼文书交士师备案,乡士与士师商定肉刑期日。遂士、县士、方士对已审结案件的执行期日的确定与乡士相同。

2. 肉刑的执行方式。《周礼·秋官·司刑》郑玄注曰:"墨,黥也,先刻其面,以墨窒之。劓,截其鼻也。宫者,丈夫则割其势,女子闭于宫中,若今宦男女也。刖,断足也。周改膑作刖。"《张家山汉墓竹简·二年律令》曰:"有罪当府(腐)者,移内官,内官府(腐)之。"[①]从《二年律令》的规定来看,宫刑由内官执行。

(二)王族肉刑执行的特别规定

《礼记·文王世子》曰:"公族其有死罪,则罄于甸人。其刑罪则纤剸,亦告于甸人。公族无宫刑。"又曰"公族无宫刑,不剪其类也。"[②]郑玄注曰:"纤读为歼,歼,刺也。剸,割也。宫、割、膑、墨、劓、刖,皆以刀

---

① 《张家山汉墓竹简[二四七号墓](释文修订本)》,第25页。
② 《礼记正义》卷20《文王世子》,第648页。

锯刺割人体也。宫割,淫刑。"可见,王族成员犯罪处以肉刑时在执行方式上有特别规定,体现了王族的特权。同时,宫刑不适用于王族成员。

但是,王族成员犯罪应处肉刑时,刑罚还得执行,如《史记·商君列传》曰:"于是太子犯法。卫鞅曰:'法之不行,自上犯之。'将法太子。太子,君嗣也,不可施刑,刑其傅公子虔,黥其师公孙贾。"后"公子虔复犯约,劓之"。

三、罚金刑执行及其程序

《周礼·秋官·职金》曰:"(职金)掌受士之金罚、货罚,入于司兵。"郑玄注曰:"货,泉贝也。罚,罚赎也,《书》曰'金作赎刑'。"贾公彦疏曰:"云'掌受士之金罚'者,谓断狱讼者,有疑即使出赎。既言'金罚',又曰'货罚'者,出罚之家,时或无金,即出货以当金直,故两言之。"从《职金》的规定来看,罚金或者用作赎刑的赎金交由职金收受,职金收受罚金后再存司兵。司兵为夏官之属官,负责备兵器。罚金交给司兵,司兵将其用作国家的战略贮备。

1975年在湖北省云梦县睡虎地秦墓出土的《睡虎地秦墓竹简》中的《金布律》《司空律》对"赀赎及有债于公"的债务收缴主体、劳役偿债或以其他方式抵债有较为详细的规定。

(一) 关于罚金、赀、赎、公债的收缴主体及其责任承担

《睡虎地秦墓竹简·金布律》规定:"有责(债)于公及赀、赎者居它县,辄移居县责之。公有责(债)百姓未赏(偿),亦移其县,县赏(偿)。"① 即欠官府债和被判处赀、赎者住在另一县,应即发文到所住的县,由所

---

① 《睡虎地秦墓竹简》,第38页。

居住的县索取。官府欠百姓的钱而未偿还者,也发文给百姓所在的县,由百姓所居住的县偿还。该规定是关于赀、赎、公债收缴主体的规定。从该规定来看,赀、赎、公债收缴主体为县级行政组织。

如果官府怠于履行收缴义务,致使债务不能清偿者,负有收缴义务的官吏要承担代为清偿的责任。如《金布律》规定:"百姓叚(假)公器及有责(债)未赏(偿),其日足以收责之,而弗收责,其人死亡;及隶臣妾有亡公器、畜生者,以其日月减其衣食,毋过三分取一,其所亡众,计之,终岁衣食不足以稍赏(偿),令居之,其弗令居之,其人死亡,令其官啬夫及吏主者代赏(偿)之。"①即百姓借用官府的器物以及负债没有偿还,其时间足以收回债务而没有收取,债务人死亡,债务无法得到清偿;以及隶臣妾丢失了官府的器物、牲畜的,应从丢失之日按月扣减隶臣妾的衣食,但不要超过隶臣妾衣食的三分之一,如果丢失的器物、牲畜数量较多,隶臣妾全年的衣食都不足以抵偿者,让隶臣妾以服劳役的方式抵偿,如果没有要求隶臣妾以服劳役的方式抵偿应清偿的债务,该隶臣妾死亡,无法清偿债务者,要求官府的啬夫和主管其事的官吏代为清偿。

(二) 官吏因失职被处罚金的清偿方式及程序规定

根据《睡虎地秦墓竹简·金布律》规定,秦国官吏在执行职务过程中因过失给国家造成损失的,应承担一定的赔偿责任,也可能会被处以罚金。该赔偿金额或罚金可由责任官吏凭官府给予的应支付的债务凭券将赔偿金或罚金交给少内,少内凭券收取。如《金布律》规定:"县、都官坐效、计以负赏(偿)者,已论,啬夫即以其直(值)钱分负其官长及冗吏,而人与参辨券,以效少内,少内以收责之。……其责(债)毋敢隃

---

① 《睡虎地秦墓竹简》,第38页。

(逾)岁,隃(逾)岁而弗入及不如令者,皆以律论之。"①即县、都官在点验或会计中有过错而应赔偿者,经判处后,有关官啬夫即将其应赔偿的数额分配给应分摊的官长和官吏,并且给每人一份写有支付金额的债券,以便向少内缴纳,少内凭券收取。……欠债不敢超过当年,如超过当年仍不缴纳的,均依法论处。

如果承担赔偿责任或者交付罚金的官吏无力偿付赔偿金额或交付罚金,也可从其俸禄或伙食费中扣减。如《金布律》规定:"官啬夫免,复为啬夫,而坐其故官以赀赏(偿)及有它责(债),贫窭毋(无)以赏(偿)者,稍减其秩、月食以赏(偿)之,弗得居;其免殹(也),令以律居之。官啬夫免,效其官而有不备者,令与其稗官分,如其事。吏坐官以负赏(偿),未而死,及有罪以收,抉出其分。其已分而死,及恒作官府以负责(债),牧将公畜生而杀、亡之,未赏(偿)及居之未备而死,皆出之,毋责妻、同居。"②即身为官啬夫被免职,后又被任命为官啬夫,由于前任时因故被判处罚金以及尚欠其他债务而因贫穷无力偿还,可稍减其俸禄、每月的口粮以抵偿,不要要求官啬夫以劳役的方式抵债;如果被免职了,可以根据法律规定以劳役的方式抵债。官啬夫被免职时,清点交接其所保管的物资时有不足数者,责令其与其下属官吏按照各自应负责的份额承担赔偿责任。官吏因履职过错而产生的赔偿义务,没有清偿完毕时死亡,以及因犯罪被收捕的,免除其承担的赔偿份额。已经确定了因承担应偿付份额而死亡,以及为官府从事手工业劳动而负债的,为官府放牧牲畜而将牲畜杀死、丢失而应赔偿的,尚未清偿完毕或以劳役的方式抵债而劳役期未满而死亡者,皆可免除,不应责令其妻子和同居者赔偿。

---

① 《睡虎地秦墓竹简》,第39页。
② 《睡虎地秦墓竹简》,第39—40页。

(三) 以劳役抵偿赀、赎、债的法律规定及其实施细则

《睡虎地秦墓竹简·司空律》规定：

> 有罪以赀赎及有责(债)于公,以其令日问之;其弗能入及赏(偿),以令日居之,日居八钱;公食者,日居六钱。居官府公食者,男子参,女子驷(四)。公士以下居赎刑罪、死罪者,居于城旦春,毋赤其衣,勿枸椟欙杕。鬼薪白粲,群下吏毋耐者,人奴妾居赎赀责(债)于城旦,皆赤其衣,枸椟欙杕,将司之;其或亡之,有罪。葆子以上居赎刑以上到赎死,居于官府,皆勿将司。所弗问而久毄(系)之,大啬夫、丞及官啬夫有罪。居赀赎责(债)欲代者,耆弱相当,许之。作务及贾而负责(债)者,不得代。一室二人以上居赀赎责(债)而莫见其室者,出其一人,令相为兼居之。居赀赎责(债)者,或欲籍(借)人与并居之,许之,毋除徭戍。凡不能自衣者,公衣之,令居其衣如律然。其日未备而被入钱者,许之。以日当刑而不能自衣食者,亦衣食而令居之。官作居赀赎责(债)而远其计所官者,尽八月各以其作日及衣数告其计所官,毋过九月而靡(毕)到其官;官相斱(近)者,尽九月而告其计所官,计之其作年。百姓有赀赎责(债)而有一臣若一妾,有一马若一牛,而欲居者,许。①

有罪以赀赎抵罪以及欠官府债务者,应在判决确定的履行期日进行讯问、追缴;如无力缴纳赎金或偿付债务者,根据法律规定可以劳役的方式抵偿债务,每劳作一天抵偿八钱;由官府给予饭食的,每天抵偿

---

① 《睡虎地秦墓竹简》,第51页。

六钱。在官府服劳役而官府提供饭食的标准是：男子每餐三分之一斗，女子每餐四分之一斗。公士爵位以下者以劳役抵偿刑罪、死罪赎金者，要服城旦舂劳役，但不必穿红色囚服，不戴木械、黑索和胫钳。鬼薪白粲，下等官吏而不受耐刑者，私家奴婢被用以抵偿赀、赎、债务而服城旦劳役的，皆穿红色囚服，施加木械、黑索和胫钳，并加以监管；如果服劳役者逃跑了，监管者有罪。葆子以上用劳役抵偿赎刑罪以上死罪以下赎金者，在官府服劳役者予以监管。没有经过审讯而长期关押者，大啬夫、县丞和官府啬夫均应承担罪责。要求他人代为服劳役以抵偿赀、赎、债务者，只要替代者与被替代者年龄、身体状况相当，可以允许。手工艺人或商贾欠债的，不允许由他人替代。一家有两人以上服劳役抵偿赀赎债务而无人看管家室的，可以只出一人，使他们轮流服役。以劳役抵偿赀、赎、债务的，又要求借助别人和他一起服役以抵偿债务的，可以允许，但是不能免除被借助人的徭戍义务。凡不能自备衣服服劳役者，官府提供衣服，但按法律规定要以劳役抵偿衣价。劳役抵偿赀、赎、债务的日数未满而能以一部分现金抵偿的，可以允许。以劳役日数替代受刑而不能自备衣食的，官府提供衣食，但要以劳役的形式抵偿衣食的价值。在另一官府服劳役抵偿赀、赎、债务而距记账官府路途较远的，应在八月底前分别把劳作天数和领取衣数通知记账官府，并在九月底前送到；所服劳役的官府距离记账官府较近的，在九月底前通知记账官府，以便计算在当年劳作抵偿赀、赎、债务情况。普通民众有赀、赎、债务而有一个男或女奴隶，有一头马或一头牛，要求用其奴隶或牛马的劳作抵偿赀、赎、债务的，可以允许。

秦律还根据劳役的强度不同，对官府提供衣食的取费收取作出了不同规定，如《司空律》规定："隶臣妾、城旦舂之司寇、居赀赎责（债）毄

（系）城旦舂者，勿责衣食；其与城旦舂作者，衣食之如城旦舂。"①即具有隶臣妾、城旦舂身份者，以司察盗寇、服劳役的方式抵偿债务者，不收取衣食费；其他参加城旦舂劳作的抵偿赀、赎、债务，应由官府提供衣食者，按城旦舂标准提供衣食。

在债务履行方面，秦律还体现了国家重农政策，如《司空律》规定："居赀赎责（债）者归田农，种时、治苗时各二旬。"②即以劳役抵偿赀、赎、债务者回家干农活、播种、管理禾苗的时间各二十天。

在以劳役形式抵偿赀、赎、债务中还有管理的细节，如《司空律》规定："毋令居赀赎责（债）将城旦舂。"③即不得命令以劳役形式抵偿赀、赎、债务之人监督或管理服城旦舂劳役之人。

从上述《司空律》的规定看，以劳役形式抵偿赀、赎、债务具有体系化的特征：

1. 允许以劳役的形式代替赀、赎、债务的履行。《说文解字》曰："赀，小罚以财自赎也。从贝此声。汉律：民不繇，赀钱二十二。赎，贸也。""赀，有罪而被罚令缴纳财物；赎，缴纳财物去赎死刑或肉刑等罪，两者的含义不同。赀、赎、债在简文中常联称。"④可见，赀在先秦时为罚金之意，赎就是以缴纳金钱的形式代替肉刑或死刑的执行。对赀、赎、债务的履行又可以劳役的形式折算抵偿。这一规定体现了秦律在实施时有一定的变通性，展现了秦律柔性的一面。

2. 具有体系化、系统性的特征。《司空律》对劳役抵偿赀、赎、债务计算办法、着装、是否戴械具等均作了较为系统的规定，如以劳役形式

---

① 《睡虎地秦墓竹简》，第52页。
② 《睡虎地秦墓竹简》，第53页。
③ 《睡虎地秦墓竹简》，第53页。
④ 《睡虎地秦墓竹简》，第38页。

抵偿赀、赎、债者,每劳作一天抵偿八钱;由官府提供饭食的,每天抵偿六钱。在官府服劳役而官府提供饭食者,男子每餐三分之一斗,女子每餐四分之一斗。公士以下服城旦舂劳役抵偿债务者不穿红色囚服,不戴木械、黑索和胫钳。同时,《司空律》还对官府提供衣服的计算及抵偿办法,异地服劳役抵偿的计算方式和时间均作了规定。

3. 替代主体的多样性。从上述《司空律》规定来看,法律除允许债务人本人以劳役的形式抵债外,还允许以他人、私家奴婢、牛马等劳作的形式抵偿。

4. 人性化的特性。"一室二人以上居赀赎责(债)而莫见其室者,出其一人,令相为兼居之。"即一家有两人以上以劳役抵偿赀、赎、债而无人看管家室者,可以只出一人,使他们轮流服役。这一规定体现了秦律的理性或人性化的特征。

5. 体现"重农抑商"的国家政策。如以劳役抵偿赀、赎、债者在农忙时允许回家干农活、播种、管理禾苗,并给予二十天假期;手艺人或商贾欠债的,不得由他人代替的规定,在一定程度上体现了秦国的重农抑商政策。

四、流刑执行及其程序

(一)流刑的产生及其规范化

流刑是一个较为古老的刑种。《尚书·舜典》曰:"流宥五刑。"孔安国传曰:"宥,宽也。以流放之法宽五刑。"这是中国古典文献中最早的流刑记载。流刑的适用是对五刑的宽宥,是对肉刑残酷性的缓冲,是仁政的体现。《舜典》又曰:"流共工于幽州,放骥兜于崇山,窜三苗于三危。"孔安国传曰:"象恭滔天,足以惑世,故流放之。幽州,北裔。水中可居者曰州。(骥兜)党于共工,罪恶同。崇山,南裔。三苗,国名。缙云氏之后,为诸侯,号饕餮。三危,西裔。"舜帝即位后用流刑之法宽宥五刑。流徙共工于北裔之幽州,放逐驩兜于南裔之崇山,窜三苗于西裔之三危。《说文解字》曰:"裔,衣裾也。"段玉裁注曰:"边地为裔。"从《舜典》及孔传可知,舜帝时期的流刑主要是将罪犯流放至国家统治的边地,即边远的国境之地。

根据《史记·五帝本纪》记载,流放共工、驩兜、三苗的时间发生在尧在位,舜摄天子政之时。《史记·五帝本纪》曰:"于是舜归而言于帝,请流共工于幽陵,以变北狄;放驩兜于崇山,以变南蛮;迁三苗于三危,以变西戎;殛鲧于羽山,以变东夷:四罪而天下咸服。"集解引徐广曰:"变,一作'燮'。"索隐曰:"变谓变其形及衣服,同于夷狄也。徐广云作'燮'。燮,和也。"《史记》记载的对共工、驩兜、三苗流放情况与《尚书·舜典》记载基本一致,流放的地域都是边远地带。被流放之人在行为方式上应遵循当地人的风俗习惯。

舜帝继受天子位后也适用了流刑处置罪犯,但在流刑适用上更进一步规范化、体系化。《史记·五帝本纪》记载:"昔帝鸿氏有不才子,掩义隐贼,好行凶慝,天下谓之浑沌。少暤氏有不才子,毁信恶忠,崇饰恶言,天下谓之穷奇。颛顼氏有不才子,不可教训,不知话言,天下谓之梼杌。此三族世忧之。至于尧,尧未能去。缙云氏有不才子,贪于饮食,冒于货贿,天下谓之饕餮。天下恶之,比之三凶。舜宾于四门,乃流四凶族,迁于四裔,以御螭魅,于是四门辟,言毋凶人也。"集解引贾逵曰:"四裔之地,去王城四千里。"集解引服虔曰:"螭魅,人面兽身,四足,好惑人,山林异气所生,以为人害。"正义曰:"御魑魅,恐更有邪谄之人,故流放四凶以御之也。故下云'无凶人'也。"根据《史记·五帝本纪》记载,舜帝摄政八年后尧崩,三年丧毕后,舜帝的统治地位巩固后开始实行改革,改革尧时官吏职责没有明确分工的状况,开始设官分职,明确分工,皋陶被任命为士,负责司法审判事务,舜帝告诉皋陶在流刑的适用上有制度化,要"五流有度,五度三居:维明能信。"①正义曰:"孔安国云'五刑之流,各有所居'也。案:谓度其远近,为三等之居也。"集解引马融曰:"谓在八议,君不忍刑,宥之以远。五等之差亦有三等之居:大罪投四裔,次九州岛之外,次中国之外。当明其罪,能使信服之。"

《尚书·舜典》也记载了流刑制度化、体系化的进程,皋陶被任命为司法官时,舜帝告诫皋陶曰:"五流有宅,五宅三居。"孔安国传曰:"谓不忍加刑,则流放之,若四凶者。五刑之流,各有所居。五居之差,有三等之居,大罪四裔,次九州岛之外,次千里之外。惟明克允。"孔颖达正义曰:"'五刑之流,各有所居',谓徙置有处也。'五居之差,有三等之居',量其罪状为远近之差也。四裔最远,在四海之表,故'大罪四裔',谓不犯死罪也。"正义引郑玄云:"三处者,自九州岛之外至于四海,三分其地,远近若周之夷、镇、蕃也。"②

从上述《史记·五帝本纪》《尚书·舜典》的记载及其注疏来看,流刑是对五刑的宽宥,流放的远近根据五刑的罪行轻重确定。流放的距离分为三个等级,这三个等级如何确定,有两种解释:一是孔安国和马融的解释,三等分别是四裔、九州岛之外和中国之外(或千里之外)。中国,又称国中,方圆千里,是王国最有效的统治范围,如《周礼·秋官·大司徒》曰:"日至之景尺有五寸,谓之地中:天地之所合也,四时之所交也,风雨之所会也,阴阳之所和也。然则百物阜安,乃建王国焉,制其畿方千里而封树之。"孔颖达疏曰:"'制其畿方千里'者,王畿千里,以象日月之大。中置国城,面各五百里,制畿界。'而封树之'者,于畿封之上

---

① 《史记》卷1《五帝本纪》,第39页。
② 《尚书正义》卷3《舜典》,第75页。

而作深沟,土在沟上谓之为封,封上树木以为阻固,故云而封树之。"按孔颖达的解释,王畿的直径是千里。二是郑玄的解释,三等是自九州岛之外至于四海,远近若周之夷、镇、蕃。

(二) 流刑的广泛适用

从先秦文献记载来看,秦国对流刑的适用较多,时间跨度也较长。这与秦国所处的地理位置,以及秦国的领土不断向外扩张密切相关。在先秦时期,秦国处于中原的西部边陲,秦缪公时便不断向外扩张,后经秦孝公在位时的商鞅变法,秦国逐渐强大,疆土广阔,新开辟的疆土需要充实民力,增加人口,流放能解决边境人口不足、劳动力缺乏的矛盾。而处在中原地区的诸侯国土地较为狭小,且人口的分布较为均衡,流刑的适用显得必要性不足。

秦国流刑最早的适用记载是在商鞅变法时期。商鞅变法开始于秦孝公三年(公元前359年),秦孝公二十四年(公元前338年)秦孝公卒,商鞅也在这一年因谋反罪被诛杀。《史记·商君列传》记载,秦国经过十年的变法运动,取得了较好的社会效果,"秦民大说,道不拾遗,山无盗贼,家给人足;民勇于公战,怯于私斗,乡邑大治"。"秦民初言令不便者有来言令便者,卫鞅曰:'此皆乱化之民也',尽迁之于边城。"这是秦国最早的关于流刑的文献记载。秦国的流刑多用"迁"表示。

秦惠文王更元九年(公元前316年),司马错伐蜀,灭之。① 之后,秦国的流刑犯多迁至蜀地。《史记·秦始皇本纪》记载,秦王政九年(公元前238年),"长信侯(嫪)毐作乱而觉",秦始皇发兵平乱后,"夺爵迁蜀四千余家,家房陵"。正义引《括地志》云:"房陵即今房州房陵县,古楚汉中郡地也。是巴蜀之境。地理志云房陵县属汉中郡,在益州部,接东

---

① 《史记》卷5《秦本纪》,第207页。

南一千三百一十里也。""(秦王政)十二年,文信侯(吕)不韦死,窃葬。其舍人临者,晋人也逐出之;秦人六百石以上夺爵,迁;五百石以下不临,迁,勿夺爵。"正义曰:"若是秦人哭临者,夺其官爵,迁移于房陵。若是秦人不哭临不韦者,不夺官爵,亦迁移于房陵。"

1975年出土的《睡虎地秦墓竹简》中也有"迁",即流刑的记载。如《睡虎地秦墓竹简·法律答问》曰:"廷行事有罪当䙴(迁),已断已令,未行而死若亡,其所包当诣䙴(迁)所。啬夫不以官为事,以奸为事,论可(何)殴(也)?当䙴(迁)。䙴(迁)者妻当包不当?不当包。当䙴(迁),其妻先自告,当包。"①即根据成例,有罪应予以流放,今判决已经生效尚未执行时,被告人死亡或逃跑,其受牵连的家属仍应被流放到指定的地点。啬夫不以职能为事,专干坏事,如何处置?应当流放。啬夫被流放时妻子是否应当随同到达流放地点?不应随同。应当流放的人,其妻先自首,仍应随往流放地点。

《睡虎地秦墓竹简》中还记载了一起父亲控告儿子,要求司法机关判处儿子断足并流放的司法判例。如《睡虎地秦墓竹简·封诊式》曰:"某里士五(伍)甲告曰:'谒鋈亲子同里士五(伍)丙足,䙴(迁)蜀边县,令终身毋得去䙴(迁)所,敢告。'告法(废)丘主:士五(伍)咸阳才(在)某里曰丙,坐父甲谒鋈其足,䙴(迁)蜀边县,令终身毋得去䙴(迁)所论之,䙴(迁)丙如甲告,以律包。今鋈丙足,令吏徒将传及恒书一封诣令史,可受代吏徒,以县次传诣成都,成都上恒书太守处,以律食。法(废)丘已传,为报,敢告主。"②即某里士伍甲控告说:"请求将居住同里的亲生儿子士伍丙断足,并流放至蜀郡边远地区,让其终身不得离开流放地,敢告。"谨告废丘县负责人:咸阳县某里士伍丙其父亲控告将其断足,并

---

① 《睡虎地秦墓竹简》,第107页。
② 《睡虎地秦墓竹简》,第155页。

流放至蜀郡边远县区,让其终身不得离开流放地,按甲的控告流放丙,按照法律规定其家属同往。现已将丙断足,命吏徒携带通行凭证和解送文书一封送交令史,可更换解送吏徒,逐县解送到成都,到成都后将解送文书上交太守,依法给予饮食。废丘县已解送,特汇报,谨告负责人。

第三节　先秦时期监狱管理

一、中国古代监狱的产生

根据《中国历代法制典·牢狱部会考(一)》记载:"(夏)帝芬三十六年作圜土,按竹书纪年云云。"①这是中国最早的关于监狱产生的历史记载。该部法制典还对监狱的名称变迁进行了考证:"四代狱之别名:唐虞曰:士官,《史记》曰:皋陶为理,《尚书》曰:皋陶作士,夏曰钧台,周曰圄圜,汉曰狱。"②该考证中说"士官"之"士"也是监狱之别名,根据《尚书》这种考证似乎并不准确。根据《尚书》,士是司法官或司法机构的称谓,并不是监狱的称谓。《中国历代法制典·牢狱部会考(二)》还对监狱相关名词从字义上加以了诠释:"狱,确也,实确人之情伪也;又谓之牢,言所在坚牢也;又谓之圜土,筑其表墙,其形圜也;又谓之囹圄,囹,领也,圄,御也,领录囚徒禁御之也。"③根据《中国历代法制典》的出版说明可知,该法制典的内容选自清朝初期编定的《古今图书集成》中的《经济汇编·祥刑典》以及《清朝通典》《清朝通志》《清朝文献通考》《清朝续

---

① 《中国历代法制典》卷129《牢狱部》,广陵书社2013年版,第1475页。
② 《中国历代法制典》卷129《牢狱部》,第1483页。
③ 《中国历代法制典》卷129《牢狱部》,第1483页。

文献通考》中与法律相关的部分内容。上述考证内容是清初关于监狱历史的考证成就。

二、先秦时期监狱称谓

1. 均台。《史记·夏本纪》曰:"乃召汤而囚之夏台,已而释之。"索引曰:夏台,"狱名。夏曰均台"。

2. 圜土。《周礼·秋官·大司寇》曰:"以圜土聚教罢民。"郑玄注曰:"圜土,狱城也。聚罢民其中,困苦以教之为善也。"《周礼·秋官·叙官》郑玄注曰:"但狱城圜者,东方主规,规主仁恩,凡断狱以仁恩求出之。"根据《周礼》规定,入圜土之人属于应教化之人,不属于应刑杀之人,如《周礼·秋官·司圜》曰:"凡圜土之刑人也不亏体,其罚人也不亏财。"

3. 囹圄。《礼记·月令》曰:仲春之月,"命有司,省囹圄,去桎梏,毋肆掠,止狱讼"。郑玄注曰:"囹圄,所以禁守系者,若今别狱矣。"孔颖达正义曰:"云'囹圄所以禁守系者,若今别狱矣'者,蔡云:'囹,牢也。圄,止也。所以止出入,皆罪人所舍也。'崇精问曰:'狱,周曰圜土,殷曰羑里,夏曰均台。囹圄,何代之狱?'焦氏答曰:'《月令》,秦书,则秦狱名也。汉曰若卢,魏曰司空是也。'"按孔颖达正义引焦氏释,囹圄,秦狱名,产生于秦代。《吕氏春秋·仲春纪》记载:仲春之月,"命有司,省囹圄,去桎梏,毋肆掠,止狱讼"①。该记载内容与《礼记·月令》记载的相同。《礼记》作为一部先秦至秦汉时期的礼学文献选编,《礼记·月令》的这一记载来源于《吕氏春秋》是可信的,据此说囹圄是秦狱名,产生于秦代也是可信的。

《礼记·月令》又曰:孟秋之月,"命有司修法制,缮囹圄,具桎梏,禁

---

① 《吕氏春秋集释》卷2《仲春纪》,第34页。

止奸,慎罪邪,务搏执"。《吕氏春秋·孟秋纪》记载的内容与此相同。《史记·秦始皇本纪》记载:"虚圄囹而免刑戮。"

4. 狱犴。《诗经·小雅·小宛》曰:"哀我填寡,宜岸宜狱。"正义曰:"填,尽。岸,讼也。"郑玄笺云:岸,"《韩诗》作'犴',音同,云:乡亭之系曰犴,朝廷曰狱"。"哀我填寡,宜岸宜狱"意思是:可哀啊,我穷尽寡财之人,滥被系禁。《荀子·宥坐》曰:"孔子慨然叹曰:'……狱犴不治,不可刑也,罪不在民故也。'"注曰:"狱犴不治,谓法令不当也。犴,亦狱也。《诗》曰:'宜犴宜狱。''狱'字从二'犬',象所以守者。犴,胡地野犬,亦善守,故狱谓之犴也。"①《汉书·刑法志》曰:"原狱刑所以蕃若此者,礼教不立,刑法不明,民多贫穷,豪杰务私,奸不辄得,狱犴不平之所致也。"颜师古注曰:"服虔曰:'乡亭之狱曰犴。'臣瓒曰:'狱岸,狱讼也。'"②《后汉书·崔骃列传》记载崔骃高祖父崔篆王莽时任建新大尹(建新郡太守)时,春季巡行所辖之县的狱讼情况,"所至之县,狱犴填满"③。李贤等注曰:"《前书音义》曰:'乡亭之狱曰犴。'"④从上述文献可知,狱犴或犴是古代的监狱。

三、先秦时期监狱管理

《周礼·秋官·掌囚》曰:"掌囚掌守盗贼,凡囚者。上罪梏拲而桎,中罪桎梏,下罪梏,王之同族拲,有爵者桎,以待弊罪。"郑玄注曰:"凡囚者,谓非盗贼自以他罪拘者也。在手曰梏,在足曰桎。中罪不拲,手足各一木耳。下罪又去桎。王同族及命士以上,虽有上罪,或拲或桎而

---

① 《荀子集解》卷20《宥坐》,第522页。
② 《汉书》卷23《刑法志》,第1110页。
③ 《后汉书》卷52《崔骃列传》,第1704页。
④ 《后汉书》卷52《崔骃列传》注,第1704页。

已。弊犹断也。《说文》云'梏手械也',所以告天,'桎足械也',所以质地。"注引郑司农云:"拲者,两手共一木也。桎梏者,两手各一木也。"贾公彦疏曰:"此谓五刑罪人,古者五刑不入圜土,故使身居三木,掌囚守之。此一经所云五刑之人,三木之囚,轻重着之。极重者三木俱著,次者二,下者一。王之同族及有爵,纵重罪,亦著一而已,以其尊之故也。云'待弊罪'者,禁而待断之也。"从《掌囚》经文及其注疏可知,应判处五刑的刑罚之人在"弊罪"前须戴械具,械具分梏、拲和桎三种,戴械具的多少根据罪行的轻重及其身份、地位决定,重罪者戴三木:梏、拲、桎;中罪者戴二木:桎与梏;下罪戴一木:梏;王之同族戴一木:拲;有爵者戴一木:桎。

"弊罪"后,掌囚负责将已决罪犯送交执行机构执行。"及刑杀,告刑于王,奉而适朝,士加明梏,以适市而刑杀之。凡有爵者与王之同族,奉而适甸师氏,以待刑杀。"①郑玄注曰:"告刑于王,告王以今日当行刑及所刑姓名也。其死罪则曰'某之罪在大辟',其刑罪则曰'某之罪在小辟'。奉而适朝者,重刑,为王欲有所赦,且当以付士。士,乡士也。乡士加明梏者,谓书其姓名及其罪于梏而着之也。囚时虽有无梏者,至于刑杀,皆设之,以适市就众也。庶姓无爵者,皆刑杀于市。适甸师氏,亦由朝乃往也。待刑杀者,掌戮将自市来也。"

第四节　先秦时期刑余罪犯改造程序

　　肉刑执行之后犯罪行为人或罪犯又被称为刑余之人。根据先秦文献记载,被告人或罪犯在被判处的肉刑刑罚执行之后,还要为官府服劳

---

① 《周礼·秋官·掌囚》。

役,服劳役的地点、工种根据受刑类别确定。如《周礼·秋官·掌戮》曰:"墨者使守门,劓者使守关,宫者使守内,刖者使守囿,髡者使守积。"郑玄注曰:"黥者无妨于禁御。截鼻亦无妨,以貌丑远之。以其人道绝也,今世或然。断足驱卫禽兽,无急行。此出五刑之中而髡者,必王之同族不宫者。宫之为翦其类,髡头而已。守积,积在隐者宜也。"注引郑司农云:"髡当为完,谓但居作三年,不亏体者也。"贾公彦疏曰:"此人即《阍人》'掌守王中门之禁令'者是也。此则王畿五百里上,面有三关,十二关门,劓者守之。此所守,则寺人之类,守正内五人之等是也。此则囿游亦如之者,墨者守门,刖者于囿中驱禽兽者也。"对于受刑之人,根据受刑的状况分派不同的工种,以使其各尽其能。

一、墨刑之人教化改造

《周礼·秋官·掌戮》云:"墨者使守门。"由于"黥者无妨于禁御",所以使之守门。《周礼·天官·叙官》曰:"阍人,王宫每门四人,囿游亦如之。"郑玄注曰:"阍人,司昏晨以启闭者。刑人墨者使守门。囿,御苑也。游,离宫也。"贾公彦疏曰:"云'阍人,司昏晨以启闭'者,此《释名》阍人之意。昏时闭门,则此名阍人也。晨时启门,则《论语》谓之晨人也。皆以时事为名耳。案其职云:'掌守中门之禁。'言中门,则唯雉门耳。而言每门者,彼言中门,据有禁守者言之。其实王之五门,皆使墨者守之。或解以为王有五门,四面皆有中门,故言每门,义亦通也。"根据郑玄注,墨者不仅守卫王宫之门,而且守卫国王的御苑、度假之地的门禁事宜。

《周礼》关于刑余之人社会教化改造的规定,与先秦其他文献关于如何对待刑余之人的记载不一致。《春秋·襄公二十九年》曰:"阍弑吴子余祭。"《公羊传》曰:"阍者何?门人也,刑人也。刑人则曷为谓之阍?刑人非其人也。君子不近刑人,近刑人则轻死之道也。"《左传》记载:襄公二十九年,夏,四月,"吴人伐赵,获俘焉,以为阍,使守舟。吴子余祭观舟,阍以刀弑之"。《公羊传》与《左传》关于"阍"的传解有所出入。《公羊传》解释为"刑人",《左传》解释为"俘"。根据《周礼》,"俘"应归入"罪隶",但不受刑。《礼记·曲礼上》曰:"刑人不在君侧。"郑玄正义曰:"为怨恨为害也。"《礼记·王制》曰:"是故公家不畜刑人,大夫弗养,士遇之涂,弗与言也。屏之四方,唯其所之,不及以政,亦弗故生也。"郑玄正义曰:"屏犹放去也。已施刑则放之弃之,役赋不与,亦不授之以田,困乏又无周饩也。《虞书》曰'五流有宅,五宅三居'是也。"贾公彦疏曰:"'是故公家不畜刑人'者,既与众弃之,以是之故,天子诸侯之家不畜刑人也。大夫不得育养,士遇刑人于涂,弗与言也,谓逢遇于途,不与之言。'屏之四方,惟其所之'者,屏犹放去也,谓已施刑暴,故放逐弃去,使乡四方,量其罪之轻重,合所之适处而居之。既是罪人被放,不干及以政教之事,谓不以王政赋役驱使,非但不使,意在亦不欲使生,困乏又无周饩,直放之化外,任其自死自生也。'役赋不与',谓役赋之事,不干与于刑人,解经'不及以政'。云'亦不授之以田,困乏又无周饩也'者,解经'亦弗故生也'。田里所以安其身,周饩所以养其命,皆是为生之具,今并不与,是不故欲使其生也。云'《虞书》曰五流有宅,五宅三居是也'者,证经'屏之四方'。"从上述《公羊传》《左传》《礼记》的记载看,对于刑余之人采取的是排斥的态度,而不是教化改造、接纳的态度,与《周礼》对待刑余之人的态度截然相反。

　　墨刑之人除上述守门的改造记载外,在秦律中"黥城旦""黥为城旦舂"规定较多,这些都是对受墨刑之后的刑余之人的劳动改造的规定。如《睡虎地秦墓竹简·法律答问》曰:"擅杀子,黥为城旦舂。"[1]"殴大父

---

[1] 《睡虎地秦墓竹简》,第109页。

母,黥为城旦舂。"①1983年出土的《张家山汉墓竹简·奏谳书》第十七例"黥城旦讲乞鞫案"记录了讲被误判为与他人合谋盗牛,被判为黥城旦,后乞鞫得以昭雪的事例。②该案发生在秦王政二年,即公元前245年,属战国时期。

二、劓刑之人教化改造

除《周礼·秋官·掌戮》记载的"劓者使守关"外,先秦文献中有关劓刑之后的教化改造记载较少。《史记·商君书》记载,商鞅变法初期,太子犯法,"太子,君嗣也,不可施刑,刑其傅公子虔,黥其师公孙贾"。"行之四年,公子虔复犯约,劓之。"对于公子虔受劓刑之后的教化改造,《史记·商君书》没有记载。

三、宫刑之人教化改造

《周礼·秋官·掌戮》云:"宫者使守内。"根据《周礼》记载,受宫刑之后的刑余之人在官府从事劳动的人较多,不仅守内,还有从事其他工种劳作的。在《周礼》中从事劳作的宫刑之人被称为奄人或寺人。《周礼·天官·叙官》郑玄注曰:"奄,精气闭藏者,令谓之宦人。《月令》:仲冬'其器闳以奄'。"《周礼·天官·叙官》曰:"寺人,王之正内五人。"郑玄注曰:"寺之言侍也。《诗》云'寺人孟子'。正内,路寝。"贾公彦疏曰:"云'寺之言侍'者,欲取亲近侍御之义。此奄人也。知者,见僖二十四年:晋文公既入,吕、郤欲焚公宫。寺人披请见,公使让之,且辞焉。披曰:'齐桓公置射钩而使管仲相,君若易之,行者甚众,岂唯刑臣。'彼寺

---

① 《睡虎地秦墓竹简》,第110页。
② 参见《张家山汉墓竹简[二四七号墓](释文修订本)》,第100—101页。

人披自称刑人,明寺人奄人也。若然,寺人既掌内人,不掌男子。而秦诗云:'欲见国君,先令寺人',而掌男子者,彼秦仲,宣王命作大夫,始大,有车马,其官未备,故寺人兼小臣,是以寺人得掌男子。《诗》云'寺人孟子'者,引证经寺人、孟子同也。又云'正内,路寝'者,寺人既不得在王之路寝,而云内正五人者,谓在后之路寝耳。若王之路寝,不得称内;以后宫,故以内言之。故先郑下注后六宫,前一后五,前一则路寝。"

表 1 《周礼》中奄(寺)人分布统计

六官	属官	奄(寺)人数	总人数
天官	酒人	10	44
	浆人	5	
	笾人	1	
	醢人	1	
	醯人	2	
	盐人	2	
	幕人	1	
	内小臣	14	
	寺人	5	
	内司服	1	
	缝人	2	
地官	舂人	2	12
	饎人	2	
	槁人	8	

四、刖刑之人教化改造

《周礼·秋官·掌戮》曰："刖者使守囿。"《说文》曰："苑有垣也。从口有声。一曰禽兽曰囿。"《周礼·秋官·掌戮》郑玄注曰："断足驱卫禽兽，无急行。"在《韩非子》中记述了两例关于刖者守门的事例：

1. 刖跪守门例。"齐中大夫有夷射者，御饮于王，醉甚而出，倚于郎门，门者刖跪请曰：'足下无意赐之余沥乎？'夷射曰：'叱去！刑余之人，何事乃敢乞饮长者？'刖跪走退，及夷射去，刖跪因捐水郎门溜下，类溺者之状。明日，王出而诃之曰：'谁溺于是？'刖跪对曰：'臣不见也。虽然，昨日中大夫夷射立于此。'王因诛夷射而杀之。"①

《礼记·檀弓》记录了一起阍人守门的事例："季孙之母死，哀公吊焉。曾子与子贡吊焉，阍人为君在，弗内也。曾子与子贡入于其厩而修容焉。阍人曰：'乡者已告矣。'曾子后入，阍人辟之。涉内霤，卿大夫皆辟位，公降一等而揖之。礼之。君子言之曰：'尽饰之道，斯其行者远矣。'"

2. 守门刖者救子皋于危难例。"孔子相卫，弟子子皋为狱吏，刖人足，所刖者守门，人有恶孔子于卫君者曰：'尼欲作乱。'卫君欲执孔子，孔子走，弟子皆逃，子皋从出门，刖危引之而逃之门下室中，吏追不得，夜半，子皋问刖危曰：'吾不能亏主之法令而亲刖子之足，是子报仇之时也，而子何故乃肯逃我？我何以得此于子？'刖危曰：'吾断足也，固吾罪当之，不可奈何。然方公之狱治臣也，公倾侧法令，先后臣以言，

---

① 《韩非子集解》卷10《内储说下六微》，第249页。

欲臣之免也甚，而臣知之。及狱决罪定，公愀然不悦，形于颜色，臣见又知之。非私臣而然也，夫天性仁心固然也，此臣之所以悦而德公也。'"①

《韩非子》记载的上述两例刖者守门的事例，说明在先秦时期受刖刑之人也有被安排在宫廷守门的情况。这与《礼记·王制》记载的"公家不畜刑人，大夫弗养"相矛盾。

五、髡刑之人教化改造

《周礼·秋官·掌戮》云："髡者使守积。"郑玄注曰："此出五刑之中而髡者，必王之同族不宫者。宫之为翦其类，髡头而已。守积，积在隐者宜也。"注引郑司农云："髡当为完，谓但居作三年，不亏体者也。"《睡虎地秦墓竹简》记载有"完城旦"刑罚，意为髡头后服城旦劳役。如《睡虎地秦墓竹简·法律答问》曰："或与人斗，缚而尽拔其须麋（眉），论可（何）殹（也）？当完城旦。"②即有人与他人斗殴，将人捆绑起来，拔光其胡须眉毛，应如何论处？应判处完为城旦。"士五（伍）甲斗，拔剑伐，斩人发结，可（何）论？当完为城旦。"③即士伍甲斗殴，拔出剑来砍，砍断他人的发结，应如何论处？应判处完城旦刑。"捕赀罪，即端以剑及兵刃刺杀之，可（何）论？杀之，完为城旦；伤之，耐为隶臣。"④抓捕应判处赀罪的犯人，故意用剑或兵刃刺杀犯人，如何论处？将犯人杀死者，判处完城旦刑；将犯人刺伤者，判处耐为隶臣刑。

---

① 《韩非子集解》卷12《外储说左下》，第293页。
② 《睡虎地秦墓竹简》，第112页。
③ 《睡虎地秦墓竹简》，第113页。
④ 《睡虎地秦墓竹简》，第122页。

六、因犯罪受牵连被收为奴的劳役改造情况

(一) 连坐被收为奴的范畴涵盖罪人的邻里、伍人、什人及其家属

虽然《尚书·大禹谟》记载有"罚弗及嗣,赏延于世",《公羊传·昭公二十年》也有类似的记载:"君子之善善也长,恶恶也短;恶恶止其身,善善及子孙。"从这些记载来看,古代似乎在刑罚适用上不实行连坐政策。但是,从《周礼》的相关记载来看,说明春秋战国时期,甚至较早一些时期,在刑罚的适用上已经实行了连坐政策。如《周礼·地官·大司徒》曰:"令五家为比,使之相保。五比为闾,使之相受。"《周礼·地官·族师》曰:"五家为比,十家为联;五人为伍,十人为联;四闾为族,八闾为联。使之相保相受,刑罚庆赏相及相共,以受邦职,以役国事,以相葬埋。"《周礼·地官·比长》曰:"五家相受,相和亲,有罪奇邪则相及。"《周礼·地官·邻长》曰:"邻长,掌相纠相受。"郑玄注曰:"相纠,相举察。"贾公彦疏曰:"邻长,不命之士为之,各领五家。使五家有过,各相纠察。宅舍有故,又相容受也。"

秦孝公三年(公元前359年)任用商鞅变法。变法法令规定:"令民为什伍,而相牧司连坐。"①《史记·商君列传》索隐引刘氏云:"五家为保,十保相连。"索隐曰:"牧司谓相纠发也。一家有罪而九家连举发,若不纠举,则十家连坐。恐变令不行,故设重禁。"②商鞅为了鼓励从事农业生产,抑制商业,法令还规定:"事末利及怠而贫者,举以为收孥。"③

---

① 《史记》卷68《商君列传》,第3230页。
② 《史记》卷68《商君列传》,第3230页。
③ 《史记》卷68《商君列传》,第3230页。

《睡虎地秦墓竹简》也记载了关于罪犯家属因牵连被收为奴的情况。如《睡虎地秦墓竹简·法律答问》曰："夫盗千钱，妻所匿三百，可（何）以论妻？妻智（知）夫盗而匿之，当以三百论为盗；不智（知），为收。"①即丈夫盗窃了一千钱，妻子藏匿了三百，对妻子的行为如何论处？妻子如果知道是丈夫盗窃的赃钱仍然藏匿之，应以盗窃三百钱论处；如果不知情，应当收为奴。"夫盗三百钱，告妻，妻与共饮食之，可（何）以论妻？非前谋殴（也），当为收；其前谋，同罪。"②丈夫盗窃了三百钱，告诉了妻子，妻子与丈夫一起用赃钱饮食消费，如何论处妻子？如果事先没有盗窃合谋，应当收为奴；如果事先有盗窃合谋，按共同犯罪处理。

《睡虎地秦墓竹简·封诊式》中还有一篇《封守》，该爰书记录了查封罪犯家属、财产的情况。

　　封守乡某爰书：以某县丞某书，封有鞫者某里士五（伍）甲家室、妻、子、臣妾、衣器、畜产。甲室、人：一宇二内，各有户，内室皆瓦盖，木大具，门桑十木；妻曰某，亡，不会封；子大女子某，未有夫，子小男子某，高六尺五寸；臣某，妾小女子某；牡犬一。几讯典某某、甲伍公士某某："甲党（倘）有它当封守而某等脱弗占书，且有罪。"某等皆言曰："甲封具此，毋（无）它当封者。"即以甲封付某等，与里人更守之，侍（待）令。③

　　封守乡某爰书：根据某县县丞某的文书，查封被羁押被告人某里士伍甲的家室、妻、子、臣妾、衣服、用具、牲畜。甲的家中房屋、人口计有：

---

① 《睡虎地秦墓竹简》，第97页。
② 《睡虎地秦墓竹简》，第97页。
③ 《睡虎地秦墓竹简》，第149页。

堂屋一间、卧室二间，都有门，房内皆有瓦盖，木构齐备，门前有桑树十棵。妻名某，查封时已逃亡，查封时不在场；大孩子是女儿某，没有丈夫，较小的孩子是儿子，高六尺五寸；奴某、婢小女子某；公狗一只。讯问甲的里典某某、甲的邻居公士某某："甲是否还有其他应当查封而某等脱漏没有登记的，如有，将是有罪的。"某等皆说："甲应当查封的都在这里，没有其他应当查封的了。"当即将所查封的事项交给付某等，要他们与同里的人轮流看守，等候命令。

从上述《封守》记录查封的情况来看，该查封记录可分为四部分：

1. 查封根据。"以某县丞某书，封有鞫者某里士五（伍）甲家室、妻、子、臣妾、衣器、畜产。"此次查封是根据"某县丞某书"进行查封的，"某县丞某书"是此次查封依据。

2. 查封的财产清单。"甲室、人：一宇二内，各有户，内室皆瓦盖，木大具门桑十木。妻曰某，亡，不会封。子大女子某，未有夫。子小男子某，高六尺五寸。臣某，妾小女子某。牡犬一。"该清单对被查封人的房屋、家具、人员、家畜等做了详细记录。

3. 讯问被查封人所居住里的负责人以及邻居的记录。"凡讯典某某、甲伍公士某某：'甲党（倘）有它当封守而某等脱弗占书，且有罪。'某等皆言曰：'甲封具此，毋（无）它当封者。'"里为秦汉时期最基层的居民组织，里典是里的负责人；"五家为伍"，伍人是邻居。里典、邻居最为了解邻里居民的家庭及财产状况，讯问里典、周边邻居能更好地确认有无被遗漏财产和人员。讯问里典、邻里的记录，显示了秦汉时期执行程序的周详性和严密性。

4. 被查封财产的保管情况。"即以甲封付某等，与里人更守之，侍（待）令。"已查封的财产应妥为保管，确保财产价值和功用不受损害，进而发挥物的效用。

1983年出土的《张家山汉墓竹简·奏谳书》第十七例"城旦讲乞鞫案"①中记录了一起误判后又被改判的事例。改判文书内容写道:"覆之,讲不盗牛。讲毄(系)子县,其除讲以为隐官,令自常(尚),畀其于于。妻子已卖者,县官为赎。它收已卖,以贾(价)畀之。及除坐者赀,赀已入环(还)之。"即经复审查明,讲没有盗牛。讲羁押在您县,现免除讲的刑徒身份,为隐官,恢复其自由,安置在于县(今河南西峡)。因讲判刑而被卖为奴的讲的妻、子均由官府负责赎回。其他被没收的财产已被变卖的,按实卖价款支付给讲;免除连坐被处罚人的罚金,已收取的罚金退还。其中,"妻子已卖者者,县官为赎。它收已卖,以贾(价)畀之",与《睡虎地秦墓竹简·封诊式》中的"封守爰书"记录的查封犯罪行为人妻、子、隶、妾以及家产等做法相印证。

《张家山汉墓竹简·二年律令》中有关于犯罪行为人家属因其犯罪行为被收为奴的较为系统的规定。如《二年律令·收律》规定:

> 罪人完城旦、鬼薪以上,及坐奸府(腐)者,皆收其妻、子、财、田宅。其子有妻、夫,若为户、有爵,及年十七以上,若为人妻而弃、寡者,皆勿收。坐奸、略妻及伤其妻以收,毋收其妻。夫有罪,妻告之,除于收及论;妻有罪,夫告之,亦除夫罪。毋夫,及为人偏妻,为户若别居不同数者,有罪完城舂、白粲以上,收之,毋收其子。内孙毋为夫收。当收者,令狱史与官啬夫、吏杂封之,上其物数县廷,以临计。奴有罪,毋收其妻子为奴婢者。有告劾未奄死,收之。匿收,与盗同法。②

---

① 《张家山汉墓竹简[二四七号墓](释文修订本)》,第100—102页。
② 《张家山汉墓竹简[二四七号墓](释文修订本)》,第32页。

即刑事被告人被判处完城旦、鬼薪以上的刑罚,以及因犯奸罪被判处腐刑的,其妻、子要收到官府做劳役,其财产、田宅要没入官府。其子女已经婚嫁有配偶,且已分户、有爵位,以及年满十七岁,嫁为人妻后被弃或因丈夫故去而寡居者,皆不收。因犯强奸罪、强取他人妻以及伤害己妻被判服刑者,其妻不收为奴。夫有罪,妻告发者,免除妻收为奴及其他牵连之罪责;妻有罪,夫告发之,亦免除夫之牵连之罪。丈夫已经死亡,以及为偏妻,分户且分居单独申报户籍者,犯有应判处完舂、白粲以上罪者,按收律规定收其财产,但其子不收为奴。孙子不收为奴。有罪应当被收押者,案件尚未审决而因奖赏除罪者,仍应收押。应当收者,命令狱史和官啬夫、史共同封存,将其封存的物品数量上交县廷,以便监督统计。奴有罪,其妻、子不应收为奴婢。羁押、查封在告劾之后案件尚未审结之前进行。藏匿应没收的财物者,按盗窃罪论处。

从《二年律令·收律》的规定来看,因犯罪其家属被牵连收为奴,或其财产被官府没收的情况可以做如下理解:

1. 罪人犯罪行为达一定程度时方可适用收律。如"罪人完城旦、鬼薪以上,及坐奸府(腐)者,皆收其妻、子、财、田宅"。被判处完城旦、鬼薪、腐刑以上刑罚者,其妻、子、家产才能被收。

2. 已经婚配的子女不属于应收的范围。罪人的子女已经婚嫁有配偶且已分户、有爵位,以及年满十七岁,嫁为人妻后被弃或因丈夫故去而寡居者,皆不应收。

3. 丈夫的犯罪行为是属于危害家庭罪的范畴,妻子不应被收为奴。如"坐奸、略妻及伤其妻以收,毋收其妻"。

4. 夫妻一方有罪,告发者免除牵连的责任。如"夫有罪,妻告之,除于收及论;妻有罪,夫告之,亦除夫罪"。

5. 寡居之妻、偏妻犯罪仅止其身及其财产。如"毋夫,及为人偏妻,为户若别居不同数者,有罪完城舂、白粲以上,收之,毋收其子"。

6. 子,仅限已生之子,不包含孙子。如"内孙毋为夫收"。

7. 查封、没收由县狱史与官啬夫、吏共同执行。如"当收者,令狱史与官啬夫、吏杂封之,上其物数县廷,以临计"。

8. 查封的时间是在告劾之后案件审结之前。如"有告劾未沓死,收之"。

汉承秦制,汉初的法律一定程度上反映秦律立法状况。

(二)《周礼》中设立的管理被收为奴服劳役的专门机构

在《周礼》中有大量的奴隶、罪隶、隶臣妾劳动的记载。《周礼》还设有专门负责管理因犯罪被收为奴的劳役管理机构,如司隶、罪隶等。

1. 司隶。《周礼·秋官·叙官(司隶)》郑玄注曰:"隶,给劳辱之役者。"《周礼·秋官·司隶》曰:"司隶掌五隶之法,辨其物,而掌其政令。帅其民而搏盗贼,役国中之辱事,为百官积任器,凡囚执人之事。邦有祭祀、宾客、丧纪之事,则役其烦辱之事。掌帅四翟之隶,使之皆服其邦之服,执其邦之兵,守王宫与野舍之厉禁。"郑玄注曰:"五隶,谓罪隶、四翟之隶也。物,衣服、兵器之属。民,五隶之民也。烦,犹剧也。野舍,王者所止舍也。厉,遮例也。"贾公彦疏曰:"云'服其邦之服,执其邦之兵'者,若东方南方衣布帛,执刀剑。西方北方衣毡裘,执弓矢。云'守王宫与野舍'者,即《师氏职》云'帅四夷之隶守王宫,野舍亦如之'者是也。"《周礼·秋官·司厉》曰:"其奴,男子入于罪隶,女子入于舂槀。凡有爵者,与七十者,与未龀者,皆不为奴。"

从《司隶》经文及其注疏来看,司隶主要有两项职责:一是掌管五隶相关的法律、政令;二是率领五隶之民搏捕盗贼、守卫王宫和野舍,以及一些繁琐的杂役。

2. 罪隶。《周礼·秋官·叙官》郑玄注曰:罪隶,"盗贼之家为奴者"。贾公彦疏曰:"此中国之隶言罪隶。古者身有大罪,身既从戮,男女缘坐,男子入于罪隶,女子入于舂槁,故注云'盗贼之家为奴者'。"《周礼·秋官·罪隶》曰:"罪隶掌役百官府与凡有守者,掌使令之小事。凡封国若家,牛助,为牵彷。其守王宫与其厉禁者,如蛮隶之事。"郑玄注曰:"役,给其小役牛助,国以牛助转徙也。罪隶牵彷之,在前曰牵,在旁曰彷。"注引郑司农云:"凡封国若家,谓建诸侯、立大夫家也。牛助为牵彷,此官主为送致之也。"贾公彦疏曰:"云'小役'者,止谓给其小小劳役之事,谓若大役非隶所共,故以小役解之。'玄谓牛助,国以牛助转徙也'者,国家以官牛助诸侯及大夫家运物,往至任所。云'在前曰牵'者,谓车辕内一牛,前亦一牛,今还遣二隶,前者牵前牛,彷者御当车之牛,故据人而言牵彷也。"

从《罪隶》经文及其注疏来看,罪隶的身份和职责规定得很清楚。罪隶是因连坐被收为奴者。其职责一是守卫官府,为官府干一些杂役;二是帮助诸侯、大夫搬家运物时为其牵御车牛。

(三)《周礼》中关于被收为奴后从事劳役的情况统计

该部分主要对《周礼·叙官》中涉及奴隶劳动的记载予以列表统计,以便对《周礼》中因罪被收为奴的劳动分布情况予以概观了解。

表2 《周礼》中因罪被收为奴的劳役分布统计

六官	属官	劳役人数	总人数
天官	酒人	女酒①30人	981人
		奚②300人	

---

① 《周礼·天官·叙官》郑玄注曰:"女酒,女奴晓酒者。古者从坐男女,没入县官为奴,其少才知,以为奚,今之侍史官婢。"

② 《周礼·天官·叙官》贾公彦疏曰:"从坐男女,没入县官为奴,则奴者,男女同名,以其晓解作酒,有才智,则曰女酒;其少有才智给使者,则曰奚。"

(续表)

六官	属官	劳役人数	总人数
天官	浆人	女浆① 15 人	
		奚 150 人	
	笾人	女笾② 10 人	
		奚 20 人	
	醢人	女醢③ 20 人	
		奚 40 人	
	醯人	女醯④ 20 人	
		奚 40 人	
	盐人	女盐⑤ 20 人	
		奚 40 人	
	幂人	女幂⑥ 10 人	
		奚 20 人	
	女祝	女祝⑦ 4 人	
		奚 8 人	
	女史	女史⑧ 8 人	
		奚 16 人	

---

① 《周礼·天官·叙官》郑玄注曰:"女浆,女奴晓浆者。"
② 《周礼·天官·叙官》郑玄注曰:"女笾,女奴之晓笾者。"
③ 《周礼·天官·叙官》郑玄注曰:"女醢,女奴晓醢者。"
④ 《周礼·天官·叙官》郑玄注曰:"女醯,女奴晓醯者。"
⑤ 《周礼·天官·叙官》郑玄注曰:"女盐,女奴晓盐者。"
⑥ 《周礼·天官·叙官》郑玄注曰:"女幂,女奴晓幂者。"
⑦ 《周礼·天官·叙官》郑玄注曰:"女祝,女奴晓祝事者。"
⑧ 《周礼·天官·叙官》郑玄注曰:"女史,女奴晓书者。"

(续表)

六官	属官	劳役人数	总人数
天官	内司服	奚8人	
	缝人	奚30人	
地官	舂人	女舂抌⑥2人	
		奚5人	
	饎人	奚40人	
	槁人	奚5人	
秋官	罪隶①	120人	
	蛮隶②	120人	
	闽隶③	120人	480人⑦
	夷隶④	120人	
	貉隶⑤	120人	

---

① 《周礼·秋官·叙官》郑玄注曰："盗贼之家为奴者。"贾公彦疏曰："此中国之隶言罪隶。古者身有大罪，身既从戮，男女缘坐，男子入於罪隶，女子入於舂槁，故注云'盗贼之家为奴者'。"
② 《周礼·秋官·叙官》郑玄注曰："征南夷所获。"
③ 《周礼·秋官·叙官》郑玄注曰："闽，南蛮之别。"
④ 《周礼·秋官·叙官》郑玄注曰："征东夷所获。"
⑤ 《周礼·秋官·叙官》郑玄注曰："征东北夷所获。"
⑥ 《周礼·地官·叙官》郑玄注曰："女舂抌，女奴能舂与抌者。抌，抒臼也。《诗》云：'或舂或抌。'"
⑦ 由于该部分奴隶属于战俘，故另计。

第五节　刑余之人的社会地位

一、刑余之人的社会待遇

《礼记·王制》记载："刑人于市，与众弃之。是故公家不畜刑人，大夫弗养，士遇之涂，弗与言也。屏之四方，唯其所之，不及以政，亦弗故生也。"即在集市上对已判处刑罚的罪犯施刑或刑杀，因此官府不得留用受刑之人，大夫之家也不得留用受刑之人，士君子在路途上遇见了受刑之人，不得与之交谈，将受刑之人流放至境埆不毛之地，与禽兽为伍。受刑之人不得干及以政教之事，也不受王政赋役驱使，任其自死自生。《礼记·曲礼上》记载："刑人不在君侧。"担心受刑之人心怀怨恨危害君王。《春秋·襄公二十九年》记载："阍弑吴子余祭。"《公羊传》云："阍者何？刑人也。君子不近刑人，近刑人则轻死之道也。"

对刑余之人的待遇及其社会地位问题在《礼记》和先秦文献中的记载不一致。《礼记·檀弓下》记载："季孙之母死，哀公吊焉。曾子与子贡吊焉，阍人为君在，弗内也。曾子与子贡入于其厩而修容焉。子贡先入，阍人曰：'乡者已告矣。'曾子后入，阍人辟之。"这里"阍"与《春秋》记载的"阍"应具有相同意义，都是指受刑之人。又如《周礼·秋官·掌戮》记载："墨者使守门，劓者使守关，宫者使守内，刖者使守囿，髡者使守积。"还有上文《韩非子·内储说下》记载的"刖跪守门例"和"守门刖者救子皋于危难例"两例。上述都是对刑余之人没有歧视性待遇的记载和事例。这也许是因为先秦时期的时间跨度比较长,封邦建国的各诸侯国又各自为政,尤其是周朝后期,各个国家的刑事政策不统一,这就造成了对刑余之人的待遇也不统一的状况。

二、刑余之人的丧葬待遇

《荀子·礼论》记载:"刑余罪人之丧,不得合族党,独属妻子,棺椁三寸,衣衾三领,不得饰棺,不得昼行,以昏殣,凡缘而往埋之,反无哭泣之节,无衰麻之服,无亲疏月数之等,各反其平,各复其始,已葬埋,若无丧者而止,夫是之谓至辱。"对刑余之人的丧葬待遇不同于一般百姓,不得葬在同党的族人之墓地,棺椁不得超过三寸,衣衾三领,不得饰棺,且需在黑夜出殡,没有哭泣之礼节,亲属也无致哀丧期之礼,以示羞辱。《管子·立政》也记载:"刑余戮民不敢服绕,不敢畜连乘车。"①黎翔凤注引王念孙曰:"刑余戮民,不得与四民同服,非但不敢服绕而已。"②《春秋繁露》作"刑余戮民不敢服丝缋"是其证。

---

① 《管子校注》卷1《立政》,第76页。
② 《管子校注》卷1《立政》,第76页。

后　记

  凡学必探其源,源清则流清。2006年笔者完成博士论文《汉代诉讼制度研究》之后,一直想在研究上往前再进一步,研究先秦诉讼制度。2013年申报的国家社科基金项目"先秦诉讼制度研究"获准立项,使得这项研究工作更有紧迫感了。先秦诉讼制度研究工作于2018年年初初步完成,并申报结项,鉴定结果为优秀。之后,对该研究课题又进行了修改,同时也补充了一些内容。

  "论从史出"是史学研究的基本方法和原则。本书的研究坚持用史料说话,力求全面地占有相关史料,有一分史料说一分话,以期使研究结论能经得起推敲。由于个人的能力和水平的限制,再加上加工和用力不够,部分研究不免有资料堆砌的嫌疑。"古为今用"是史学研究的价值追求。本书在篇章结构上按照现代诉讼法学的理论分类进行编排,以期更好地做到古今制度比较,更好地做到古为今用,从而对今天的诉讼理论研究和诉讼实践有所裨益。囿于个人的知识和能力,书中难免有错误、纰漏及不当之处,恳请学界同仁批评指正。

  在本书的研究过程中,感谢我的家人为研究提供的时间保障,感谢学界同仁、朋友对研究提出的宝贵建议。在本书的出版过程中,商务印书馆的编校人员对本书提出了宝贵的修改意见,对他们严谨、认真负责的工作态度深表敬意和感谢!

程政举

2021年7月于毓苑

图书在版编目（CIP）数据

先秦诉讼制度研究/程政举著.—北京：商务印书馆，2022.4（2024.6 重印）
ISBN 978-7-100-20909-0

Ⅰ.①先… Ⅱ.①程… Ⅲ.①刑事诉讼—司法制度—研究—中国—先秦时代 Ⅳ.① D925.210.4

中国版本图书馆 CIP 数据核字（2022）第 043481 号

权利保留，侵权必究。

先秦诉讼制度研究
程政举 著

商 务 印 书 馆 出 版
（北京王府井大街 36 号 邮政编码 100710）
商 务 印 书 馆 发 行
江苏凤凰数码印务有限公司印刷
ISBN 978-7-100-20909-0

2022 年 4 月第 1 版　　　开本 890×1240　1/32
2024 年 6 月第 2 次印刷　　印张 12½
定价：68.00 元